NOMOSSTUDIUM

Prof. Dr. Daniela Winkler | Ryan Kelly, M. Sc.
Kristina Schmidt, LL.M. | Dr. Marc Zeccola

Klausurtraining
Umweltrecht

Prof. Dr. Daniela Winkler, Abteilung für Rechtswissenschaft des Instituts für Volkswirtschaftslehre und Recht der Universität Stuttgart | **Ryan Kelly**, M. Sc., Universität Stuttgart | **Kristina Schmidt**, LL.M., Universität Stuttgart | **Dr. Marc Zeccola**, Universität Stuttgart

Die Deutsche Nationalbibliothek verzeichnet diese Publikation in
der Deutschen Nationalbibliografie; detaillierte bibliografische
Daten sind im Internet über http://dnb.d-nb.de abrufbar.

ISBN 978-3-8487-6182-1 (Print)
ISBN 978-3-7489-0301-7 (ePDF)

1. Auflage 2021

Vorwort

Das Umweltrecht ist aufgrund seiner stetig zunehmenden praktischen Relevanz nicht nur von großer Wichtigkeit in der Rechtsanwendung, sondern auch aus der universitären Ausbildung nicht mehr wegzudenken, steht es doch exemplarisch für die Modernisierung und Europäisierung des Verwaltungsrechts. Die Ausbildungsliteratur steht dabei vor besonderen Herausforderungen: So ist das Umweltrecht ein Rechtsgebiet, das einem besonders schnellen Wandel unterworfen ist. Mit dem Klimaschutz- und Energierecht entstehen und verdichten sich zudem neue Teilgebiete. Zugleich gehört das Umweltrecht zu jenen Rechtsgebieten, die in besonderer Weise durch das Unionsrecht geprägt sind.

Das vorliegende Buch versteht sich nicht nur als Unterstützung bei der Bearbeitung umweltrechtlicher Klausuren (im Hinblick auf das Erfassen des Sachverhalts, die Normanwendung sowie Subsumtions- und Argumentationstechnik), sondern zugleich als Ergänzung umweltrechtlicher Lehrbücher. Die inhaltlich breit gefächerten Fälle vermitteln einen Überblick über das Umweltrecht in seiner ganzen Breite – etwa auch unter Einbeziehung des Energierechts. Die umfangreichen Vertiefungs- und Literaturhinweise zielen auf eine über die Fallfrage hinausreichende Wissensvermittlung. Die mitunter anspruchsvolle Verknüpfung nationaler Gesetze und unionsrechtlicher Vorgaben, welche auch als Durchbrechungen des verwaltungsrechtlichen Systemdenkens wirken können, findet besondere Berücksichtigung.

Für vielfältige Hinweise und wertvolle Unterstützung danken wir Laura Augsten und Jasmin Zinser.

Stuttgart, Dezember 2020

Ryan Kelly
Kristina Schmidt
Daniela Winkler
Marc Zeccola

Inhalt

Abkürzungsverzeichnis

A

a.A.	andere Ansicht
a.a.O.	am angeführten/ angegebenen Ort(en)
AbfG	Abfallgesetz
AbfZustV	Abfallzuständigkeitsverordnung Bayern
ABl.	Amtsblatt der Europäischen Union
AEUV	Vertrag über die Arbeitsweise der Europäischen Union
a.F.	alte Fassung
AG	Aktiengesellschaft
AGH NRW	Anwaltsgerichtshof Nordrhein- Westfalen
AK	Anfechtungsklage
AktG	Aktiengesetz
Anh.	Anhang
AnwBl	Anwaltsblatt
AO	Abgabenordnung
AöR	Archiv des öffentlichen Rechts
Art.	Artikel
Ast	Antragsteller
Aufl.	Auflage
ausf.	ausführlich

B

BArtSchV	Bundesartenschutzverordnung
BauGB	Baugesetzbuch
BauO NRW	Landesbauordnung Nordrhein-Westfalen
BaWüGebG	Gebührengesetz des Landes Baden-Württemberg
BayAbfG	Bayerisches Abfallwirtschaftsgesetz
BayBO	Bayerische Bauordnung
BayGO	Bayerische Gemeindeordnung
BayImschG	Bayerisches Immissionsschutzgesetz
BayVBl	Bayerische Verwaltungsblätter
BayVGH	Bayerischer Verwaltungsgerichtshof
BayWaldG	Bayerisches Waldgesetz
BayWG	Bayerisches Wassergesetz
BBodSchG	Bundes-Bodenschutzgesetz
BBPlG	Bundesbedarfsplangesetz
BeckOK	Beck Onlinekommentar
BeckRS	Beck-Rechtsprechung
Beschl.	Beschluss
BGB	Bürgerliches Gesetzbuch
BGBl. II	Bundesgesetzblatt Teil 2
BGH	Bundesgerichtshof
BGHZ	Entscheidungen des Bundesgerichtshofes in Zivilsachen
BImSchG	Bundesimmissionsschutzgesetz
BImSchV	Bundesimmissionsschutzverordnung
BMVg	Bundesministerium für Verteidigung
BNatSchG	Bundesnaturschutzgesetz
BRD	Bundesrepublik Deutschland
BremBodSchG	Bremisches Bodenschutzgesetz
bspw.	beispielsweise
BT-Drs.	Drucksache des Deutschen Bundestages

BVerfG	Bundesverfassungsgericht
BVerfGE	Entscheidung des Bundesverfassungsgerichts
BVerfGG	Bundesverfassungsgerichtsgesetz
BVerwG	Bundesverwaltungsgericht
BVerwGE	Entscheidungen des Bundesverwaltungsgerichts
BVwVG	Verwaltungs-Vollstreckungsgesetz des Bundes
BW	Baden-Württemberg
BWaldG	Bundeswaldgesetz
bzw.	beziehungsweise
bzgl.	bezüglich

C
CS-RL	Climate-Score-Richtlinie

D
d.h.	das heißt
ders.	derselbe
DÖV	Die Öffentliche Verwaltung
DVBl.	Deutsches Verwaltungsblatt

E
ebd.	Ebenda
Ed.	Edition
EG	Europäische Gemeinschaft
EGV	Vertrag zur Gründung der Europäischen Gemeinschaft
EH-RL	Emissionshandelsrichtlinie (Richtlinie 2009/29/EG vom 23.4.2009, ABl. L 140/63)
EL	Ergänzungslieferung
EnWG	Energiewirtschaftsgesetz
EnWGZuVO BW	Verordnung über die energiewirtschaftsrechtliche Zuständigkeit Baden-Württemberg
EnWZ	Zeitschrift für das gesamte Recht der Energiewirtschaft
ErwGr	Erwägungsgründe
etc.	et cetera
ETS-RL	Treibhausgasemissionszertifikaterichtlinie (*emission trade system*) (Richtlinie 2018/410/EU vom 14.03.2018, ABl. L 76/3)
EU	Europäische Union
EU-EHS	EU-Emissionshandelssystem
EU-ETS	EU Emissions Trading System
EuGH	Europäischer Gerichtshof
EurUP	Zeitschrift für Europäisches Umwelt- und Panungsrecht
EUV	Vertrag über die Europäische Union
e.V.	eingetragener Verein

F
f.	und folgende/r
ff.	und folgende
FFH-Richtlinie	Fauna-Flora-Habitat-Richtlinie (Richtlinie 92/43/EG vom 21.5.1992, ABl. L 43/2)
FStrG	Bundesfernstraßengesetz

G
gem.	gemäß

GemO BW	Gemeindeordnung Baden-Württemberg
GG	Grundgesetz
GHN	Grabitz/Hilf/Nettesheim, Das Recht der Europäischen Union: EUV/ AEUV, Loseblattsammlung, 69. Auflage 2020.
GIRL	Geruchsimmissionsrichtlinie
GmbH	Gesellschaft mit beschränkter Haftung
GmbHG	Gesetz betreffend die Gesellschaft mit beschränkter Haftung
GRCh	Charta der Grundrechte der Europäischen Union
GrKrV	Verordnung über Aufgaben der Großen Kreisstädte Bayern
GRUR	Gewerblicher Rechtsschutz und Urheberrecht (Zeitschrift)
grds.	grundsätzlich
H	
ha	Hektar
Hrsg.	Herausgeber
HessVGH	Hessischer Verwaltungsgerichtshof
hL	herrschende Lehre
h.M.	herrschende Meinung
I	
IASS	Institut für transformative Nachhaltigkeitsforschung
IE-RL	Richtlinie für Industrieemissionen (Richtlinie 2010/75/EU vom 24.11.2010, ABl. L 334/17)
i.e.S.	im engeren Sinne
i.E.	im Ergebnis
IFG	Informationsfreiheitsgesetz
i.H.v.	in Höhe von
IMR	Immobilien- und Mietrecht (Zeitschrift)
ImSchZuVO	Verordnung über die Zuständigkeit für Angelegenheiten des Immissionsschutzes
insb.	insbesondere
i.d.R.	in der Regel
i.d.F.	in der Fassung
i.R.(d.)	im Rahmen (der)
i.R.v.	im Rahmen von
i.S.d.	im Sinne des
i.S.v.	im Sinne von
i.V.m.	in Verbindung mit
IVU-RL	Richtlinie über die integrierte Vermeidung und Verminderung der Umweltverschmutzung (Richtlinie 2008/1/EG vom 15.1.2008, ABl. 24/8)
J	
JA	Juristische Arbeitsblätter
JuS	Juristische Schulung
JZ	Juristen Zeitung
K	
KlScKG	Klima-Score-Kennzeichnungsgesetz
Km	Kilometer
krit.	kritisch
KrWG	Kreislaufwirtschaftsgesetz
kV	Kilovolt

L
LAbfG	Landesabfallgesetz Baden-Württemberg
LBodSchAG	Landes-Bodenschutz- und Altlastengesetz Baden-Württemberg
LFGB	Lebensmittel- und Futtermittelgesetzbuch
LFoG NRW	Landesforstgesetz Nordrhein-Westfalen
LK	Leistungsklage
LKrO BW	Landkreisordnung des Landes Baden-Württemberg
LKV	Landes- und Kommunalverwaltung (Zeitschrift)
LVG	Landesverwaltungsgesetz
LVwVG	Landesverwaltungsvollstreckungsgesetz Baden-Württemberg
LWaldG BW	Landeswaldgesetz Baden-Württemberg
LWG (NRW)	Landeswassergesetz Nordrhein-Westfalen

M
mind.	Mindestens
Mio.	Millionen
MKS	v. Mangoldt/Klein/Starck, GG-Kommentar, 7. Auflage 2018
m.w.N.	mit weiteren Nachweisen

N
NJOZ	Neue Juristische Online-Zeitschrift
NJW	Neue Juristische Wochenschrift
NuR	Natur und Recht
NVwZ	Neue Zeitschrift für Verwaltungsrecht
NVwZ-RR	Neue Zeitschrift für Verwaltungsrecht Rechtsprechungs-Report
NZS	Neue Zeitschrift für Sozialrecht

O
o.	oder
o.Ä.	oder Ähnliches
ÖB	Öffentlichkeitsbeteiligung
OVG	Oberverwaltungsgericht

P
PFB	Planfeststellungsbeschluss
PFBh	Planfeststellungsbehörde
PFT	perfluorierte Tenside
PFV	Planfeststellungsverfahren
PlVereinhG	Gesetz zur Vereinheitlichung von Planfeststellungsverfahren

R
RL	Richtlinie
Rn.	Randnummer
ROG	Raumordnungsgesetz
RP	Regierungspräsidium
RhPf	Rheinland Pfalz
Rspr.	Rechtsprechung

S
s.	siehe
S.	Seite
SächsVBl	Sächsisches Verwaltungsblätter
SchHLVwG	Landesverwaltungsgesetz Schleswig-Holstein

s.o.	siehe oben
sog.	sogenannte
stRspr	ständige Rechtsprechung
s.u.	siehe unten
SV	Sachverhalt
T	
TA-Lärm	Technische Anleitung zum Schutz gegen Lärm
TA-Luft	Technische Aufzeichnung zur Reinhaltung der Luft
tlw.	teilweise
U	
u.a.	unter anderem
UAbs.	Unterabsatz
UBA	Umweltbundesamt
UIG	Umweltinformationsgesetz
UI-RL	Richtlinie über den Zugang der Öffentlichkeit zu Umweltinformationen (Richtlinie 2003/4/EG vom 28.1.2003, ABl. L 41/26)
UK	Unterlassungsklage
umstr.	umstritten
UmweltHG	Umwelthaftungsgesetz
UmwRG	Umwelt- Rechtsbehelfsgesetz
UPR	Umwelt- und Planungsrecht (Zeitschrift)
Urt.	Urteil
u.U.	unter Umständen
UVP	Umweltverträglichkeitsprüfung
UVP-RL	Umweltverträglichkeitsprüfungsrichtlinie (Richtlinie 2011/92/EU vom 13.12.2011, ABl. L 26/1)
UVPG	Gesetz über die Umweltverträglichkeitsprüfung
UVwG	Umweltverwaltungsgesetz Baden-Württemberg
V	
v.a.	vor allem
VA(e)	Verwaltungsakt(e)
VB	Verfassungsbeschwerde
VBlBW	Verwaltungsblätter Baden-Württemberg
Verw	Die Verwaltung (Zeitschrift für Öffentliches Recht und Verwaltungswissenschaften)
VerwRspr	Verwaltungsrechtsprechung
VG	Verwaltungsgericht
VGH	Verwaltungsgerichtshof
vgl.	vergleiche
VO	Verordnung
Vorb.	Vorbemerkung
VwGO	Verwaltungsgerichtsordnung
VwVfG	Verwaltungsverfahrensgesetz
VwVG NRW	Verwaltungsvollstreckungsgesetz Nordrhein-Westfalen
VwZVG	Verwaltungszustellungs- und Vollstreckungsgesetz Bayern

W
WaStrG   Bundeswasserstraßengesetz
WBGU   Wissenschaftlicher Beirat der Bundesrepublik Globale Umweltver-
                    änderungen
WHG   Wasserhaushaltsgesetz

Z
ZAP   Zeitschrift für Anwaltspraxis
ZNER   Zeitschrift für Neues Energierecht
ZUR   Zeitschrift für Umweltrecht
ZustVU   Zuständigkeitsverordnung Umweltschutz Nordrhein-Westfalen

Fall 1: Umwelteuroparecht

Sachverhalt

Der zunehmende Anstieg der CO_2-Konzentration in der Atmosphäre, spürbare Temperaturveränderungen sowie die prognostizierten Auswirkungen auf die Lebensbedingungen auf der Erde machen politisches Handeln zur Abfederung der Klimakrise unabdingbar. Die Weltgemeinschaft hat sich daher im – am 4.11.2016 in Kraft getretenen – Pariser Abkommen verpflichtet, gemeinsam die Erderwärmung auf unter zwei Grad, idealerweise auf 1,5 Grad zu begrenzen. Um dieses Ziel zu erreichen, sind alle 195 unterzeichnenden Staaten übereingekommen, Maßnahmen einzuleiten, um ihre Treibhausgasemissionen entsprechend zu senken. Das Übereinkommen von Paris wurde mit dem Gesetz zu dem Übereinkommen von Paris vom 12.12.2015 (BGBl. II 2016, S. 1082) von Deutschland ratifiziert.

Zur Erreichung dieses Ziels hat Deutschland in seinem nationalen Klimaschutzplan 2050 eine Treibhausgasreduktion bis 2030 um 55 %, bis 2040 um 70 % sowie weitgehende Treibhausgasneutralität bis 2050 vorgesehen. Im – vom Bundeskabinett am 3.12.2014 beschlossenen – Aktionsprogramm Klimaschutz 2020 werden die konkreten Maßnahmen zur Erreichung dieser Ziele formuliert. Aufgrund des starken zivilgesellschaftlichen Drucks wurde zudem Ende 2019 ein Klimaschutzgesetz erlassen, welches in § 3 Abs. 1 die schrittweise Minderung der Treibhausgasemissionen im Vergleich zum Jahre 1990 vorsieht. Bis zum Zieljahr 2030 gilt danach eine Minderungsquote von mind. 55 %. Die bisher durch Kabinettsbeschluss festgelegten nationalen Ziele werden damit gesetzlich normiert. Ausweislich der Gesetzesbegründung sind diese Ziele verbindlich für den Bund (BT-Drs. 19/14337, S. 26).

Die Reduktion der Treibhausgasemissionen soll u.a. mithilfe des Ausstiegs aus der Kohlekraft bis zum Jahre 2038 erfolgen. Der beschlossene Kohleausstieg erfolgt stufenweise, indem die stromproduzierenden Kohlekraftwerke in regelmäßigen Abständen abgeschaltet werden.

Nach einem – im Auftrag des Umweltministeriums – durchgeführten Gutachten des Ökoinstituts wird auch unter Berücksichtigung aller Maßnahmen nur eine Reduktion des CO_2-Ausstoßes um 51 % gegenüber dem Wert von 1990 erreicht. Die Bundesregierung beschließt daher einen Mehr-Punkte-Plan, mit dessen Hilfe eine weitere CO_2-Reduktion unterstützt werden soll. Zentral soll eine Regelung sein, wonach für die bis maximal 2038 weiterlaufenden Kohlekraftwerke ein jahresbezogener CO_2-Grenzwert gilt. Dies bedeutet, dass die Kohlekraftwerke auch während der garantierten Laufzeit pro Jahr nur eine bestimmte Betriebsdauer abrufen können. Insbesondere für ältere, CO_2-intensive Anlagen bedeutet dies eine deutliche Einschränkung der Gesamtjahresleistung. Dies entspricht den Empfehlungen der Kohlekommission, den Pfad des Kohleausstiegs auch in den Zwischenjahren so auszugestalten, dass die Reduktion der Treibhausgasemissionen insgesamt möglichst stetig erfolgt. Dies sei nicht nur aus Gründen des Klimaschutzes sinnvoll, sondern vermeide auch unerwünschte Brüche innerhalb des Energiesektors und den Regionen.

Das Bundesumweltministerium schlägt daher vor, die ordnungsrechtliche Regelung des § 5 BImSchG (im Anhang abgedruckt) durch einen Abs. 2a zu ergänzen:

> *„Abweichend von Abs. 2 gelten für die in Nr. 1.1. Anhang 1 der 4. BImSchV genannten Kraftwerke zur Erzeugung von Strom aus Braun- und Steinkohle die in [einer fiktiven] Anlage 2 genannten Jahreshöchstmengen."*

Als Einstiegswert wird pro Anlage ein CO_2-Budget angesetzt, welches der Emissionsmenge eines über das Jahr zu 85 % ausgelasteten Gaskraftwerks gleicher Leistung entspricht. Während der weiteren Laufzeit wird diese Menge im Monatsmittel linear abgesenkt.

Hierdurch soll der unionsweite Emissionszertifikatehandel unterstützt werden, der aufgrund niedriger Zertifikatspreise nicht den gewünschten Steuerungseffekt hat. Gründe hierfür sind in einem sinkenden Zertifikatsbedarf zu suchen, der u.a. aus der negativen Wirtschaftsentwicklung der letzten Jahre und einem Anstieg des Anteils regenerativer Energieerzeugung resultiert. Der nach volkswirtschaftlichen Berechnungen für signifikante Verhaltensanreize erforderliche Preis von 35,- €/t CO_2 wird daher nicht erreicht. Auch die Verringerung der vorhandenen Zertifikatemenge durch die Einführung der Marktstabilitätsreserve (Beschluss (EU) 2015/1814, ABl. L 264/1) und eine weitere Kürzung der Gesamtmenge gehandelter Zertifikate um 900 Mio. Zertifikate im Jahre 2014 (sog. „Blackloading"; VO (EU) Nr. 176/2014, ABl. 2014 L 56/11) können zumindest kurzfristig nichts an dieser Situation ändern.

Der Gesetzesvorschlag stößt auf heftigen Widerstand. So hat der Bundesverband der Braunkohleindustrie ermittelt, dass die neue Regelung gerade für ältere Werke zu einer deutlichen Verkürzung der (an sich noch zulässigen) jährlichen Laufzeiten und damit auch zu erheblichen Gewinneinbußen führt. Der Verband äußert zudem Zweifel daran, dass die geplante Regelung unionsrechtskonform ist. Konkret zweifelt er an der Kompetenz des Bundesgesetzgebers: Schließlich habe der Unionsgesetzgeber mit der Treibhausgasemissionszertifikaterichtlinie 2003/87/EG (ETS-RL[1], im Anhang auszugsweise abgedruckt) eine abschließende Regelung erlassen, die abweichende nationale Regelungen untersage, insbesondere da die Kraftwerksbetreiber sich auf die Bereitstellung der gesetzlich vorgeschriebenen Zertifikatemenge verlassen können müssen. Zudem schreibe – der in § 5 Abs. 2 BImSchG umgesetzte – Art. 9 Abs. 1 Industrieemissionen-Richtlinie (IE-RL[2]; im Anhang abgedruckt) ebenso wie die entsprechende Regelung der Vorgängervorschrift (sog. Richtlinie über die integrierte Vermeidung und Verminderung der Umweltverschmutzung (IVU-RL)[3]) vor, dass die Genehmigung einer dem europäischen Treibhausgasemissionshandel unterfallenden Anlage grundsätzlich keine Emissionsgrenzwerte für Emissionen der dem Handelssystem unterliegenden Treibhausgase enthalten solle. Bei den beim Betrieb des Kohlekraftwerks entstehenden CO_2-Emissionen handele es sich aber gerade um Treibhausgase i.S. dieser Richtlinie.

Die im Gesetzgebungsverfahren ebenfalls angehörte Umweltorganisation *Nature* verweist hingegen auf das Vorsorgeprinzip, das im Kontrast zur Regelung des Art. 9 Abs. 1 IE-RL stünde. Außerdem würden jüngere Richtlinienänderungen die Eigeninitiative der Mitgliedstaaten stützen. So sei namentlich auf Art. 12 Abs. 4 S. 2 ETS-RL hinzuweisen, wonach Mitgliedstaaten im Fall der Stilllegung von Stromerzeugungs-

---

1 Richtlinie 2018/410/EU vom 14.3.2018, ABl. L 76/3.
2 Richtlinie 2010/75/EU vom 24.11.2010, ABl. L 334/17.
3 Richtlinie 2008/1/EG vom 15.1.2008, ABl. L 24/8.

kapazitäten in ihrem Hoheitsgebiet Zertifikate löschen können. Hierdurch sinke die Gesamtmenge an Zertifikaten und zugleich werde der sog. Wasserbetteffekt abgemildert, wonach überobligatorische Einsparungen in einem Mitgliedstaat in anderen Mitgliedstaaten zu höheren Emissionen führen. Hierzu kommt es, wenn die Gesamtmenge an Zertifikaten trotz singulärer Einsparungen stabil bleibt und daher die gesamteuropäische Nachfrage und zugleich das Preisniveau der Zertifikate sinkt. Zumindest die Schutzverstärkungsklausel des Art. 193 AEUV würde einen nationalen Alleingang rechtfertigen.

Der Deutsche Bundestag erbittet von Ihnen ein Rechtsgutachten, inwieweit die geplanten Regelungen kompetenzrechtlich zulässig sind.

<u>Bearbeiterhinweis:</u> Andere als die im Sachverhalt erwähnten unionsrechtlichen Vorgaben sind nicht zu prüfen.

Anlage

Auszug aus dem Klimaschutzgesetz

§ 3 Nationale Klimaschutzziele

(1) Die Treibhausgasemissionen werden im Vergleich zum Jahr 1990 schrittweise gemindert. Bis zum Zieljahr 2030 gilt eine Minderungsquote von mindestens 55 Prozent.

(2) Die Möglichkeit, die nationalen Klimaschutzziele teilweise im Rahmen von staatenübergreifenden Mechanismen zur Minderung von Treibhausgasemissionen zu erreichen, bleibt unberührt.

(3) Sollten zur Erfüllung europäischer oder internationaler Klimaschutzziele höhere nationale Klimaschutzziele erforderlich werden, so leitet die Bundesregierung die zur Erhöhung der Zielwerte nach Absatz 1 notwendigen Schritte ein. Klimaschutzziele können erhöht, aber nicht abgesenkt werden.

Auszug aus der Treibhausgasemissionshandels-Richtlinie (RL 2003/87/EG; ABl. L 275/32 vom 25.10.2003)

Erwägungsgründe: (...)

(5) Die Gemeinschaft und ihre Mitgliedstaaten sind übereingekommen, ihre Verpflichtungen zur Verringerung der anthropogenen Treibhausgasemissionen im Rahmen des Kyoto-Protokolls gemäß der Entscheidung 2002/358/EG gemeinsam zu erfüllen. Diese Richtlinie soll dazu beitragen, dass die Verpflichtungen der Europäischen Gemeinschaft und ihrer Mitgliedstaaten durch einen effizienten europäischen Markt für Treibhausgasemissionszertifikate effektiver und unter möglichst geringer Beeinträchtigung der wirtschaftlichen Entwicklung und der Beschäftigungslage erfüllt werden. (...)

(7) Gemeinschaftsvorschriften für die Zuteilung der Zertifikate durch die Mitgliedstaaten sind notwendig, um die Integrität des Binnenmarktes zu erhalten und Wettbewerbsverzerrungen zu vermeiden. (...)

(21) Mit der Richtlinie 96/61/EG des Rates vom 24.9.1996 über die integrierte Vermeidung und Verminderung der Umweltverschmutzung (3) wurde eine allgemeine Regelung zur Vermeidung und Verminderung der Umweltverschmutzung eingeführt, in deren Rahmen auch Genehmigungen für Treibhausgasemissionen erteilt werden kön-

nen. Die Richtlinie 96/61/EG sollte dahin gehend geändert werden, dass — unbeschadet der sonstigen in jener Richtlinie geregelten Anforderungen — keine Emissionsgrenzwerte für direkte Emissionen von Treibhausgasen aus Anlagen, die unter die vorliegende Richtlinie fallen, vorgeschrieben werden und dass es den Mitgliedstaaten freisteht, keine Energieeffizienzanforderungen in Bezug auf Verbrennungseinheiten oder andere Einheiten am Standort, die Kohlendioxid ausstoßen, festzulegen.

(22) Diese Richtlinie ist mit dem Rahmenübereinkommen der Vereinten Nationen über Klimaänderungen und dem Kyoto-Protokoll vereinbar. Sie sollte anhand der diesbezüglichen Entwicklungen sowie zur Berücksichtigung der Erfahrungen mit ihrer Durchführung und der bei der Überwachung der Treibhausgasemissionen erzielten Fortschritte überprüft werden.

(23) Der Emissionszertifikatehandel sollte Teil eines umfassenden und kohärenten Politik- und Maßnahmenpakets sein, das auf Ebene der Mitgliedstaaten und der Gemeinschaft durchgeführt wird. Unbeschadet der Anwendung der Artikel 87 und 88 des Vertrags können die Mitgliedstaaten bei Tätigkeiten, die unter das Gemeinschaftssystem fallen, die Auswirkungen von ordnungs- und steuerpolitischen sowie sonstigen Maßnahmen prüfen, die auf die gleichen Ziele gerichtet sind. Bei der Überprüfung der Richtlinie sollte berücksichtigt werden, in welchem Umfang diese Ziele erreicht wurden.

Art. 1 (Gegenstand)

Mit dieser Richtlinie wird ein System für den Handel mit Treibhausgasemissionszertifikaten in der Gemeinschaft (nachstehend „Gemeinschaftssystem" genannt) geschaffen, um auf kosteneffiziente und wirtschaftlich effiziente Weise auf eine Verringerung von Treibhausgasemissionen hinzuwirken.

Art. 2 (Geltungsbereich)

(1) Diese Richtlinie gilt für die Emissionen aus den in Anhang I[4] aufgeführten Tätigkeiten und die Emissionen der in Anhang II aufgeführten Treibhausgase.

(2) Diese Richtlinie gilt unbeschadet der Anforderungen gemäß Richtlinie 96/61/EG.

(...)

Art. 9 (Unionsweite Menge der vergebenen Zertifikate)

(1) [1]Die unionsweite Menge der Zertifikate, die ab 2013 jährlich vergeben werden, wird ab der Mitte des Zeitraums von 2008 bis 2012 linear verringert. [2]Die Menge wird um einen linearen Faktor von 1,74 %, verglichen mit der durchschnittlichen jährlichen Gesamtmenge der Zertifikate, die von den Mitgliedstaaten nach Maßgabe der Entscheidungen der Kommission über die nationalen Zuteilungspläne für den Zeitraum von 2008 bis 2012 zugeteilt wurden, verringert. [3]...

(2) Ab 2021 gilt ein linearer Faktor von 2,2 %.

(...)

---

4 Hierunter fällt die Verbrennung von Brennstoffen in Anlagen mit einer Gesamtfeuerungswärmeleistung von über 20 MW. Dem Zertifikatehandel unterfallen die hier entstehenden Treibhausgase.

Art. 12 (Übertragung, Abgabe und Löschung von Zertifikaten)

(4) [1]Die Mitgliedstaaten stellen durch die notwendigen Maßnahmen sicher, dass Zertifikate jederzeit gelöscht werden, wenn der Inhaber dies beantragt. [2]Im Fall der Stilllegung von Stromerzeugungskapazitäten in ihrem Hoheitsgebiet aufgrund zusätzlicher nationaler Maßnahmen können die Mitgliedstaaten Zertifikate aus der Gesamtmenge der Zertifikate, die von ihnen gemäß Artikel 10 Absatz 2 zu versteigern sind, maximal in Höhe der Durchschnittsmenge der geprüften Emissionen der betreffenden Anlage während eines Zeitraums von fünf Jahren vor der Stilllegung löschen. [3]Der betreffende Mitgliedstaat unterrichtet die Kommission über eine derartige beabsichtige Löschung gemäß den nach Artikel 10 Absatz 4 erlassenen delegierten Rechtsakten.

(…)

Art. 24 (Einseitige Einbeziehung zusätzlicher Tätigkeiten und Gase)

(1) Ab 2008 können die Mitgliedstaaten den Handel mit Emissionszertifikaten gemäß dieser Richtlinie auf nicht in Anhang I genannte Tätigkeiten und Treibhausgase ausweiten, soweit alle einschlägigen Kriterien insbesondere die Auswirkungen auf den Binnenmarkt, mögliche Wettbewerbsverzerrungen, die Umweltwirksamkeit des EU-EHS und die Zuverlässigkeit des vorgesehenen Überwachungs- und Berichterstattungsverfahrens, berücksichtigt werden und sofern die Einbeziehung solcher Tätigkeiten und Treibhausgase von der Kommission gemäß delegierten Rechtsakten gebilligt wird, für deren Erlass der Kommission gemäß Artikel 23 die Befugnis übertragen wird.

Auszug aus der Richtlinie über Industrieemissionen (IE-RL 2010/75/EU, ABl. L 334/17 vom 17.12.2010)

Erwägungsgründe: …

(9) Um Doppelregelungen zu vermeiden, sollte die Genehmigung einer unter die Richtlinie 2003/87/EG des Europäischen Parlaments und des Rates vom 13.10.2003 über ein System für den Handel mit Treibhausgasemissionszertifikaten in der Gemeinschaft fallenden Anlage keine Emissionsgrenzwerte für direkte Emissionen von Treibhausgasen gemäß Anhang I der genannten Richtlinie enthalten, es sei denn, dies ist erforderlich, um sicherzustellen, dass keine erhebliche lokale Umweltverschmutzung verursacht wird, oder wenn eine Anlage aus dem genannten System ausgeschlossen wurde.

(10) Im Einklang mit Artikel 193 des Vertrags über die Arbeitsweise der Europäischen Union (AEUV) hindert diese Richtlinie die Mitgliedstaaten nicht daran, verstärkte Schutzmaßnahmen beizubehalten oder zu ergreifen, zum Beispiel Vorschriften für die Treibhausgasemission, sofern solche Maßnahmen mit den Verträgen vereinbar sind und der Kommission notifiziert wurden.

Art. 9

(1) Sind Treibhausgasemissionen einer Anlage in Anhang I der Richtlinie 2003/87/EG in Zusammenhang mit einer in dieser Anlage durchgeführten Tätigkeit aufgeführt, so enthält die Genehmigung keine Emissionsgrenzwerte für direkte Emissionen dieses Gases, es sei denn, dies ist erforderlich, um sicherzustellen, dass keine erhebliche lokale Umweltverschmutzung verursacht wird.

(2) Den Mitgliedstaaten steht es frei, für die in Anhang I der Richtlinie 2003/87/EG aufgeführten Tätigkeiten keine Energieeffizienzanforderungen in Bezug auf Verbrennungseinheiten oder andere Einheiten am Standort, die Kohlendioxid ausstoßen, festzulegen.

(3) Falls erforderlich, wird die Genehmigung durch die zuständigen Behörden entsprechend geändert.

(4) Die Absätze 1 bis 3 gelten nicht für Anlagen, die gemäß Artikel 27 der Richtlinie 2003/87/EG vorübergehend aus dem System für den Handel mit Treibhausgasemissionszertifikaten in der Union ausgeschlossen sind.

Art. 14 (Genehmigungsauflagen)

(1) Die Mitgliedstaaten sorgen dafür, dass die Genehmigung alle Maßnahmen umfasst, die zur Erfüllung der in den Artikeln 11 und 18 genannten Genehmigungsvoraussetzungen notwendig sind.

Diese Maßnahmen umfassen mindestens Folgendes:

a) Emissionsgrenzwerte für die Schadstoffe der Liste in Anhang II, und für sonstige Schadstoffe, die von der betreffenden Anlage unter Berücksichtigung der Art der Schadstoffe und der Gefahr einer Verlagerung der Verschmutzung von einem Medium auf ein anderes in relevanter Menge emittiert werden können; (...)

Lösung:

> Diese Aufgabenstellung weicht von der klassischen Falllösung ab: Die Aufgabe besteht in der Erstellung eines Rechtsgutachtens, in welchem die Kompetenzmäßigkeit der beschriebenen Maßnahmen zu erörtern ist. Konkret geht es um die Frage der Abgrenzung der Kompetenzen von EU und Deutschem Bundestag.

2 Die Gesetzgebungsorgane der Bundesrepublik Deutschland verfügen über eine grundsätzliche Allzuständigkeit, Gesetze zu erlassen. *Im Innenverhältnis wird die Verteilung auf die Bundes- und Landesebene durch die Art. 70 ff. GG vorgenommen.* Beschränkt wird diese Allzuständigkeit (im Außenverhältnis) durch die verfassungsrechtlich vorgesehene Übertragung von Kompetenzen auf die Europäische Union (EU) (vgl. Art. 23 Abs. 1 S. 2 GG). Diese erfolgt durch die Regelung der Europäischen (und nationalen) Kompetenzen in Art. 4 f. EUV, Art. 2 ff. AEUV. Für die Abgrenzung der Unionszuständigkeiten gilt der Grundsatz der begrenzten Einzelermächtigung (Art. 5 Abs. 1 S. 1 EUV). Danach wird die EU nur innerhalb der Grenzen der Zuständigkeit tätig, die die Mitgliedstaaten ihr in den Verträgen zur Verwirklichung der darin niedergelegten Ziele übertragen haben (Art. 5 Abs. 1 S. 2 EUV). Alle der EU nicht übertragenen Zuständigkeiten verbleiben bei den Mitgliedstaaten (Art. 5 Abs. 1 S. 2 EUV). Die verbleibenden nationalen Zuständigkeiten ergeben sich daher im Einzelfall aus der abstrakten Zuständigkeitsverteilung sowie der konkreten Inanspruchnahme zugewiesener Kompetenzen durch die EU.

A. Ausschließliche Zuständigkeiten

3 Zunächst dürfte die Regelung nicht im Bereich der ausschließlichen Zuständigkeit der Union liegen. Dann darf nämlich gem. Art. 2 Abs. 1 1. Hs. AEUV nur die Union ge-

setzgeberisch tätig werden und verbindliche Rechtsakte erlassen. Die Mitgliedstaaten dürfen gem. Art. 2 Abs. 1 2. Hs. AEUV in einem solchen Fall nur tätig werden, wenn sie von der Union hierzu ermächtigt werden, oder um Rechtsakte der Union durchzuführen. Die Bereiche ausschließlicher Unionszuständigkeit sind in Art. 3 Abs. 1 AEUV geregelt. Keiner der dort genannten Sachbereiche ist vorliegend berührt.

B. Geteilte Zuständigkeiten

In Betracht kommt daneben eine geteilte (besser: konkurrierende)[5] Zuständigkeit der Union. Gem. Art. 2 Abs. 2 S. 2, 3 AEUV verbleibt den Mitgliedstaaten hier eine Zuständigkeit, „sofern und soweit die Union ihre Zuständigkeit nicht ausgeübt hat" oder „entschieden hat, ihre Zuständigkeit nicht mehr auszuüben", etwa auch indem sie mittels Öffnungsklauseln den Mitgliedstaaten Regelungsspielräume eröffnet. Darüber hinaus sieht der Vertrag für die einzelnen Kompetenzen unterschiedliche Schutzverstärkungsklauseln vor, auf deren Grundlage die Mitgliedstaaten ggf. schutzverstärkende Regelungen erlassen können. Zu den geteilten Zuständigkeiten gehören gemäß Art. 4 Abs. 2e), i) AEUV die – hier möglicherweise einschlägigen – Bereiche ‚Umwelt' und ‚Energie'.

I. Verstoß gegen Art. 9 Abs. 1 Industrieemissionen-Richtlinie

In Betracht käme ein Verstoß gegen Art. 9 Abs. 1 IE-RL. Nach dieser Vorschrift „enthalten" Anlagengenehmigungen, sofern die in dieser Anlage durchgeführten Tätigkeiten dem Treibhausgasemissionshandel nach RL 2003/87/EG unterfallen, „keine Emissionsgrenzwerte für direkte Emissionen dieses Gases, es sei denn, dies ist erforderlich, um sicherzustellen, dass keine erhebliche lokale Umweltverschmutzung verursacht wird".[6]

> Diese Regelung knüpft an das nationale Zulassungsregime an. In Deutschland erfolgt die Zulassung nach dem BImSchG. Art. 9 Abs. 1 IE-RL wird in § 5 Abs. 2 BImSchG umgesetzt.

1. Geteilte Zuständigkeit

Die IE-RL beruht maßgeblich auf der Umweltkompetenz des Art. 192 AEUV. Es handelt sich hierbei um eine „geteilte Zuständigkeit" gem. Art. 4 Abs. 2e) AEUV. Ein mitgliedstaatlicher Regelungsspielraum verbleibt daher nur, wenn die unionsrechtliche Regelung (aufgrund eines Primärrechtsverstoßes) unwirksam ist (unter 2.), nicht bereits abschließend ist (unter 3.) oder sich der Mitgliedstaat auf die Schutzverstärkungsklausel nach Art. 193 AEUV berufen kann (unter 4.).

---

5 Die geteilte Zuständigkeit i.S.d. Art. 2 Abs. 2 AEUV ist ein Pendant zur „konkurrierenden Kompetenz" des GG. So sind gerade nicht EU und Mitgliedstaaten gleichberechtigt zur Regelung ermächtigt; vielmehr kann die Union durch ihr Tätigwerden die Regelungsbefugnis der Mitgliedstaaten „sperren". Die Bezeichnung als „konkurrierend" wäre daher treffender; so auch Calliess/Ruffert/*Callies*, EUV/AEUV, 5. Aufl. 2016, Art. 2 AEUV Rn. 12; *Götz*, Abgrenzung der Zuständigkeiten, in: ders./Martinez Soria (Hrsg.), Kompetenzverteilung zwischen EU und Mitgliedstaaten, S. 83 (94 f.); *Schröder*, JZ 2004, 8 (9); ähnlich auch Frankfurter Kommentar/*Häde*, Bd. II, 2017, Art. 2 AEUV Rn. 38; GHN/*Nettesheim*, Das Recht der EU, 69. Aufl. 2020, Art. 2 AEUV Rn. 25.
6 Ebenso bereits Art. 9 Abs. 3 UAbs. 3 IVU-RL (RL 2008/1/EG, ABl. L 24/8 vom 29.1.2008).

2. Unwirksamkeit wegen Verstoßes gegen Primärrecht

7 Art. 9 Abs. 1 IE-RL könnte wegen eines Primärrechtsverstoßes unwirksam sein.[7] In Betracht kommt ein Verstoß gegen das Vorsorgeprinzip.[8] Das Vorsorgeprinzip ist dem Umweltrecht der EU immanent: Art. 3 Abs. 3 S. 2 EUV verweist bereits auf den Grundsatz der Nachhaltigkeit im Zusammenspiel von ökonomischer, ökologischer und sozialer Entwicklung. Zudem verpflichtet Art. 191 Abs. 2 S. 1 AEUV die Umweltpolitik der EU explizit auf ein hohes Schutzniveau. Art. 191 Abs. 2 S. 2 AEUV legt fest, dass die europäische Umweltpolitik auf den „Grundsätzen der Vorsorge und Vorbeugung" beruht. *Vorsorge* stellt ein multifunktionales Gebot dar:[9] Zum einen sollen Schadenspotentiale unterhalb der Schwelle einer Rechtsgutsbeeinträchtigung und unterhalb der Schwelle der hinreichenden Wahrscheinlichkeit vermieden oder zumindest minimiert werden. Dahinter steht die *Ignoranztheorie*, wonach die Wirkungen menschlicher Eingriffe in die Umwelt wissenschaftlich nicht abschließend beurteilt werden können. Zum anderen soll die Vorsorge die fortdauernde Distanz zur Gefahrenschwelle sicherstellen, so dass die natürlichen Ressourcen möglichst schonend in Anspruch genommen werden können. Dahinter steht die *Freiraumtheorie*, die eine ihre Regenerationsfähigkeit erschöpfende Belastung der Umwelt i.S.d. Nachhaltigkeitsgedankens vermeiden möchte. Das Vorsorgeprinzip ermöglicht daher ein Tätigwerden der EU nicht erst bei drohenden Schäden durch konkrete Umweltgefahren, sondern bereits im Vorfeld zur Risikominimierung. Maßnahmen zum Klimaschutz beruhen auf dem Gedanken der Vorsorge und Nachhaltigkeit. Versteht man Art. 9 Abs. 1 IE-RL dahin gehend, dass die Vorschrift alleine Maßnahmen zur Verminderung lokaler Umweltverschmutzungen erlaubt und im Übrigen Treibhausgasemissionen bis zur Höhe vorhandener Zertifikate möglich blieben, würde die Vorschrift in einen Konflikt mit einem so verstandenen Vorsorgeansatz treten, insbesondere wenn, wie mittlerweile geschehen, der Zertifikatehandel nicht die erwartete und erhoffte Steuerungswirkung entfaltet.[10] Ein Primärrechtsverstoß ist jedoch erst dann anzunehmen, wenn die Vorschrift keine andere – primärrechtsfreundliche – Auslegung ermöglicht. Dies ist im Folgenden zunächst zu untersuchen.

3. Abschließende Regelung

8 Ein primärrechtskonformes Verständnis wäre ein solches, dass eine abweichende mitgliedstaatliche Regelung erlaubt. Da die IE-RL „insbesondere auf Art. 192 AEUV" beruht, der wiederum eine geteilte Zuständigkeit im Sinne des (i.S.d.) Art. 2 Abs. 1e) AEUV darstellt, wäre dies insbesondere dann der Fall, wenn die Regelung nicht abschließend gemeint wäre. Dies ist im Folgenden durch Auslegung zu ermitteln.

> Dabei ist auf die Besonderheiten der europäischen Methodenlehre zu achten (instruktiv hierzu *Riesenhuber*, in: ders. (Hrsg.), Europäische Methodenlehre, 3. Aufl. 2015, § 1). Die Auslegungsmethoden (grammatikalisch, historisch bzw. entstehungsgeschichtlich, syste-

---

7 Der Verstoß sekundärrechtlicher Regelungen gegen das primärrechtliche Vorsorgeprinzip führt zur Nichtigkeit, vgl. nur *EuG*, Urt. v. 17.5.2018 – T-584/13, Rn. 173 – BeckRS 2018, 8536.

8 Hierzu umfassend *Arndt*, Das Vorsorgeprinzip im EU-Recht, 2009.

9 Hierzu und dem Folgenden GHN/*Nettesheim*, Das Recht der EU, 69. Aufl. 2020, Art. 191 AEUV Rn. 88.

10 So ausführlich *Ziehm*, Der Moment der Wahrheit, 2014, S. 8. Ebenso bereits *Diehr*, Rechtsschutz im Emissionszertifikate-Handelssystem, 2006, S. 168 f.; *Epiney*, Zur Entwicklung des Emissionshandels in der EU, ZUR 2010, 236 (242) jeweils zur Vorgängervorschrift des Art. 9 Abs. 3 UAbs. 3 IVU-RL.

> matisch und teleologisch) sind aus der deutschen Methodenlehre bekannt, jedoch an die Besonderheiten des europäischen Rechts anzupassen.

a) Wortlaut

Ausgangspunkt jeder Auslegung ist der Wortlaut.[11] Nach Art. 9 Abs. 1 IE-RL „enthält" die Genehmigung der dem europäischen Treibhausgasemissionshandel unterfallenden Anlagen und Tätigkeiten keine Emissionsgrenzwerte. Diese Formulierung scheint auf den ersten Blick zwingend; einschränkend ließe sich darauf hinweisen, dass die Vorschrift kein unmissverständliches „darf ... nicht" enthält. Erwägungsgrund 9 der IE-RL spricht zugleich (relativierend) davon, dass die Genehmigung, „(u)m Doppelregelungen zu vermeiden", keine Emissionsgrenzwerte für direkte Emissionen von Treibhausgasen enthalten „sollte". Eine Soll-Verpflichtung gilt jedoch gerade nicht ausnahmslos.[12] Zur Ergänzung des uneindeutigen Wortlauts sind andere Auslegungsmethoden heranzuziehen.   9

b) Systematik

Systematisch[13] spricht gegen eine enge Auslegung bereits der Art. 9 Abs. 1 IE-RL nachgestellte Absatz. Abs. 2 legt nämlich fest, dass es den Mitgliedstaaten freisteht, für die von der ETS-RL erfassten Tätigkeiten „keine Energieeffizienzanforderungen" im Hinblick auf CO_2-Emissionen festzulegen. Umgekehrt gesprochen setzt Art. 9 Abs. 2 IE-RL dann zugleich voraus, dass solche Energieeffizienzanforderungen möglich sind. In ihrer Stoßrichtung ähneln Effizienzanforderungen jedoch Emissionsgrenzwerten, so dass noch zu begründen wäre, wieso das eine möglich, das andere jedoch ausgeschlossen sein soll. Zugleich würde eine abschließende Regelung – wegen ihres Verbotscharakters – Art. 193 AEUV widersprechen, was primärrechtswidrig wäre und (ausweislich des 10. Erwägungsgrundes) der Richtlinie auch offenkundig nicht gewollt ist.[14]   10

c) Historische Auslegung

I.R.d. historischen Auslegung ist insbesondere die Gesetzesbegründung heranzuziehen.   11

> Die Erwägungsgründe sind mehr als bloße Gesetzgebungsmaterialien, sie geben in prominenter Weise die Absicht und die dahinter stehende politische Regelungsvorstellung des Gesetzgebers wieder. Als „primäre policy statements" des Richtliniengebers sind sie daher Richtschnur der teleologischen Interpretation (hierzu *Köndgen*, in: Riesenhuber (Hrsg.), Europäische Methodenlehre, 3. Aufl. 2015, § 6 Rn 48 ff., 51).

Ausweislich der Erwägungsgründe dient diese Regelung dazu, „Doppelregelungen zu vermeiden".[15] Zu diesem Zweck „sollte" die Genehmigung keine weitergehenden Emissionsgrenzwerte für Treibhausgasemissionen enthalten. Ähnlich offen verhält sich   12

---

11 Umfassend zur Wortlautauslegung im europäischen Recht *Riesenhuber*, in: ders. (Hrsg.), Europäische Methodenlehre, 3. Aufl. 2015, § 10 Rn. 13 ff.

12 Hierauf hinweisend die Auslegung bei *Klinski*, EnWZ 2017, 203 (208).

13 Umfassend zur systematischen Auslegung im europäischen Recht *Riesenhuber*, in: ders. (Hrsg.), Europäische Methodenlehre, 3. Aufl. 2015, § 10 Rn. 21 ff.

14 Hierzu ausführlich *Ziehm*, Der Moment der Wahrheit, 2014, S. 8 ff.

15 9. Erwägungsgrund der IE-RL.

die Formulierung im 21. Erwägungsgrund der ETS-RL: Danach „sollte" die Vorgängerrichtlinie der RL 96/61/EG (sog. IVU-RL) i.S.d. in Art. 9 Abs. 1 IE-RL (vorher: Art. 9 Abs. 3 UAbs. 3 IVU-RL) enthaltenen Regelung geändert werden. Offenkundig ist auch diese Anordnung nicht zwingend, sondern weist lediglich auf die Sinnhaftigkeit der Vereinfachung von Genehmigungsinhalten hin.[16]

d) Sinn und Zweck der Regelung

13 Vor dem Hintergrund der sonstigen Auslegungsmethoden erscheint die Analyse von Sinn und Zweck der Regelung wesentlich.[17] Aus der Gesamtheit der einschlägigen Regelungen ist erkennbar, dass der Unionsgesetzgeber ein einheitliches und stringentes Regelungsregime der Treibhausgasreduktion errichten wollte.[18] Das war zum Entstehungszeitpunkt der (Vorgänger-)RL sinnvoll, da der Gesetzgeber zu diesem Zeitpunkt davon ausging, dass der Emissionshandel die ihm zugewiesene Lenkungswirkung (d.h. die effektive Reduktion der Treibhausgasemissionen und hierdurch sichtbare Bekämpfung des Klimawandels) tatsächlich entfalten kann. Ein dynamisches Verständnis der Vorschriften muss jedoch auch tatsächliche und rechtliche (Fort-)Entwicklungen berücksichtigen.[19] Aufgrund verschiedener (im SV angesprochener) Entwicklungen blieb der Zertifikatepreis dauerhaft niedrig und konnte hierdurch keinen Lenkungsimpuls begründen. Die ursprüngliche Annahme des Unionsgesetzgebers ist damit überholt, so dass sie bei der Interpretation nur noch bedingt herangezogen werden kann.[20]

e) Primärrechtskonforme Auslegung

14 Schließlich ist die primärrechtskonforme Auslegung zu berücksichtigen.[21] Bei deren Anwendung kommen zwei Anknüpfungspunkte in Betracht: die Einhaltung des Vorsorgeprinzip (unter [1]) und der Kompetenzgrenze nach Art. 194 Abs. 2 UAbs. 2 AEUV (unter [2]).

aa) Vorsorgeprinzip

15 Wie bereits oben erörtert, dient das Vorsorgeprinzip der Vorverlagerung der Eingriffsschwelle und der Bereitstellung von Freiräumen der Umweltnutzung. Dem Vorsorgegedanken widersprechen würde ein Verständnis des Art. 9 Abs. 1 IE-RL, welches weitergehende Regelungen zur Reduktion von Treibhausgasen abschließend verbieten würde. Wie in der bisherigen Auslegung gesehen, sprechen Wortlaut, Systematik, Historie und Telos jedoch nicht zwingend für eine enge Interpretation. Im Zweifel ist die Norm daher i.S.d. Vorsorgeprinzips in einem weiten – nicht abschließenden – Sinne zu interpretieren.

---

16 *Klinski*, EnWZ 2017, 203 (208).
17 Umfassend zur systematischen Auslegung im europäischen Recht *Riesenhuber*, in: ders. (Hrsg.), Europäische Methodenlehre, 3. Aufl. 2015, § 10 Rn. 41 ff.
18 Vgl. 9. Erwägungsgrund der IE-RL: „Um Doppelregulierungen zu vermeiden…".
19 Hierzu *Riesenhuber*, in: ders. (Hrsg.), Europäische Methodenlehre, 3. Aufl. 2015, § 10 Rn. 46, jedoch insbesondere mit Blick auf die integrationspolitische Dynamik.
20 So auch *Ziehm*, Der Moment der Wahrheit, 2014, S. 10.
21 Hierzu umfassend *Leible/Domröse*, in: Riesenhuber (Hrsg.), Europäische Methodenlehre, 3. Aufl. 2015, § 8.

bb) Art. 192 Abs. 2 S. 1c) AEUV

Das europäische Primärrecht erfordert zugleich eine souveränitätsbewahrende Auslegung des Sekundärrechts. Dies ergibt sich nicht nur aus dem in Art. 5 Abs. 1 S. 1, Abs. 2 EUV normierten Grundsatz der begrenzten Einzelermächtigung, sondern auch aus den in Art. 5 Abs. 1 S. 2, Abs. 3 und 4 EUV normierten Grundsätzen der Subsidiarität sowie der Verhältnismäßigkeit, die ebenfalls kompetenzwahrende Funktion entfalten.[22]   16

Kompetenzschranken können auch in den Ermächtigungsgrundlagen enthalten sein. So unterfallen gemäß Art. 192 Abs. 2 S. 1c) AEUV „Maßnahmen, welche die Wahl eines Mitgliedstaats zwischen verschiedenen Energiequellen und die allgemeine Struktur seiner Energieversorgung erheblich berühren" einem besonderen Gesetzgebungsverfahren mit einstimmiger Beschlussfassung sowie der Anhörung des Europäischen Parlaments, des Wirtschafts- und Sozialausschusses sowie des Ausschusses der Regionen. Durch das Einstimmigkeitserfordernis soll die Souveränität der Mitgliedstaaten in energiepolitischen Grundsatzfragen gewahrt werden.   17

Der Erlass der IE-RL erfolgte ohne Rückgriff auf das besondere Gesetzgebungsverfahren nach Art. 192 Abs. 2 AEUV. Kompetenzgerecht erlassen wurde die Richtlinie daher nur, wenn sie nicht in die energiepolitische Souveränität der Mitgliedstaaten eingreift.   18

Umstritten ist, ob die Aufzählung in Art. 192 Abs. 2 S. 1c) AEUV kumulativ oder lediglich aufzählend gemeint ist. Überzeugend ist die letzte Auffassung. Dies zeigt sich insbesondere bei einer vergleichenden Betrachtung des Art. 194 Abs. 2 AEUV. Hiernach dürfen Maßnahmen nach Art. 194 Abs. 1 AEUV „nicht das Recht eines Mitgliedstaats [berühren], die Bedingungen für die Nutzung seiner Energieressourcen, seine Wahl zwischen verschiedenen Energiequellen und die allgemeine Struktur seiner Energieversorgung zu bestimmen". Abweichend von der Umweltkompetenz werden also drei statt zwei Voraussetzungen benannt. Zugleich ist der Souveränitätsvorbehalt, der noch nicht einmal durch einstimmigen Ratsbeschluss überwunden werden kann, sondern ein Tätigwerden der Union gänzlich ausschließt, offenkundig strenger gemeint. Wäre nun das hier ebenfalls verwendete „und" kumulativ statt aufzählend gemeint, führte dies zu einer Verkleinerung des mitgliedsstaatlichen Souveränitätsbereichs, was ersichtlich nicht gewollt ist.[23] Aufgrund der weitgehenden Parallelität der Art. 192 Abs. 2 S. 1c) und Art. 194 Abs. 2 AEUV können diese Überlegungen auch auf die Umweltkompetenz übertragen werden.[24]   19

Zu untersuchen bleibt, *wann* davon auszugehen ist, dass Maßnahmen „die Wahl eines Mitgliedstaats zwischen verschiedenen Energiequellen und die allgemeine Struktur seiner Energieversorgung erheblich berühren". Unter „Wahl ... zwischen verschiedenen Energiequellen" ist bspw. die Entscheidung zur Verwendung von Atomstrom oder Kohlekraft zu verstehen. Der Verweis auf die „allgemeine Struktur seiner Energieversorgung" bezieht sich etwa auf Entscheidungen, welche den verwendeten Strommix   20

---

22 Calliess/Ruffert/*Calliess*, EUV/AEUV, 5. Aufl. 2016, Art. 5 EUV Rn. 4 f.; Schwarze/*Lienbacher*, EU- Kommentar, 4. Aufl. 2019, Art 5 EUV Rn 2.

23 So etwa auch *Klinski*, EnWZ 2017, 203 (206).

24 A.A. Calliess/Ruffert/*Callies*, EUV/AEUV, 5. Aufl 2016, Art. 192 AEUV Rn. 32; Landmann/Rohmer/*Epiney*, UmweltR, 92. Ed. 2020, Art. 192 AEUV Rn. 20 f.; GHN/*Nettesheim*, Das Recht der EU, 69. Aufl. 2020, Art. 192 AEUV Rn. 81. Wie hier Streinz/*Kahl*, EUV/AEUV, 3. Aufl. 2018, Art. 192 AEUV Rn. 33.

oder die Stromimporte betreffen. Von einer „erheblichen" Berührung wird nur ausgegangen, wenn die Grundstrukturen der Energieversorgung betroffen sind.[25]

21 Ein Verständnis, wonach die Mitgliedstaaten keine Regelungen erlassen dürfen, die auf eine Umstellung des Systems der Stromversorgung, insbesondere durch die Verminderung von Kohlestrom, und damit die Gestaltung der Energiewende ausgerichtet sind, würde jedenfalls in diese Grundstrukturen eingreifen.[26] Der Regelungsvorbehalt gilt jedoch nicht für umweltpolitische Instrumente, „deren Ziel allein die unmittelbare Minderung von Treibhausgasemissionen ist, ohne auf Änderungen der energiewirtschaftlichen Strukturen gerichtet zu sein".[27]

22 Vorliegend ist die Regelung auf eine langfristige dauerhafte Verminderung von Kohlestrom ausgerichtet. Durch die lineare Absenkung wird ein fließender, „sanfter" Übergang von einer Kohlestrom-basierten zu einer regenerativen Energieversorgung sichergestellt, indem trotz verbleibender Restlaufzeiten die Stromerzeugungskapazitäten der Kohlekraftwerke deutlich reduziert werden. Die Regelung ist daher nicht nur auf die unmittelbare Minderung von Treibhausgasemissionen, sondern vielmehr auf die Umgestaltung der grundlegenden Struktur der Energieversorgung ausgerichtet. Ein unionsrechtliches Verbot, eine solche Regelung zu erlassen, würde Art. 194 Abs. 2 UAbs. 2 AEUV tangieren.

f) Zwischenergebnis

23 Unter Zugrundelegung der unterschiedlichen Auslegungsmethoden spricht vieles für eine weite Auslegung der Vorschrift, die auch abweichende nationale Regelungen erlaubt.

> Gut vertretbar ist daher eine Auslegung, welche Art. 9 Abs. 1 IE-RL als nicht-abschließende Regelung versteht. Dann könnte die nationale Regelung kompetenzgerecht erlassen werden, da die Union i.S.d. Art. 2 Abs. 2 S. 2 AEUV ihre Zuständigkeit nicht abschließend ausgeübt hat.
> Gutachterlich sind alle in Betracht kommenden Rechtsfragen zu erörtern. Daher ist im Folgenden auch zu thematisieren, ob die Regelung auf die Schutzverstärkungsklausel nach Art. 193 AEUV gestützt werden.

4. Schutzverstärkungsklausel (Art. 193 AEUV)

24 Gem. Art. 193 AEUV hindern EU-Regelungen, die auf die Umweltschutzkompetenzen aus Art. 192 AEUV gestützt sind, die „Mitgliedstaaten nicht daran, verstärkte Schutzmaßnahmen beizubehalten oder zu ergreifen". Erwägungsgrund 10 der ETS-RL bestätigt – letztlich nur deklaratorisch – die Anwendbarkeit des Art. 193 AEUV.[28]

---

25 GHN/*Nettesheim*, Das Recht der EU, 69. Aufl. 2020, Art. 192 AEUV Rn. 81; Streinz/*Kahl*, EUV/AEUV, 3. Aufl. 2018, Art. 192 AEUV Rn. 34 verlangt zudem einen „rechtliche(n), unmittelbare(n), finale(n) und gegenwärtige(n) Eingriff der EU"; ähnlich Calliess/Ruffert/*Calliess*, EUV/AEUV, 5. Aufl. 2016, Art. 192 AEUV Rn. 32: „finale" Maßnahme; siehe auch *Kahl*, NVwZ 2009, 265 (269); *Scherer/Heselhaus*, in: Dauses, Handbuch des EU-Wirtschaftsrechts, 49. Aufl. 2019, Umweltrecht, Art. 192 II AEUV Rn. 96 („in ihrem Kern" betroffen); Landmann/Rohmer/*Epiney*, UmweltR, 92. Ed. 2020, Art. 192 AEUV Rn. 20 („unmittelbar-final betroffen").
26 Ebenso *Klinski*, EnWZ 2017, 203 (207).
27 *Klinski*, EnWZ 2017, 203 (207).
28 So auch *Klinski*, EnWZ 2017, 203 (208); NVwZ 2015, 1473 (1477 f.). Mit anderem Ansatz *Schäuble/Volkert* u. a., CO$_2$-Emissionsgrenzwerte für Kraftwerke, IASS 2014, S. 22 und 25 f. (Schutzergänzungsklausel nicht anwendbar).

a) Abschließende Regelung auf der Grundlage der Umweltkompetenz

Die Anwendbarkeit des Art. 193 AEUV erfordert zunächst, dass die Regelung, von der abgewichen werden soll, auf die Umweltschutzkompetenz aus Art. 192 AEUV gestützt wird. Dies ist vorliegend – wie oben gesehen – der Fall. Zugleich müsste die auf der Grundlage des Art. 192 AEUV erlassene Regelung abschließenden Charakter haben. Dies wird vorliegend (zumindest hilfsweise) angenommen.   25

b) Erlass verstärkter Schutzmaßnahmen

Auf der Grundlage des Art. 193 AEUV dürfen verstärkte Schutzmaßnahmen erlassen werden.   26

Fraglich ist, was unter „verstärkten Schutzmaßnahmen" zu verstehen ist. Tlw. wird vertreten, dass es sich hierbei nur um Maßnahmen handeln könne, die innerhalb des gleichen Instrumentariums strengere Anforderungen aufstellen.[29] Diese Interpretation, die aus der Ausnahmekonzeption der Vorschrift abgeleitet wurde, ist jedoch zu eng und wird nicht vom Wortlaut des Art. 193 AEUV bestätigt. Dem Wortlaut nach verlangt Art. 193 AEUV nämlich lediglich eine gegenüber dem fraglichen europäischen Sekundärrecht verstärkte Schutzmaßnahme, nicht eine auch im Hinblick auf Mittel, Methoden und Instrumente mit dem fraglichen Sekundärrecht identische Maßnahme.[30] Hierfür kann der Wortlaut der Vorschrift herangezogen werden, der lediglich von „verstärkte(n) Schutzmaßnahmen" spricht. Auch der systematische Vergleich mit anderen Schutzverstärkungsvorschriften bestätigt diesen Eindruck: Anders als Schutzverstärkungsmaßnahmen solcher Kompetenznormen, die auf eine für den Binnenmarkt unabkömmliche Integration und Rechtsangleichung ausgerichtet sind (vgl. etwa Art. 114 Abs. 4, 5 AEUV), durchbricht Art. 193 AEUV nicht prinzipiell die Stoßrichtung der auf Art. 192 AEUV basierenden Maßnahmen, bei denen Aspekte der einheitlichen Wirkung und der Verringerung von Transaktionskosten, die durch differierendes nationales Recht entstehen, jedenfalls im Hintergrund stehen.[31] Art. 193 AEUV muss daher nicht von vornherein eng ausgelegt werden. Als zulässige Schutzverstärkungen kommen daher sowohl die Ausweitung des Anwendungsbereichs (horizontale Schutzverstärkung) als auch die Verschärfung von Umweltrechtsvorschriften (vertikale Schutzverstärkung) in Betracht.   27

Der Europäische Gerichtshof (EuGH) fragt daher in seinen (wenigen) Entscheidungen stattdessen, ob mit der nationalstaatlichen Regelung die Ziele der Richtlinie verfolgt werden und dieselbe „Ausrichtung" zu bejahen ist.[32] In der Literatur wird daher gefordert, dass die nationale Regelung in dieselbe Richtung wie die gemeinschaftliche Regelung zielt, sie die Wirkweise der Unionsregelung für den Umweltschutz nicht beeinträchtigt und dazu beiträgt, den Zielen und Prinzipien des Art. 191 AEUV näherzu-   28

---

29 Von der Groeben/Schwarze/Hatje/*Krämer*, Europ. Unionsrecht, 7. Aufl. 2015, Art. 193 AEUV Rn. 7 ff.; Schwarze/*Käller*, EU-Kommentar, 4. Aufl. 2019, Art. 193 AEUV Rn. 6; Lenz/Borchardt/*Breier*, EU- Verträge Kommentar, 6. Aufl. 2012, Art. 193 AEUV Rn. 3 f.

30 *Appel*, in: Koch (Hrsg.), Umweltrecht, 4. Aufl. 2014, § 2 Rn. 66; Calliess/Ruffert/*Calliess*, EUV/AEUV, 5. Aufl. 2016, Art. 193 AEUV Rn. 9.

31 *Riesenhuber*, System und Prinzipien des Europäischen Vertragsrechts, 2003, S. 160.

32 EuGH, Urt. v. 14.4.2005, Rs. C-6/03, Rn. 38 und 41 – Deponiezweckverband Eiterköpfe; EuGH, Urt. v. 21.7.2011, Rs. C-2/10, Rn. 50 – Azienda Agro-Zootecnica Franchini Sarl; EuGH, Urt. v. 26.2.2015, Rs. C-43/14, Rn. 25 – ŠKO-ENERGO.

kommen.[33] Das entspricht auch Sinn und Zweck der Regelung des Art. 193 AEUV. Dieser soll nämlich eine Anstoß- und Vorbildfunktion einzelner Mitgliedstaaten ermöglichen und Nachzieheffekte auf Unionsebene bewirken.[34] Übereinstimmung besteht andererseits dahin gehend, dass die Mitgliedstaaten letztlich mit verstärkten Schutzmaßnahmen die im Sekundärrecht vorgesehenen Konzepte und Schutzansätze nicht unterwandern bzw. konterkarieren dürfen.[35]

aa) Zielrichtung der Maßnahme

29 Der Erlass von CO_2-Grenzwerten ist auf die Verstärkung klimapolitischer Effekte ausgerichtet. Die Maßnahme entspricht daher prinzipiell der Schutzrichtung des Art. 191 AEUV. Sie dürfte allerdings in ihrer konkreten Ausgestaltung der Regelung der IE-RL nicht entgegenlaufen. Diese ist – ganz allgemein – auf die Regulierung verschiedener Emissionen, bspw. NO_x, SO_2 oder Staub, ausgerichtet. Für diese Schadstoffe verlangt die Richtlinie die Festlegung ordnungsrechtlicher Emissionsstandards im nationalen Recht sowie in den jeweiligen Anlagengenehmigungen (Art. 14 IE-RL). Mit der Festlegung nationaler CO_2-Grenzwerte entspricht die Regelung dem ordnungsrechtlichen Ansatz der IE-RL.[36] Zweifel bestehen einzig an der Vereinbarkeit mit Art. 9 Abs. 1 IE-RL. Letzteres wäre insbesondere der Fall, wenn mit dieser Regelung ein verbindliches Verbot formuliert würde, das über Art. 193 AEUV ausgehebelt werden sollte. Wie gesehen, belegt der 10. Erwägungsgrund der IE-RL, dass der Rückgriff auf Art. 193 AEUV vom Gesetzgeber gerade gewollt war.

bb) Schutzverstärkende Wirkung

30 An der schutzverstärkenden Wirkung einer Regelung, die bestehende ordnungsrechtliche Regularien der IE-RL auf nationaler Ebene ergänzt und erweitert, bestehen keine Zweifel.

> (Umweltpolitische) Schutzverstärkungsmaßnahmen sind auch auf der Grundlage anderer Kompetenzgrundlagen denkbar. Im Einzelnen variieren hier jedoch die Anforderungen, was insbesondere in Fällen der kompetenziellen Doppelabstützung herausfordernd ist. Hier werden wohl die strengsten Anforderungen zu Grunde zu legen sein. Bedeutsam wird an dieser Stelle insbesondere Art. 114 AEUV. Die Binnenmarktkompetenz kennt in ihren Abs. 4 und 5 derartige Schutzverstärkungsklauseln. Voraussetzung für das Beibehalten (Art. 114 Abs. 4 AEUV) und die spätere Einführung (Art. 114 Abs. 5 AEUV) einer nationalen Maßnahme ist das Vorliegen einer Harmonisierungsmaßnahme nach Art. 114 Abs. 1 AEUV. Nach Abs. 5 werden zudem „ein spezifisches Problem" in dem betroffenen

---

33 In diese Richtung Calliess/Ruffert/*Calliess*, EUV/AEUV, 5. Aufl. 2016, Art. 193 AEUV Rn. 9; Landmann/Romer/*Epiney*, UmweltR, Art. 193 AEUV Rn. 18; in die gleiche Richtung Streinz/*Kahl*, EUV/AEUV, 3. Aufl. 2018, Art. 193 AEUV Rn. 19.

34 Calliess/Ruffert/*Calliess*, EUV/AEUV, 5. Aufl. 2016, Art. 193 AEUV Rn. 3; in eine ähnliche Richtung GHN/*Nettesheim*, Das Recht der EU, 69. Aufl. 2020, Art. 193 AEUV Rn. 4 (allerdings auch mit Blick auf die negativen Wirkungen derartiger Maßnahmen) sowie Geiger/Khan/Kotzur/*Kotzur*, EUV/AEUV, 6. Aufl. 2017, Art. 193 AEUV Rn. 3.

35 *Epiney*, in: Vedder/Heintschel v. Heinegg (Hrsg.), Europäisches Unionsrecht, 2014, Art. 193 AEUV Rn. 7.

36 So auch *Ziehm*, Der Moment der Wahrheit, S. 11 f., wonach es sich um einen „zu den Instrumenten der IE-RL parallelen Ansatz für einen zusätzlichen Stoff" handelt.

Mitgliedsstaat sowie „neue wissenschaftliche Erkenntnisse" verlangt.[37] Diese weitreichenden Einschränkungen erklären sich aus dem Ziel des Art. 114 AEUV eine weitgehende Rechtsvereinheitlichung sicherzustellen. Zugleich unterfallen die Schutzverstärkungsmaßnahmen nach Art. 114 Abs. 6 AEUV der Prüfung durch die Kommission.

5. Ergebnis

Ein Verstoß gegen Art. 9 Abs. 1 IE-RL liegt nicht vor. Hilfsweise kann die nationale 31
Maßnahme auf Art. 193 AEUV gestützt werden.

II. Verstoß gegen die Treibhausgasemissionshandels-Richtlinie (RL 2003/87/EG)

Zudem kommt ein Verstoß gegen die ETS-RL in Betracht. In dieser Richtlinie, die 32
„insbesondere" auf Art. 192 AEUV beruht, wird das europäische Treibhausgasemissionshandelssystem geregelt, wonach die Minderung der Treibhausemissionen über den *Cap-and-Trade*-Mechanismus des Emissionshandels erreicht werden soll.

„Cap and Trade" beschreibt den Ablauf des Handels mit Emissionsrechten. Den beteiligten Unternehmen werden Zertifikate für eine bestimmte CO_2-Menge zugewiesen; diese Menge können sie abgeben (Cap). Verursachen sie zusätzliche Emissionen, müssen sie zusätzliche Rechte an der Börse nachkaufen (Trade). Wer sein Kontingent nicht ausschöpft, kann dies seinerseits dort veräußern.

In der Entscheidung für die Zertifikatelösung liegt eine Abkehr von einem ordnungs- 33
rechtlichen Regelungsinstrumentarium (Verbote/Gebote), was zugleich über die IVU-RL (vgl. hier Art. 9 Abs. 1) abgesichert wird.

1. Geteilte Zuständigkeit

Die RL 2003/87/EG beruht maßgeblich auf der Umweltkompetenz des Art. 192 AEUV 34
(zum Entstehungszeitpunkt Art. 175 EGV a.F.). Es handelt sich hierbei um eine „geteilte Zuständigkeit" gem. Art. 4 Abs. 2e) AEUV. Ein mitgliedstaatlicher Regelungsspielraum verbleibt daher nur, wenn die unionsrechtliche Regelung nicht bereits abschließend ist oder sich der Mitgliedstaat auf die Schutzverstärkungsklausel nach Art. 193 AEUV berufen kann.

2. Abschließende Regelung?

Inwieweit die Mitgliedstaaten noch eigenständige Regelungen ergreifen dürfen, richtet 35
sich daher danach, ob die unionsrechtliche Regelung abschließend wirken soll oder noch Freiraum für mitgliedstaatliche Regelungen lässt.

a) Öffnungsklausel

Ein solcher mitgliedstaatlicher Spielraum kann zunächst durch Öffnungsklauseln ge- 36
währt werden. Art. 24 RL 2003/87/EG enthält eine Öffnungsklausel, wonach „die

---

37 Tlw. werden diese Anforderungen auch auf Abs. 4 übertragen (so bei GHN/*Tietje*, Das Recht der EU, 69. Aufl. 2020, Art. 114 AEUV Rn. 171 ff.; a.A. Calliess/Ruffert/*Korte*, EUV/AEUV, 5. Aufl. 2016, Art. 114 AEUV Rn. 81 ff.

Mitgliedstaaten im Einklang mit dieser Richtlinie den Handel mit Emissionszertifikaten auf nicht in Anhang I aufgeführte Tätigkeiten, Anlagen und Treibhausgase ausweiten" können. Diese Öffnungsklausel passt jedoch ersichtlich nicht auf den vorliegenden Fall.

Art. 24 ETS-RL könnte die Rechtsgrundlage für die Einbeziehung weiterer – von der ETS-RL bislang nicht erfasster – Sektoren in den Zertifikatehandel sein. Dies sind vornehmlich die Bereiche Gebäude/Wärme und Verkehr.

Laut Eckpunktepapier vom 20.9.2019 will sich die Bundesregierung in enger Zusammenarbeit mit der Europäischen Kommission dafür einsetzen, einen europaweiten übergreifenden Zertifikatehandel für alle Sektoren einzuführen. Dies soll in einer Allianz mit anderen „willigen" EU-Mitgliedstaaten erreicht werden. Wie die jüngsten Erfahrungen zur vergleichsweise geringfügigen Anpassung der Emmissionshandelsrichtlinie (EH-RL)[38] von der 3. an die 4. Handelsperiode für den Zeitraum 2021–2030 zeigen, nehmen die Verhandlungen innerhalb der EU lange Zeit in Anspruch, so dass eine kurzfristige Einbeziehung der genannten Sektoren in das EU-Emissionshandelssystem (EU-EHS) durch eine Änderung der ETS-RL in Anbetracht der erforderlichen Zustimmung der Mitgliedstaaten nicht realistisch erscheint.

Für die Bereiche Gebäude und Verkehr wird durch die Regelungen des Gesetzes über einen nationalen Zertifikatehandel für Brennstoffemissionen (Brennstoffemissionshandelsgesetz; BGBl. I 2019, S. 2728) ein nationales Emissionszertifikatehandelssystem begründet. Die betroffenen Sektoren sind nicht von der ETS-RL erfasst, so dass keine kompetenzrechtlichen Probleme bestehen (hierzu BT-Drs. 19/14746, S. 23).

Nach Art. 24 EH-RL können Mitgliedstaaten grundsätzlich weitere Sektoren als die bereits erfassten in ihren nationalen Vollzug des EU-Emissions-Trading-System (EU-ETS) aufnehmen (sog. „Opt-in"-Modell). Die EU-Kommission muss diese Einbeziehung jedoch genehmigen. Entsprechend der aktuellen EuGH-Rechtsprechung ist zudem zu berücksichtigen, dass (1) die ETS-RL keine mittelbaren Emissionen, sondern nur Anlagen erfasst, die tatsächlich emittieren (EuGH, Rs. C-577/16, Trinseo, Rn. 51) sowie (2) der Emissionsbegriff nach Art. 3b) ETS-RL nicht durch delegierten Rechtsakt erweitert werden kann (EuGH, Rs. C-460/15, Schaefer Kalk, Rn. 40 ff.). Emissionen müssen daher der Definition der ETS-RL entsprechen und demnach von ortsfesten Anlagen oder von Flugzeugen ausgehen. Beides ist beim einzubeziehenden PKW-Verkehr nicht der Fall. Zudem können nach der EuGH-Rechtsprechung nur die Betreiber unmittelbar emittierender Anlagen Verpflichtete im europäischen Emissionszertifikatesystem sein. Dies bedeutet, dass ohne eine Änderung der ETS-RL nur die PKW-Fahrer und Wohnungsinhaber Teilnehmer im EU-ETS sein könnten. Jedenfalls die PKW kommen jedoch nicht als Anlagen i.S.d. ETS-RL in Betracht. Einen ausführlichen Überblick zu den verschiedenen Umsetzungsoptionen bietet ein Rechtsgutachten der Deutschen Emissionshandelsstelle im Umweltbundesamt.[39]

---

38 Richtlinie 2009/29/EG vom 23.4.2009, ABl. L 140/63.
39 Emissionshandel und CO_2-Bepreisung: Ist eine Ausweitung des Emissionshandels auf den Verkehrs- und Gebäudesektor rechtlich zulässig?; abrufbar unter: https://www.dehst.de/SharedDocs/downloads/DE/europaeischer-emissionshandel/Rechtsgutachten_EH-und-CO2-Bepreisung.pdf?__blob=publicationFile&v=4 (zuletzt abgerufen am 12.6.2020).

b) Gesamtbetrachtung der Regelung

Die RL 2003/87/EG macht den Emissionszertifikatehandel innerhalb seines (beschränkten) Anwendungsbereichs „zum übergeordneten Steuerungsinstrument",[40] welches – wie Art. 9 Abs. 1 IE-RL verdeutlicht – grundsätzlich an die Stelle ordnungsrechtlicher Regularien tritt. Damit ist allerdings noch nicht die (äußerst umstrittene) Frage beantwortet, ob es sich hierbei um eine abschließende – und darum eigenständige Regelungen der Mitgliedstaaten ausschließende – Regelung handelt.[41] Um diese Frage zu beantworten, ist eine Auslegung der ETS-RL unabkömmlich.

37

aa) Systematische Auslegung

Ein anderes Ergebnis könnte sich aus einer systematischen Perspektive ergeben. Hierzu ist insbesondere Art. 9 Abs. 1 IE-RL heranzuziehen. Diese Vorschrift regelt, dass die Genehmigung der dort genannten Anlagen und Tätigkeiten keine Emissionsgrenzwerte „enthält". Diese Regelung ist 2003 begleitend zur Entstehung der RL 2003/87/EG in die Vorgängervorschrift der IE-RL, nämlich die IVU-RL, aufgenommen worden. Wie bereits erörtert, ist diese Regelung trotz des (scheinbar) engen Wortlauts jedoch nicht als abschließend zu begreifen, so dass alleine aus dem systematischen Zusammenhang der ETS-RL zur IE-RL keine weiteren Schlussfolgerungen gezogen werden können.

38

bb) Historische Auslegung

I.R.d. historischen Auslegung ist insbesondere auf die Erwägungsgründe abzustellen, die auch politische Leitlinien der teleologischen Auslegung sind. Besonders ergiebig ist der 23. Erwägungsgrund, der den Emissionszertifikatehandel als „Teil eines umfassenden und kohärenten Politik- und Maßnahmepakets" beschreibt. Erwähnung finden zudem „ordnungs- und steuerpolitische sowie sonstige Maßnahmen", die von den Mitgliedstaaten ergriffen werden können, soweit sie auf die gleichen Ziele gerichtet sind. Der Richtliniengeber unterstellt daher das Zusammenspiel verschiedener Maßnahmen auf europäischer und mitgliedstaatlicher Ebene. Eine abschließende Wirkung der ETS-Regelungen würde dem entgegenstehen.

39

cc) Sinn und Zweck der Regelung

Abschließend ist daher die teleologische Auslegung heranzuziehen: Wie bereits gesehen, geht die ETS-RL von einem umweltpolitisch motivierten Handelssystem zur Reduktion der Treibhausgasemissionen aus. Die Richtlinie hat so betrachtet nicht nur eine ökologische, sondern auch eine ökonomische Funktion und lässt sich hierdurch in den Marktcharakter der EU einbetten. Dies belegen neben Art. 1 ETS-RL („auf kosteneffiziente und wirtschaftlich effiziente Weise") der 5. und 7. Erwägungsgrund („effektiver und unter möglichst geringer Beeinträchtigung der wirtschaftlichen Entwicklung und der Beschäftigungslage", „um die Integrität des Binnenmarktes zu erhalten und Wettbewerbsverzerrungen zu vermeiden").[42]

40

---

40 *Klinski*, EnWZ 2017, 203 (205).
41 *Verneinend: Klinski*, EnWZ 2017, 203 ff.; *Klinski*, NVwZ 2015, 1473; *ders.*, in: Horst/Leprich u. a., Studie zu den Energieeffizienzpotenzialen durch Ersatz von elektrischem Strom im Raumwärmebereich, Anhang A 3, S. 71 ff.; *Ziehm*, ZNER 2014, 34; *dies.*, ZUR 2014, 129; *Verheyen*, Rechtl. Instrumente zur Verhinderung neuer Kohlekraftwerke, 2013, S. 9 ff.; *Oei/Kemfert* u. a., Braunkohleausstieg, S. 128 ff. *Bejahend: Spieth*, NVwZ 2015, 1173; vorsichtig *Schäuble/Volkert u.a.*, CO2-Emissionsgrenzwerte für Kraftwerke, IASS 2014, S. 23 ff.
42 EuGH, Urt. v. 26.2.2015, Rs. C-43/14 – ŠKO-ENERGO = NVwZ 2015, 795.

41 Daraus könnte man ableiten, dass innerhalb des vorgegebenen (von Art. 9 ETS-RL konkretisierten) Zertifikatesystems zugleich ein Handelsfreiraum garantiert wird.[43] Begründet wurde dies in der Vergangenheit insbesondere damit, dass die Menge handelbarer Zertifikate innerhalb der jeweiligen Handelsperiode sowie deren Verringerung politisch fixiert war (vgl. hierzu Art. 9 ETS-RL) und daher auch durch weiterreichende Klimaschutzmaßnahmen der Mitgliedstaaten nicht reduziert werden konnte.[44] Bei weiterreichenden Klimaschutzmaßnahmen eines Mitgliedsstaates trat daher der sog. (im SV beschriebene) Wasserbetteffekt auf. Auch die oben genannten Erwägungsgründe ebenso wie die Regelung des Art. 9 Abs. 1 IE-RL schienen das zu bestätigen.

42 Ergänzend wurde gegen eine nationale Kompetenz vorgebracht, dass das Handelscap auf europäischer Ebene – von der Gemeinschaft der Mitgliedstaaten – zu entscheiden sei.[45] Danach handele es sich um eine gesamteuropäische politische Entscheidung, die nicht durch einzelne Mitgliedstaaten unterwandert werden dürfe. Soweit ein politischer Einsparungsbedarf erkennbar werde, werde dieser ebenfalls auf europäischer Ebene geregelt, wie die Einführung der Markstabilitätsreserve sowie die weitere Kürzung der Gesamtzertifikatemenge durch VO(EU) Nr. 176/2014 belegen würden. *Beides wurde im Sachverhalt dargelegt.* Insgesamt verbliebe es daher bei der Zuständigkeit der europäischen Institutionen.[46]

43 Dem wurde bereits früher entgegengehalten, dass anderweitige Einsparungen die Reduktion des „Cap" zumindest *politisch* erleichtern.[47] Nationalstaatliche Regelungen wären danach – mit Blick auf den Klimaschutzeffekt – zwar weitgehend sinnlos, aber dennoch rechtlich möglich. Weitergehende politische Auswirkungen seien zumindest nicht ausgeschlossen.

44 Mit Einführung des Art. 12 Abs. 4 S. 2 ETS-RL, wonach Mitgliedstaaten im Fall der Stilllegung von Stromerzeugungskapazitäten in ihrem Hoheitsgebiet Zertifikate löschen können, bestätigt der Unionsgesetzgeber einen eigenen mitgliedstaatlichen Gestaltungsspielraum i.R.d. Reduktion der Treibhausgasemissionszertifikate.

> Art. 12 Abs. 4 S. 2 und 3 ETS-RL wurden durch RL (EU) 2018/410 vom 14.3.2018 (ABl. L 76/3 vom 19.3.2018) eingefügt. Gem. dem 9. Erwägungsgrund dieser RL beruht die Regelung auf der Erwägung, dass Mitgliedstaaten „(i)n Anerkennung der Wechselwirkung zwischen Klimaschutzmaßnahmen auf Unionsebene und auf nationaler Ebene" die Möglichkeit zur Löschung von Zertifikaten haben sollten. „Um die Vorhersehbarkeit für die Betreiber und Marktteilnehmer im Hinblick auf die Menge der verfügbaren zu versteigernden Zertifikate zu gewährleisten, sollte die Möglichkeit der Löschung von Zertifikaten in solchen Fällen auf eine Menge begrenzt werden, die dem Durchschnitt der geprüften Emissionen aus der betreffenden Anlage während eines Zeitraums von fünf Jahren vor der Schließung entspricht." Dies entspricht der Regelung in Art. 12 Abs. 4 S. 2 ETS-RL.

45 Mit dieser Richtlinienänderung hat der Gesetzgeber jeder Annahme der Garantie eines Handelsfreiraums den Boden entzogen. Die hinreichende Rechtssicherheit der Betreiber und Marktteilnehmer wird mit der Regelung in Art. 12 Abs. 4 S. 2 ETS-RL sicher-

---

43 Zu Recht krit. *Klinski*, EnWZ 2017, 203 (209); ebenso *Klinski*, NVwZ 2015, 1473 (1478 f.).
44 Vgl. auch *Klinski*, EnWZ 2017, 203 (205), der davon spricht, dass hierdurch das System sowohl nationale als auch anderweitige europäische Maßnahmen (etwa zur Energieeffizienz) „übersteuert".
45 So bei *Spieth*, NVwZ 2015, 1173 (1175).
46 Hierzu *Spieth*, NVwZ 2015, 1173 (1175).
47 Hierauf verweist auch *Klinski*, EnWZ 2017, 203 (205).

gestellt. Im Rahmen einer dynamischen Auslegung der RL ist deren Zielrichtung entsprechend zu modifizieren.

Unterstützend lässt sich der Gedanke des *effet utile* heranziehen, wonach ein Regelungsziel so weit wie möglich oder bestmöglich erreicht werden soll.[48] Regelungsziel ist aber – wie gesehen – gerade die Reduktion von Treibhausgasen, nicht die Gewährleistung eines rechtssicheren Handelssystems. Der Zertifikate*handel* ist gerade nicht primäres Regelungsziel, sondern lediglich „Mittel zum Zweck".   46

dd) Primärrechtskonforme Auslegung

Die Auslegung des Regelungsinhalts der RL 2003/87/EG muss sich zugleich am Primärrecht orientieren. Hier kommt eine „umweltfreundliche" (unter [a]) sowie eine souveränitätsfreundliche (unter [b]) Auslegung in Betracht.   47

(1) Förderung des Umweltschutzes

Die EU ist (auch) eine „Umweltunion".[49] Dies ergibt sich nicht nur aus der in Art. 191 ff. AEUV normierten Kompetenz zur Regelung umweltrelevanter Sachverhalte. Bereits Art. 3 Abs. 3 UAbs. 1 EUV betont, dass die EU auf die „nachhaltige Entwicklung Europas ... sowie ein hohes Maß an Umweltschutz und Verbesserung der Umweltqualität" hinwirkt. Nach der sog. Querschnittsklausel[50] des Art. 11 EUV müssen die Erfordernisse des Umweltschutzes bei der Festlegung und Durchführung der Unionspolitiken und -maßnahmen insbesondere zur Förderung einer nachhaltigen Entwicklung einbezogen werden.   48

Umwelt- bzw. klimaschützend ist ein Verständnis, das einen eigenständigen mitgliedstaatlichen Regelungsspielraum vorsieht. Umgekehrt kann nicht mit einer (binnen-)marktfreundlichen Auslegung argumentiert werden, da der Richtlinie (zumindest) nicht mehr ein handelspolitischer Impuls entnommen werden kann.   49

(2) Mitgliedstaatliche Souveränität

Der Erlass der RL 2003/87/EG erfolgte ohne Rückgriff auf das besondere Gesetzgebungsverfahren nach Art. 192 Abs. 2 AEUV. Kompetenzgerecht erlassen wurde die Richtlinie – wie bereits oben erörtert – daher nur, wenn sie nicht in die energiepolitische Souveränität der Mitgliedstaaten eingreift. Ein Verständnis der ETS-RL, welches diese als abschließend versteht und daher keinen mitgliedstaatlichen Spielraum für weitergehende emissionsreduzierende Maßnahmen enthält, würde die grundlegende Struktur der Energieversorgung berühren. Ein solches Verständnis würde Art. 194 Abs. 2 UAbs. 2 AEUV tangieren. Eine „souveränitätsfreundliche" Auslegung ist daher eine solche, die die Regelungen der ETS-RL nicht als abschließend betrachtet.   50

c) Zwischenergebnis

Unter Zugrundelegung der unterschiedlichen Auslegungsergebnisse spricht vieles für eine weite Auslegung der Vorschrift, die auch abweichende nationale Regelungen erlaubt.   51

---

48 Schwarze/*Hatje*, EU-Kommentar, 4. Aufl. 2019, Art. 4 EUV Rn 25 ff.
49 *Scherer/Heselhaus*, in: Dauses, Handbuch des EU-Wirtschaftsrechts, 49. Aufl. 2019, Umweltrecht Rn. 1.
50 Vgl. GHN/*Nettesheim*, Das Recht der EU, 69. Aufl. 2020, Art. 11 EUV Rn. 15 ff.

> Gut vertretbar ist daher eine Auslegung, welche die ETS-RL als nicht-abschließende Regelung versteht. Dann könnte die nationale Regelung bereits erlassen werden, da die Union i.S.d. Art. 2 Abs. 2 S. 2 AEUV ihre Zuständigkeit nicht abschließend ausgeübt hat. Kommt der Bearbeiter an dieser Stelle zu einem anderen Ergebnis, kann die Regelung eventuell auf die Schutzverstärkungsklausel nach Art. 193 AEUV gestützt werden.

3. Schutzverstärkungsklausel (Art. 193 AEUV)

a) Abschließende Regelung auf der Grundlage der Umweltkompetenz

52 Die Anwendbarkeit des Art. 193 AEUV erfordert zunächst, dass die Regelung, von der abgewichen werden soll, auf die Umweltschutzkompetenz aus Art. 192 AEUV gestützt wird. Dies ist vorliegend – wie oben gesehen – der Fall. Zugleich müsste die auf der Grundlage des Art. 192 AEUV erlassene Regelung abschließenden Charakter haben. Dies wird vorliegend hilfsweise angenommen.

b) Schutzverstärkungsmaßnahme

aa) Zielrichtung der Maßnahme

53 Die schutzverstärkende Maßnahme muss mit den Zielsetzungen der Richtlinie übereinstimmen, von deren Regelung abgewichen werden soll. Unbestreitbar dient die ETS-RL dem Umweltschutz i.S.d. Art. 191 AEUV, Art. 11 EUV. Dieser Zielsetzung dient auch der hier ins Auge gefasst CO_2-Grenzwert. Tlw. wird (wie erörtert) der Richtlinie zugleich eine weitergehende handelspolitische Zielsetzung entnommen. Schutzverstärkend seien daher nur Maßnahmen „mit einer gleichermaßen ausgewogenen Zielrichtung, nicht aber Maßnahmen, die für allenfalls geringfügige Emissionseinsparungen gravierende Nachteile für die gesamte Wirtschaft in Kauf nehmen und daneben einzelne Wirtschaftszweige zielgerichtet aus dem Markt drängen."[51] Diesem ökonomischen Verständnis der ETS-RL ist spätestens mit ihren jüngsten Änderungen der Boden entzogen.

bb) Schutzverstärkende Wirkung

54 Zu diskutieren bleibt, ob die geplante mitgliedstaatliche Maßnahme eine schutzverstärkende Wirkung entfaltet. Dagegen könnte argumentativ der sog. Wasserbetteffekt herangezogen werden, der die klimapolitische Wirkung nationaler Alleingänge minimiert.

55 Andererseits ist i.R.d. Art. 193 AEUV zunächst nur auf den nationalen Wirkungsrahmen abzustellen.[52] Dies wäre hier das Erreichen der nationalen Klimaziele, die zuletzt in § 3 Abs. 1 Klimaschutzgesetz niedergelegt wurden. Die Möglichkeit, nationale Schutzverstärkungsmaßnahmen zu ergreifen, die sich zugleich unmittelbar auf europäischer Ebene auswirken müssten, würden von den Mitgliedstaaten etwas rechtlich und tatsächlich Unmögliches verlangen und daher die Schutzverstärkungsklausel entwerten. Davon wäre auch die in Art. 193 AEUV verfolgte Vorbild- und Anstoßfunktion betroffen.[53]

---

51 So *Spieth*, NVwZ 2015, 1173 (1176).
52 So *Klinski*, EnWZ 2017, 203 (209); *Klinski*, NVwZ 2015, 1473 (1478 f.).
53 *Ziehm*, Der Moment der Wahrheit, S. 12.

Zudem bleiben die mitgliedstaatlichen Maßnahmen auch auf europäischer Ebene nicht ohne Wirkung: Da wäre zunächst der politische Effekt, den derartige nationale Bemühungen bei späteren Verhandlungen um die Reduzierung des europäischen *Cap* erringen können. Man könnte davon ausgehen, dass sich „der fragliche Mitgliedstaat in der nächsten Verhandlungsrunde über das Cap aus Gründen der Stringenz des eigenen Handelns für eine Reduktion des Caps einsetzen" müsste.[54] Dass die EU auf einen Zertifikateüberhang angemessen zu reagieren weiß, hat sie zudem etwa mit der Einführung der Marktstabilitätsreserve eindrucksvoll bewiesen. Weiterhin wurde der sog. Wasserbetteffekt durch die Einführung des Art. 12 Abs. 4 S. 2, 3 ETS-RL zumindest verringert. Der Mitgliedsstaat könnte seinen nationalen Alleingang durch die Löschung überflüssiger Zertifikate flankieren. Verfassungsrechtlich wäre die Löschung bei Einführung eines CO_2-Grenzwertes sogar erforderlich, um die Geeignetheit des Eingriffs in die Berufs- und Eigentumsfreiheit der Kraftwerksbetreiber zur Erreichung des angestrebten Ziels (Stärkung des Klimaschutzes) zu gewährleisten. Schließlich fördern solche ordnungsrechtlichen Maßnahmen Investitionen in klimafreundlichere Technologien und tragen auf diesem Wege zu Effizienz des Klimaschutzes bei.[55]

56

4. Ergebnis

Ein Verstoß gegen die ETS-RL liegt nicht vor. Hilfsweise kann die nationale Maßnahme auf Art. 193 AEUV gestützt werden.

57

III. Zusammenfassende Bewertung

Ein Rechtsgutachten würde zu dem Ergebnis kommen, dass die geplante gesetzgeberische Maßnahme kompetenzrechtlich im Einklang mit dem europäischen Recht steht.

58

59

> **Weiterführende Hinweise:**
> EuGH, Urt. v. 14.4.2005, Rs. C-6/03, Rn. 38 und 41 – Deponiezweckverband Eiterköpfe; EuGH, Urt. v. 21.7.2011, Rs. C-2/10, Rn. 50 – Azienda Agro-Zootecnica Franchini Sarl; EuGH, Urt. v. 26.2.2015, Rs. C-43/14, Rn. 25 – ŠKO-ENERGO; *Arndt*, Das Vorsorgeprinzip im EU-Recht, 2009; *Diehr*, Rechtsschutz im Emissionszertifikate-Handelssystem, 2006; *Epiney*, Zur Entwicklung des Emissionshandels in der EU, ZUR 2010, 236 ff.; *Gawel*, Der EU-Emissionshandel vor der vierten Handelsperiode, EnWZ 2016, 351 ff.; *Götz*, Abgrenzung der Zuständigkeiten, in: ders./Martinez Soria (Hrsg.), Kompetenzverteilung zwischen EU und Mitgliedstaaten, S. 83 ff.; *Klinski*, Klimaschutz versus Kohlekraftwerke – Spielräume für gezielte Rechtsinstrumente, NVwZ 2015, 1473 ff.; *ders.*, Instrumente eines Kohleausstiegs im Lichte des EU-Rechts, EnWZ 2017, 203 ff.; *Kreuter-Kirchhoff*, Klimaschutz durch Emissionshandel? Die jüngste Reform des europäischen Emissionshandelssystems, EuZW 2017, 412 ff.; *dies.*, Emissionshandel und Erneuerbare Energien-Richtlinie, ZUR 2019, 396 ff.; *Schröder*, Vertikale Kompetenzverteilung und Subsidiarität im Konventsentwurf für eine europäische Verfassung, JZ 2004, 8 ff.; *Spieth*, Europarechtliche Unzulässigkeit des „nationalen Klimabeitrags" für die Braunkohleverstromung, NVwZ 2015, 1173 ff.; *Verheyen*, Rechtl. Instrumente zur Verhinderung neuer Kohlekraftwerke, 2013; *Ziehm*, Der Moment der Wahrheit – Klima oder Kohle?, Ordnungsrecht angesichts ausbleibender Lenkungswirkung des Emissionshandels, 2014, abrufbar unter https://www.german-watch.org/de/9452; *dies./Wegener*, Zur Zulässigkeit nationaler CO_2-Grenzwerte für dem

---

54 *Ziehm*, Der Moment der Wahrheit, S. 12.
55 *Ziehm*, Der Moment der Wahrheit, S. 12.

Emissionshandel unterfallende neuer Energieerzeugungsanlagen, Gutachten für die DUH, 2013; *dies.*, Klimaschutz im Mehrebenensystem – Kyoto, Paris, europäischer Emissionshandel und nationale CO_2-Grenzwerte, ZUR 2018, 339 ff.

Zur europäischen Methodenlehre: *Riesenhuber*, Europäische Methodenlehre – Einführung und Übersicht (§ 1), in: Europäische Methodenlehre, hrsg. v. *Riesenhuber*, 3. Aufl. 2015, S. 1 ff.; *Leible/Domröse*, Die primärrechtskonforme Auslegung (§ 8), a.a.O., S. 146 ff.; *Riesenhuber*, Die Auslegung (§ 10), a.a.O., S. 199 ff.

Fall 2: Umweltverfassungsrecht

Sachverhalt

Auf Basis eines Forschungsberichts zum Konsumverhalten der EU-Bürger initiiert der
EU-Kommissar für Umwelt gemeinsam mit seiner Kollegin für Verbraucherpolitik die
Einführung einer unionsweiten Regelung zur CO_2-Kennzeichnungspflicht von verarbeiteten Endprodukten (u.a. prozessierte Lebensmittel und Textilien). Diese Produkt-
kennzeichnungen sollen im Interesse des europäischen Umwelt-, Klima- und Verbraucherschutzes mehr Transparenz schaffen und alle Unionsbürger auf einer zuverlässigen
Informationsbasis dazu befähigen, einen nachhaltigeren, klimaneutraleren (*suffizien-
ten*) Lebensstil zu führen. Die Pressemitteilung der Kommission führt hierzu aus: „Nur
wer weiß, welche relativen Mengen an CO_2-Emissionen in der Produktherstellung aus-
gestoßen werden, kann sich aktiv für klimaneutrale Konsumgüter entscheiden. Ver-
brauchertransparenz und Klimaschutz gehen Hand in Hand." Daraufhin erlässt der
europäische Gesetzgeber am 4.7.2019 im ordentlichen Gesetzgebungsverfahren die fiktive Climate-Score-Richtlinie „CS-RL" (s.u.), die am 15.7.2019 in Kraft getreten ist.
Zur Umsetzung dieser europäischen Vorgaben erlässt der deutsche Gesetzgeber wiederum ordnungsgemäß am 10.10.2019 das fiktive Klima-Score-Kennzeichnungsgesetz
KlScKG (s.u.), welches am 1.12.2019 in Kraft getreten ist. Hierbei nutzt der deutsche
Gesetzgeber die unionsrechtlich eingerichtete Schutzverstärkungsklausel, um zusätzlich
zur CO_2-Kennzeichnungspflicht auch noch eine Pflicht zur Anbringung von Warnhinweisen und -symbolen auf besonders CO_2-intensiv hergestellten Produkten festzuset-
zen. In der Gesetzesbegründung wird hierzu auf eine vertrauenswürdige Studie der Ab-
teilung „Konsum, Klima und Zukunft" des Umweltbundesamtes (UBA) und ein Gutachten des Wissenschaftlichen Dienstes des Bundestages verwiesen, welche überein-
stimmend zu dem Ergebnis kommen, dass Warnhinweise mit entsprechender visueller
Symbolik eine signifikant höhere Steuerungswirkung zur Förderung eines nachhaltigen
Verbraucherverhaltens aufweisen als die bloße harmlosere CO_2-Kennzeichnung der
Produkte. Die privatwirtschaftlich-organisierte mit ihrer Hauptverwaltung in Bonn an-
gesiedelte K-GmbH stellt als kleines, jedoch sehr solventes Unternehmen des „Fast &
High-Fashion"-Segments ein Sortiment an Bekleidungstextilien her und vertreibt diese
über den hauseigenen Online-Shop („www.fast-&-lux.de") sowie in mehreren Bouti-
quen. Als produktverantwortlicher Hersteller und Vertreiber von Bekleidungstextilien
in Deutschland ist die K-GmbH sowohl von der neuen Kennzeichnungspflicht gem. § 3
KlScKG als auch von der zusätzlichen Pflicht zur Anbringung von Warnhinweisen und
-symbolen auf ihren besonders CO_2-intensiv hergestellten Produkten gem. § 4 KlScKG
betroffen. Ein Großteil des Sortiments der K-GmbH fällt unter diese strengere Warnhinweispflicht, so u.a. alle Lederhandtaschen der Reihe „Diamond" und der saisonale
Verkaufsschlager: die Outdoor-Weste „BroTect". Da die K-GmbH einen beachtlichen
Teil ihres Gewinns aus dem Umsatz dieser betroffenen Produktgruppen erzielt, mithin
die Umsatzrendite unter der neuen Warnhinweispflicht nach eigenen Angaben empfindlich leiden könnte, möchte die K-GmbH gegen das KlScKG vorgehen. Hierzu führt
die K-GmbH aus, dass bereits die europarechtlich vorgeschriebene CO_2-Kennzeich-
nungspflicht als angemessene Regelung im Interesse des Klima- und Verbraucherschutzes ausreichend sei; es mithin keiner verschärften Warnhinweispflicht bedarf. Zudem
argumentiert die K-GmbH, dass sie als kleines Unternehmen mit hochwertig – und
eben auch CO_2-intensiv – hergestellten Produkten besonders durch die wettbewerbs-
verzerrende Wirkung der unverhältnismäßigen und nicht zumutbaren Warnhinweis-

pflicht leide. Des Weiteren laufe der Ansatz des Gesetzgebers ins Leere, da er sich lediglich an den produktspezifischen CO_2-Werten, nicht aber an den summierten CO_2-Emissionen des gesamten umgesetzten Sortiments orientiere. Insbesondere behauptet die K-GmbH, dass ihr Kundenstamm mehr auf „Qualität denn Quantität" achte, mithin seltener neue Produkte kaufen würde, als das für Kunden der minderwertig produzierenden „Green & Fair-Fashion"-Unternehmen notwendig sei. Folglich sei die Regelung weder angemessen noch sinnhaft und könnte die Kunden der K-GmbH abschrecken. Nach Auffassung der K-GmbH sei es mithin offensichtlich, dass die gesetzliche Warnhinweispflicht des § 4 KlScKG sie in ihrer Berufsfreiheit, darüber hinaus aber auch ihrer Eigentumsfreiheit und ihrem Recht auf freie Meinungsäußerung unverhältnismäßig beeinträchtige. Dieser schwerwiegende Eingriff durch die schutzverstärkende Regelung des § 4 KlScKG sei nicht rechtfertigbar und verletze die K-GmbH deshalb unbestreitbar in ihren Grundrechten. Demzufolge sei das Gesetz laut der K-GmbH nichtig und gegenstandslos. Die K-GmbH legt am 1.2.2020 eine Verfassungsbeschwerde (VB) gegen das KlScKG ein.

Hat der formgerechte Antrag der K-GmbH auf Durchführung einer VB gegen das KlScKG Aussicht auf Erfolg?

Bearbeiterhinweis: Laut Sachverhalt sind die Erfolgsaussichten der VB durch die K-GmbH ausschließlich hinsichtlich der nationalen schutzverstärkenden Regelung zur Warnhinweispflicht (§ 4 KlScKG) zu prüfen. Zu vertiefenden Übungszwecken kann hierbei jedoch auch zur Zulässigkeit der VB hinsichtlich der generellen Kennzeichnungspflicht (Art. 3 CS-RL, § 3 KlScKG) Stellung genommen werden.

Anlage

Fiktive Vorschriften für die Falllösung:

RL (EU) 2019/9232 des europäischen Parlaments und des Rates v. 4.7.2019 zur gemeinschaftlichen Einführung einer verpflichtenden allgemeinen Kennzeichnungspflicht über den CO_2-Ausstoß bei der Herstellung eines Endprodukts (Climate-Score-RL, kurz: CS-RL)

Erwägungsgründe:

(1) Eine allgemeine Kennzeichnungspflicht über die CO_2-Intensität von Endprodukten soll im Interesse des europäischen Verbraucherschutzes mehr Transparenz schaffen und alle Unionsbürger durch zuverlässige Informationen dazu befähigen, einen nachhaltigeren, klimaneutralen Lebensstil zu führen.

(2) Die Union nimmt ihre globale Verantwortung als wichtiger Binnenmarktraum und ihre völkerrechtlichen Pflichten aus dem Pariser Übereinkommen ernst. Mit dem eingeführten „Climate-Score" kommt die Union ihrem staatlichen Schutzauftrag für eine nachhaltige, inter- und intragenerativ gerechte, europäische Zukunft nach.

Art. 1 Ziel

Zweck der RL ist die Verbraucher über gut sichtbare und zuverlässige Informationen zum CO_2-Ausstoß bei der Herstellung von verarbeiteten Endprodukten unionsweit einheitlich zu informieren, damit diese befähigt werden, das Konsumverhalten klimaneutral zu gestalten.

Art. 2 Begriffsbestimmungen

1. „verarbeitete Endprodukte" im Sinne dieser Richtlinie sind alle handelsüblichen Produkte, welche aus mehr als einem natürlich vorkommenden Produkt oder einer Produktklasse (Rohstoffe) bestehen und im Einzelhandel erworben werden können.

2. „Rohstoffe" im Sinne dieses Gesetzes sind natürlich vorkommende einzelne Produkte oder Produktklassen, die nicht maschinell, händisch oder in sonstiger Weise prozessiert sind.

Art. 3 Einführung einer CO_2-Kennzeichung von verarbeiteten Endprodukten

(1) Verarbeitete Endprodukte dürfen gewerbsmäßig nur dann in den Verkehr gebracht werden, wenn auf der Vorderseite der Produktverpackung gut sichtbar der in Anhang I abgedruckte farbliche „Climate-Score" abgebildet ist.

(2) Der „Climate-Score" ist, in Abhängigkeit der relativen CO_2-Intensität der Produktherstellungsprozesse, nach dem Verfahren in Anhang II zu bestimmen.

Art. 4 Mitgliedstaatliche Pflichten zur Umsetzung und Sicherstellung der Maßnahmen

(1) [1]Die Mitgliedstaaten haben die Vorgaben zur Kennzeichnungspflicht nach Art. 3 i.V.m. Anhang I und zum Berechnungsverfahren nach Anhang II ohne nationalen Gestaltungsspielraum einheitlich umzusetzen. [2]Zur Sicherstellung der Einhaltung der Ziele dieser Richtlinie haben die Mitgliedstaaten angemessene und wirksame Maßnahmen zu ergreifen. [3]Die Vorgaben der Richtlinie sollen einen Mindestschutz gewährleisten, die Mitgliedstaaten können schutzverstärkende Maßnahmen ergreifen.

(2) Die Mitgliedstaaten haben die notwendigen Maßnahmen zur Umsetzung der RL bis spätestens zum 15.1.2020 zu ergreifen.

Art. 5 [...]

Art. 6 Inkrafttreten

Die RL gilt ab dem 15.7.2019.

Anhang I Farbliche Skala zur CO_2-Kennzeichnungspflicht [...]

Anhang II Berechnungsverfahren des „Climate-Score" [...]

Umgesetzt in: Klima-Score-Kennzeichnungsgesetz – KlScKG, v. 10.10.2019

§ 1 Zweck des Gesetzes

Dieses Gesetz dient zur Umsetzung der RL (EU) 2019/9232 des europäischen Parlaments und des Rates v. 4.7.2019 in der jeweils geltenden Fassung.

§ 2 Begriffsbestimmungen

[…] *Siehe Wortlaut des Art. 2 der RL 2019/9232*

§ 3 Pflicht zur Klima-Kennzeichnung von verarbeitenden Endprodukten

(1) Verarbeitete Endprodukte dürfen gewerbsmäßig nur dann in den Verkehr gebracht werden, wenn auf der Vorderseite der Produktverpackung gut sichtbar der in Anlage 1 abgedruckte farbliche „Climate-Score" abgebildet ist.

(2) Der „Climate-Score" ist, in Abhängigkeit der relativen CO_2-Intensität der Produktherstellungsprozesse, nach dem Verfahren in der Anlage 2 zu bestimmen.

§ 4 Warnhinweise bei CO_2-intensiven Produkten

[1]Bei Überschreitung der produktklassenspezifischen CO_2-Vergleichswerte in Anlage 3 ist zusätzlich zur Kennzeichnungspflicht zum „Climate-Score" gemäß § 3 i.V.m. Anlage 1, 2 ein gutsichtbares Warnsymbol an der Verpackungsvorderseite anzubringen. [2]Das anzubringende Warnsymbol ist für die unterschiedlichen Produktklassen in Anlage 4 festgelegt.

§ 5 Ordnungswidrigkeiten und behördliche Vollzugsmaßnahmen

(1) Zuwiderhandlungen gegen die Pflichten aus § 3 und 4 sind Ordnungswidrigkeiten i.S.v. § 1 Abs. 1 OWiG.

(2) [1]Bei ordnungswidrigem Verhalten nach Absatz 1 kann die mit der Kennzeichnungspflicht beauftragte Behörde Ordnungsgelder verhängen. [2]Hierbei kann

1. bei einem Verstoß gegen § 3 Abs. 1 eine Geldbuße von bis zu 20.000 Euro und
2. bei einem Verstoß gegen § 4 eine Geldbuße von bis zu 50.000 Euro verhängt werden.

§ 6 […]

§ 7 Inkrafttreten

Das Gesetz tritt am 1.12.2019 in Kraft.

Anlage 1 und 2 entsprechen Anhang I und II der der RL 2019/9232

Anlage 3 CO_2-Vergleichs- und Grenzwerte […]

Anlage 4 Warnsymbole

(1) Bei Überschreitung der CO_2-Vergleichswerte in Anlage 3 sind gem. § 4 unter Voranstellung der Worte „Der Umweltminister warnt:" zusätzlich folgende Warnhinweise und -symbole anzubringen,

1. an Lebensmitteln

[…]

9. an Bekleidungstextilien ist der Schriftzug „Dieses CO_2-intenisve Textilprodukt beeinträchtigt das globale Klima und bedroht die Erhaltung der natürlichen Lebens-

grundlagen" sowie zusätzlich ein entsprechendes Warnsymbol nach Absatz 2 Nr. 1 anzubringen.

(2) Grafische Warnsymbole

1. Roter Planet mit aufgeheiztem Thermometer […]

Lösung:

Der Antrag auf Durchführung einer Verfassungsbeschwerde (VB) nach Art. 93 Abs. 1 Nr. 4a GG, §§ 13 Nr. 8a, 90 ff. BVerfGG hat Aussicht auf Erfolg, soweit er zulässig und begründet ist.

> In der juristischen Klausurlösung ist gerade auch i.R. einer VB auf die Feinheiten in der Formulierung zu achten. Deshalb ist bereits beim einleitenden Obersatz darauf zu achten, dass „soweit (...) zulässig und begründet" vorzugswürdig vor der ungenauen Formulierung „wenn (...)" zu verwenden ist; denn regelmäßig ist eine VB – wie hier bereits im Sachverhalt (SV) und Bearbeitervermerk eingegrenzt – nur tlw. zulässig und begründet.[1] Wohingegen ein „wenn" ein „Entweder-Oder", ein „Ganz-oder-gar-Nicht" meint, lässt ein „soweit" auch Teillösungen zu; weshalb die Formulierung „soweit" vorzugswürdig ist, da die VB auch nur in Teilen zulässig und begründet sein kann.[2]

A. Zulässigkeit

Die VB der K muss zuvorderst zulässig sein. Das Bundesverfassungsgericht (BVerfG) ist für VB gem. Art. 93 Abs. 1 Nr. 4a GG, §§ 13 Nr. 8a, 90 ff. BVerfGG zuständig.

I. Beschwerdefähigkeit, gem. Art. 93 Abs. 1 Nr. 4a GG i.V.m. §§ 13 Nr. 8a, 90 Abs. 1 BVerfGG

Zunächst muss die K-GmbH beschwerdeberechtigt sein. Beschwerdeberechtigt ist gem. Art. 93 Abs. 1 Nr. 4a GG, § 90 Abs. 1 BVerfGG „jedermann", der Träger eines Grundrechts oder grundrechtsgleichen Rechts sein kann. Inländische juristische Personen des Privatrechts können gem. Art. 19 Abs. 3 GG Träger von Grundrechten sein, soweit diese dem Wesen nach auf sie anwendbar sind.[3] Die K-GmbH kann als GmbH schon gem. § 13 Abs. 1 GmbHG Trägerin von Rechten und Pflichten sein, zudem ist sie mit ihrer Hauptverwaltung im Bundesgebiet (Bonn) ansässig (vgl. sog. *Sitztheorie*); mithin ist sie unproblematisch eine inländische juristische Person i.S.v. Art. 19 Abs. 3 GG.

Zudem müsste sich die K-GmbH gem. Art. 19 Abs. 3 GG auf ein Grundrecht berufen, dass *dem Wesen nach auf sie anwendbar ist*. „Die Erstreckung eines Grundrechts auf juristische Personen als bloße Zweckgebilde der Rechtsordnung scheidet […] dort aus, wo der Grundrechtsschutz an Eigenschaften, Äußerungsformen oder Beziehungen anknüpft, die nur natürlichen Personen wesenseigen sind".[4] Die K-GmbH beruft sich auf die Berufsfreiheit gem. Art. 12 Abs. 1 GG (Art. 15, 16 Grundrechtecharta der Europäischen Union (GRCh), auf die Eigentumsfreiheit gem. Art. 14 Abs. 1 GG (Art. 17 GRCh) und auf die Meinungsfreiheit gem. Art. 5 Abs. 1 GG (Art. 11 GRCh). Die Fä-

---

1 Vgl. u.a. *Krüger*, JuS 2014, 790 (791).
2 *Hartmann/Zanger*, JuS 2014, 829 (830).
3 BeckOK, BVerfGG/*Grünewald*, 9.Ed. 2020, § 90 Rn. 14, 23.
4 BVerfGE 106, 28 (42) = NJW 2002, 3619; bereits BVerfGE 95, 220 (242) = NJW 1997, 1841.

higkeit, ein Gewerbe zu betreiben, Träger von Eigentum zu sein oder an der Meinungs-bildung mitzuwirken, sind keine Eigenschaften, die ausschließlich natürlichen Perso-nen wesenseigen sind.[5] Folglich können sich juristische Personen (i.R. ihrer wirtschaft-lichen Tätigkeit) über Art. 19 Abs. 3 GG insbesondere auf die Gewährleistung der Be-rufsausübung[6] sowie die Eigentumsgarantie, aber auch die Meinungsfreiheit berufen.[7] Folglich sind die gerügten Grundrechte wesensmäßig auf die K-GmbH anwendbar, da-her ist sie grundrechtsfähig und mithin auch beschwerdeberechtigt.

II. Prozessfähigkeit, vgl. §§ 51 ff. ZPO, § 62 VwGO

6   Ferner müsste die K-GmbH prozessfähig sein. Da keine abweichenden Regelungen zum Verfassungsprozess ersichtlich sind, richtet sich dies nach den allgemeinen pro-zessrechtlichen Vorgaben in den §§ 51 ff. ZPO, § 62 VwGO. Hiernach ist prozessfähig wer dazu befähigt ist, Prozesshandlungen aus eigenem Recht, d.h. selbst oder durch einen gewählten Vertreter, vorzunehmen. Als juristische Person ist die K-GmbH selbst nicht dazu befähigt, Prozesshandlungen vorzunehmen, wird aber gem. § 62 Abs. 3 VwGO in Verbindung mit (i.V.m.) § 35 Abs. 1 GmbHG durch ihren Geschäftsführer vertreten.[8] Die Prozessfähigkeit ist so gewährleistet.

III. Beschwerdegegenstand, Art. 93 Abs. 1 Nr. 4a GG, § 90 Abs. 1 BVerfGG

7   Des Weiteren muss ein tauglicher Beschwerdegegenstand vorliegen. Zulässiger Be-schwerdegenstand der VB ist jeder Akt der deutschen öffentlichen Gewalt (Art. 93 Abs. 1 Nr. 4a GG, § 90 Abs. 1 BVerfGG).[9] Hierunter fallen Maßnahmen der Exekuti-ve, Legislative und Judikative, d.h. alle Maßnahmen der staatlichen und gem. Art. 1 Abs. 3 GG[10] grundrechtsgebundenen deutschen Hoheitsgewalt mit rechtlicher Außen-wirkung;[11] so grundsätzlich auch Umsetzungs- bzw. Vollzugsakte von Unionsrecht.[12] Primäre Beschwerdegegenstände i.S.v. Art. 93 GG sind Gerichtsentscheidungen (sog. *Urteilsverfassungsbeschwerde*) und Rechtssätze aller Rangstufen (sog. *Rechtssatzver-fassungsbeschwerde*).[13]

8   Hier wendet sich die K-GmbH gegen das KlScKG, d.h. ein formelles Bundesgesetz, mithin einen Akt deutscher öffentlicher (legislativer) Gewalt. Nach der Rspr. des BVerfG kann grundsätzlich „jeder Akt der öffentlichen Gewalt" Gegenstand einer VB sein. Dem Anspruch nach bietet die VB so einen „*umfassenden Grundrechtsschutz* ge-genüber der *gesamten deutschen Staatsgewalt in allen ihren Ausprägungen.*"[14] Folglich

---

5   Hierzu gehören primär die Menschenwürde nach Art. 1 Abs. 1 GG oder das Recht auf Leben und körperliche Unversehrtheit gem. Art. 2 Abs. 2 S. 1 GG; vgl. Sachs/*Sachs*, GG, 8. Aufl. 2018, Art. 19 III Rn. 68.
6   Art. 12 Abs. 1 GG ist trotz des Persönlichkeitsbezuges „seinem Wesen nach" (Art. 19 Abs. 3 GG) auf juristi-sche Personen des Privatrechts anwendbar, vgl. nur BeckOK Grundgesetz/*Ruffert*, 43. Ed. 2020, Art. 12 Rn. 38 m.w.N.
7   Vgl. nur BeckOK Grundgesetz/*Enders*, 43. Ed. 2020, Art. 19 Rn. 42 m.w.N.
8   Vgl. BVerfG, NVwZ-RR 2013, 249 ff.
9   Keine zulässigen Beschwerdegegenstände der VB sind demnach bspw. ausländische Hoheitsakte, innerkirch-liches Recht oder bloße Meinungsäußerungen, vgl. BeckOK Grundgesetz/*Morgenthaler*, 43. Ed. 2020, Art. 93 Rn. 59.1; aber auch Entscheidungen des BVerfG selbst, BVerfGE 1, 89 (90); 7, 17 (18).
10   Maunz/Dürig/*Walter*, GG, 90. Aufl. 2020, Art. 93 Rn. 343 f. m.w.N.
11   BVerfGE 22, 293 (295) = NJW 1968, 1036.
12   Vgl. *Winkler*, Grundrechte in der Fallprüfung, 2. Aufl. 2018, S. 136, Rn. 17 ff.
13   Vgl. nur BeckOK Grundgesetz/*Morgenthaler*, 43. Ed. 2020, Art. 93 Rn. 59.
14   BVerfG, Beschl. v. 6.11.2019, 1 BvR 276/17 – Recht auf Vergessen II, Rn. 58 (Hervorhebung durch den Verf.).

handelt es sich bei der KlScKG um einen tauglichen Beschwerdegegenstand für die Rechtssatz-VB der K-GmbH.

9

> **Vertiefungshinweis zu unionsrechtlichen Fallkonstellationen:**
> Die K-GmbH rügt laut SV ausdrücklich das KlScKG als nationales Umsetzungsgesetz zur CS-RL, allerdings könnte an dieser Stelle u.U. generell diskutiert werden, ob die Vorgaben der CS-RL selbst – auch ohne nationalen Umsetzungsakt – bzw. das Mitwirkungshandeln des deutschen Staates am Unionsrecht zulässige Beschwerdegegenstände der VB darstellen könnten.[15]
> Bei dem KlScKG handelt sich jedoch nicht um einfaches, nur national geformtes Recht, sondern um einen gesetzlichen Vollzugsakt von supranationalem Unionsrecht (vgl. § 1 KlScKG i.V.m. der CS-RL), deshalb müssen die einzelnen Regelungen des KlScKG als grundrechtsdogmatisch unterschiedlich zu qualifizierende Akte öffentlicher Gewalt in der weiteren Prüfung – unter A. IV.–[16] noch näher differenziert werden.

IV. Beschwerdebefugnis

Ferner muss die K-GmbH beschwerdebefugt sein. Hierzu muss die K-GmbH plausibel, d.h. hinreichend substantiiert und klar, glaubhaft machen, dass sie selbst unmittelbar und gegenwärtig durch das KlScKG in ihren Grundrechten oder grundrechtsgleichen Rechten verletzt ist (Art. 93 Abs. 1 Nr. 4a GG, § 90 Abs. 1 BVerfGG). Es muss demnach (1.) die Möglichkeit einer Grundrechtsverletzung und (2.) eine eigene, unmittelbare und gegenwärtige Beschwer vorliegen. Hierbei reicht aus, wenn der Tastaschenvortrag der K-GmbH mit hinreichender Deutlichkeit eine Grundrechtverletzung möglich erscheinen lässt; d.h. diese nicht von vorneherein ausgeschlossen ist.[17]

10

1. Möglichkeit einer Grundrechtsverletzung

Zunächst müsste die Möglichkeit einer Grundrechtsverletzung der K-GmbH gegeben sein.[18]

11

12

> **Vertiefungshinweis zur „Solange"-Rspr. und zur „Recht auf Vergessen"-Zäsur des BVerfG:**
> Mit dem generellen Vorrang des Unionsrechts[19] nicht nur vor einfachem, sondern auch nationalem Verfassungsrecht geht eine Kollisionsproblematik zwischen dem nationalen GG und dem europäischen Unionsrecht einher. Diesem Spannungsverhältnis widmet sich

---

15 Hierzu bereits *Honer*, JuS-Extra 2017, 21 (23 f.).

16 Auch das BVerfG prüft die Kollisionsproblematik nationaler und europäischer Grundrechte i.R.d. Beschwerdebefugnis und nicht bereits i.R.d. Beschwerdegegenstandes, obwohl dies im Ergebnis auch möglich wäre, vgl. BVerfG, Beschl. v. 6.11.2019, 1 BvR 16/13 – Recht auf Vergessen I, Rn. 38 ff.; BVerfG, Beschl. v. 6.11.2019, 1 BvR 276/17 – Recht auf Vergessen II, Rn. 32 ff., 58.

17 BVerfGE 64, 367 (375); 114, 258 (274) = NJW 2005, 3558; 28, 17 (19 f.) = NJW 1970, 651; 52, 303 (327) = NJW 1980, 1327.

18 Nach der früheren Rspr. des BVerfG zur Grundrechtskontrolle im Wege der VB, müsste hier der Anwendungsbereich des GG eröffnet sein. Mit der „Recht auf Vergessen"-Zäsur wird jedoch der Prüfungsumfang des Art. 93 Abs. 1 Nr. 4a GG ausdrücklich um die Grundrechte der europäischen GRCh erweitert, vgl. nachfolgender Kasten.

19 Grundlegend etabliert in: EuGH, Urt. v. 5.2.1963, Rs. C-26/62 – Van Gend & Loos, ECLI:EU:C:1963:1, 3; EuGH, Urt. v. 15.7.1954, Rs. C-6/64 – Costa/E.N.E.L, ECLI:EU:C:1964:66, Slg. 1964, 1251; EuGH, Urt. v. 17.12.1970, Rs. C-11/70 – Internationale Handelsgesellschaft, ECLI:EU:C:1970:114, 1125; EuGH, Urt. v. 9.3.1978, Rs. C-106/77 – Simmenthal II, ECLI:EU:C:1978:49, 629; vom BVerfG grundsätzlich anerkannt in: BVerfGE 31, 145 (174) = NJW 1971, 2122 (2124) – Milchpulver.

das BVerfG in seiner sog. *Solange-Rspr.-Linie*[20] erstmals dezidiert im *Solange I*-Beschluss von 1974. Nach der *Solange I*-Judikatur, sind die nationalen Grundrechte als essentieller Bestandteil der Verfassungsstruktur des GG auch beim Vollzug von Gemeinschaftsrecht (damals: EG, heute: EU) vorrangig zu beachten, solange das Gemeinschaftsrecht noch über keinen dem GG gleichkommenden Grundrechtskatalog verfügt.[21] Diese eher unionsrechtsmisstrauische Perspektive kehrte das BVerfG in seinem *Solange II*-Beschluss" von 1986 dergestalt logisch um, dass es den Grundrechtsvorbehalt nicht aktivieren werde, „solange die Europäischen Gemeinschaften, insbesondere die Rechtsprechung des Gerichtshofs der Gemeinschaften einen wirksamen Schutz der Grundrechte gegenüber der Hoheitsgewalt der Gemeinschaften generell gewährleisten, der dem vom Grundgesetz als unabdingbar gebotenen Grundrechtsschutz im wesentlichen gleichzuachten ist (...)"; das Unionsrecht weise demnach einen „nach Konzeption, Inhalt und Wirkungsweise (...)" mit dem GG wesentlich vergleichbaren Grundrechtsstandard auf.[22] Nach dieser Vermutungswirkung zugunsten des europäischen Grundrechtskatalogs im *Solange II*-Beschluss konstituiert das *Maastricht-Urteil* sowohl bei unmittelbarer wie bei mittelbarer Kontrolle des Unionsrechts das „Kooperationsverhältnis" von BVerfG und Europäischem Gerichtshof (EuGH).[23] Das BVerfG kooperiert mit dem EuGH in concreto dadurch, dass es seine Kontrollmöglichkeiten nur dann aktiviere, wenn die EU „(...) eine Grundrechtsgeltung (...), die nach Inhalt und Wirksamkeit dem Grundrechtsschutz, wie er nach dem Grundgesetz als unabdingbar geboten ist, im Wesentlichen gleichkommt, (nicht mehr gewährleisten kann)";[24] d.h. das BVerfG aktiviert seinen Auffangkontrollvorbehalt nur, sofern das Unionsrecht den grundrechtlichen Mindeststandard, mithin den Wesensgehalt betroffener Grundrechte, nicht sichern kann (vgl. auch Art. 23 Abs. 1 S. 1 GG).[25] Nach dieser Rspr.-Linie prüft das BVerfG nationale Vollzugsakte von EU-Recht dann nicht am Maßstab des GG, wenn kein substantieller nationaler Gestaltungsspielraum bei der Umsetzung besteht, d.h. bei vollständiger Determination durch (zwingendes) Unionsrecht.[26] Der Vollzug von national gestaltungsoffenem Unionsrecht, d.h. im Rahmen des (i.R.d.) Gestaltungsraums der nationalen öffentlichen Gewalt, kann jedoch zulässigerweise die VB am materiellen Maßstab der Grundrechte des GG durch das BVerfG geprüft werden.[27]

Von dieser Linie kehrt das BVerfG in seiner „*Recht auf Vergessen*"-Zäsur[28] partiell ab. Durch Einbeziehung der Gewährleistungen der Grundrechtecharta der EU (GRCh) wird der eigene gerichtliche Prüfungsmaßstab in Art. 93 Abs. 1 Nr. 4a GG substanziell erweitert.[29] Diese Erweiterung begründet das BVerfG über seine Integrationsverantwortung aus Art. 23 Abs. 1 S. 1 GG. Aufgrund seiner „grundrechtsspezifischen Kontrollfunktion" hat das BVerfG in Bereichen, in denen die Grundrechte des GG, aufgrund des vorrangigen Unionsrechts nicht anwendbar sind, staatliches Handeln an der GRCh zu messen.[30] Hier-

---

20 Näher hierzu u.a. Streinz/*Huber*, EUV/AEUV, 3. Aufl 2018, Art. 19 EUV Rn. 66 ff.; *Sachs*, Verfassungsprozessrecht, 4. Aufl. 2016, Rn. 536 ff.
21 BVerfGE 37, 271 (280) – Solange I.
22 BVerfGE 73, 339 (339, 378 ff.) – Solange II.
23 BVerfGE 89, 155 (155) – Maastricht.
24 BVerfGE 123, 267 (335) – Lissabon.
25 BVerfGE 102, 147 (164) – Bananenmarkt.
26 BVerfGE 118, 79 (95 ff.) – Treibhausgas-Emissionsberechtigungen.
27 BVerfGE 121, 1 (15) – Vorratsdatenspeicherung.
28 Näher hierzu *Kühling*, NJW 2020, 275; *Hoffmann*, NVwZ 2020, 33; *Pfeifer*, GRUR 2020, 34; *Wendel*, JZ 2020, 157.
29 BVerfG, Beschl. v. 6.11.2019, 1 BvR 276/17 – Recht auf Vergessen II, Rn. 51, 67.
30 BVerfG, Beschl. v. 6.11.2019, 1 BvR 276/17 – Recht auf Vergessen II, Rn. 62 ff.

bei verantwortet das BVerfG nur die richtige Anwendung der GRCh; die letztverbindliche Auslegung der GRCh ist nach wie vor dem EuGH vorbehalten.[31] Die Erweiterung des Prüfungsmaßstabs in Art. 93 Abs. 1 Nr. 4 a GG gilt jedoch nicht undifferenziert, sondern bemisst sich selbst wiederum an der Reichweite des unionalen Fachrechts; mithin an der Definition der „Durchführung von Unionsrecht" i.S.v. Art. 51 Abs. 1 GRCh.[32] Nach der aktuellen Rspr. des BVerfG muss i.R.d. Grundrechtskontrolle zusammengefasst folglich unterschieden werden: zwischen (1.) nicht vollständig unionsrechtlich determinierten Konstellationen mit nationalen Gestaltungsspielräumen und (2.) unionsrechtlich vollständig determinierten Situationen.[33]

Zwar hat das BVerfG in seiner „Recht auf Vergessen"-Zäsur den eigenen Prüfungsumfang materiell um die Unionsgrundrechte erweitert,[34] allerdings kontrolliert das BVerfG weiterhin Hoheitsakte i.R.d. VB nach Art. 93 Abs. 1 Nr. 4a GG nicht in allen unionsrechtlich relevanten Konstellationen direkt am Maßstab der GRCh.[35] So werden auch zukünftig die Grundrechte des GG vorrangig angewendet, sofern (1.) das Schutzniveau der GRCh und der „Vorrang, Einheit und die Wirksamkeit des Unionsrechts nicht beeinträchtigt werden."[36] Der Anwendungsvorrang der Grundrechte des GG gelte (2.) in allen Konstellationen, in denen das Unionsrecht zwar einschlägig ist, die Rechtlage hiervon jedoch „nicht vollständig determiniert ist" und zwar explizit unabhängig davon, ob sich das zu berücksichtigende EU-Fachrecht als eine „Durchführung von Unionsrecht" i.S.v. Art. 51 Abs. 1 GRCh erweist.[37]   13

Die K-GmbH rügt ausdrücklich die bundesgesetzliche Pflicht zur Anbringung von Warnhinweisen und -symbolen auf ihren besonders CO_2-intensiv hergestellten Produkten (vgl. § 4 i.V.m. Anlage 3 und 4 KlScKG). Fraglich ist demnach, ob es sich hierbei um eine unionsrechtlich vollständige determinierte Rechtslage handelt oder der deutschen Hoheitsgewalt ein substantieller Gestaltungsspielraum beim Vollzug zusteht. Nach Art. 4 Abs. 1 S. 2 CS-RL haben die Mitgliedstaaten zur Sicherstellung der Einhaltung der RL-Ziele angemessene und wirksame Maßnahmen zu ergreifen. Hierbei können sie gem. Art. 4 Abs. 1 S. 3 CS-RL strengere, schutzverstärkende Maßnahmen ergreifen. Mithin steht dem deutschen Gesetzgeber gem. Art. 4 Abs. 1 S. 2, 3 CS-RL ein erheblicher Gestaltungsspielraum in der rechtlichen Mittel- und Methodenwahl zur RL-Umsetzung zu, so dass es sich bei der Regelung zur schutzverstärkenden Warnhinweispflicht nicht um den Vollzug von vollständig determiniertem Unionsrecht handelt. Mangels entsprechender Anhaltspunkte droht auch keine Gefährdung des Europäischen Grundrechtsschutzniveaus oder des Vorrangs, der Einheit und der Wirksamkeit des Unionsrechts. In diesem Fall steht das Unionsrecht der prioritären nationalen Grundrechtsanwendung im mitgliedstaatlichen Umsetzungsspielraum, mithin der Zulässigkeit der VB der K-GmbH gegen die Warnhinweispflicht, von vornherein nicht   14

---

31 BVerfG, Beschl. v. 6.11.2019, 1 BvR 276/17 – Recht auf Vergessen II, Rn. 69.
32 BVerfG, Beschl. v. 6.11.2019, 1 BvR 16/13 – Recht auf Vergessen I, Rn. 41 ff., 53 f.
33 „Die Frage, ob die Grundrechte des Grundgesetzes oder der Charta anzuwenden sind, hängt, (…), maßgeblich von einer Unterscheidung zwischen vollständig vereinheitlichtem und gestaltungsoffenem Unionsrecht ab.", so BVerfG, Beschl. v. 6.11.2019, 1 BvR 276/17 – Recht auf Vergessen II, Rn. 77.
34 Vgl. hierzu den Vertiefungshinweis im vorangestellten Kasten.
35 Vgl. EuGH, Rs. C-617/10 – Åkerberg Fransson, ECLI:EU:C:2013:105, 26.2.2013, 19, 21; kritisch BVerfGE 133, 277 (316) – Antiterrordatei.
36 Vgl. nur EuGH, Bschl. v. 26.2.2013, Rs. C-399/11 – Melloni, ECLI:EU:C:2013:107, 60 und BVerfG, Beschl. v. 6.11.2019, 1 BvR 16/13 – Recht auf Vergessen I, Rn. 48 m.w.N.
37 BVerfG, Beschl. v. 6.11.2019, 1 BvR 16/13 – Recht auf Vergessen I, Rn. 41 ff.

entgegen.[38] Hinsichtlich der Warnhinweispflicht rügt die K-GmbH eine Beeinträchtigung ihres Rechts auf eine freie Berufsausübung (Art. 12 Abs. 1 GG), ihrer Eigentumsfreiheit (Art. 14 Abs. 1 GG) und des in Art. 5 Abs. 1 S. 1 GG garantierten Rechts auf freie Meinungsäußerung. Die K-GmbH trägt hinreichend substantiiert vor, dass die Warnhinweispflicht die Ausübung ihrer unternehmerischen Freiheit und ihre Eigentumsfreiheit verletzen könnte, da hierdurch sowohl ihre freie Berufsausübung als auch die wirtschaftliche Profitabilität ihres Bekleidungsgewerbes beeinträchtigt ist. Auch eine Beeinträchtigung des Rechts auf freie Meinungsäußerung der K-GmbH durch die verpflichtende Anbringung der Warnhinweise und -symbole ist nicht von vorneherein ausgeschlossen. Denn einerseits reduzieren die Warnhinweise die eigene Werbefläche auf den Produkten, andererseits könnte durch die abschreckenden Warnhinweise u.U. auch suggeriert werden, dass es sich um eine klimapolitische Meinungsposition der K-GmbH selbst handele.

15   Nach alledem ist hinreichend glaubhaft gemacht, dass im Falle der Warnhinweispflicht gem. § 4 KlScKG die Möglichkeit einer Grundrechtsverletzung gegeben ist.

> **Grundrechtsbindung bei der Umsetzung der Kennzeichnungspflicht als zwingendes, vollständig determiniertes Unionsrecht – nach neuer Rspr. des BVerfG:**
> Wenn sich die K-GmbH nicht nur dezidiert gegen die Warnhinweispflicht, sondern auch die generelle Kennzeichnungspflicht gewandt hätte, müsste hier weiter geprüft werden, ob die K-GmbH auch durch die Kennzeichnungspflicht verletzt sein könnte. Der möglichen Grundrechtsverletzung der K-GmbH durch die Kennzeichnungspflicht gem. § 3 KlScKG könnte entgegenstehen, dass vollvereinheitlichtes Unionsrecht über den generellen Anwendungsvorrang auch die Grundrechte des GG verdrängt; in diesem Falle kann keine Grundrechtskontrolle am Maßstab des GG erfolgen. Dazu müsste zunächst eine vollständig unionsrechtlich determinierte Regelungskonstellation vorliegen. Hierbei ist nicht auf die reine Rechtsform (Richtlinie oder Verordnung) abzustellen, vielmehr ist – unter Zugrundelegung des Ziels und Zwecks einer Vorschrift in ihrem systematischen Gesamtkontext – „(...) in Bezug auf die jeweilige (EU-Rechtsnorm) zu untersuchen, ob sie auf die Ermöglichung von Vielfalt und die Geltendmachung verschiedener Wertungen angelegt ist, oder ob sie nur dazu dienen soll, besonderen Sachgegebenheiten hinreichend flexibel Rechnung zu tragen, dabei aber von dem Ziel der gleichförmigen Rechtsanwendung getragen ist."[39]
> Die von der K-GmbH gerügte gem. Art. 3 i.V.m. mit Anhang I, II CS-RL vorgeschriebene Kennzeichnungspflicht von verarbeiteten Endprodukten (i.S.v. Art. 2 Abs. 1 Climate-Score-RL) mit dem „Climate-Score" ist nach Art. 4 Abs. 1 S. 1 CS-RL ohne mitgliedstaatlichen Gestaltungsspielraum einheitlich umzusetzen. Mithin wird durch Art. 3, 4 CS-RL – auch i.S.d. Sinnes und Zwecks der Vorschrift zur einheitlichen Information aller Unionsbürger (vgl. Erwägungsgründe (ErwGr.) (1) CS-RL) – sowohl das „Ob" als auch das „Wie" der nationalen Umsetzung vorgegeben. Diese Vorgaben des Art. 4 Abs. 1 S. 1 CS-RL setzt § 3 KlScKG im direkten Wortlaut des Art. 3 CS-RL formalgesetzlich um, ohne dass der deutsche Gesetzgeber eine eigene gesetzliche Prägung vornehmen könnte. Folglich handelt es sich bei der Pflicht nach § 3 KlScKG um eine unionsrechtlich vollständig determinierte Situation. Die K-GmbH wendet sich in diesem Fall also gegen einen Akt deutscher öffentlicher Gewalt, der zwingendes Unionsrecht vollzieht und somit (mittelbar) die Grundrechte des

---

38 StRspr BVerfG, Beschl. v. 6.11.2019, 1 BvR 16/13 – Recht auf Vergessen I, Rn. 39 m.w.N.
39 BVerfG, Beschl. v. 6.11.2019, 1 BvR 276/17 – Recht auf Vergessen II, Rn. 77 ff.

GG in ihrer „Reservefunktion" verdrängt.[40] Soweit die Grundrechte des Grundgesetzes durch den Anwendungsvorrang des Unionsrechts verdrängt werden, kontrolliert das BVerfG dessen Anwendung durch deutsche Stellen jedoch am Maßstab der Unionsgrundrechte.[41] Die Beschwerdebefugnis der K-GmbH ist demzufolge auf eine mögliche Verletzung der Art. 15, 16, 17 und Art. 11 GRCh zu stützen. Mit ihrem Vorbringen müsste die K-GmbH folglich hinreichend darlegen, dass sie durch die Kennzeichnungspflicht nach Art. 3 CS-RL i.V.m. § 3 KlScKG in ihren Grundrechten auf Berufs-, Unternehmens- und Eigentumsfreiheit oder ihr Recht auf freie Meinungsäußerung verletzt sein könnte.

Auch hinsichtlich der Kennzeichnungspflicht gem. Art. 3 i.V.m. § 3 KlScKG könnte somit eine mögliche Verletzung der (europäischen) Grundrechte der K-GmbH gegeben sein.

Ob die K-GmbH in ihrer VB ausschließlich nationale bzw. europäische Grundrechte nennt, kann dahinstehen, da die Nennung einer falschen Norm nicht den substantiierten Vortrag der Beschwerdeführerin schädigen kann; die richtige (Grund-)Rechtsanwendung ist vielmehr (originäre) Aufgabe des BVerfG.[42]

2. Eigene, gegenwärtige und unmittelbare Beschwer

Zudem muss die K-GmbH geltend machen, dass sie durch die angegriffenen Regelungen im KlScKG selbst, gegenwärtig und unmittelbar betroffen ist.[43] Zunächst müsste die K-GmbH selbst durch das KlScKG betroffen sein. Selbst betroffen ist nur der Rechtsinhaber, das ist jedenfalls der Adressat der angegriffenen Maßnahme. Die K-GmbH ist als Hersteller von Bekleidungstextilien von den grundrechtsbeeinträchtigenden Regelungen des KlScKG adressiert und mithin selbst beschwert. Ferner müsste die K-GmbH gegenwärtig beschwert sein. Hierzu muss die von der K-GmbH behauptete Grundrechtsverletzung zum Zeitpunkt der Entscheidung durch das BVerfG schon und noch vorliegen. Eine bloß möglicherweise in Zukunft eintretende Grundrechtsbeeinträchtigung durch ein Gesetz reicht regelmäßig gerade nicht aus.[44] Die Warnhinweispflicht gem. § 4 KlScKG entfaltet mit Inkrafttreten des Gesetzes am 1.12.2019 ihre Rechtswirkung und belastet die K-GmbH als Adressat mithin zum Zeitpunkt der VB am 1.2.2020 gegenwärtig (d.h. schon und noch). Des Weiteren müsste die K-GmbH auch noch unmittelbar beschwert sein. Die unmittelbare Betroffenheit erfordert, dass die gerügten Regelungen des KlScKG direkt in den Rechtskreis der K-GmbH einwirken, ohne dass es hierzu eines weiteren vermittelnden Vollzugsakts bedarf.[45] Die gesetzlich vorgeschriebene Warnhinweispflicht wirkt unabhängig eines exekutiven Vollzugshandelns auf die grundrechtlichen Freiheiten der K-GmbH ein; mithin ist die K-GmbH auch unmittelbar beschwert.

16

Folglich macht die K-GmbH hinreichend substantiiert und klar glaubhaft, dass sie durch die gerügte Regelung des KlScKG möglicherweise in einem ihrer – nationalen (und/oder europäischen)[46] – Grundrechte verletzt ist und hierbei selbst, gegenwärtig und unmittelbar betroffen ist; mithin ist die K-GmbH beschwerdebefugt.

17

40 BVerfG, Beschl. v. 6.11.2019, 1 BvR 276/17 – Recht auf Vergessen II, Rn. 47 f.
41 BVerfG, Beschl. v. 6.11.2019, 1 BvR 276/17 – Recht auf Vergessen II, Rn. 50 ff., 74.
42 So BVerfG, Beschl. v. 6.11.2019, 1 BvR 276/17 – Recht auf Vergessen II, Rn. 84.
43 StRspr BVerfGE 1, 97 (101) = NJW 1952, 297; 90, 128 (135) = NVwZ 1994, 889.
44 BeckOK Grundgesetz/*Morgenthaler*, 43. Ed. 2020, Art. 93 Rn. 65 m.w.N.
45 BVerfGE 1, 97 (102 f.) = NJW 1952, 297; 79, 174 (187 f.) = NJW 1989, 1271.
46 Die europäischen Grundrechte der GRCh wären anzuwenden, wenn die K-GmbH auch/oder gegen die EU-rechtlich vollständig determinierte Kennzeichnungspflicht vorgehen würde, vgl. den Kasten.

V. Rechtsschutzbedürfnis

1. Erschöpfung des Rechtswegs, § 90 Abs. 2 S. 1 BVerfGG i.V.m. Art. 94 Abs. 2 S. 2 GG

18 Ferner kann die VB erst nach Erschöpfung des Rechtswegs (*formelle Subsidiarität*) erhoben werden (§ 90 Abs. 2 S. 1 BVerfGG i.V.m. Art. 94 Abs. 2 S. 2 GG). Das bedeutet, dass die K-GmbH alle zulässigen und zumutbaren prozessualen Möglichkeiten zur Beseitigung der behaupteten Grundrechtsverletzung in Anspruch genommen haben muss.[47] Da es jedoch keinen Rechtsweg i.S.v. § 90 Abs. 2 S. 1 BVerfGG gegen ein formelles Gesetz gibt und insbesondere nicht die Möglichkeit einer prinzipalen Normenkontrolle nach § 47 VwGO besteht, ist dem Erfordernis der formellen Subsidiarität Genüge getan.

2. Subsidiarität, § 90 S. 2 S. 1 BVerfGG

19 Zudem besteht ein ungeschriebenes (*materielles*) Subsidiaritätserfordernis als eigenständige Zulässigkeitsvoraussetzung des § 90 Abs. 2 BVerfGG,[48] welches voraussetzt, dass vor Erhebung der VB alle verfügbaren und zumutbaren Möglichkeiten des fachgerichtlichen Rechtsschutzes auszuschöpfen sind. Die Rechtssatz-VB ist darüber hinaus dann unzulässig, wenn die Beschwerdeführerin noch die Möglichkeit einer Inzidentkontrolle durch ein Fachgericht hat. Die K-GmbH beschwert sich gegen die bundesgesetzlich vorgeschriebene und gem. § 5 KlScKG bußgeldbewerte Warnhinweispflicht des § 4 KlScKG. Den Verstoß gegen eine bußgeldbewerte rechtliche Pflicht als Zulässigkeitsanforderung der VB vorauszusetzen, so dass erst im fachgerichtlichen Bußgeldverfahren inzident gegen die Verfassungsmäßigkeit der bußgeldbewerten Vorschrift vorgegangen werden könnte, ist jedoch unzumutbar.[49] Demzufolge kann der K-GmbH i.R.d. materiellen Subsidiaritätserfordernisses nicht zugemutet werden, gegen die bußgeldbewerte Warnhinweispflicht zu verstoßen, um dann im fachgerichtlichen Bußgeldverfahren inzident gegen das Gesetz vorgehen zu können.[50] Mithin ist das materielle Subsidiaritätserfordernis gewahrt.

20 Da die Grundätze der formellen sowie materiellen Subsidiarität gewahrt sind, müssen folgerichtig auch keine Ausnahmen i.S.v. § 90 Abs. 2 S. 2 BVerfGG geprüft werden. Somit ist das Rechtsschutzbedürfnis der K-GmbH gegeben.

VI. Form und Frist (§§ 23 Abs. 1, 92, 93 Abs. 3 BVerfGG)

21 Ferner müsste die VB von der K-GmbH form- und fristgerecht eingelegt worden sein. Unproblematisch hat die K-GmbH die VB laut SV formgerecht, d.h. schriftlich und begründet, eingelegt (vgl. § 23 Abs. 1, §§ 92, 93 Abs. 1 S. 1 BVerfGG). Zudem müsste die VB der K-GmbH gegen das KlScKG gem. § 93 Abs. 3 BVerfGG binnen eines Jahres nach Inkrafttreten des Gesetzes erhoben werden. Das KlScKG ist am 1.12.2019 in Kraft getreten und die K-GmbH erhebt ihre VB am 1.2.2020, mithin ist Jahresfrist für die VB gegen Gesetze gewahrt. Die VB ist form- und fristgerecht erhoben worden.

---

47 *Winkler*, Grundrechte in der Fallprüfung, 2. Aufl. 2018, S. 138.
48 BVerfGE 74, 69 (74 f.) – Subsidiaritätsprinzip; BVerfGE 77, 84 (100 f.) – Arbeitnehmerüberlassung.
49 BVerfG, Beschl. v. 25.9.2001, 2 BvR 2442/94 – Pflegeversicherungsgesetz, Rn. 5 unter Verweis auf BVerfGE 81, 70 (82 f.) – Rückkehrgebot für Mietwagen.
50 Vgl. hierzu auch Fall 6 in: *Augsberg/Augsberg/Schwanenbauer*, Klausurtraining Verfassungsrecht, 3. Aufl. 2018, S. 185 ff., 189.

VII. Zwischenergebnis

Mithin ist die VB der K-GmbH hinsichtlich der gerügten nationalgesetzlich geprägten bußgeldbewerten Warnhinweispflicht gem. §§ 4, 5 i.V.m. Anlage 3, 4 KlScKG zulässig.

22

B. Begründetheit

Die VB ist begründet, soweit die K-GmbH durch die gesetzlichen Neuregelungen des KlScKG in ihren Grundrechten (oder grundrechtsgleichen Rechten) verletzt ist (vgl. Art. 93 Abs. 1 Nr. 4a, § 95 Abs. 1 S. 1 BVerfGG). Dies ist der Fall, soweit die Regelungen des KlScKG ohne verfassungsrechtliche Rechtfertigung in den Schutzbereich eines Grundrechts eingreifen.

23

> Die Rechtssatz-VB wirft hinsichtlich des Prüfungsmaßstabs anders als die Urteils-VB keine besonderen Probleme auf. Mithin stellt die formelle oder materielle Verfassungswidrigkeit eines Gesetzes i.R.d. Rechtssatz-VB eine Grundrechtsverletzung dar. Bei der Urteils-VB ist hier weiter zu differenzieren: Da das BVerfG keine Superrevisionsinstanz ist, überprüft es die letztinstanzliche fachgerichtliche Entscheidung nicht auf dessen Richtigkeit, sondern nur am Maßstab „spezifischen Verfassungsrechts", d.h. auf die Frage, ob bei Auslegung des einfachen Rechts die Bedeutung und Tragweite des betroffener Grundrechte verkannt wurde (sog. *Heck'sche Formel*).[51]

I. Grundrechtskonkurrenzen

Die K-GmbH macht – wie bereits unter A. IV. 1. dargestellt – die Verletzung ihrer Meinungsäußerung (Art. 5 Abs. 1 GG), Eigentumsfreiheit (Art. 14 Abs. 1 S. 1 GG) und Berufsfreiheit (Art. 12 Abs. 1 GG) geltend.

24

Das Grundrecht in Art. 5 Abs. 1 GG „kann für eine Wirtschaftswerbung allenfalls in Anspruch genommen werden, wenn die Werbung einen wertenden, meinungsbildenden Inhalt hat oder Angaben enthält, die der Meinungsbildung dienen".[52] Daran fehlt es, wenn die Verpackung der Produkte der K-GmbH lediglich für die staatliche Warnungspflicht gebraucht werden, ohne darüber hinaus die (firmeneigene) Werbung zu beeinträchtigen.[53] Die staatlichen Warnhinweisen zur CO_2-Intensität des Produktes stellen insbesondere durch die Voranstellung der Worte „Der Umweltminister warnt:" vor dem anzubringenden Warnhinweis gem. § 4 i.V.m. Anlage 4 KlScKG eine deutlich erkennbare fremde Meinungsäußerung dar. Somit dient die Pflicht zum Aufdruck der Warnhinweise der Verbreitung einer fremden Meinung, trifft alle Unternehmen, die verarbeitete Endprodukte (wie u.a. Bekleidungstextilien) in den Verkehr bringen, und erweckt nicht den Anschein, die Unternehmen würden diese Meinung von sich aus verbreiten; etwas anderes könnte gelten, wenn die Warnhinweise nicht deutlich erkennbar

25

---

51 StRspr BVerfGE 18, 85 (92 f.) – Spezifisches Verfassungsrecht; BVerfGE 30, 173 (188) – Mephisto; BVerfGE 85, 248 (257 f.) – Ärztliches Werbeverbot, BVerfGE 89, 276 (285) – geschlechtsbezogene Diskriminierung; vertiefend hierzu Maunz/Schmidt-Bleibtreu/Klein/Bethge/*Bethge*, BVerfGG, 58. EL 2020, § 90 Rn. 316 ff. m.w.N.
52 BVerfGE 71, 162 (175); BVerfGE 95, 173 (182).
53 BVerfGE 95, 173 (182 f.).

Äußerung einer fremden Meinung wären.[54] Mithin wird die Meinungsfreiheit in Art. 5 Abs. 1 GG durch § 4 KlScKG nicht berührt.[55]

26   Jedoch könnte ferner eine Verletzung der Eigentumsfreiheit gem. Art. 14 Abs. 1 GG in Betracht kommen. Die Eigentumsfreiheit steht im engen Zusammenhang mit der Berufsfreiheit, wobei Art. 14 Abs. 1 GG das bereits Erworbene und die Berufsfreiheit in Art. 12 Abs. 1 GG den zukünftigen Erwerb sichert. Art. 12 Abs. 1 GG schützt demzufolge personenbezogen und auf die Zukunft gerichtet die Freiheit der individuellen Erwerbs- und Leistungstätigkeit, während Art. 14 Abs. 1 GG objektbezogen den Besitz und die Verwendung vorhandener Vermögensgüter grundrechtlich garantiert.[56] Da Art. 14 Abs. 1 GG also nur Rechtspositionen schützt, die einem Rechtssubjekt bereits zustehen, umfasst er grundsätzlich nicht in der Zukunft liegende Chancen und Verdienstmöglichkeiten.[57] Die Pflicht zum Aufdruck von Warnhinweisen mindert zwar die zukünftigen und personenbezogenen Umsatz- und Gewinnchancen der K-GmbH, berührt aber insoweit keine objektbezogenen eigentumsrechtlich geschützten Rechte.[58] Demnach liegt der Schwerpunkt des Eingriffs offensichtlich auf der Berufstätigkeit und nicht auf dem erworbenen Produkt der selbigen, weshalb die Warnhinweisplicht primär nicht in den Schutzbereich des Art. 14 Abs. 1 GG, sondern des Art. 12 Abs. 1 GG fällt.

27

Vertiefungshinweis zur mittelbaren Überprüfung von (gestaltungsoffenem) Unionsrecht:[59]
Wie bereits unter A. IV. ausführlicher dargestellt handelt es sich bei der Warnhinweispflicht gem. § 4 KlScKG um den Vollzug von gestaltungsoffenem, d.h. nicht vollständig determiniertem zwingendem, Unionsrecht. Die Kennzeichnungspflicht ist – im Gegensatz hierzu – vollständig durch die Union determiniert, mithin zweifelsohne als zwingende „Durchführung von Unionsrecht" i.S.v. Art. 51 Abs. 1 S. 1 GRCh an den grundrechtlichen Maßstäben der GRCh zu bemessen, da die deutsche Staatsgewalt hier nur als föderal verlängerter Arm der Union und nicht selbst grundrechtsbeeinträchtigend tätig wird. Die hier streitgegenständliche als Schutzverstärkungsklausel gem. Art. 4 Abs. 1 S. 2, 3 CS-RL kodifizierte, substanziell gestaltungsoffene Regelung zur Warnhinweispflicht in § 4 KlScKG fällt hingegen, ungeachtet der Subsumtionsmöglichkeit unter den Begriff der „Durchführung von Unionsrecht" i.S.v. Art. 51 Abs. 1 S. 1 GRCh im Einzelfall, in den prioritären Anwendungsbereich der Grundrechte des GG. Der grundrechtliche Maßstab ist folglich – anders als bei der generellen Kennzeichnungspflicht des § 3 KlScKG – nicht die unternehmerische Freiheit in Art. 16 GRCh, sondern die Berufsfreiheit in Art. 12 Abs. 1 GG. Für die Frage nach dem zuständigen Verfassungsgericht (EuGH oder BVerfG), und mithin auch dem zulässigen Rechtsmittel, ist die Unterscheidung zwischen (1.) vollständig determinierter und (2.) gestaltungsoffener Umsetzung von EU-Recht in der verfassungsgerichtlichen Praxis irrelevant, da das BVerfG primär wegen seiner „grundrechtsspezifischen Kontrollfunktion" und seiner Integrationsverantwortung aus Art. 23 GG beides kontrol-

---

54 BVerfGE 95, 173 (182).
55 Im Ergebnis so auch BVerfG, Beschl. v. 18.5.2016 – 1 BvR 895/16, Rn. 9 ff.
56 BeckOK Grundgesetz/*Axer*, 43. Ed. 2020, Art. 14 Rn. 27; Maunz/Dürig/*Papier/Shirvani*, GG, 90. Aufl. 2020, Art. 14 Rn. 353 m.w.N.
57 BVerfGE 95, 173 (188) m.w.N.
58 BVerfGE 95, 173 (183, 187 f.) m.w.N.
59 Vgl. zum Ganzen bereits die Ausführungen unter A. IV. 1. m.w.N.

> liert; so zumindest die de facto praxisbestimmende Auffassung des BVerfG in seiner „Recht auf Vergessen"-Zäsur.

Nicht geprüft werden soll laut Bearbeitervermerk, ob die unionsrechtlich determinierte generelle Kennzeichnungspflicht in § 3 KlScKG die unternehmerische Freiheit nach Art. 16 GRCh verletzt, obwohl auch dies i.R.d. VB beim BVerfG zulässig wäre.[60]   28

Näher zu prüfen ist nach alledem also nur, ob die Pflicht in § 4 KlScKG die Berufsfreiheit der K-GmbH (Art. 12 Abs. 1 GG) verletzt. Dies ist dann der Fall, wenn ein Eingriff in den Schutzbereich des Art. 12 Abs. 1 GG vorliegt und dieser nicht verfassungsrechtlich gerechtfertigt ist.   29

II. Schutzbereich der Berufsfreiheit, Art. 12 Abs. 1 GG

Zunächst müssen der persönliche und sachliche Schutzbereich des Art. 12 Abs. 1 GG eröffnet sein.   30

1. Persönlicher Schutzbereich

Die Berufsfreiheit gem. Art. 12 Abs. 1 GG gewährleistet „allen Deutschen" die freie Berufswahl und -ausübung (sog. *Deutschengrundrecht*). Neben dem Schutz deutscher Staatsbürger i.S.v. Art. 116 Abs. 1 GG, ist der persönliche Schutzbereich der Berufsfreiheit über Art. 19 Abs. 3 GG auch für inländische juristische Personen des Privatrechts eröffnet, da die Berufsfreiheit dem Wesen nach auch auf juristische Personen des Privatrechts, wie die K-GmbH, anwendbar ist.[61] Der persönliche Schutzbereich ist mithin eröffnet.   31

2. Sachlicher Schutzbereich

Ferner muss auch der sachliche Schutzbereich der Berufsfreiheit eröffnet sein.   32

33

> **Hinweis zur Rspr. des BVerfG zu Art. 12 Abs. 1 GG (sog. Drei-Stufen-Lehre):**
> Sachlich lassen sich im Schutzbereich des Art. 12 Abs. 1 GG nach Wortlaut zwei separate Teilbereiche unterscheiden: S. 1 schützt die schrankenlos gewährleistete freie Wahl des Berufes und der Ausbildungsstätte, S. 2 schützt hingegen die freie Berufsausübung unter nur einfachem Gesetzesvorbehalt. Da es sich hierbei jedoch faktisch um sachlich untrennbar zusammengehörige Teilaspekte handelt, sind Berufswahl und -ausübung nicht strikt voneinander zu trennen, sondern beide im als Einheit zu erfassenden Schutzbereich des einheitlichen Grundrechts auf Berufsfreiheit unter dem Gesetzesvorbehalt des Art. 12 Abs. 1 S. 2 GG zu prüfen.[62] Die Ausweitung des Regelungsvorbehaltes der freien Berufsausübung (S. 2) auf die freie Wahl des Berufes (S. 1) *contra constitutionem*,[63] d.h. ohne, dass dies im Wortlaut des Verfassungstexts so angelegt ist, wird vom BVerfG durch seine „Drei-Stufen-Lehre"[64] dogmatisch abgefangen. Die Drei-Stufen-Lehre unterscheidet als grundrechtsspezifizierende Schrankensystematik in aufsteigender Eingriffsintensität drei

---

60 Siehe den vorangestellten Kasten i.V.m. A. IV. 1.
61 Vgl. hierzu bereits die Darstellung unter A. I.
62 StRspr BVerfGE 7, 377 (401 f.) – Apotheken-Urteil.
63 So schon *Augsberg/Augsberg/Schwanenbauer*, Klausurtraining Verfassungsrecht, 3. Aufl. 2018, S. 190; Maunz/Dürig/*Scholz*, GG, 90. Aufl. 2020, Art. 12, Rn. 336.
64 BVerfGE 7, 377 (397 ff.) – Apotheken-Urteil.

Beeinträchtigungsstufen: (1.) **Berufsausübungsregeln**, (2.) **subjektive Berufswahlregeln** und (3.) **objektive Berufswahlregeln**.[65] Berufsausübungsregeln führen zur geringsten Eingriffsintensität in die Berufsfreiheit, subjektive Berufswahlregeln weisen eine mittlere Beeinträchtigungsqualität auf und den schwersten Grundrechtseingriff stellen die objektiven Berufswahlregeln dar.[66] Mit zunehmender Eingriffsintensität steigen auch die verfassungsrechtlichen Rechtfertigungshürden: Wohingegen bei (1.) **Berufsausübungsregeln** bereits *zweckmäßig erscheinende vernünftige Allgemeinwohlerwägungen* einen Eingriff regelmäßig rechtfertigen können, ist bei (2.) **subjektiven Berufswahlregeln** schon der gegenüber der Freiheit des Einzelnen vorrangige *Schutz eines besonders wichtigen Gemeinschaftsguts* gefordert; (3.) **objektive Berufswahlregeln** können sogar nur zur *Abwendung einer nachweislichen oder höchstwahrscheinlichen Gefahr für ein überragend wichtiges Gemeinschaftsgut* zulässig sein.[67] Mit dieser berufsfreiheitsspezifischen Schrankensystematik zu Art. 12 Abs. 1 GG modifiziert das BVerfG die allgemeinen Verhältnismäßigkeitsprüfung.

Zwar findet sich der dogmatische Ausgangspunkt der Drei-Stufen-Lehre in der Einheitlichkeit des Berufsfreiheitsgrundrechts mit Ausweitung des Regelungsvorbehalts in Art. 12 Abs. 1 GG,[68] aufgrund der Einheitlichkeit des abwehrrechtlichen Schutzbereich ist auf dieser Ebene jedoch noch nicht zwischen Berufsausübung und -wahl zu unterscheiden. Nach h.M. erfolgt diese Differenzierung mittels der Drei-Stufen-Lehre erst i.R.d. Verhältnismäßigkeitsprüfung.

34 Da sowohl die freie Berufswahl als auch die -ausübung sachlich durch Art. 12 Abs. 1 GG geschützt sind, ist der Schutzbereich eröffnet, sofern es sich bei der Tätigkeit der K-GmbH um einen Beruf handelt. Ein Beruf ist jede auf Dauer angelegte Tätigkeit zur Schaffung und Erhaltung einer Lebensgrundlage.[69] Dieser Begriff ist sehr weit auszulegen und nicht auf bereits etablierte traditionelle Berufsbilder zu beschränken (Stichwort: sog. *Berufserfindungsrecht*).[70] Die K-GmbH schafft und erhält mit ihrer Berufstätigkeit, d.h. Produktion und Vertrieb von luxuriösen Bekleidungstextilien, den Lebensunterhalt der Unternehmer und Mitarbeiter in einem wirtschaftlichen Sinne, hierbei ist unerheblich, ob die Tätigkeit tatsächlich den Lebensunterhalt sichert, es kommt lediglich auf die Gewinnerzielungsabsichten der K-GmbH an.[71] Unfraglich verfolgt die K-GmbH mit dem Verkauf ihrer Produkte finanzielle Gewinnerzielungsabsichten, zudem handelt es sich bei dieser Tätigkeit nicht um einen einmaligen Erwerbsakt, sondern eine dauerhafte Tätigkeit. Folglich handelt es sich bei der Erwerbstätigkeit der K-GmbH um einen Beruf i.S.v. Art. 12 Abs. 1 GG, mithin ist auch der sachliche Schutzbereich eröffnet.

---

65 Vgl. zum Ganzen nur BeckOK Grundgesetz/*Ruffert*, 43. Ed. 2020, Art. 12 Rn. 93 ff.; Maunz/Dürig/*Scholz*, GG, 90. Aufl. 2020, Art. 12 Rn. 335 ff. je m.w.N.
66 Vgl. Jarass/Pieroth/*Jarass*, GG, 15. Aufl. 2018, Art. 12 Rn. 34 ff.
67 BeckOK Grundgesetz/*Ruffert*, 43. Ed. 2020, Art. 12 Rn. 93 ff.; Maunz/Dürig/*Scholz*, GG, 90. Aufl. 2020, Art. 12 Rn. 335 ff. mit Verweis auf die stRspr des BVerfG.
68 BeckOK Grundgesetz/*Ruffert*, 43. Ed. 2020, Art. 12 Rn. 18, 74, 93.
69 Vgl. nur BVerfGE 7, 377 (397) – Apotheken-Urteil; BVerfGE 102, 197 (212) – Spielbankgesetz BW.
70 Vgl. nur BVerfGE 14, 19 (22); BVerfGE 68, 272 (281); BVerfGE 13, 97 (106); BVerfGE 78, 179 (193); BVerfGE 141, 121 (131 f.).
71 Siehe nur BeckOK Grundgesetz/*Ruffert*, 43. Ed. 2020, Art. 12 Rn. 42 m.w.N.

III. Eingriff in die Berufsfreiheit

Des Weiteren muss die von der K-GmbH gerügte gesetzliche Regelung zur bußgeldbe- 35
werten Warnhinweispflicht für CO_2-intensive Produkte in §§ 4, 5 i.V.m. Anlage 3
und 4 KlScKG einen Eingriff in Art. 12 Abs. 1 GG darstellen.

> Unter dem klassischen verfassungsrechtlichen Eingriffsbegriff werden solche Beeinträch-
> tigungen subsumiert, welche (1.) gezielt, d.h. intendiert und final, stattfinden und nicht
> lediglich unbeabsichtigte Nebenerscheinung eines staatlichen Handelns sind (sog. *Finali-
> tät*), (2.) aus imperativen Handeln qua Rechtsakt und nicht lediglich durch tatsächliches
> Realhandeln folgen (sog. *Rechtsförmigkeit*), (3.) unmittelbare Folge staatlicher Handlun-
> gen sind (sog. *Unmittelbarkeit*) und (4) die imperativ, d.h. durch Befehl und Zwang, vollzo-
> gen werden (sog. *Imperativität*).[72]
> Der moderne (erweiterte) Eingriffsbegriff weitet diesen restriktiven Begriff dahin gehend
> aus, dass er auch mittelbare (d.h. nicht zwingend *finale, unmittelbare*) und faktische (d.h.
> nicht zwingend *rechtsförmige, imperative*) sowie mittelbar-faktische Eingriffe einschließt;
> mithin werden im erweiterten Verständnis alle vier klassischen Erfordernissen aufge-
> weicht.[73] Folglich umfasst der moderne grundrechtliche Eingriffsbegriff: jedes staatliche
> Handeln, das dem Einzelnen ein Verhalten, das in den Schutzbereich eines Grundrechts
> fällt, ganz oder tlw. unmöglich macht bzw. ein Rechtsgut beeinträchtigt.[74]
> Das Vorliegen der klassischen Eingriffsmerkmale ist i.R.d. Art. 12 Abs. 1 GG mithin keine
> notwendige, aber nach wie vor eine hinreichende Bedingung. Ein Eingriff ist unproblema-
> tisch zu bejahen, wenn es sich um einen klassischen Eingriff handelt, aber nach dem mo-
> dernen Eingriffsbegriff müssen diese traditionellen Merkmale nicht mehr unbedingt er-
> füllt sein.[75]

Folglich müsste die Warnhinweispflicht im KlScKG zumindest ein staatliches Handeln 36
darstellen, welches der K-GmbH die Ausübung ihrer Berufsfreiheit aus Art. 12 Abs. 1
GG, ganz oder teilweise unmöglich macht. Dies ist jedenfalls dann der Fall, wenn die
gesetzliche Warnhinweispflicht eine berufsbezogene Regelung darstellt, die das Ob und
Wie einer beruflichen Tätigkeit verbindlich normativ gestaltet, mithin die tatbestandli-
che Gewährleistung des Art. 12 Abs. 1 GG – gegen den Willen der K-GmbH – (impera-
tiv) verkürzt.[76] Hierbei muss es sich nach der Rspr. des BVerfG aufgrund der Vielzahl
normativer Regelungen, welche die Berufsfreiheit mindestens faktisch und/oder mittelbar berühren (vgl. *moderner Eingriffsbegriff*),[77] um eine staatliche Maßnahme handeln, die eine *objektiv berufsregelnde Tendenz* aufweist.[78] Dies ist dann der Fall, wenn
die normative Regelung ihrer Entstehungshistorie und ihres Inhalts nach schwerpunkt-
mäßig Tätigkeiten betrifft, die typischerweise beruflich ausgeübt werden.[79]

---

72 *Voßkuhle/Kaiser*, JuS 2009, 313 (313).
73 *Voßkuhle/Kaiser*, JuS 2009, 313 (313 f.).
74 Vgl. nur BVerfGE 105, 279 (299 ff.).
75 Näher zum (modernen) Eingriffsbegriff in der Fallbearbeitung *Voßkuhle/Kaiser*, JuS 2009, 313 (313 ff.); *Ho-
busch*, JA 2019, 278.
76 Vgl. Jarass/Pieroth/*Jarass*, GG, 15. Aufl. 2018, Art. 12 Rn. 14.
77 Siehe Hinweis im vorangestellten Kasten.
78 StRspr BVerfG, vgl. nur BVerfGE 13, 181 (186); BVerfGE 97, 228 (254); BVerfGE 98, 218 (258); kritisch hierzu
u.a. BeckOK Grundgesetz/*Ruffert*, 43. Ed. 2020, Art. 12 Rn. 57; MKS/*Mannsen*, GG, 7. Aufl. 2018, Art. 12
Rn. 75.
79 BVerfGE 97, 228 (254).

37　Durch die berufsbezogene Regelung zur Warnhinweispflicht in § 4 KlScKG wird das Wie der Berufsausübung der K-GmbH – gegen ihren eigenen freien Willen – im Schutzbereich des Art. 12 Abs. 1 GG verbindlich geregelt. Die Regelung des KlScKG zur Warnhinweispflicht erschwert der K-GmbH folglich die Ausübung der in Art. 12 Abs. 1 GG grundrechtlich gewährleisteten Berufsfreiheit. Ferner weist die Regelung unproblematisch auch eine objektiv berufsregelnde Tendenz auf, da die Warnhinweispflicht gerade darauf abzielt, den typischerweise beruflich ausgeübten Verkauf von verarbeiteten Endprodukten (u.a. Bekleidungstextilien), mithin die Wettbewerbsfreiheit, normativ zu beschränken. Demzufolge ist im Ergebnis ein Eingriff in die Berufsfreiheit der K-GmbH zu bejahen.[80]

IV. Verfassungsrechtliche Rechtfertigung

38　Der Eingriff durch das KlScKG in die Berufsfreiheit der K-GmbH muss verfassungsrechtlich gerechtfertigt sein. Dies ist dann der Fall, wenn das Gesetz *in jeder Hinsicht verfassungskonform* ist, d.h. (1.) von dem Gesetzesvorbehalt des Art. 12 Abs. 1 S. 2 GG gedeckt ist sowie (2.) formell und (3.) materiell verfassungskonform ist.[81]

1. Gesetzesvorbehalt, Art. 12 Abs. 1 S. 2 GG

39　Das Grundrecht auf Berufsfreiheit in Art. 12 Abs. 1 GG ist nicht schrankenlos gewährleistet, sondern erhält im Wortlaut des Art. 12 Abs. 1 S. 2 GG einen Gesetzesvorbehalt gegenüber der Berufsausübung. Dieser wird in stRspr des BVerfG auch auf die freie Wahl des Berufs in Art. 12 Abs. 1 S. 1 GG ausgeweitet, da es sich bei der Berufsfreiheit um ein einheitliches Abwehrrecht handelt.[82] Die Berufsfreiheit, d.h. die Berufsausübung und -wahl, ist somit „durch Gesetz oder aufgrund eines Gesetzes" einschränkbar. Zunächst müsste das KlScKG also vom dem Gesetzesvorbehalt gedeckt sein; dies ist beim KlScKG unproblematisch zu bejahen, da es sich um ein förmliches Parlamentsgesetz mit objektiv berufsregelnder Tendenz handelt (s.o.).

> Im klassischen Aufbau der Grundrechtsprüfung von Schutzbereich-Eingriff-Schranke und Schranken-Schranke ist auf Ebene der Schranke zu Art. 12 Abs. 1 GG somit insbesondere zu prüfen, ob formell eine verfahrens-, form- und kompetenzgemäße berufsregelnde Vorschrift besteht, welche wiederum materiell die generellen Verfassungsgrundsätze des Art. 20 GG, d.h. primär das Bestimmtheitsgebot und das Rückwirkungsverbot,[83] achtet. Ferner kann diese Schranke jedoch nur dann in jeder Hinsicht verfassungskonform sein, wenn sie „durch hinreichende, der Art der betroffenen Betätigung und der Intensität des jeweiligen Eingriffs Rechnung tragende Gründe des Gemeinwohls gerechtfertigt wird und dem Grundsatz der Verhältnismäßigkeit entspricht."[84] Die im Rahmen von Art. 12 Abs. 1 GG maßgebliche Schranken-Schranke stellt demzufolge die berufsfreiheitsspezifisch strukturierte Anwendung des Übermaßverbotes dar, d.h. die Prüfung der Verhältnis-

---

80　Analog zu den Warnungen auf Tabakerzeugnissen, vgl. BVerfGE 95, 173 (181 ff.) m.w.N.

81　Vgl. nur BeckOK Grundgesetz/*Ruffert*, 43. Ed. 2020, Art. 12 Rn. 86; Maunz/Dürig/*Scholz*, GG, 90. Aufl. 2020, Art. 12 Rn. 304 ff. m.w.N.

82　StRspr seit BVerfGE 7, 377 (401 f.) – Apotheken-Urteil; näher hierzu schon B. II. 2.

83　Ein Eingriff „durch oder aufgrund eines Gesetzes" – hier: durch das KlScKG – erfordert, dass die Rechtsgrundlage hinreichend bestimmt sein muss, vgl. BVerfGE 49, 168 ff. (181); BVerfGE 59, 104 ff. (114); BVerfGE 62, 169 ff. (183); BVerfGE 80, 103 ff. (107 f.); BVerfGE 86, 28 (40).

84　BVerfGE 115, 276 (304).

mäßigkeit anhand der Drei-Stufen-Lehre des BVerfG unter besonderer Berücksichtigung der Zumutbarkeit.[85]

2. Formelle Verfassungsmäßigkeit

Ferner muss das KlScKG formell verfassungsmäßig sein. Dies erfordert primär, dass 40
das KlScKG in einem ordnungsgemäß durchgeführten Gesetzgebungsverfahren und unter Beachtung der Formvorschriften kompetenzgemäß erlassen wurde. Die mitgliedstaatliche Gesetzgebungskompetenz zum Erlass der umwelt- und verbraucherschutzverstärkenden Regelungen im KlScKG ist schon unionsprimärrechtlich vorgesehen (vgl. Art. 193 AEUV i.V.m. Art. 37 GRCh für den Umweltschutz und Art. 169 Abs. 4 AEUV i.V.m. Art. 38 GRCh für den Verbraucherschutz). Auch die sekundärrechtlichen Vorgaben in Art. 4 Abs. 1 S. 2, 3 CS-RL sehen die Option für schutzverstärkende Regelungen neben der unbedingt umzusetzenden Kennzeichnungspflicht (Art. 3 CS-RL) durch nationale Vorschriften im Anwendungsbereich der CS-RL vor. Ferner ergibt sich auf nationalstaatlicher Ebene die (konkurrierende) Gesetzgebungskompetenz des Bundes für das KlScKG aus dem Recht der Wirtschaft in Art. 74 Abs. 1 Nr. 11 i.V.m. Nr. 20 GG, da es sich um eine wirtschaftsrelevante Regelung für Bekleidungstextilien als Bedarfsgüter i.S.v. Art. 74 Abs. 1 Nr. 20 GG i.V.m. § 2 Abs. 6 Nr. 6 LFGB handelt und die Regelung durch Bundesgesetz zur Wahrung der Wirtschaftseinheit im gesamtstaatlichen Interesse erforderlich ist.[86] Folglich ist das KlScKG kompetenzgerecht erlassen worden. In Ermangelung hinreichender, anderweitiger Hinweise im SV ist mithin von der formellen Verfassungsmäßigkeit des KlScKG auszugehen.

3. Materielle Verfassungsmäßigkeit

Das formell verfassungsgemäße KlScKG muss zudem materiell verfassungsgemäß sein. 41

a) Bestimmtheitsgebot

Zunächst erfordert dies, dass die durch die K-GmbH angegriffene Regelung in § 4 42
KlScKG hinreichend bestimmt formuliert ist. Die streitgegenständliche Warnhinweispflicht in § 4 KlScKG müsst hierzu so formuliert sein, dass die Folgen der Regelung für den Normadressat so vorhersehbar und berechenbar sind, dass er sein Verhalten danach ausrichten kann.[87] Die Regelung in § 4 i.V.m. Anlage 3, 4 KlScKG schreibt dem Normadressaten – hier: der K-GmbH – die Verwendung eines spezifischen, ausformulierten Warnhinweises mit dazugehörigem -symbol vor, sobald er die konkret in Anlage 3 des KlScKG produktklassenspezifisch festgesetzten CO_2-Grenzwerte bei der Herstellung eines Produktes überschreitet. Ebenfalls ist das Berechnungsverfahren der CO_2-Werte in § 3 i.V.m. Anlage 2 KlScKG bereits unionsrechtlich detailliert und erschöpfend vorgeschrieben. Für die Normadressaten sind die Folgen der Warnhinweispflicht demnach ausreichend vorhersehbar und berechenbar, so dass sie ihr Verhalten unproblematisch daran ausrichten können bzw. müssen. Folglich ist der verfassungsrechtli-

---

85 Maunz/Dürig/*Scholz*, GG, 90. Aufl. 2020, Art. 12 Rn. 335 ff., 341 m.w.N.
86 Zu den Anforderungen im Bereich der konkurrierenden Gesetzgebung, vgl. nur BVerfGE 106, 62 (135 ff.); BVerfGE 111, 226 (253); Sachs/*Degenhart*, GG, 8. Aufl. 2018, Art. 72 Rn. 10 ff. m.w.N.
87 Maunz/Dürig/*Grzeszick*, GG, 90. Aufl. 2020, Art. 20 VII. Rn. 58 ff. m.w.N.

che Grundsatz der Rechtssicherheit in Form des Bestimmtheitserfordernisses unbedenklich gewahrt.

b) Übermaßverbot: Verhältnismäßigkeit und Drei-Stufen-Lehre

43 Da keine anderweitigen Probleme auf der Schrankenebene ersichtlich sind, muss die gesetzliche Regelung des KlScKG schließlich den Erfordernissen des Übermaßverbotes genügen (Art. 20 Abs. 3 GG), d.h. i.R.d. Berufsfreiheit unter Anwendung der Drei-Stufen-Lehre verhältnismäßig sein. Die gesetzlichen Grundlagen sind dann mit Art. 12 Abs. 1 GG vereinbar, wenn sie durch ausreichende Gründe des Gemeinwohls gerechtfertigt werden und wenn sie dem Grundsatz der Verhältnismäßigkeit entsprechen, wenn also das gewählte Mittel zur Erreichung des verfolgten (legitimen) Zwecks geeignet und auch erforderlich ist und wenn bei einer Gesamtabwägung zwischen der Schwere des Eingriffs und dem Gewicht der ihn rechtfertigenden Gründe die Grenze der Zumutbarkeit noch gewahrt ist.[88]

aa) Legitimer Zeck

44 Zunächst muss die Regelungen des KlScKG einen legitimen Zweck verfolgen. In formeller Hinsicht dient das KlScKG der schutzverstärkenden Umsetzung der unionsrechtlichen Vorgaben der CS-RL. Die CS-RL zielt darauf ab, den Verbraucherschutz durch eine höhere Transparenz zu verbessern, um alle Unionsbürger mittels zuverlässiger Informationen dazu zu befähigen, einen nachhaltigeren, klimaneutralen Lebensstil zu führen (sog. *Suffizienz*). Dadurch kommt die Union ihrer globalen Verantwortung und ihrem staatlichen Schutzauftrag für eine nachhaltige europäische Zukunft nach (vgl. ErwGr. 1, 2 CS-RL). Mithin lassen sich auch für das KlScKG zwei zentrale Gesetzeszwecke identifizieren: (1.) der Umwelt- bzw. Klimaschutz und (2.) der Verbraucherschutz. Die Regelungen des KlScKG zielen darauf ab, die Bürger dazu zu befähigen, nachhaltigere umwelt- und klimaschonende Konsumentenentscheidungen treffen zu können. Durch die bessere Informationsbasis über die CO_2-Intensität der Herstellungsprozesse von Produkten soll ein nachhaltiger, d.h. möglichst klimaneutraler und umweltschonender, Wettbewerb etabliert werden. Zudem soll die staatlich verantwortete CO_2-Produktkennzeichnung auch dezidiert im Interesse des Verbraucherschutzes eingeführt werden, um Unternehmen transparenten und einheitlichen Produktionsanforderungen zu unterwerfen.

45 Umwelt- und Klimaschutz stellen als Schutzgüter der Staatszielbestimmung des Art. 20a GG nicht nur legitime Zwecke dar, sondern u.U. kann es sogar über Art. 20a GG verpflichtend geboten sein, das umweltschonende Verhalten der Bürger u.a. über die Zurverfügungstellung von Informationen zu fördern.[89] Auch der Verbraucherschutz ist nicht zuletzt wegen seines unionsrechtlichen Stellenwertes (vgl. Art. 169 AEUV, Art. 38 GRCh), an dessen Verwirklichung Deutschland unter loyaler Zusammenarbeit aktiv mitwirkt (vgl. Art. 4 Abs. 3 EUV, Art. 288 Abs. 3 AEUV i.V.m. der CS-RL) – hier: durch das KlScKG – ein zweifelsohne legitimer Gesetzeszweck.

---

88 BVerfGE 95, 173 (183) m.w.N.
89 Vgl. hierzu nur BeckOK Grundgesetz/*Huster/Rux*, 43. Ed. 2020, Art. 20a Rn. 10 ff., 34 f., 50; *Groß*, ZUR 2009, 364 (366 ff.); *Cremer*, ZUR 2019, 278 (278 ff.).

bb) Geeignetheit

Ferner muss durch die gesetzliche Warnhinweispflicht gem. § 4 KlScKG der legitime Zweck erreicht oder zumindest gefördert werden können. Demnach reicht es verfassungsrechtlich aus, wenn der erwünschte Erfolg der Regelung gefördert wird,[90] d.h. die Möglichkeit der Zweckerreichung besteht; diese hierzu also nicht schlechthin ungeeignet ist.[91] Die schutzverstärkende Regelung zur Warnhinweispflicht in § 4 KlScKG ermöglicht, insbesondere mittels des zusätzlichen grafischen CO_2-Warnsymbols, eine intuitive Informationsaufnahme durch einen durchschnittlich begabten Bürger im Moment einer Konsumentscheidung und führt so u.U. zu einem suffizienteren, klimaneutraleren Einkaufsverhalten. Folglich ist die Regelung zur Warnhinweispflicht jedenfalls dazu geeignet, den Umwelt-, Klima-, und Verbraucherschutz zu befördern. Die Regelung des KlScKG ist mithin zur Zweckerreichung geeignet.

46

cc) Erforderlichkeit

Des Weiteren muss die gesetzliche Regelung zur Warnhinweispflicht auch erforderlich sein. Bei der Beurteilung der Erforderlichkeit wird dem Gesetzgeber zwar ein Beurteilungsspielraum zugestanden,[92] allerdings darf der verfolgte Zweck der Regelung nicht durch eine andere gleich wirksame und weniger grundrechtsbeeinträchtigende Maßnahme ebenso gut erreicht werden.[93] Das bedeutet, dass die Maßnahme nicht weitreichender in den grundrechtlichen Schutzbereich eingreifen darf, als dies in Ansehung der rechtfertigenden Gemeinwohlbelange absolut notwendig ist.[94]

47

Zur berufsfreiheitsspezifischen Bestimmung der Erforderlichkeit ist die – unter B. II. 2. bereits grundlegend dargestellte – Drei-Stufen-Lehre des BVerfG heranzuziehen.[95] Die Drei-Stufen-Lehre unterscheidet drei in ihrer Eingriffsintensität und den an diese zu stellenden Rechtfertigungshürden ansteigende Eingriffsstufen in die Teilbereiche der Berufsfreiheit, d.h. die freie Berufsausübung und -wahl. Zu unterscheiden ist in einem ersten Schritt danach, ob es sich bei der berufsregelnden gesetzlichen Warnhinweispflicht (1.) um eine Berufsausübungsregel, (2.) eine subjektive Berufswahlregel oder (3.) eine objektive Berufswahlregel handelt, da die Erforderlichkeit nur gegeben ist, wenn der Eingriff in die Berufsfreiheit nicht ebenso wirksam auf einer niedrigeren Stufe hätte erfolgen können. Insbesondere bei Berufswahlregeln ist demnach zu prüfen, ob nicht auch schon eine Berufsausübungsregel den gleichen Erfolg erzielen könnte, mithin die Beeinträchtigung der Berufswahl schon gar nicht erforderlich war. Die Verpflichtung zur Anbringung von Warnhinweise und -symbolen auf den CO_2-Grenzwert überschreitenden Produkten beschränkt die Ausübung berufsbezogener Tätigkeiten der K-GmbH, mithin lediglich die freie Art und Weise der Berufstätigkeit;[96] ohne hierbei eine hinreichende Beeinträchtigung der Berufswahl auszulösen.[97] Folglich handelt es

48

---

90 BVerfGE 30, 292 (316); BVerfGE 80, 1 (24 f.).
91 BVerfGE 67, 157 (175); BVerfGE 103, 293 (307).
92 BVerfGE 77, 84 (109); BVerfGE 102, 197 (218).
93 BVerfGE 30, 292 (316); BVerfGE 53, 135 (145).
94 BVerfGE 106, 216 (219).
95 Ausgangspunkt dieser Lehre in BVerfGE 7, 377 (378 f., 407 ff.); s.o.
96 BVerfGE 7, 377 (405 f.); BVerfGE 39, 210 (225); BVerfGE 45, 246 (256 f.); BVerfGE 86, 155 (171).
97 Regelungen zur Werbung, wie etwa die Warnhinweise auf Tabakerzeugnissen, BVerfGE 95, 173 (181), stellen unstrittig (nur) typische Berufsausübungsregeln dar, vgl. nur Maunz/Dürig/*Scholz*, GG, 90. Aufl. 2020, Art. 12 Rn. 343 m.w.N.

sich um eine Berufsausübungsregel, ergo bereits die niedrigste Eingriffsstufe, damit ist der Stufenlehre diesbezüglich Rechnung getragen.

49 Allerdings ist im Rahmen der erschöpfenden verfassungsrechtlichen Erforderlichkeitsprüfung nicht nur die formale Anwendung der Stufenlehre auf Unterschiede zwischen den Stufen, sondern auch die notwendige Erforderlichkeit der Maßnahme innerhalb der Stufen – hier: Berufsausübungsregeln – zu prüfen.[98] So bleibt fraglich, ob nicht eine mildere, ebenso wirksame Berufsausübungsregel als die in ihrer spezifischen Form erheblich beeinträchtigende Warnhinweispflicht den legitimen Zweck sicherstellen könnte. Auch die unionsrechtlich determinierte generelle CO_2-Kennzeichnungspflicht des § 3 KlScKG führt immerhin schon zur Verbesserung der Informationsbasis der Verbraucher und so zur Förderung umweltschonenderen Verhaltens. Fraglich ist jedoch, ob die mildere Kennzeichnungspflicht dieses in gleich wirksamer Weise wie die Warnhinweispflicht sicherstellt. Nach der zitierten Studie des Umweltbundesamtes und des Gutachtens des wissenschaftlichen Dienstes des Bundestages haben die abschreckenden, negativ-konnotierten Warnhinweise mit der dazugehörigen Symbolik eine besonders hohe Wirkung auf das Konsumverhalten der Bürger. Demnach setzen die Warnhinweisen eine aktive Wahlentscheidung für ein offenkundig umwelt- und klimaschädliches Produkt voraus, dies verspricht nicht nur nach dem Gutachten, sondern auch generellen verhaltensökonomischen Erwägungen einen höheren Erfolg als die im Vergleich dazu eher deskriptiv wirkenden, wertneutralen Kennzeichnungen nach § 3 KlScKG mit den dazugehörigen Climate-Score-Ampeln. Ob dieser potenzielle Zugewinn an klimaneutraleren Konsumentscheidungen als rechtfertigende Gemeinwohlbelange auch tatsächlich mit dem Eingriff in die Berufsausübungsfreiheit der K-GmbH in einem angemessenen Verhältnis steht, ist indes keine Frage der Erforderlichkeit. Es sind auch keine weiteren eingriffsmilderen berufsregelnden Maßnahmen mit gleicher Wirksamkeit ersichtlich, insbesondere würde ein generelles Vermarktungs- bzw. Werbungsverbot für CO_2-intensiv hergestellte Endprodukte, wie die hier betroffenen Bekleidungstextilien, deutlich schwerer in die grundrechtlichen Freiheiten Betroffener eingreifen; mithin haben Kennzeichnungspflichten und Warnhinweise diesbezüglich regelmäßig Vorrang.[99] Somit ist die Berufsausübungsregel in Form der gesetzlichen Warnhinweispflicht für besonders CO_2-intensiv hergestellte Produkte auch erforderlich.

dd) Angemessenheit

50 Zuletzt muss die berufsregelnde Warnhinweispflicht auch dem Kriterium der Angemessenheit entsprechen. Zunächst sind hierzu die eingriffsspezifischen Rechtfertigungsmaßstäbe der Drei-Stufen-Lehre anzulegen. Darüber hinaus ist die Schwere des Eingriffs mit dem Gewicht der diesen rechtfertigenden Gemeinwohlbelange danach abzuwägen, ob der Eingriff im (vernünftigen) Verhältnis zum verfolgten Zweck steht,[100] also zumutbar bzw. verhältnismäßig ist.[101] Aus diesen allgemeinen Anforderungen lässt sich eine zweiteilige Prüfungsstruktur zur Angemessenheit ableiten: so sind (1.) die verfassungsrechtlichen Maßstäbe der Stufenlehre anzuwenden und (2.) die tangierten

---

98 BVerfGE 104, 357 (364); BVerfGE 106, 216 (219).
99 Vgl. BVerfGE 53, 135 (145 f.); BVerfGE 95, 173 (187).
100 BVerfGE 30, 292 (316 f.); BVerfGE 46, 120 (148); BVerfGE 51, 193 (208); BVerfGE 85, 248 (261).
101 BVerfGE 37, 1 (19); BVerfGE 39, 210 (234); BVerfGE 51, 193 (208); zum Ganzen auch MKS/*Manssen*, GG, 7. Aufl. 2018, Art. 12 Rn. 139 ff.; Jarass/Pieroth/*Jarass*, GG, 15. Aufl. 2018, Art. 12 Rn. 44 ff.

Rechtsgüter miteinander abzuwägen, um klären zu können, ob die Grenzen der Zumutbarkeit noch gewahrt sind.[102]

(1) Maßstäbe der Drei-Stufen-Lehre

Die berufsregelnde Vorschrift zur Warnhinweispflicht beeinträchtigt die freie Ausübung berufsbezogener Tätigkeiten i.S.v. Art. 12 Abs. 1 S. 2 GG der K-GmbH und stellt folglich eine Berufsausübungsregel dar (s.o.). An Eingriffe auf dieser niedrigsten berufsfreiheitsspezifischen Beeinträchtigungsstufe sind entsprechend auch die geringsten verfassungsrechtlichen Rechtfertigungshürden zu stellen. Bei typischen Berufsausübungsregeln (wie Kennzeichnungs- und Warnhinweispflichten) wird dem Gesetzgeber ein weiter Gestaltungsspielraum zugestanden.[103] „Die Freiheit der Berufsausübung kann (nach Maßgabe der Drei-Stufen-Lehre) beschränkt werden, soweit vernünftige Erwägungen des Gemeinwohls es zweckmäßig erscheinen lassen; der Grundrechtsschutz beschränkt sich auf die Abwehr in sich verfassungswidriger, weil etwa übermäßig belastender und nicht zumutbarer Auflagen."[104] Die legitim bezweckten Umwelt- und Klimaschutzbelange stellen in ihrer Funktion zur Sicherung der natürlichen Lebensgrundlagen nicht bloß anerkannter Weise wichtige Belange des Gemeinwohls dar, welche die Warnhinweispflicht zweckmäßig erscheinen lassen, sondern sind sogar als verbindliche Staatszielbestimmungen in Art. 20a GG verfassungsrechtlich verankert.[105] Auch der unionsgrundrechtlich verankerte Verbraucherschutz (Art. 38 GRCh) lässt unter vernünftigen Erwägungen des Gemeinwohls die Warnhinweispflicht, welche u.a. durch eine transparente und einheitlich normierte Kennzeichnung CO_2-intensiver Produkte eine Täuschung von Verbrauchern (durch z.B. sog. *Greenwashing* oder unternehmenseigene Nachhaltigkeitssiegel) erschwert, als zweckmäßig erscheinen.[106] Demzufolge liegen der berufsregelnden Warnhinweispflicht mit dem Umwelt-, Klima- und Verbraucherschutz hinreichend bedeutende Gemeinwohlbelange zu Grunde.

51

(2) Rechtsgüterabwägung – Zumutbarkeit

Fraglich ist jedoch trotzdem, ob der Eingriffszweck im vorliegenden Einzelfall mit der Eingriffsintensität der berufsregelnden Vorschrift in einem angemessenen Verhältnis steht. Wird die Berufsausübungsfreiheit empfindlich beeinträchtigt, so sind hierzu im Rahmen einer Gesamtabwägung entsprechend gewichtige Gemeinwohlbelange notwendig.[107] Aufgrund der stärkeren Auswirkung des Eingriffs auf die personale Ebene sind ferner bei kleinen Unternehmen weniger Einschränkungen als bei Großunternehmen möglich.[108] Auch für Berufsausübungsregeln mit wettbewerbsverzerrender Wir-

52

---

102 Jarass/Pieroth/*Jarass*, GG, 15. Aufl. 2018, Art. 12 Rn. 45 m.w.N.; zur in der Rspr. zunehmenden Relevanz der Zumutbarkeitsprüfung neben den spezifischen Anforderungen der Stufenlehre – unter kritischer Würdigung, vgl. Maunz/Dürig/*Scholz*, GG, 90. Aufl. 2020, Art. 12 Rn. 341.

103 BVerfGE 138, 261 (284 ff.).

104 BVerfGE 7, 377 (378, 405 f.); BVerfGE 16, 286 (297); BVerfGE 30, 336 (351); BVerfGE 65, 116 (125); BVerfGE 77, 308 (332); BVerfGE 85, 248 (259); BVerfGE 93, 362 (369); BVerfGE 142, 268 (285 ff.); Beispiele für solche vernünftige Erwägungen des Gemeinwohls u.a. bei Sachs/*Mann*, GG, 8. Aufl. 2018, Art. 12 Rn. 126 f.

105 Vgl. nur MKS/*Epiney*, GG, 7. Aufl. 2018, Art. 20a Rn. 32 ff., 91 ff.; BeckOK Grundgesetz/*Huster/Rux*, 43. Ed. 2020, Art. 20a Rn. 10 ff., 50; der ebenfalls in Art. 20a GG verankerte Tierschutz rechtfertigt u.U. sogar tieferschneidende subjektive Berufswahlregeln, BVerfGE 117, 126 (137 f.); BVerfGE 119, 59 (82 f.).

106 Auch das BVerfG sah dies bspw. beim Schutz des Verbrauchers vor Täuschung erfüllt, BVerfGE 53, 135 (145).

107 BVerfGE 61, 291 (311); BVerfGE 77, 84 (106); BVerfGE 103, 1 (10); BVerfGE 121, 317 (355).

108 BVerfGE 50, 290 (364 f.).

kung sind besonders gewichtige Gemeinwohlbelange gefordert.[109] Die K-GmbH wird
als ein kleines Unternehmen im „High & Fast-Fashion"-Segment durch die Warnhinweispflicht empfindlich in der Art und Weise ihrer Berufstätigkeit beeinträchtigt. Da
eine Vielzahl ihrer luxuriösen Bekleidungstextilien oberhalb der CO_2-Grenzwerte liegen, wird ihr im direkten Vergleich zu den klimaneutraler produzierenden Konkurrenten so ein beachtlicher Wettbewerbsnachteil gesetzlich auferlegt.[110] Hierbei sind nicht
nur Teilbereiche der beruflichen Tätigkeit der K-GmbH tangiert, sondern der Kern der
aktuellen Geschäftstätigkeit durch die abschreckenden Warnhinweise beeinträchtigt.
Auf der anderen Seite erlangen die Staatszielbestimmungen des Umwelt- und Klimaschutzes in Art. 20a GG ihre verfassungsrechtlich eingerichtete Funktion nicht zuletzt
gerade bei der Auslegung einzelner Grundrechte sowie als Rechtfertigungsgrund von
Grundrechtseingriffen.[111] Insbesondere bei den unter Gesetzesvorbehalt stehenden
Grundrechten – wie der Berufsfreiheit in Art. 12 Abs. 1 GG – steht es dem Gesetzgeber
anders als bei schrankenlos gewährleisteten Grundrechten weitgehend frei, den in
Art. 20a GG verankerten Staatszielen durch entsprechende Regelungen in Bezug auf
die Einzelfallabwägung mehr oder weniger Gewicht zu verleihen.[112] So kann die Abwägung unter Heranziehung von Art. 20a GG einerseits als Grundrechtsschranke Eingriffe in Art. 12 Abs. 1 GG rechtfertigen, andererseits kann aber auch Art. 20a GG
selbst durch Grundrechte beschränkt werden; hierbei kommt dem Gesetzgeber bei Bestimmung des Gemeinwohlerfordernisses ein beachtlicher – über die reine Sicherung
von anerkannten bzw. grundgesetzlich verankerten rechtlich geschützten Interessen
hinausgehender[113] – Beurteilungsspielraum zu.[114] Die Gestaltung dieses Spielraums
richtet der Gesetzgeber mit seiner klima- und umweltschutzfördernden Regelung zur
Warnhinweispflicht in zweckmäßiger Weise an Gemeinwohlbelangen aus,[115] denn der
durch zusätzliche CO_2-Emmissionen weiter vorangetriebene Klimawandel erfordert rasches und entschlossenes staatliches Handeln.[116] Klima- und Umweltschutz dienen ferner nicht nur dem längerfristigen Schutz der menschlichen Gesundheit als ein anerkannter rechtlich geschützter Gemeinwohlbelang mit Verfassungsrang,[117] sondern stellen eine der zentralen globalgesellschaftlichen Herausforderungen des 21. Jahrhunderts
dar.[118] Der Klimawandel ist als existenzielle Krise eine epochale Menschheitsherausforderung.[119] Auch wird der anthropogene Klimawandel als ein zentraler Einflussfaktor
auf den fortschreitenden Temperaturanstieg nach der ganz herrschenden (natur-)wissenschaftlichen Meinung[120] zu teilweise gravierenden Auswirkungen auf die Umwelt

---

109 BVerfGE 86, 28 (38 f., 42).
110 Anders als bspw. bei den Warnhinweisen auf Tabakerzeugnissen, da diese alle Tabakwarenhersteller mit
   gleicher Intensität belasten und so keine Wettbewerbsverzerrung ausgelöst wird.
111 Vgl. hierzu nur MKS/*Epiney*, GG, 7. Aufl. 2018, Art. 20a Rn. 91; BeckOK Grundgesetz/*Huster/Rux*, 43. Ed.
   2020, Art. 20a Rn. 43 ff.
112 BeckOK Grundgesetz/*Huster/Rux*, 43. Ed. 2020, Art. 20a Rn. 46 i.V.m. BVerwG, Urt. v. 23.10.2008 – 7 C 4/08.
113 V. Münch/Kunig/*Kämmerer*, GG, 6. Aufl. 2012, Art. 12 Rn. 58 m.w.N.
114 MKS/*Epiney*, GG, 7. Aufl. 2018, Art. 20a Rn. 91 m.w.N.
115 Auch der Wissenschaftliche Beirat der Bundesregierung Globale Umweltveränderungen (WBGU) empfiehlt die Einführung gesetzlicher Kennzeichnungspflichten als Instrument zur Förderung klimaverträglicheren Konsumentenverhaltens, vgl. *WBGU*, Welt im Wandel – Hauptgutachten 2016, S. 15 (195 ff., 271).
116 *Ismer*, Klimaschutz als Rechtsproblem, 2014, S. 1 ff.
117 Vgl. v. Münch/Kunig/*Kämmerer*, GG, 6. Aufl. 2012, Art. 12 Rn. 57 m.w.N.
118 *Flaskühler*, Föderale Klimaschutzgesetzgebung in Deutschland, 2018, S. 29.
119 Vgl. nur *Voland/Engel*, NVwZ 2019, 1785.
120 Siehe hierzu nur die aktuellen Berichte des Intergovernmental Panel on Climate Change (IPCC).

und auch auf die Menschheit führen.[121] Die Befähigung des Einzelnen zur aktiven klimaschonenden Änderung des individuellen Konsumverhaltens durch die Sicherstellung einer vertrauenswürdigen Informationsbasis und der Schutz von Verbrauchern vor (nur) ökologisch nachhaltig wirkenden missbräuchlich eingesetzten Produktgestaltungen, kann i.R.d. Staatsziele des Art. 20a GG und dem EU-primärrechtlich verankerten Verbraucherschutz in Art. 38 GRCh, Art. 169 AUEV nicht nur eingriffsrechtfertigend wirken, sondern u.U. sogar gesetzgeberische Pflichten auslösen (Stichworte: *Untermaßverbot; Schutzpflicht*).[122] Die K-GmbH macht dahin gehend insbesondere geltend, dass die neue gesetzliche Regelung lediglich auf die produktbezogene CO_2-Intensität abstellt; ihre Produkte seien u.U. vielleicht klimaschädlicher in der Herstellung, allerdings würden ihre Textilien aufgrund der hohen Qualität der verarbeiteten Materialien länger halten. Außerdem würde ihr Kundenstamm mehr auf Qualität denn Quantität achten, weshalb sie *in summa* keinen größeren CO_2-Fußabdruck hätten als die von der Regelung wettbewerblich begünstigten nachhaltigen Bekleidungsunternehmen; diese Behauptung wird aber nicht hinreichend glaubhaft gemacht. Dass Konsumenten aus dem „High & Fast-Fashion"-Bereich aufgrund der u.U. höherwertigen Produktbestandteile seltener neue Bekleidungsprodukte erwerben, muss – mangels entsprechender Hinweise – zumindest fraglich bleiben. Zudem ist die Behauptung der K-GmbH, dass die klimaneutraler hergestellten Produkte der Konkurrenten mindere Qualität aufweisen und die Kunden dadurch häufiger neue Produkte erwerben würden, empirisch nicht belastbar. Für angemessen hält die K-GmbH unter diesen Gesichtspunkten nur die mildere, unionsrechtlich determinierte Kennzeichnungspflicht nach § 3 KlScKG, da auch diese bereits ein suffizienteres Verbraucherverhalten ermöglichen würde. Wie das vertrauenswürdige Gutachten des Umweltbundesamtes aufzeigt, weist die empfindlichere Warnhinweispflicht jedoch eine deutlich höhere Wirkung auf das Konsumverhalten und damit eine höhere Erfolgschance bei der Etablierung eines nachhaltigen Wettbewerbs um klimaneutral hergestellte Endprodukte auf. Angesichts der hohen öffentlichen sowie völker-, verfassungs- und unionsrechtlichen Bedeutung der Gemeinwohlbelange des Umwelt-, Klima- und Verbraucherschutzes ist die, teils wettbewerbsmodifizierend wirkende, Berufsausübungsregel zur Warnhinweispflicht im Abwägungsergebnis als angemessen anzusehen. „Die Pflicht zur Anbringung von Warnhinweisen berührt (demnach) offensichtlich auch nicht die Grenze des Zumutbaren",[123] da der Eingriff in die Berufsausübung weiterhin die werbende erwerbswirtschaftliche Tätigkeit der Bekleidungsindustrie erlaubt und dem Konsumenten lediglich eine (klima-)wissenschaftlich abgesicherte Wissensgrundlage für seine Kaufentscheidung bereitstellt. Das gewählte Beschränkungsmittel – die sprachlich-visuelle Einwirkung durch Warnhinweise – ist eine Handlungsform, die den Gütertausch durch Angebot und Nachfrage unberührt lässt und dem Konsumenten lediglich einen Erwägungsgrund bewusstmacht, der nach gegenwärtigem wissenschaftlichen Erkenntnisstand allgemein bewusst sein sollte.[124] Nach alledem ist die Regelung in § 4 KlScKG angemessen und zumutbar.

---

121 Vgl. nur *Müller*, Klimawandel als Herausforderung der Rechtsordnung in: Gesellschaft für Umweltrecht (Hrsg.), Dokumentation der 31. wissenschaftlichen Fachtagung der Gesellschaft für Umweltrecht e.V., 2008, S. 192.
122 Zu den verfassungsrechtlichen Verankerungen des völkerrechtlich verbindlichen Klimaschutzrechts, vgl. nur *Cremer*, ZUR 2019, 278.
123 BVerfGE 95, 173 (187).
124 So auch die Formulierung des BVerfG zur gesundheitsschädlichen Wirkung von Tabakerzeugnissen, BVerfGE 95, 173 (187).

c) Zwischenergebnis: Materielle Verfassungsmäßigkeit des KlScKG

53 Die im KlScKG enthaltene Warnhinweispflicht ist im Ergebnis als materiell verfassungsgemäß zu beurteilen.

V. Zwischenergebnis

54 Der Eingriff in die Art und Weise der Berufstätigkeit ist gerechtfertigt. Die VB der K-GmbH ist folglich unbegründet, da das KlScKG als verfassungsmäßige Schranke die Berufsfreiheit der K-GmbH aus Art. 12 Abs. 1 GG nicht verletzt.

C. Gesamtergebnis: Erfolgsaussichten des Antrags

55 Insgesamt ist der Antrag auf Durchführung der VB der K-GmbH gem. Art. 93 Abs. 1 Nr. 4a GG, §§ 13 Nr. 8a, 90 ff. BVerfGG hinsichtlich der im nationalen Gestaltungsspielraum der CS-RL liegenden Warnhinweispflicht zwar zulässig,[125] jedoch unbegründet. Die VB hat somit keine Aussicht auf Erfolg.

56

> **Weiterführende Hinweise:**
> **Zum materiellen Recht:**
> BVerfGE 95, 173, Beschl. v. 22.1.1997 – 2 BvR 1915/91; BVerfGE 7, 377, Urt. v. 11.6.1958 – 1 BvR 596/56; BVerfG, Beschl. v. 18.5.2016 – 1 BvR 895/16; BVerfGE 117, 126, Beschl. v. 5.12.2006 – 1 BvR 2186/06; BVerfGE 119, 59, Beschl. v. 3.7.2007 – 1 BvR 2186/06; BVerwG, Urt. v. 23.10.2008 – 7 C 48.07; *Groß*, Welche Klimaschutzpflichten ergeben sich aus Art. 20a GG?, ZUR 2009, S. 364 – 368; *Caspar/Geissen*, Das neue Staatsziel „Tierschutz" in Art. 20a GG, NVwZ 2002, S. 913 – 917; *Chatzinerantzis/Appel*, Haftung für den Klimawandel, NJW 2019, S. 881 – 886; *Saurer*, Strukturen gerichtlicher Kontrolle im Klimaschutzrecht – Eine rechtsvergleichende Analyse, ZUR 2018, S. 679 – 686; *ders.*, Klimaschutzziele global, europäisch, national – Was ist rechtlich verbindlich?, NVwZ 2017, S. 1574–1579; *Cremer*, Verfassungskräftiger Klimaschutz nach Maßgabe völkerrechtlich verbindlicher Verpflichtungen und Ziele, ZUR 2019, S. 278 – 283; *Steinberg*, Verfassungsrechtlicher Umweltschutz durch Grundrechte und Staatszielbestimmung, NJW 1996, S. 1985 – 1994; *Gassner*, Die verfassungsrechtliche Profilierung des Schutzes der natürlichen Lebensgrundlagen, NVwZ 2020, S. 29 – 32; *Peters*, Art. 20a GG – Die neue Staatszielbestimmung des Grundgesetzes, NVwZ 1995, S. 555 – 557; *Ekardt*, Umweltverfassung und „Schutzpflichten", NVwZ 2013, S. 1105 – 1110; *Kahl*, Staatsziel Nachhaltigkeit und Generationengerechtigkeit, DÖV 2009, S. 2 – 13; *Wieland*, Verfassungsrang für Nachhaltigkeit, ZUR 2016, S. 473 – 483; *Winter*, Rechtsprobleme im Anthropozän: Vom Umweltschutz zur Selbstbegrenzung, ZUR 2017, S. 267 – 277; *Mann/Worthmann*, Berufsfreiheit (Art. 12 GG) – Strukturen und Problemkonstellationen, JuS 2013, S. 385 – 392; *Marxsen*, Referendarexamensklausur – Öffentliches Recht: Grundrechte – Überwachung und Telekommunikationsgeheimnis, JuS 2019, S. 790 – 797; *Manssen*, Berufsfreiheit bei der Berufsausübung?, BayVBl 2001, S. 641 ff.; *Lorz*, Die Erhöhung der verfassungsgerichtlichen Kontrolldichte gegenüber berufsrechtlichen Einschränkungen der Berufsfreiheit – Eine Analyse am Beispiel der berufsrechtlichen Werbeverbote, NJW 2002, S. 169 – 174; *Kimms*, Das Grundrecht der Berufsfreiheit in der Fallbearbeitung, JuS 2001, S. 664 – 670; *Augsberg/Augsberg/Schwa-*

---

125 Auch die Zulässigkeit einer VB gegen die unionsrechtlich determinierte Kennzeichnungspflicht wäre gegeben, dann aber am grundrechtlichen Begründetheitsmaßstab des Art. 16 GRCh und nicht Art. 12 GG (s.o.).

nenbauer, Klausurtraining Verfassungsrecht, 3. Aufl. 2018, S. 185 ff.; *Nolte/Tams*, Grundfälle zu Art. 12 I GG, JuS 2006, S. 31 – 34; *dieselben*, Grundfälle zu Art. 12 I GG, JuS 2006, S. 218 – 221.

Zum Prozessrecht:
BVerfG, Beschl. v. 6.11.2019 – 1 BvR 16/13; BVerfG, Beschl. v. 6.11.2019 – 1 BvR 276/17; *Kühling*, Das „Recht auf Vergessenwerden" vor dem BVerfG – November(r)evolution für die Grundrechtsarchitektur im Mehrebenensystem, NJW 2020, S. 275 – 280; *Hoffmann*, Unionsgrundrechte als verfassungsrechtlicher Prüfungsmaßstab, NVwZ 2020, S. 33 – 37; *Peifer*, Das Recht auf Vergessenwerden – ein neuer Klassiker vom Karlsruher Schlossplatz, GRUR 2020, S. 34 – 37; *Wendel*, Das Bundesverfassungsgericht als Garant der Unionsgrundrecht, JZ 2020, S. 157 – 212; *Honer*, Fortgeschrittenenhausarbeit – Öffentliches Recht: Europarecht und Grundrechte – Zuckerreiche Ernährung führt zu Übergewicht!, JuS-Extra 2017, S. 21 – 32; *Peters/Markus*, Die Subsidiarität der Verfassungsbeschwerde, JuS 2013, S. 887 – 891; *Geis/Thirmeyer*, Grundfälle zur Verfassungsbeschwerde, Art. 93 I Nr. 4a GG, §§ 13 Nr. 8a, 90 ff. BVerfGG, JuS 2012, S. 316 – 323; *Klein/Sennekamp*, Aktuelle Zulässigkeitsprobleme der Verfassungsbeschwerde, NJW 2007, S. 945 – 956; *Hartmann*, Die Möglichkeitsprüfung im Prozessrecht der Verfassungsbeschwerde, JuS 2003, S. 897 – 901; *Detterbeck/Will*, (Original-)Referendarexamensklausur – Öffentliches Recht: Das Anti-Adipositas-Gesetz, JuS 2007, S. 153 – 159; *Kielmansegg Graf*, Die Grundrechtsprüfung, JuS 2008, S. 23 – 29; *Mangold/Lange*, Referendarexamensklausur – Öffentliches Recht: Grundrechte – Atomausstieg, JuS 2018, S. 161 – 167; *Kempny*, Mittelbare Rechtssatzverfassungsbeschwerde und unmittelbare Grundrechtsverletzung, Der Staat 2015, S. 577 ff.; *Krüger*, Die Anfängerklausur im Öffentlichen Recht – Beispiel: Die Verfassungsbeschwerde, JuS 2014, S. 790 – 794; *Ludwigs/Friedmann*, Die Grundrechtsberechtigung juristischer Personen nach Art. 19 III GG, JA 2018, S. 807 – 815.

Fall 3: Umweltinformationsrecht

Sachverhalt

1 Die *Hemd-Hosen-Heeres-GmbH* (HHH) ist eine Inhouse Gesellschaft des Bundesministeriums für Verteidigung (BMVg), bei der das Ministerium 100 % der Geschäftsanteile hält. Die HHH hat als einzigen Auftraggeber das BMVg und ist für die Produktion der soldatischen Dienstkleidung der Streitkräfte zuständig. So produziert sie seit neuestem auch Funktionstarnkleidung, die zwar regenabweisend, aber trotzdem atmungsaktiv ist. Diese Tarnkleidung wurde speziell für Einsätze der Bundeswehr unter extremen klimatischen Bedingungen entwickelt, wobei man sich an den Entwicklungen aus dem alpinen Extremsportbereich orientiert hat. Die Produktionsstätte für diese Produktlinie liegt in der Gemeinde Pirmasens, Rheinland-Pfalz.

In der Gemeinde Pirmasens sieht man die Produktion hingegen teilweise kritisch. So meinen viele Einwohner*innen, seit dem Produktionsbeginn regelmäßig eigenartige Gerüche wahrzunehmen. Zugleich haben die Einwohner*innen den Eindruck, dass sich die Flora und Fauna am hiesigen Bach verändert habe. Eine bestehende Bürgerinitiative „Sauberes Pirmasens" (BI), die maßgeblich aus besorgten Eltern besteht, deren Kinder auch an diesem Bach spielen, setzt sich schon seit längerem für die Renaturierung der betreffenden Flora und Fauna ein. Zwar gibt es keine offizielle Mitgliedschaft, aber es besteht ein „harter Kern" an Eltern, die sich auch regelmäßig direkt in der Natur treffen. Als gewählte Vorsitzende und maßgebliche Organisatorinnen treten dabei *Matilda Mutig* (M) und *Sophia Schlau* (S) hervor, die sich in besonderem Maße engagieren, da sie schon verschiedene Berichte über Schadstoffe bei der Produktion von Funktionskleidung gelesen haben. Um einen genaueren Überblick über die Produktion und die Umweltauswirkungen zu erhalten, möchte die BI Informationen einholen. Sowohl im Namen der BI als auch im eigenen Namen wenden sich deshalb M und S an die HHH und verlangen per Email die Herausgabe von Informationen über die Produktionsabläufe. Sie möchten erfahren, welche Chemikalien verwendet werden und welche Auswirkungen diese auf die Flora und Fauna von Pirmasens, insbesondere auf den in räumlicher Nähe zur Fabrikationsstätte verlaufenden Bach, haben können. Es sei nicht ausgeschlossen, dass sich die beobachtbaren Veränderungen auf von der Produktionsstätte ausgehende Emissionen zurückführen lassen. Hierzu berufen sie sich auf das Umweltinformationsgesetz (UIG).

Die Prokuristin der HHH, *Charlotte Clever* (C), welche diese Anfrage auf ihren Schreibtisch bekommt, kennt solche bereits aus ihrer Zeit als Referentin im BMVg. Sie ist zuversichtlich, dass der Anspruch auf Herausgabe von Informationen jeglicher Grundlage entbehrt. Zunächst sei die BI bei der GmbH schon an der falschen Adresse: Die GmbH sei keine informationspflichtige Stelle i.S.d. UIG. Zudem könne der Antrag der BI ohne nähere Begründung des Informationsverlangens doch bereits formal nicht korrekt sein. Schließlich sei die Herausgabe von Informationen aus mehreren Gründen auch in der Sache nicht möglich: So handele es sich beim Produktionsablauf nur am Rande um Umweltinformationen und ein weitergehender Anspruch aus anderen Informationsgesetzen sei nicht ersichtlich. Außerdem sei die Herstellung von Dienstkleidung von Soldaten ein höchst sicherheitsrelevanter Bereich der Landesverteidigung, dessen Einzelheiten nicht an die Öffentlichkeit gelangen dürften. Letztlich stelle das Produktionsverfahren ein Betriebs- und Geschäftsgeheimnis dar. C lehnt den Antrag in Form eines Schreibens an die BI mit den oben genannten Begründungen ab und verweist die BI für das weitere Verfahren an das BMVg. Ein identisches Schreiben geht auch M und S zu. M und S sind darüber nicht erfreut und fühlen sich durch die Blockade der HHH nur in ihrem Verdacht bestätigt. Sie erheben deshalb im Namen der BI Klage beim zuständigen Verwaltungsgericht gegen die HHH auf Herausgabe der Umweltinformationen, die die Produktion von Dienstkleidung am Standort Pirmasens und deren Auswirkungen auf die Umwelt betreffen. Die beiden sind der Ansicht, dass eine nochmalige Überprüfung durch das BMVg nur unnötig Zeit koste und ohnehin nichts bringe.

Hat eine Klage der BI Aussicht auf Erfolg?

<u>Bearbeiterhinweis:</u> Die Prüfung beschränkt sich auf umweltrechtliche Informationsansprüche, mögliche anderweitige Informationsansprüche sind nicht zu prüfen.

Lösung:

Die Klage der BI hat Aussicht auf Erfolg, soweit sie zulässig und begründet ist.

A. Zulässigkeit

Dafür muss die Klage zunächst zulässig sein. 2

I. Eröffnung des Verwaltungsrechtswegs

Fraglich ist, ob für die vorliegende Streitigkeit der Verwaltungsrechtsweg eröffnet ist. 3 Da es sich bei der HHH um eine juristische Person des bürgerlichen Rechts handelt, erscheint dies zweifelhaft. Die Eröffnung des Verwaltungsweges bestimmt sich grundsätzlich nach der verwaltungsrechtlichen Generalklausel des § 40 Abs. 1 S. 1 VwGO,[1] sofern nicht bereits eine aufdrängende Sonderzuweisung besteht. Hinsichtlich der Herausgabe von umweltrelevanten Informationen enthält § 6 Abs. 1 UIG eine solche aufdrängende Sonderzuweisung, die gemäß §§ 6 Abs. 1 i.V.m. § 2 Abs. 1 Nr. 2 UIG auch für Klagen gegen Entscheidungen von privaten informationspflichtigen Stellen gilt.[2] Da die BI die Herausgabe von ebenjenen umweltrelevanten Informationen von HHH verlangt, ist der Verwaltungsrechtsweg nach § 6 Abs. 1 UIG eröffnet.

§ 6 UIG veranschaulicht den Unterschied zwischen aufdrängenden und abdrängenden Sonderzuweisungen: Ist eine aufdrängende Sonderzuweisung einschlägig, so kommt § 40 Abs. 1 VwGO von vornherein nicht zur Anwendung. Eine Prüfung der Voraussetzungen des § 40 Abs. 1 VwGO (also öffentlich-rechtliche Streitigkeit nichtverfassungsrechtlicher Art ohne Sonderzuweisung) wäre dann sogar falsch. Bei der abdrängenden Sonderzuweisung hingegen ist der Verwaltungsrechtsweg nach § 40 Abs. 1 VwGO grundsätzlich eröffnet, der Gesetzgeber hat sich aber entschieden, durch eine gesetzliche Zuweisung die Streitigkeit einem anderen Gericht zuzuweisen. § 6 UIG stellt eine aufdrängende Sonderzuweisung dar – das IFG hingegen kennt solch eine aufdrängende Sonderzuweisung nicht.[3] Am Rande sei erwähnt, dass aufdrängende Sonderzuweisungen nur durch (formelles) Bundesgesetz, abdrängende Sonderzuweisungen auch durch landesgesetzliche Regelungen möglich sind.

---

1 BeckOK VwGO/*Reimer*, 54. Ed. 2020, § 40, Rn. 1 ff. m.w.N.
2 BeckOK InfoMedienR/*Karg*, 29. Ed. 2020, § 6 UIG Rn. 3 f, § 2 UIG Rn. 9 ff.
3 BeckOK InfoMedienR/*Sicko*, 29. Ed. 2020, § 9 IFG Rn. 52 ff.

II. Statthafte Klageart, § 88 VwGO

4 Die statthafte Klageart richtet sich gem. § 88 VwGO nach dem klägerischen Begehren. Die BI begehrt von HHH die Herausgabe der Umweltinformationen, die die Produktion von Dienstkleidung am Standort Pirmasens betreffen.

1. Verpflichtungsklage, § 42 Abs. 1 2. Alt. VwGO

5 Als statthafte Klageart kommt zunächst eine Verpflichtungsklage (VK) (in Form der Versagungsgegenklage) nach § 42 Abs. 1 2. Alt. VwGO in Betracht, die auf die Abänderung des ablehnenden Bescheides unter Gewährung des Zugangs zu den beantragten Umweltinformationen gerichtet ist.[4] Das Begehren müsste demnach auf den Erlass eines Verwaltungsaktes (VA) gem. § 35 S. 1 VwVfG gerichtet sein. Der VA ist in § 35 S. 1 VwVfG legal definiert: Es handelt sich dabei um eine hoheitliche Maßnahme einer Behörde zur Regelung eines Einzelfalles auf dem Gebiet des öffentlichen Rechts mit Außenwirkung. Da die HHH eine private Stelle ist, könnte vorliegend das Merkmal der Behörde problematisch sein.

a) Behörde, § 1 Abs. 4 VwVfG

6 Nach § 35 S. 1 VwVfG setzt der VA eine hoheitliche Maßnahme einer Behörde voraus. Eine Behörde ist dabei nach § 1 Abs. 4 VwVfG jede Stelle, die Aufgaben der öffentlichen Verwaltung wahrnimmt. Bei privaten informationspflichtigen Stellen liegt dieses Merkmal nicht vor. Auch wenn die HHH Aufträge für das BMVg ausführt, wird sie nicht an dessen Stelle hoheitlich tätig. Eine Ausnahme liegt nur im Falle der Beleihung vor. Eine Beleihung scheidet jedoch aus, da der HHH nicht aufgrund oder durch Gesetz hoheitliche Befugnisse übertragen wurden. Die HHH kann daher keinen VA erlassen.

b) Zwischenergebnis:

7 Die VK nach § 42 Abs. 1 2. Alt. VwGO ist aufgrund des fehlenden VA nicht statthaft.

2. Leistungsklage, § 43 Abs. 2 S. 1 i.V.m. § 111 S. 1 VwGO

8 Weiterhin kommt als statthafte Klageart die Leistungsklage in Betracht. Die allgemeine Leistungsklage ist zwar nicht ausdrücklich in der VwGO geregelt, ergibt sich aber aus § 43 Abs. 2 S. 1 i.V.m. §§ 111 S. 1, 113 Abs. 4 S. 2, 169 Abs. 2, 170, 191 Abs. 1 VwGO und ist als Klageart im System des Individualrechtsschutzes anerkannt.[5] Sie ist auf ein Tun, Dulden oder Unterlassen der Verwaltung gerichtet.[6] Die tatsächliche Herausgabe von Informationen entfaltet keine unmittelbaren Rechtswirkungen. Es handelt sich daher um ein schlicht-hoheitliches Handeln, welches keine Regelungsqualität aufweist und daher nicht als VA zu qualifizieren ist. Jedoch kann der Informationsbereitstellung ein VA *vorgeschaltet* sein. Seine Regelung liegt in der Entscheidung über die Gewährung oder Verweigerung der beantragten Informationen.[7]

---

4 VGH Mannheim, BeckRS 2009, 35967; BeckOK InfoMedienR/*Karg*, 29. Ed. 2020, § 6 UIG Rn. 4.
5 Schoch/Schneider/Bier/*Pietzcker*, VwGO, 37. EL 2019, § 42 Abs. 1 Rn. 151 m.w.N.
6 *Schenke*, Verwaltungsprozessrecht, 16. Aufl. 2019, Rn 344; *Hufen*, Verwaltungsprozessrecht, 11. Aufl. 2019, § 17 Rn. 1.
7 Vgl. II 2 der Anwendungshinweise zum Informationsfreiheitsgesetz, Bekanntmachung des BMI von 21.11.2005, V 5a – 120 250/16.

Auch ein solcher – zur Informationsbereitstellung hinzutretender – VA scheidet vorliegend aus. Das ergibt sich bereits daraus, dass die Informationen von einer privaten Stelle herausgegeben werden sollen, die – wie bereits erörtert – keinen VA erlassen kann.

9

Die statthafte Klageart ist in casu demnach die Leistungsklage gem. § 43 Abs. 2 S. 1 i.V.m. §§ 111 S. 1, 113 Abs. 4 S. 2, 169 Abs. 2, 170, 191 Abs. 1 VwGO, gerichtet auf Herausgabe der umweltrelevanten Informationen.

10

11

> **Klageart bei Informationsansprüchen:**
> Die **Rechtsform der Informationsansprüche** war lange umstritten, was zu unübersichtlichen Auffassungen in der Literatur und Rechtsprechung geführt hat. Zunächst ist man sich einig, dass die Informationserteilung selbst ein Realakt ist, da er keinen Regelungsgehalt beinhaltet. Die Entscheidung hingegen, ob und in welchem Umfang Informationen von einer Behörde erteilt werden, ist nach der Rechtsprechung (Rspr.) und herrschenden Lehre (hL) als VA anerkannt.[8] Diese dem Informationsverlangen vorgeschaltete Entscheidung enthält die für den VA notwendige Regelungsqualität.
> Für die **Klageart** empfiehlt sich deshalb die oben genannte Vorgehensweise: Gegen einen ablehnenden Bescheid einer informationspflichtigen Stelle ist zunächst die VK (in Form der Versagungsgegenklage) auf Abänderung des ablehnenden Bescheides unter Gewährung des Zugangs zu den beantragten Umweltinformationen zu richten. Dass dabei der ablehnende Bescheid VA-Qualität besitzt, ist im UIG nicht ausdrücklich normiert worden und wurde teilweise mit Bezug auf den vergleichbaren § 9 Abs. 4 IFG, der explizit Widerspruch und Verpflichtungsklage erwähnt, bezweifelt. Aus einer Gesamtschau der relevanten Vorschriften (§ 5 Abs. 4 UIG – Pflicht zur Rechtsmittelbelehrung und § 6 Abs. 1 UIG – Kontrolle der Ablehnungsentscheidung durch Verwaltungsgericht) wird mittlerweile jedoch abgeleitet, dass auch im UIG der Ablehnungsentscheid bzgl. des Herausgabeanspruches einen VA darstellt.[9]
> Zu beachten bleibt aber, dass ein Begehren gegen **private informationspflichtige Stellen** weiterhin mit der Leistungsklage zu verfolgen ist, da diese Stellen gerade keinen VA erlassen können. In dieser Konstellation empfiehlt sich i.R.d. VK die Prüfung des VA-Merkmals der Behörde. Wird diese abgelehnt, lässt sich wiederum in der anschließenden Prüfung der Leistungsklage die Regelungsproblematik der Informationserteilung darstellen.

III. Klagebefugnis, § 42 Abs. 2 VwGO analog

Die BI muss ferner klagebefugt sein. Klagebefugt ist derjenige, der geltend machen kann, durch den angegriffenen VA in eigenen subjektiven öffentlichen Rechten verletzt zu sein. Nach der sog. *Möglichkeitstheorie* reicht es aus, dass eine Rechtsgutsverletzung nicht von vornherein ausgeschlossen, d.h. möglich, erscheint. Dies ist nur dann nicht der Fall, wenn die geltend gemachte Verletzung offensichtlich und eindeutig nach keiner Betrachtungsweise vorliegen kann. § 42 Abs. 2 VwGO gilt dabei direkt nur für die Anfechtungs- und die Verpflichtungsklage. Nach ständiger Rspr. ist eine analoge Anwendung für die Leistungsklage aber ebenfalls angezeigt, da die Klagebefugnis Ausdruck des subjektiv-rechtlichen Individualrechtsschutzes ist, der vor Popularklagen schützen soll.[10]

12

---

8 Zum Ganzen: BeckOK InfoMedienR/*Karg*, 29. Ed. 2020, § 5 UIG Rn. Rn. 4 ff.
9 Kopp/Schenke/*Schenke*, VwGO, 25. Aufl. 2019, Anh. § 42 Rn. 37.
10 BVerwGE 17, 27 (91); differenzierend hierzu Sodan/Ziekow/*Sodan*, VwGO, 5. Aufl. 2018, § 42 Rn. 372 ff.

13 Auch bei der vorliegenden Leistungsklage müsste die BI demnach klagebefugt sein, also die Verletzung eigener Rechte geltend machen. Besteht der Umweltinformationsanspruch aus § 3 Abs. 1 UIG, so wäre die Verweigerung der HHH, die Informationen herauszugeben, eine Verletzung eigener Rechte. Danach ist „jede Person" berechtigt, einen Anspruch auf Informationszugang geltend zu machen. Ob darunter allerdings auch Bürgerinitiativen gefasst werden können, ist fraglich. Unter „jede Person" werden alle natürlichen und juristischen Personen gefasst. Dass eine Bürgerinitiative keine Rechtsfähigkeit besitzt, könnte sie aus dem Berechtigtenkreis des § 3 UIG fallen lassen. Da gerade Bürgerinitiativen im Umweltbereich großen Einfluss auf die Effektivität staatlicher Maßnahmen nehmen und diese für ihre Arbeit auch Informationen benötigen, würde ihr Ausschluss aus diesem Berechtigtenkreis jedoch der Umweltinformationsrichtlinie zuwiderlaufen.[11] Zudem hat die Rspr. im UIG das Prinzip der möglichst uneingeschränkten Zugangsgewährung anerkannt,[12] so dass auch nichtrechtsfähige Vereinigungen anspruchsberechtigt sein müssen. Es muss lediglich eine hinreichende organisatorische Verfestigung der Vereinigung vorliegen, bei der auch eine am Gesetzeszweck orientiere Nachhaltigkeit der Tätigkeit angenommen werden kann.[13]

14 In casu besteht die BI „seit längerem" und verfolgt schwerpunktpunktmäßig umweltrelevante Verbesserungen der lokalen Flora und Fauna. Auch wenn keine feste Mitgliedschaft vorgesehen ist, finden regelmäßige Treffen und sogar Wahlen von Vorsitzenden (M und S) statt, so dass eine Verfestigung der organisatorischen Strukturen angenommen werden kann. Allzu strenge Anforderungen an diese Verfestigung können hierbei nicht gestellt werden, da sonst die von der Rspr. entwickelten Grundsätze konterkariert werden. Der herrschenden Meinung folgend ist die vorliegende Bürgerinitiative anspruchsberechtigt nach § 3 UIG. Durch die verweigerte Herausgabe der Informationen seitens der HHH besteht demnach die Möglichkeit einer Rechtsverletzung eigener, subjektiv-öffentlicher Rechte; die BI ist klagebefugt nach § 42 Abs. 2 VwGO analog.

15
> **Bürgerinitiativen und Klagebefugnis:**
> In der gerichtlichen Praxis haben Bürgerinitiativen an Bedeutung gewonnen, was sicherlich mit dem gestiegenen Beteiligungsbedürfnis der Öffentlichkeit zusammenhängt. Insbesondere im Umweltrecht nimmt das kollektive Vorgehen eine wichtige Rolle ein. Kenntnisse im prozessualen Umgang sind deshalb mittlerweile unerlässlich. Die Schwierigkeit der prozessualen Einordnung von Bürgerinitiativen manifestiert sich v.a. bei der Klagebefugnis und der Beteiligtenfähigkeit
> So ist die Klagebefugnis relevant im Hinblick auf ein geschütztes Recht der Bürgerinitiative. Dieses subjektiv-öffentliche Recht muss der Bürgerinitiative zustehen – es ist also nach der Möglichkeit einer **materiellrechtlichen Rechtsverletzung** zu fragen. Zu prüfen ist dabei zunächst, ob das subjektiv-öffentliche Recht Bürgerinitiativen aus dem Kreis der Anspruchsberechtigten ausschließen möchte. Bei Unklarheit hierüber muss auf die juristischen Auslegungsregeln zugegriffen werden. § 3 UIG sieht das allerdings nicht vor, wenn eine organisatorische Verfestigung der Bürgerinitiative vorliegt. Diese bestimmt sich nach den von der Rspr. entwickelten Grundsätzen (s.o.) und muss in die Prüfung integriert werden.

---

11 Schlacke/Schrader/Bunge/*Schrader*, Aarhus-Handbuch, 2. Aufl. 2019, § 1 Rn. 100; BeckOK InfoMedienR/*Karg*, 29. Ed. 2020, § 3 UIG Rn. 14.
12 BVerwG, NVwZ 2008, 791 (794); NVwZ 2017, 1775 (1778.).
13 BVerwG, NVwZ 2017, 1775 (1778); *Schlacke*, Umweltrecht, 7. Aufl. 2019, § 5 Rn. 129.

Die Beteiligtenfähigkeit hingegen beinhaltet die Frage der „prozessualen Rechtsfähigkeit", bei der es um die Fähigkeit geht, eigene **prozessuale Rechten und Pflichten** wahrzunehmen. Für Bürgerinitiativen ist dabei genauer auf § 61 Nr. 2 VwGO einzugehen, der Vereinigungen – unabhängig von ihrer Rechtsfähigkeit – die prozessuale Geltendmachung materieller Rechte ermöglichen soll. Hinsichtlich der hier genannten Vereinigung setzt die Rspr. nämlich ebenfalls eine gewisse Dauerhaftigkeit und Ernsthaftigkeit voraus, was bei Bürgerinitiativen nicht selten fraglich ist.

IV. Ordnungsgemäß durchgeführtes Vorverfahren, §§ 68 ff. VwGO

Ein Vorverfahren in Form eines Widerspruchsverfahrens ist bei der Leistungsklage grundsätzlich nicht vorgesehen.[14] § 6 Abs. 2 UIG enthält aber eine gesetzliche Verpflichtung zur Durchführung eines Widerspruchverfahrens. § 6 Abs. 3 und 4 UIG sehen auch bei Klagen gegen private informationspflichtige Stellen (§ 2 Abs. 1 Nr. 2 UIG) die Möglichkeit einer nochmaligen Prüfung vor. Im Unterschied zu einem Auskunftsverlangen gegenüber informationspflichtigen öffentlichen Stellen ist das Widerspruchsverfahren bei informationspflichtigen privaten Stellen jedoch fakultativ. Eine Klageerhebung ist demnach auch ohne ein Vorverfahren zulässig. Im konkreten Fall verzichtet die BI ausdrücklich auf eine nochmalige Überprüfung durch das BMVg, obwohl die HHH auf diese Möglichkeit hinweist. Da aber ein Vorverfahren nicht zwingend vorgeschrieben ist, beeinträchtigt das die Zulässigkeit der Klage nicht.

16

V. Beteiligten- und Prozessfähigkeit, §§ 61, 62 VwGO

1. Beteiligtenfähigkeit, § 61 VwGO

Nach § 61 VwGO sind Beteiligte diejenigen, die Subjekt eines Prozessverhältnisses sind und an einem verwaltungsgerichtlichen Verfahren teilnehmen können.[15] Es handelt sich also um die Fähigkeit, als Träger von eigenen prozessualen Rechten und Pflichten am Verfahren beteiligt zu sein.[16] Enumerativ sind dabei in § 61 Nr. 1 – 3 VwGO natürliche und juristische Personen, Vereinigungen – soweit ihnen ein Recht zusteht – und Behörden aufgezählt. Im vorliegenden Fall ist die BI weder eine natürliche noch eine juristische Person (§ 61 Nr. 1 VwGO) und ebenso wenig eine Behörde (§ 61 Nr. 3 VwGO), so dass sie nur unter § 61 Nr. 2 VwGO fallen kann, soweit sie eine Vereinigung mit eigenen Rechten ist. § 61 Nr. 2 VwGO zielt demnach nicht auf die Rechtsfähigkeit von Vereinigungen, sondern auf die Rechtszuordnung ab. Das ist insoweit notwendig, als gesetzlich auch nicht rechtsfähigen Vereinigungen materielle Rechte und Pflichten, unabhängig von ihrer Rechtsfähigkeit, eingeräumt wurden. Vereinigungen i.S.d. § 61 Nr. 2 VwGO sind deshalb nicht-rechtsfähige Personenmehrheiten, denen ein materielles Recht zusteht. Die Rspr. fordert darüber hinaus eine gewisse Dauerhaftigkeit, damit die prozessuale Ernsthaftigkeit zumindest in gewisser Hinsicht gewährleistet werden kann.[17] Die BI besteht aus mehreren Eltern und ist durch Wahlen der Vorsitzenden organisatorisch gefestigt (s.o.). Auch die Dauerhaftigkeit ist laut Sachverhalt anzunehmen, da sich die Eltern bereits „seit längerem" für die Renaturierung einsetzen. Die BI ist folglich beteiligtenfähig nach § 61 Nr. 2 VwGO.

17

---

14   *Hufen,* Verwaltungsprozeßrecht, 11. Aufl. 2019, § 17 Rn. 9.
15   Kopp/Schenke/*Schenke,* VwGO, 25. Aufl. 2019, § 61 Rn. 4.
16   *Hufen,* Verwaltungsprozeßrecht, 11. Aufl. 2019, § 12 Rn. 18.
17   BVerwG NJW 2019, 1317; kritisch Sodan/Ziekow/*Czybulka,* VwGO, 5. Aufl. 2018, § 61 Rn. 26.

18 Die Beteiligtenfähigkeit der HHH als juristische Person des Privatrechts ergibt sich aus § 61 Nr. 1 2. Alt. VwGO i.V.m. § 13 Abs. 1 GmbHG.

2. Prozessfähigkeit, § 62 VwGO

19 Die Prozessfähigkeit bestimmt sich nach § 62 VwGO und betrifft die Befugnis, wirksam Prozesshandlungen vorzunehmen. Nach § 62 Abs. 3 VwGO können die gesetzlichen Vertreter für Vereinigungen Prozesshandlungen vornehmen. Die BI hat zwei gewählte Vorsitzende (M und S), die nach außen leicht erkennbar die Vertretung der BI wahrnehmen. Damit ist die BI, vertreten durch ihre Vorsitzenden M und S, prozessfähig i.S.d. § 62 Abs. 3 VwGO.

20 Die Prozessfähigkeit der HHH ergibt sich aus § 62 Abs. 3 VwGO i.V.m. § 35 Abs. 1 S. 1 GmbHG; sie wird durch ihren Geschäftsführer vertreten.

VI. Sonstige Sachentscheidungsvoraussetzungen

21 Auch für die Leistungsklage gelten die sonstigen Sachurteilsvoraussetzungen. Dabei handelt es sich um die Frage nach dem zuständigen Gericht, dem Rechtsschutzbedürfnis und der ordnungsgemäßen Klageerhebung (§ 82 VwGO).

1. Zuständiges Gericht, § 45 VwGO i.V.m. § 6 Abs. 1 UIG, § 52 VwGO

22 Die sachliche Zuständigkeit bestimmt sich nach § 45 VwGO i.V.m. § 6 Abs. 1 UIG, wonach das Verwaltungsgericht bei Ansprüchen aus dem UIG sachlich zuständig ist. Die örtliche Zuständigkeit ist nach § 52 VwGO zu bestimmen. Laut Sachverhalt (SV) erhebt BI die Klage beim zuständigen Gericht.

2. Klagegegner

23 Richtiger Klagegegner ist bei der Leistungsklage derjenige, gegen den sich der Anspruch richtet.[18] Im vorliegenden Fall verlangt die BI von der HHH die Herausgabe der Informationen, die den Anspruch auch de facto erfüllen könnte.

24

> **Klagegegner bei der Leistungsklage:**
> Im Gegensatz zu den anderen Klagearten muss die passive Prozessführungsbefugnis bei der Leistungsklage nicht ausdrücklich geprüft werden, da ohnehin i.R.d. Anspruchsprüfung die Frage nach dem Anspruchsgegner beantwortet werden muss. Ausnahmen dazu ergeben sich nur im Organstreit (Kommunalrecht).

3. Rechtsschutzbedürfnis

25 Bei der Leistungsklage ist das Rechtsschutzbedürfnis regelmäßig anzunehmen, wenn die behauptete Rechtsposition geltend gemacht wird und die Leistung beantragt wurde. Beides ist vorliegend unzweifelhaft anzunehmen.

---

18 Hierzu ausführlich *Koehl*, LKV 2018, 150 (155).

4. Klagefrist

Die Leistungsklage kennt keine Klagefrist.[19] Lediglich eine Verwirkung oder eine   26
rechtsmissbräuchliche Anwendung wird teilweise bejaht, ist aber im konkreten Fall
nicht ersichtlich. Die BI reagiert auf die verweigerte Herausgabe unmittelbar mit Klageerhebung.

5. Zwischenergebnis

Die Klage der BI ist zulässig.   27

B. Begründetheit

Die Leistungsklage ist begründet, wenn und soweit die BI einen Anspruch auf Heraus-   28
gabe der Umweltinformationen hat.

> Im Obersatz der Leistungsklage ist immer auch an § 113 Abs. 5 S. 2 VwGO analog zu den-
> ken. Im vorliegenden Fall jedoch bezieht sich der Anspruch auf eine gebundene Entschei-
> dung, nämlich die Herausgabe der Umweltinformationen aus **§ 3 Abs. 1 S. 1 UIG**. Liegen
> die Anspruchsvoraussetzungen vor und ist kein Ablehnungsgrund einschlägig, so ist die
> Herausgabe zu gewähren. Zwar enthält **§ 3 Abs. 2 UIG** ein Auswahlermessen bezüglich
> der Zugangsart der Information, doch ist das nur dann zu thematisieren, wenn eine be-
> stimmte Zugangsart beantragt wurde. Im vorliegenden Fall konkretisiert die BI nicht das
> Informationsmittel, so dass sich im Obersatz Ausführungen hierzu erübrigen (→ hierzu
> auch unter „Rechtsfolgen").

I. Anspruchsgrundlage, § 3 Abs. 1 S. 1 UIG

Richtige Anspruchsgrundlage könnte § 3 Abs. 1 S. 1 UIG sein, wonach jede Person   29
einen Anspruch auf freien Zugang zu Umweltinformationen hat, über die eine informationspflichtige Stelle verfügt und soweit keine Ausschlussgründe nach §§ 8 f. UIG
vorliegen.

II. Formelle Anspruchsvoraussetzungen

1. Antrag (§ 4 Abs. 1 UIG)

Als formelle Anspruchsvoraussetzung der Herausgabe von Umweltinformationen sieht   30
§ 4 Abs. 1 i.V.m. Abs. 2 UIG vor, dass der Antrag hinreichend bestimmt sein muss. So
muss der Antrag erkennen lassen, welche Umweltinformationen verlangt werden. Ein
besonderes Interesse muss hingegen nicht geltend gemacht werden.[20]

Im vorliegenden Fall verlangt die BI per Email die Herausgabe der Informationen über   31
die Produktionsabläufe, insbesondere über die hierbei verwendeten Chemikalien und
deren Auswirkungen auf die „Flora und Fauna von Pirmasens". Es stellt sich deshalb
zum einen die Frage, ob der Antrag auch per E-Mail gestellt werden kann und zum anderen, ob es sich bei diesem Herausgabeverlangen um einen hinreichend bestimmten
Antrag handelt.

19　*Hufen*, Verwaltungsprozeßrecht, 11. Aufl. 2019, § 17 Rn. 10.
20　*Schlacke*, Umweltrecht, 7. Auf. 2019, § 5 Rn. 129.

a) Antrag per Email

32   Grundsätzlich bestimmt § 10 VwVfG, dass das Verwaltungsverfahren nicht an bestimmte Formen gebunden ist. Diese Nichtförmlichkeit gilt allerdings nur, soweit keine „besonderen Rechtsvorschriften" (§ 10 S. 1 VwVfG) bestehen. § 4 UIG verlangt lediglich einen Antrag, sieht aber keine gesonderten Formvorschriften für diesen Antrag vor. Eine E-Mail wäre demnach als Antragserhebung durchaus zulässig. Dafür spricht sowohl § 10 VwVfG, der in S. 2 ausdrücklich bestimmt, dass Verwaltungsverfahren „einfach, zweckmäßig und zügig durchzuführen" sind. Im Interesse des Bürgers sind möglichst einfache, billige und rasche Verfahren durchzuführen, worunter auch die Kommunikation über Email zu fassen ist, da sie ohne die Förmlichkeit eines Briefes abgefasst werden kann.[21] Auch spricht die Ausgestaltung des UIG für den möglichst schrankenlosen Zugang zu Umweltinformationen. Insbesondere sieht § 4 UIG keine gesonderten Formvorschriften für den Antrag vor. Strengere Voraussetzungen würden die Intention des UIG insgesamt konterkarieren, so dass auch eine Antragsstellung durch Email möglich ist. Die BI hat deshalb soweit einen formgerechten Antrag nach § 4 Abs. 1 UIG gestellt.

b) Hinreichende Bestimmtheit des Antrages

33   § 4 Abs. 2 UIG verlangt weiterhin, dass der Antrag bestimmt genug formuliert ist. Es ist zu konkretisieren, welche Umweltinformationen (also Art, Zeitraum oder weitere Umstände) beantragt werden.[22] Zu hohe Anforderungen an das Bestimmtheitserfordernis wären jedoch unzulässig, zumal Antragsteller oftmals aufgrund Unkenntnis und Unwissen unfähig sind, die Umweltinformationen zu konkretisieren.[23] Der Maßstab enthält demnach ein subjektives Element, welches auch die Möglichkeiten und Fähigkeiten des Antragstellers berücksichtigen muss.[24] Im vorliegenden Fall möchte die BI Informationen über die Produktionsabläufe der HHH, insbesondere über die eingesetzten Chemikalien und deren Auswirkungen auf die lokale Flora und Fauna, erhalten. Sowohl die Produktionsabläufe als auch die Auswirkungen konkretisieren das Informationsverlangen. Die BI kann aufgrund ihrer laienhaften Möglichkeiten keine bestimmteren Angaben machen und die HHH weiß, welche Informationen von ihr verlangt werden. Der Antrag der BI ist demnach hinreichend bestimmt i.S.d. § 4 Abs. 2 UIG.

2. Zwischenergebnis:

34   Die BI hat demnach einen formgerechten und hinreichend bestimmten Antrag nach § 4 UIG auf Herausgabe der Informationen gestellt.

III. Materielle Anspruchsvoraussetzungen

35   Der Anspruch auf Herausgabe der Informationen muss auch materiell bestehen und es dürfen keine Ausschlussgründe vorliegen.

---

21   BeckOK VwVfG/*Gerstner-Heck*, 48. Ed. 2020, § 10 VwVfG Rn. 15.
22   BeckOK InfoMedienR/*Karg*, 29. Ed. 2020, § 4 UIG Rn. 6.
23   BVerwG, NVwZ 2019, 1211 Rn. 7 m.w.N.
24   Landmann/Rohmer/*Reidt/Schiller*, UmweltR, 91. EL Sept. 2019, § 4 UIG Rn. 5a.

1. Anspruchsgegenstand

Nach §§ 1 und 2 UIG muss zunächst der Anwendungsbereich des UIG eröffnet sein und die beantragten Informationen müssen sich auf die Umwelt beziehen.

36

a) Anwendungsbereich des UIG

Vorliegend richtet sich der Anspruch auf Herausgabe von Informationen gegen die HHH, die zu 100 % vom BMVg gehalten wird und nur Aufträge für ebenjenes Ministerium übernimmt. Da der Geschäftssitz der HHH allerdings in Pirmasens ist, stellt sich die Frage, ob nicht vielmehr landesgesetzliche Regelungen anzuwenden wären. Der Anwendungsbereich des UIG ist in § 1 Abs. 2 UIG geregelt und bezieht sich dabei auf die informationspflichtigen Stellen des Bundes und der bundesunmittelbaren juristischen Personen des öffentlichen Rechts. Anders als in § 2 Abs. 1 Nr. 2 UIG sind juristische Personen des Privatrechts hierbei nicht ausdrücklich genannt, was zu der Annahme führen könnte, dass der Anwendungsbereich des UIG diese Privaten nicht umfassen soll. Das UIG erfasst jedoch alle Stellen der unmittelbaren und mittelbaren Bundesverwaltung, die durch § 2 Abs. 1 UIG konkretisiert werden. §§ 1 und 2 UIG stehen deshalb nicht in einem Ausschlussverhältnis, vielmehr stellt § 2 Abs. 1 UIG eine Konkretisierung des § 1 Abs. 2 UIG dar. Andernfalls entstünde ein gesetzlicher Widerspruch: Der Gesellschaftssitz privater juristischer Personen ist immer an ein Bundesland geknüpft. Die einschlägigen Regelungen des UIG wären dann überflüssig. Voraussetzung für die Anwendung des UIG auf eine juristische Person des Privatrechts muss demnach – im Einklang mit § 2 Abs. 1 Nr. 2 UIG – sein, dass die Kontrollstelle oder die Aufsicht dem Bund unterliegt.[25]

37

> An dieser Stelle geht es nur (!) um die Anwendbarkeit des UIG in Abgrenzung zu den landesrechtlichen umweltinformationsrelevanten Regelungen. Die Tatbestandsmerkmale beider Anspruchsvoraussetzungen überschneiden sich zwar, sind aber nicht identisch. Für die Frage der Anwendbarkeit des UIG ist – anders als für die Frage des Anspruchsgegners – nämlich *nicht relevant*, ob die Stelle öffentliche Aufgaben im Umweltbereich wahrnimmt. Diese Frage ist erst an der entsprechenden Stelle des Antragsgegners darzustellen.

aa) Private Stelle unterliegt der Kontrolle oder Aufsicht des Bundes

Die HHH müsste also der Kontrolle oder Aufsicht des Bundes unterliegen, damit der Anwendungsbereich des UIG eröffnet ist.

38

Um einen möglichst effektiven Informationsanspruch im Umweltbereich zu gewährleisten, wurde der öffentlich-rechtliche Anspruch auch auf private Stellen ausgeweitet – einen Anspruch gegen sämtliche private Stellen zu etablieren, war hingegen nicht vorgesehen. Das Handeln der privaten Stelle muss deshalb zumindest mittelbar dem Staat zugerechnet werden können, was über das Merkmal der Kontrolle in § 2 Abs. 1 Nr. 2, Abs. 2 UIG sichergestellt werden soll.[26] Die Kontrolle ist in § 2 Abs. 2 UIG konkretisiert und bestimmt sich maßgeblich nach gesellschaftsrechtlichen Regelungen. Sie ist anzunehmen, wenn der beherrschende Einfluss des Bundes auf die private Stelle vor-

39

---

25 Landmann/Rohmer/*Reidt/Schiller*, UmweltR, 92. EL Feb. 2020, § 2 UIG Rn. 24 m.w.N.
26 BT-Drs. 15/3680, S. 2.

liegt.[27] Nach § 2 Abs. 2 Nr. 2b UIG ist dieser beherrschende Einfluss jedenfalls dann anzunehmen, wenn der Bund über die Mehrheit der mit den Anteilen des Unternehmens verbundenen Stimmrechte verfügt.

40 Für die HHH kann ein beherrschender Einfluss des Bundes nicht ernsthaft bezweifelt werden: Als Inhouse Gesellschaft des BMVg, das 100 % der Anteile an der GmbH innehat, obliegt dem Bund die Kontrolle über die HHH. Die HHH unterliegt demnach der Kontrolle des BMVg i.S.d. § 2 Abs. 2 UIG.

41

> **Kontrollbegriff nach § 2 Abs. 2 UIG:**
> Der Gesetzgeber hat den Begriff der Kontrolle in § 2 Abs. 2 UIG ausführlich geregelt. Im vorliegenden Fall sind deshalb auch weitere Kontrollvarianten denkbar. Insbesondere die besondere Rechte- oder Pflichtenstellung, bei der die Person des Privatrechts gegenüber Dritten besonderen Pflichten unterliegt oder über besondere Rechte verfügt, wäre möglicherweise einschlägig. Diese besondere Stellung kann sich entweder aus dem Gesetz oder aus vertraglichen Vereinbarungen ergeben. Der SV ist an dieser Stelle allerdings nicht eindeutig genug – es müssten zumindest die vertraglichen Vereinbarungen zwischen dem BMVg und der HHH bekannt sein, um fundierte Aussagen diesbezüglich treffen zu können. Die Prüfung der Kontrollvariante aus § 2 Abs. 2 Nr. 1 UIG wäre demnach wenig zielführend.

bb) UIG oder landesrechtliche Regelungen?

42 Ob das UIG oder landesrechtliche Vorschriften zur Anwendung kommen, bestimmt sich nach der staatlichen Stelle, die die Kontrolle über die private Stelle tatsächlich ausübt. Da hier das BMVg die Kontrolle ausübt, also eine oberste Bundesbehörde, die ein Teil der Regierung i.S.v. § 2 Abs. 1 Nr. 1 UIG ist, ist das Bundes-UIG anzuwenden.

b) Umweltinformationen

43 Der Anspruchsgegenstand des UIG setzt weiterhin voraus, dass es sich bei den beantragten Informationen um Umweltinformationen handelt. Die BI verlangt „Informationen über die Produktionsabläufe und deren Auswirkungen auf die Flora und Fauna von Pirmasens".

aa) Begriff der Umweltinformationen

44 Der Begriff der Umweltinformationen ist in § 2 Abs. 3 UIG legaldefiniert, wobei der Gesetzgeber die Regelungen der UI-Richtlinie RL 2003/4/EG[28] nahezu wortgleich übernommen hat. Offensichtlich ist, dass es sich um ein weites Verständnis der Umweltinformationen handeln soll. Es werden sämtliche Informationen mit Umweltbezug erfasst.[29]

45 Der Begriff setzt sich zunächst aus den Komponenten Information und Umwelt zusammen. *Informationen* sind nach Definition der Rspr. alle Aufzeichnungen, unabhängig von der Art ihrer Speicherung.[30] *Umwelt* sind die gesamten äußeren Lebensbedingun-

---

27 BeckOK InfoMedienR/*Karg*, 29. Ed. 2020, § 2 UIG Rn. 58.
28 Richtlinie 2003/4/EG vom 28.1.2003, ABl. L41/26.
29 *Schlacke*, Umweltrecht, 7. Aufl. 2019, § 5 Rn. 129; Schlacke/Schrader/Bunge/*Schrader*, Aarhus-Handbuch, 2. Aufl. 2019, § 1 Rn. 86.
30 VG Stuttgart, ZD 2012, 585.

gen, die auf ein Individuum oder eine Lebensgemeinschaft einwirken. Zugleich sollen auch die sozialen, kulturellen oder politischen Aspekte, die auf ein Individuum einwirken, einfließen. § 2 Abs. 3 UIG enthält im Rahmen einer Aufzählung Zustände und Wechselwirkungen von Umweltbestandteilen.

(1) Flora und Fauna

Die Flora und Fauna von Primasens betrifft ohne Zweifel die Umwelt. Der BI geht es um die Auswirkungen der bei der Produktion entstehenden potenziellen Emissionen und Immissionen auf die gesamten äußeren Lebensbedingungen in Pirmasens. Wichtigstes Anliegen der BI ist dabei die Auswirkung der Produktion auf den naheliegenden Bach. § 2 Abs. 3 Nr. 1 UIG benennt dabei ausdrücklich gleich mehrere vom Begriffspaar Flora und Fauna umfasste Bestandteile (Luft, Wasser, Boden, Landschaft etc.).

46

(2) Produktionsabläufe, insbesondere Chemikalien

Die Produktionsabläufe (insbesondere die eingesetzten Chemikalien) hingegen betreffen den maschinellen Herstellungsprozess der von HHH produzierten Kleidung. Dieser Herstellungsprozess kann zumindest unmittelbar nicht unter den Begriff der Umwelt nach § 2 Abs. 3 UIG subsumiert werden.

47

In Betracht kommt allerdings eine mittelbare Anwendung über § 2 Abs. 3 Nr. 3a UIG, bei denen sich *„Maßnahmen oder Tätigkeiten, die sich die Umweltbestandteile im Sinne der Nummer 1 oder auf Faktoren im Sinne der Nummer 2 auswirken oder wahrscheinlich auswirken"*. Diese Ausweitung des Umweltbezuges soll sicherstellen, dass auch indirekte Auswirkungen menschlicher Aktivitäten, nicht vom Anwendungsbereich des UIG ausgenommen sind.[31] Es muss aber zumindest ein Wirkzusammenhang zwischen der menschlichen Handlung und der Einwirkung auf die Umwelt erkennbar und hinreichend wahrscheinlich sein, wobei ein sicherer Nachweis über die nachteilige Auswirkung nicht erbracht werden muss.[32] Um eine grenzenlose Anwendung zu vermeiden, betont die Rspr. lediglich, dass fernliegende Befürchtungen nicht ausreichen, um die Mittelbarkeit zu begründen.[33]

48

Ein maschineller Produktionsablauf ist eine von Menschen verursachte Aktivität. Bei der Herstellung von Funktionskleidung ist es nicht unüblich, chemische Stoffe zu verwenden, die potenziell Auswirkungen auf die Umwelt haben können. Die BI hat Veränderungen der Flora und Fauna in der nahen Umgebung der Produktionsstätte beobachtet; eine lediglich fernliegende Befürchtung besteht deshalb nicht. Zwar könnten diese Veränderungen auch anderweitig verursacht sein, es bleibt aber zumindest hinreichend wahrscheinlich, dass sie mit der Produktion der HHH in Verbindung stehen.

49

bb) Hilfsweise: Schwerpunkt des Informationsverlangens

Selbst wenn man eine unmittelbare Anwendbarkeit nach § 2 Abs. 3 Nr. 3a UIG ablehnt, kann sich ein Anspruch aus dem UIG ergeben, wenn es sich um doppelrelevante Informationen handelt, deren Schwerpunkt auf den Umweltinformationen liegt. Die Informationsrechte überschneiden sich in ihrem Anwendungsbereich naturgemäß häufig, so dass für die effektive Durchsetzbarkeit des Informationsverlangens bei Über-

50

---

31 BVerwG, NVwZ 2008, 791 (792).
32 OVG Münster, NuR 2011, 441.
33 BVerwG, NVwZ 2019, 1514 (1515); siehe hierzu ausführlich *Guckelberger*, NuR 2018, 378 (386).

schneidungen unterschiedlicher Informationsrechte auf den Schwerpunkt des jeweiligen Anspruchsbegehrens abgestellt werden muss (sog. *Schwerpunkttheorie*).[34] Vorliegend geht es der BI bei der Information über Produktionsabläufe um die Möglichkeit, Rückschlüsse auf umweltrelevante Faktoren ziehen zu können. Auch wenn der Produktionsablauf dabei nicht unmittelbar mit der Umwelt in Zusammenhang steht, sind die beantragten Informationen doch von großer Relevanz für die umweltrelevanten Faktoren. Zusammen mit dem Informationsverlangen in Bezug auf die Flora und Fauna liegt der Schwerpunkt insgesamt eindeutig auf Umweltinformationen und bestimmen sich deshalb nach dem UIG.

c) Zwischenergebnis

51 Der Anwendungsbereich des UIG ist im vorliegenden Fall eröffnet, es handelt sich um Umweltinformationen, die von einer privaten Stelle verlangt werden, welche unter der Kontrolle des BMVg steht.

2. Anspruchsberechtigung, § 3 Abs. 1 UIG

52 Die BI muss ferner gem. § 3 Abs. 1 UIG anspruchsberechtigt sein.

a) Nichtrechtsfähige Personenvereinigungen

53 Gem. § 3 Abs. 1 UIG ist „jede Person" anspruchsberechtigt, d.h. jede natürliche und juristische Person unabhängig von ihrem Wohnort oder ihrer Nationalität.[35] Die BI besitzt keine Rechtsfähigkeit. Ob sie also unter „jede Person" zu fassen ist, bleibt fraglich. Das UIG ist auf Grundlage des Aarhus-Übereinkommens[36] und der Richtlinie über den Zugang der Öffentlichkeit zu Umweltinformationen (UI-RL)[37] (Art. 4 Abs. 1 S. 1 Aarhus-Übereinkommen und Art. 2 Nr. 6 UI-RL) erlassen worden, die ein „Jedermann-Recht" und einen öffentlichen Zugang zu Umweltinformationen vorsehen. Der Öffentlichkeit sollen danach Umweltinformationen in umfassender Weise zugänglich gemacht werden. Würde dieses „Jedermann-Recht" auf eine bestimmte Rechtsform beschränkt werden, wäre die Effektivität des Anspruches deutlich eingeschränkt. Daher ist für die Bestimmung der Anspruchsberechtigung nach Auffassung der Rspr. entscheidend, ob die antragstellende Person gegenüber der staatlichen oder staatlich kontrollierten Stelle ein vergleichbares Informationsbedürfnis wie eine natürliche oder juristische Person des Privatrechts geltend macht und in einer damit vergleichbaren Weise auf diese Art der Informationsbeschaffung angewiesen ist.[38] Nach diesen Maßstäben sind auch nichtrechtsfähige Personenvereinigungen anspruchsberechtigt nach § 3 Abs. 1 UIG. Um aber zumindest ein Mindestmaß an prozessualer Sicherheit hinsichtlich der Beteiligten zu erhalten, wird eine hinreichende organisatorische Verfestigung der Vereinigung verlangt.[39] Da im Umweltbereich gerade auch Personenvereinigungen, welche nicht in Rechtsform organisiert sind (insbesondere Bürgerinitiativen), wichtige

---

34 *Stollwerck*, LKV 2016, 538 (539 f.).
35 *Schlacke*, Umweltrecht, 7. Aufl. 2019, § 5 Rn. 129.
36 UNECE-Übereinkommen vom 25.6.1998 über den Zugang zu Informationen, die Öffentlichkeitsbeteiligung an Entscheidungsverfahren und den Zugang zu Gerichten in Umweltangelegenheiten, BGBl. II 2006, 1251.
37 Richtlinie 2003/4/EG vom 28.1.2003, ABl. L 41/26.
38 BVerwG, NVwZ 2017, 1775 (1778).
39 BVerwGE 130, 223 (233 ff.).

Beteiligungs- und Kontrollfunktionen wahrnehmen, würden zu hohe Hürden dem Gesetzeszweck zuwiderlaufen.

Die BI ist hinreichend organisatorisch verfestigt, da sie zum einen seit längerer Zeit besteht und zum anderen sogar Vorsitzende wählt. Bereits die Durchführung einer Wahl lässt auf gewisse Organisationsstrukturen schließen, so dass die Anspruchsberechtigung i.S.d. § 3 Abs. 1 S. 1 UIG anzunehmen ist.

54

b) Betroffenheit?

Der Anspruch auf Herausgabe von Umweltinformationen wurde voraussetzungslos ausgestaltet. Das bedeutet, dass es im Gegensatz zu anderen öffentlich-rechtlichen Ansprüchen (bspw. § 29 VwVfG) keiner spezifischen Betroffenheit des Antragstellers bedarf.[40] Es muss demnach weder ein rechtliches, berechtigtes noch anders geartetes Interesse geltend gemacht werden – selbst rein egoistische Interessen stehen dem Anspruch nach § 3 UIG nicht entgegen, da das UIG die Transparenz staatlichen Handelns im Umweltbereich als eigenen Gesetzeszweck ausgestaltet.[41] Die BI muss demnach keine Betroffenheit nachweisen.

55

3. Anspruchsgegner, § 2 Abs. 1 Nr. 2 UIG

Die HHH müsste richtige Anspruchsgegnerin sein, was sich aus § 2 Abs. 1 Nr. 2 UIG ergeben könnte, da sie als private informationspflichtige Stelle öffentliche Aufgaben im Umweltbereich wahrnehmen und unter der Kontrolle oder Aufsicht des Bundes stehen könnte. Die HHH argumentiert, dass sie als Dienstleister des BMVg keine umweltbezogenen Aufgaben wahrnimmt und sich das UIG deshalb nicht auf sie erstreckt – es ist demnach fraglich, wie dieser Umweltbezug aus § 2 Abs. 1 Nr. 2 UIG zu verstehen ist. Die Kontrolle des Bundes ist bereits bejaht worden.

56

a) Umweltbezogene Aufgaben der öffentlichen Verwaltung

Trotz eines weiten Anwendungsbereichs des UIG war eine Erstreckung auf alle nicht-öffentlichen Stellen nicht intendiert. Zwar sollte in unionsrechtskonformer Umsetzung der UI-RL auch ein Informationsanspruch gegen private Stellen eingeführt werden, doch nur wenn diese privaten Stellen öffentliche Aufgaben im Umweltbereich wahrnehmen. Es ist also zu prüfen, ob die HHH öffentliche Aufgaben wahrnimmt oder öffentlichen Dienstleistungen erbringt und ob diese einen Umweltbezug haben.

57

aa) Wahrnehmung öffentlicher Aufgaben bzw. Erbringung öffentlicher Dienstleistungen

Die Wahrnehmung öffentlicher Aufgaben oder Erbringung von öffentlichen Dienstleistungen liegt dann vor, wenn die Tätigkeit der privaten Stelle im öffentlichen Interesse erfolgt.[42] Nach der Rspr. ist dieses öffentliche Interesse anzunehmen, wenn die Öffentlichkeit maßgeblich daran interessiert ist, sie also als gemeinwohlerheblich anzusehen ist.[43] Die Ausstattung der Streitkräfte dient eindeutig dem öffentlichen Interesse, was sich letztlich aus dem Verteidigungsauftrag aus Art. 87a GG ableiten lässt. Da die

58

---

40 So schon die Gesetzesbegründung: BT-Drs. 15/3406, S. 15.
41 BeckOK InfoMedienR/*Karg*, 29. Ed. 2020, § 3 UIG Rn. 17 m.w.N.
42 BeckOK InfoMedienR/*Karg*, 29. Ed. 2020, § 2 UIG Rn. 53.
43 BVerwG, NVwZ 2017 1775 (1779).

HHH ausschließlich diesen Auftrag wahrnimmt, nimmt sie öffentliche Aufgaben wahr und erbringt öffentliche Dienstleistungen.

bb) Umweltzusammenhang, § 2 Abs. 3 UIG

59 Der Inhalt des Umweltbezuges, der bei der Wahrnehmung öffentlicher Aufgaben oder der Erbringung von öffentlichen Dienstleitungen ausgestaltet ist, ist hingegen umstritten. Eine etwas restriktivere Ansicht möchte zur Bestimmung des Umweltbezuges auf die Merkmale der Definition aus § 2 Abs. 3 UIG zurückgreifen. Sind danach Umweltinformationen zur Erledigung der Aufgaben nötig oder entstehen bei Erfüllung der Aufgaben Umweltinformationen, so ist der Umweltbezug anzunehmen.[44] Eine andere Ansicht geht weiter und stellt lediglich darauf ab, ob die Tätigkeit Auswirkungen auf die Umwelt hat oder haben kann. Eine potenzielle Auswirkung reicht hierbei aus, die Grenze liegt bei nur zufälligen oder beiläufigen Umweltberührungen.[45] Im vorliegenden Fall hat die Produktion von Multifunktionskleidung für die Streitkräfte der Bundeswehr einen potenziellen Umweltbezug, der auch über der Schwelle der Zufälligkeit liegt. Gerade bei Fabrikationen mit einem Bezug zur Umwelt, wie sie bei der Verwendung von Chemikalien i.R.v. Multifunktionskleidung immer anzunehmen ist, würde eine Verengung des Anwendungsbereichs des UIG dessen Effektivität deutlich einschränken. Diese Einschränkung wäre nicht im Sinne der UI-RL und auch nicht im Sinne des Gesetzgebers. Vielmehr verpflichtet sich der Bund zur weitestgehenden Transparenz im Umweltbereich, was auch öffentliche Dienstleistungen umfassen muss. Andernfalls könnte durch die Auslagerung öffentlicher Aufgaben die Effektivität der Herausgabeansprüche von Umweltinformationen umgegangen werden. Im vorliegenden Fall liegt deshalb ein Umweltbezug der HHH bei der Wahrnehmung öffentlicher Aufgaben und der Erbringung von öffentlichen Dienstleitungen vor.

b) Verfügen, § 2 Abs. 4 UIG

60 Nun muss die HHH als informationspflichtige Stelle über Umweltinformationen nach § 2 Abs. 4 UIG *verfügen*, weil die Umweltinformationen bei ihr vorhanden sind oder von ihr bereitgehalten werden. *Vorhanden* sind die Informationen, wenn die Stelle die tatsächliche räumliche Verfügungsbefugnis über die Information besitzt.[46] Diese Voraussetzung ist im vorliegenden Fall nicht weiter problematisch: Die HHH GmbH bestreitet schon gar nicht, dass ihr diese Informationen vorliegen, so dass eine Verfügbarkeit nach § 2 Abs. 4 UIG anzunehmen ist.

c) Zwischenergebnis

61 Die HHH ist als private informationspflichtige Stelle, die unter der Kontrolle des BMVg öffentliche Dienstleistungen mit Umweltbezug erbringt und über die Umweltinformationen verfügt, die richtige Anspruchsgegnerin.

---

44 BeckOK InfoMedienR/*Karg*, 29. Ed. 2020, § 2 UIG Rn. 52; Fluck/Fetzer/Fischer/*Fluck/Theuer*, Informationsfreiheitsrecht, 38. EL Januar 2019, § 2 UIG Rn. 169.
45 Landmann/Rohmer/*Reidt/Schiller*, UmweltR, 91. EL 2019, § 2 UIG Rn. 23; Schlacke/Schrader/Bunge/ *Schrader*, Aarhus-Handbuch, 2. Aufl. 2019, § 1 Rn. 85.
46 Landmann/Rohmer/*Reidt/Schiller*, UmweltR, 91. EL Sept. 2019, § 2 UIG Rn. 53.

4. Ausschlussgründe

Der Anspruch könnte allerdings abgelehnt werden, wenn der Schutz öffentlicher (§ 8 UIG) oder privater (§ 9 UIG) Belange dem Umweltinformationsanspruch gegenübersteht und diesen überwiegt. Es muss demnach zweiteilig geprüft werden, ob ein Versagungsgrund überhaupt vorliegt und ob dieser gegenüber dem Informationsverlangen im Rahmen einer Abwägung überwiegt.

a) Schutz öffentlicher Belange, § 8 Abs. 1 Nr. 1 UIG

Hat die Veröffentlichung von Informationen nachteilige Auswirkungen auf die besonderen öffentliche Schutzgüter aus § 8 Abs. 1 Nr. 1 – 4 UIG, so ist der Informationsanspruch ausgeschlossen.

Die HHH macht vorliegend geltend, dass die Produktion von Dienstkleidung der Streitkräfte der Bundeswehr einen sicherheitsrelevanten Bereich der Landesverteidigung betrifft. Es könnte demnach der Ausschlussgrund aus § 8 Abs. 1 Nr. 1 2. Var. UIG, das Schutzgut der Verteidigung, einschlägig sein. Mit „Verteidigung" ist die militärische Verteidigung gemeint, die den Schutz vor Angriffen auf die BRD umfasst. Wird also durch die Veröffentlichung von Umweltinformationen die Effektivität von Verteidigungshandlungen beeinträchtigt, so ist der Informationsanspruch ausgeschlossen. Dies ist im Rahmen einer prognostischen Betrachtung zu bestimmen, bei der die Gefahrenlage auch im Hinblick auf Sabotage oder terroristische Angriffe untersucht werden muss. Ein bloßer Bezug zu militärischen Einrichtungen oder Produktionen schließt dagegen nicht per se den Anspruch auf Umweltinformationen aus.[47]

Vorliegend stellt die HHH Funktionstarnkleidung her, die Soldaten bei extremen klimatischen Bedingungen vor Regen schützen soll. Bei der Entwicklung hat man sich an bereits bestehende Entwicklungen aus dem Bergsteigen orientiert. Auch wenn die Ausrüstung der Streitkräfte zum verteidigungsrelevanten Bereich zu zählen ist, ist eine potenzielle Gefährdungslage in diesem Bereich allerdings gering. Letztlich steht die Frage der Funktionsfähigkeit der Streitkräfte bei der Abwägung im Mittelpunkt – da nur eine funktionsfähige Bundeswehr eine effektive Verteidigung gewährleisten kann. Diese Funktionsfähigkeit ist allerdings durch die Bekanntgabe von Informationen aus dem Bereich der Kleidung in Bezug auf Regenschutz nicht gefährdet. Es handelt sich dabei ja gerade nicht um Informationen, die Rückschlüsse auf Schusssicherheit oder Schwachstellen in der Uniform zulassen, sondern lediglich auf die Regenfestigkeit. Diese sind mit denen des Bergsteigens vergleichbar und deshalb – zumindest in der Branche – bereits bekannt. Abschließend sind die Ausschlussgründe aus § 8 UIG restriktiv auszulegen, um das übergeordnete Telos des Gesetzes insgesamt nicht zu konterkarieren – Umweltinformationen sollen weithin zugänglich sein. Der Ausschlussgrund der Verteidigung aus § 8 Abs. 1 Nr. 1 2. Var. UIG ist demnach nicht einschlägig und kann seitens der HHH dem Informationsanspruch nicht entgegengehalten werden.

b) Schutz sonstiger Belange, § 9 Abs. 1 Nr. 3 UIG

In Betracht kommt nun noch der Ausschlussgrund aus § 9 Abs. 1 Nr. 3 1. Var. UIG, nämlich der Schutz von Betriebs- und Geschäftsgeheimnissen. Der Schutz der Produk-

---

47 BeckOK InfoMedienR/*Karg*, 29. Ed. 2020, § 8 UIG Rn. 26 ff.; *Guckelberger*, NuR 2018, 436 (437 f.) jeweils m.w.N.

tionsabläufe der HHH mit den dabei eingesetzten Chemikalien müsste dafür das Informationsverlangen der BI überwiegen.

67 Zunächst versteht die Rspr. unter Betriebs- und Geschäftsgeheimnissen alle auf ein Unternehmen bezogenen Tatsachen, Umstände und Vorgänge, die nicht offenkundig, sondern nur einem begrenzten Personenkreis zugänglich sind und an deren Nichtverbreitung der Rechtsträger ein berechtigtes Interesse hat.[48] Zudem liegen Geheimnisse betrieblicher Art vor, wenn diese sich auf die technischen Aspekte eines Unternehmens beziehen. Geschäftsgeheimnisse hingegen betreffen die kaufmännische Seite.[49] Das berechtigte Interesse am Schutz von Betriebs- und Geschäftsgeheimnissen ist anzunehmen, wenn die Offenlegung der betreffenden Information geeignet wäre, exklusives technisches oder kaufmännisches Wissen den Marktkonkurrenten zugänglich zu machen und so die Wettbewerbsposition des betroffenen Unternehmens nachteilig zu beeinflussen.[50]

aa) Grundsätzliche Anwendbarkeit des § 9 Abs. 1 Nr. 3 UIG

68 Teilweise wird vertreten, dass sich staatlich beherrschte Unternehmen schon nicht auf den Ablehnungsgrund aus § 9 Abs. 1 Nr. 3 UIG berufen können, da sich diese regelmäßig nicht auf die Grundrechte berufen können. Der Ablehnungsgrund des Geheimnisschutzes diene letztlich nämlich dem dahinterliegenden Grundrechtsschutz.[51] Die herrschende Meinung schließt sich diesem Argument jedoch nicht an.[52] Da der Gesetzestext diese Einschränkung nicht vorsieht, gilt der Geheimnisschutz auch für private Stellen, die staatlich beherrscht sind. Da es dem Gesetzgeber einfachgesetzlich zusteht, auch staatlich beherrschten Unternehmen einen Geheimnisschutz einzuräumen, gilt § 9 Abs. 1 Nr. 3 UIG auch für diese.[53] Der Ablehnungsgrund des § 9 Abs. 1 Nr. 3 UIG steht im vorliegenden Fall demnach auch der HHH zu.

bb) Emissionen, § 9 Abs. 1 S. 2 UIG

69 Die BI verlangt Informationen darüber, welche Auswirkungen die verwendeten Chemikalien auf die Flora und Fauna in Pirmasens haben. Es könnte sich demnach teilweise um ein Informationsverlangen in Bezug auf Emissionen handeln. Bei Emissionen enthält § 9 Abs. 1 Nr. 1 – 3 UIG eine Einschränkung der Ausschlussgründe, da Emissionen umweltrechtlich eine besondere Stellung einnehmen. Der Begriff der Emissionen muss dabei weit verstanden werden. Es werden dabei Emissionen von Gasen oder anderen Stoffen in die Atmosphäre erfasst, also auch Freisetzungen von Stoffen, Zubereitungen, Organismen, Mikroorganismen, Erschütterungen, Wärme oder Lärm in die Umwelt, insbesondere in die Luft, das Wasser oder den Boden.[54] Eine Informationspflicht darüber beinhaltet sowohl Angaben über die Emissionen selbst als auch Aus-

---

48 BVerwG, NVwZ 2009, 1113 Rn. 12; BVerwG, NVwZ 2017, 1775 Rn. 64; BVerwGE 135, 34 Rn. 50; Schlacke/Schrader/Bunge/*Schrader*, Aarhus-Handbuch, 2. Aufl. 2019, § 1 Rn. 133; Landmann/Rohmer/*Reidt/Schiller*, UmweltR, 91. EL Sept. 2019, § 9 UIG Rn. 20.
49 Ebd.
50 Ebd.
51 BeckOK InfoMedienR/*Karg*, 29. Ed. 2020, § 9 UIG Rn. 22a.
52 BVerwG, NVwZ 2017, 1775 (1781); Landmann/Rohmer/*Reidt/Schiller*, UmweltR, 91. EL Sept. 2019, § 9 UIG Rn. 25. Zum Ganzen auch ausführlich *Guckelberger*, NuR 2018, 508 (510 f.).
53 BVerwG, NVwZ 2017, 1775 (1781); Landmann/Rohmer/*Reidt/Schiller*, UmweltR, 91. EL Sept. 2019, § 9 UIG Rn. 25. Zum Ganzen auch ausführlich *Guckelberger*, NuR 2018, 508 (510 f.).
54 EuGH, Urt. v. 23.11.2016 – Rs. C-442/14, NVwZ 2017, 380 Rn. 64; auch *Guckelberger*, NuR 2018, 508 (512 f.).

wirkungen der Emissionen auf die Umwelt. Im vorliegenden Fall geht es um die Auswirkungen auf die Flora und Fauna, insbesondere den Bach in Primasens. Es kann dabei nicht ausgeschlossen werden, dass sich die Veränderungen auf Emissionen der Produktionsstätte zurückführen lassen. Bei diesen Umweltinformationen kann sich die HHH deshalb schon nicht auf den Ausschlussgrund der Betriebs- und Geschäftsgeheimnisse berufen.

cc) Produktionsabläufe, insbesondere Chemikalien

Weiterhin möchte die BI Informationen zu den Produktionsabläufen, insbesondere den dabei verwendeten Chemikalien, von HHH, die grundsätzlich den betrieblichen Geheimnisschutz betreffen (§ 9 Abs. 1 Nr. 3 UIG). Allerdings ist dabei schon fraglich, ob die Informationen nicht bereits offenkundig sind und die HHH berechtigte Interessen geltend machen kann.

70

Offenkundig sind die Umstände, wenn sie allgemein bekannt oder jedenfalls für beliebige Externe leicht zugänglich sind.[55] Da man sich laut SV an den Entwicklungen aus dem alpinen Extremsport orientiert hat, stellt sich zunächst die Frage, ob es sich nicht alleine deshalb um offenkundige Umstände handelt. Sie scheinen insoweit bekannt zu sein, als die Produktion der HHH sich daran orientiert. Für genauere Aussagen ist der SV nicht ausführlich genug. Allerdings sind die berechtigten Interessen in casu fragwürdig. Die Rspr. schließt bei einer staatlichen Monopolstellung den Geheimnisschutz zunächst nicht grundsätzlich aus, da auch die Vergaberelevanz zu einer Schwächung der Stellung des Geheimnisträgers am Markt führen kann.[56] Doch im Bereich der Verteidigung besteht auch diese Schwächung nicht, da die HHH als Inhouse Gesellschaft nur zu diesem Zweck gegründet wurde und deshalb in keiner der genannten Weisen dem Wettbewerb unterliegt. Sie ist keiner Konkurrenzsituation ausgesetzt, da der einzige Auftraggeber das BMVg ist, womit die Wettbewerbsposition schon nicht nachteilig beeinflusst werden kann. § 9 Abs. 1 Nr. 3 UIG steht der Herausgabe der Informationen über die Produktionsabläufe, insbesondere der dabei verwendeten Chemikalien, nicht entgegen.

71

5. Zwischenergebnis

Der Anspruch der BI auf Herausgabe der Umweltinformationen über die Produktionsabläufe, insbesondere unter Nennung der eingesetzten Chemikalien und die Auswirkungen auf die umweltrelevanten Bereiche (insbesondere Luft, Boden und Wasser) ist begründet und es bestehen keine Ausschlussgründe.

72

IV. Rechtsfolge

Bezüglich des „Ob" des Anspruchs auf Informationszugang enthält § 3 Abs. 1 UIG eine gebundene Entscheidung. Besteht der Anspruch und liegt kein Ablehnungsgrund vor, so ist der Zugang zu gewähren.

73

Das „Wie" des Informationsverlangens ist in § 3 Abs. 2 UIG geregelt. Danach steht der informationspflichtigen Stelle ein Auswahlermessen hinsichtlich möglicher Informationszugangsarten nach § 3 Abs. 2 UIG zu. Beispielhaft genannt sind die Auskunftsertei-

74

---

55 Ebd.
56 BVerwG, NVwZ 2017, 1775 (1784).

lung und die Gewährung von Akteneinsicht (§ 3 Abs. 2 UIG).[57] Der Zugang in „sonstiger Weise" versteht alle nicht papiergebundenen Informationen.[58] Das Auswahlermessen ist durch die in § 3 Abs. 2 S. 1 UIG genannten Zugangsarten beschränkt (intendiertes Ermessen).[59] § 3 Abs. 2 S. 2 UIG bindet die informationspflichtige Stelle zusätzlich, wenn der Antragsteller eine konkrete Zugangsart begehrt. Eine Ablehnung ist in diesem Fall nur aus gewichtigen Gründen (§ 3 Abs. 2 S. 2 und S. 3 UIG) möglich.[60] Begehrt der Antragsteller keine konkrete Zugangsart, so ist bei der Ermessensentscheidung zu beachten, welches Informationsmittel dem Begehren am besten gerecht wird. Das Begehren der BI enthält keine Angaben bzgl. der Zugangsart. Der HHH steht demnach ein Auswahlermessen bezüglich des Informationszugangs zu.

C. Ergebnis

75 Die Klage der BI ist zulässig und begründet. Die HHH muss die Umweltinformationen über die Produktionsabläufe, insbesondere unter Nennung der eingesetzten Chemikalien und die Auswirkungen auf die umweltrelevanten Bereiche an die BI herausgeben. Bezüglich der Art der Zugangsgewährung steht der HHH ein Auswahlermessen zu.

76

> **Weiterführende Hinweise:**
> **Zum materiellen Recht:** *Rudisile*, Zentralbegriffe des Umweltinformationsrechts im Blick der Rechtsprechung, VBlBW 2013, S. 46 – 50; *Ehlers/Vorbeck*, Der Anspruch auf Erteilung von Verwaltungsinformationen Teil 1 & 2, JURA 2013, S. 1124 – 1137 und 2014, S. 34 – 49; *Stollwerck*, Das Umweltinformationsgesetz – Ein praxisorientierter Streifzug, LKV 2016, S. 538 – 543; *Wegener*, Licht und Schatten in der (Umwelt-) Informationsfreiheit, ZUR 2016, S. 153 – 156; *Adler*, Zugang zu staatlichen Informationen quo vadis? – Entwicklungslinien und Schwachstellen der Informationsrechte nach IFG und UIG, DÖV 2016, S. 630 – 638; *Wegener*, Kein „Mund auf – Augen zu" – der freie Zugang zu Informationen über Emissionen in die Umwelt, ZUR 2017, S. 146 – 152; *Schlacke*, Umweltrecht, 7. Aufl. 2019, § 5; *Guckelberger*, Geschichte des Umweltinformationsrechts und allgemeine Anspruchsvoraussetzungen, NuR 2018, S. 328 – 387; *Guckelberger*, Die Ablehnung von Umweltinformationsanträgen zum Schutz öffentlicher Belange, NuR 2018, S. 436 – 443; *Guckelberger*, Ablehnung von Umweltinformationsanträgen zum Schutz sonstiger Belange, NuR 2018, S. 508 – 513; Schlacke/Schrader/Bunge/*Schrader*, Aarhus-Handbuch, 2. Aufl. 2019, § 1; *Spieth/Hellermann*, Umweltverbände: Mit Macht kommt Verantwortung, NVwZ 2019, S. 745 – 751; *Schnabel*, Rechtsmissbrauch im Umwelt- und im allgemeinen Informationsrecht, ZUR 2019, S. 74 – 80; *Werner*, Auskunftsansprüche der Öffentlichkeit gegenüber Aktiengesellschaften unter Beteiligung der öffentlichen Hand, NVwZ 2019, S. 449 – 455.
> **Zum Prozessrecht:** BVerwG, NVwZ 2017, 17775 (1778); BayVGH, Beschl. v. 4.9.2019 – 11 ZB 19.1685, BeckRS 2019, 21172; *Schmidt*, Das System der verwaltungsrechtlichen Klagearten, DÖV 2011, S. 169 – 174; *Geis/Meier*, Grundfälle zur allgemeinen Leistungsklage, JuS 2013, S. 28 – 32; *Krüger*, Die Eröffnung des Verwaltungsrechtswegs, JuS 2013, S. 598 – 602; Fehling/Kastner/Störmer/*Terhechte*, VerwR, 4. Aufl. 2016, § 43 VwGO; Ziekow/Sodan/*Sodan*, VwGO, 5. Aufl. 2018, § 42; *Koehl*, Passivlegitimation im Verwaltungspro-

---

57 Landmann/Rohmer/*Reidt/Schiller*, UmweltR, 91. EL Sept. 2019, § 3, Rn. 13.
58 Landmann/Rohmer/*Reidt/Schiller*, UmweltR, 91. EL Sept. 2019, § 3, Rn. 14.
59 BVerwGE 135, 34 Rn. 66.
60 Landmann/Rohmer/*Reidt/Schiller*, UmweltR, 91. EL Sept. 2019, § 3, Rn. 15 ff.

zess, LKV 2018, S. 150 – 1156; Eyermann/*Happ*, VwGO, 15. Aufl. 2019, § 42; Schoch/Schneider/Bier/*Pietzcker*, VwGO, 37. EL 2019, § 42; BeckOK InfoMedienR/*Karg*, 29. Ed. 2020, § 6 UIG; Landmann/Rohmer/*Reidt/Schiller*, UmweltR, 91. EL Sept. 2019, § 6 UIG.

Fall 4: Bundesimmissionsschutzrecht

Sachverhalt

1   Die *Ferkel-AG* (F-AG) plant die Errichtung eines Maststalls für 9.000 Ferkel mit weniger als 30 kg Lebendgewicht im Außenbereich der Großen Kreisstadt G im Land BW. Sie beantragt beim zuständigen Landratsamt unter Einreichung sämtlicher erforderlicher Unterlagen – darunter auch aufgrund der bestehenden Pflicht zur Durchführung einer Umweltverträglichkeitsprüfung (UVP) einen UVP-Bericht – die Erteilung einer immissionsschutzrechtlichen Genehmigung. Das Landratsamt veröffentlicht das Vorhaben im Amtsblatt, den drei örtlichen Tageszeitungen in G sowie dem UVP-Portal im Internet. In der Bekanntmachung wird darauf hingewiesen, dass der Antrag mit den erforderlichen Unterlagen samt UVP-Bericht der F-AG in der Genehmigungsbehörde und im Rathaus der Gemeinde G, insbesondere weil sich das Vorhaben dort auswirken wird, während der Dienststunden für einen Monat ausliegen. Es werden Zeitpunkt und Ort des Erörterungstermins genannt sowie darauf hingewiesen, dass dessen Durchführung aufgrund einer Ermessensentscheidung des Landratsamtes nach § 10 Abs. 6 BImSchG erfolge und dass formgerecht erhobene Einwendungen auch bei Ausbleiben der F-AG oder von Einwendern erörtert werden. Es erfolgt ferner ein Hinweis auf die UVP-Pflichtigkeit des Vorhabens sowie den von der F-AG vorgelegten UVP-Bericht. Etwaige Einwendungen müssten spätestens bis einen Monat nach Ablauf der Auslegungsfrist vorgebracht werden. Mit Ablauf dieser Frist seien sämtliche Einwendungen ausgeschlossen, die nicht auf besonderen privatrechtlichen Titeln beruhen. Schließlich wird darauf hingewiesen, dass die Zustellung der Entscheidung über die Einwendungen durch öffentliche Bekanntmachung ersetzt werden kann. Zwischen der Bekanntmachung und dem Beginn der Auslegungsfrist vergehen fünf Tage, die Auslegung beginnt jedoch am Tag nach der Bekanntmachung in der dritten und zuletzt erschienenen Tageszeitung in G. Die Stellungnahmen sämtlicher betroffenen Behörden werden eingeholt. Eine UVP wird ebenfalls ordnungsgemäß durchgeführt. Diese kommt zu dem Ergebnis, dass das Vorhaben erhebliche nachteilige Umweltauswirkungen haben würde. Innerhalb der Auslegungsfrist werden zahlreiche Einwendungen erhoben.

Eugen Emsig (E) etwa, der Eigentümer einer ca. 500 m entfernt liegenden Wohnung, wendet ein, dass die von dem Maststall ausgehenden Lärmimmissionen einen unruhigen Schlaf zur Folge hätten und dass sich ein permanenter unangenehmer, gar ekelhafter Geruch verbreiten würde; diese Einwände bringt er allerdings erst fünf Wochen nach Ablauf der Auslegungsfrist vor. Trotz Überschreitung der einschlägigen Grenzwerte der Technischen Anleitung zum Schutz gegen Lärm (TA-Lärm) erteilt die Genehmigungsbehörde nach Durchführung eines Erörterungstermins der F-AG die Genehmigung – die der F-AG und sämtlichen Einwendern (darunter auch E), förmlich zugestellt sowie öffentlich bekannt gemacht wird – mit der Begründung, dass der Bau massiver und schallschützender Wände und Decken, mithilfe derer die Einhaltung der Grenzwerte erreicht werden könnte, so teuer sei, dass er der F-AG nicht zugemutet werden könne.

E ist über diese Entscheidung erbost. Nach ordnungsgemäß durchgeführtem, aber erfolglosem Vorverfahren erhebt E form- und fristgerecht Klage gegen das Landratsamt beim zuständigen Verwaltungsgericht. Er beruft sich dabei auf die unzulässigen, von dem Maststall ausgehenden Immissionen. Zudem könne es seiner Auffassung nach nicht rechtens sein, dass bei einem derart bodenrechtlich relevanten Vorhaben nicht die Baurechtsbehörde, sondern die Immissionsschutzbehörde gehandelt hat. Im Übrigen könne es doch nicht angehen, dass die Genehmigungsbehörde mögliche Standortalternativen nicht einmal ansatzweise in Betracht gezogen habe. Das Landratsamt meint, E habe seine Einwendungen zu spät erhoben. Trotz Grenzwertüberschreitung sei eine Rechtsgutsverletzung damit jedenfalls ausgeschlossen.

Hat die von E erhobene Klage Aussicht auf Erfolg?

Lösung:

Die Klage des E hat Aussicht auf Erfolg, soweit sie zulässig und begründet ist.

A. Zulässigkeit

Die Klage muss zunächst zulässig sein. 2

I. Eröffnung des Verwaltungsrechtswegs, § 40 Abs. 1 S. 1 VwGO

In Ermangelung einer aufdrängenden Sonderzuweisung richtet sich die Eröffnung des 3 Verwaltungsrechtswegs nach der Generalklausel des § 40 Abs. 1 S. 1 VwGO. Dann muss es sich um eine öffentlich-rechtliche Streitigkeit nichtverfassungsrechtlicher Art handeln, für die keine abdrängende Sonderzuweisung besteht. Eine Streitigkeit ist öffentlich-rechtlich, wenn die streitentscheidenden Normen dem öffentlichen Recht angehören, was nach der sog. *modifizierten Subjektstheorie*[1] dann der Fall ist, wenn die Normen einseitig einen Träger staatlicher Gewalt berechtigen bzw. verpflichten. Streitentscheidende Normen sind vorliegend Vorschriften des BImSchG und BauGB, die unzweifelhaft dem öffentlichen Recht zuzuordnen sind. Eine öffentlich-rechtliche Streitigkeit ist somit gegeben. Diese ist nichtverfassungsrechtlicher Art, da keiner der Beteiligten dem Verfassungsleben angehört und diese auch nicht um Verfassungsrecht streiten (sog. *doppelte Verfassungsunmittelbarkeit*[2]). Schließlich fehlt es an abdrängenden Sonderzuweisungen. Damit ist der Verwaltungsrechtsweg nach § 40 Abs. 1 S. 1 VwGO eröffnet.

II. Statthafte Klageart, § 88 VwGO

Maßgeblich für die statthafte Klageart ist das Klagebegehren gem. § 88 VwGO. E 4 wendet sich gegen die der F-AG erteilte immissionsschutzrechtliche Genehmigung, begehrt mithin deren Aufhebung. Da diese sämtliche Merkmale eines Verwaltungsaktes (VA) i.S.d. § 35 S. 1 VwVfG – genauer gesagt eines sog. *VA mit Doppelwirkung*, denn die Genehmigung entfaltet gegenüber der F-AG begünstigende und gegenüber dem E belastende Wirkung – erfüllt, ist die (Dritt-)Anfechtungsklage (AK) nach § 42 Abs. 1 1. Alt. VwGO statthaft.

1 Sodan/Ziekow/*Sodan*, VwGO, 5. Aufl. 2018, § 40 Rn. 302.
2 Zur doppelten Verfassungsunmittelbarkeit s. nur Sodan/Ziekow/*Sodan*, VwGO, 5. Aufl. 2018, § 40 Rn. 189 ff.

III. Klagebefugnis, § 42 Abs. 2 VwGO

5 E muss weiter nach § 42 Abs. 2 VwGO geltend machen, durch den angegriffenen VA in subjektiven öffentlichen Rechten verletzt zu sein, wobei die Möglichkeit einer Rechtsgutsverletzung ausreicht (sog. *Möglichkeitstheorie*[3]).

1. Adressatentheorie

6 Die Adressatenstellung und damit eine mögliche Verletzung von Art. 2 Abs. 1 GG (sog. *Adressatentheorie*[4]) kann vorliegend nicht die Klagebefugnis des E begründen, da nicht er, sondern die F-AG Adressatin der immissionsschutzrechtlichen Genehmigung ist. Etwas anderes ergibt sich auch nicht daraus, dass E im Genehmigungsverfahren beteiligt oder die Genehmigung ihm zugestellt wurde.

2. Schutznormtheorie

7 Als Nicht-Adressat der der F-AG erteilten Genehmigung ist E damit nur dann klagebefugt, wenn er geltend machen kann, dass die Möglichkeit besteht, dass die Genehmigung eine drittschützende Norm verletzt, in deren Schutzbereich er fällt.

a) Drittschützende Norm

8 Eine Norm entfaltet drittschützende Wirkung, wenn sie nicht nur Interessen der Allgemeinheit, sondern zumindest auch Interessen Einzelner zu dienen bestimmt ist (sog. *Schutznormtheorie*[5]).

9 Infolge der Überschreitung der in der TA-Lärm festgelegten Grenzwerte durch die von dem Maststall ausgehenden Lärmimmissionen sowie aufgrund der Geruchsimmissionen kommt zunächst eine Verletzung der Betreiberpflichten nach §§ 5 ff. BImSchG in Betracht, die bei der Erteilung einer immissionsschutzrechtlichen Genehmigung gem. § 6 Abs. 1 Nr. 1 BImSchG eingehalten werden müssen. Dem in § 5 Abs. 1 Nr. 1 BImSchG enthaltenen *Schutzgrundsatz* zufolge dürfen von der Anlage keine schädlichen Umwelteinwirkungen und sonstige Gefahren, erhebliche Nachteile und erhebliche Belästigungen für die Allgemeinheit und die Nachbarschaft ausgehen. Da bereits nach dem Wortlaut ausdrücklich die Nachbarschaft als geschützter Personenkreis miteinbezogen ist, handelt es sich bei § 5 Abs. 1 Nr. 1 BImSchG um eine drittschützende Norm.

> Während Normen, die der Gefahrenabwehr dienen, wie etwa § 5 Abs. 1 Nr. 1 BImSchG, als drittschützend angesehen werden,[6] spricht die h.M. Vorsorgevorschriften, wie bspw. § 5 Abs. 1 Nr. 2 BImSchG, den drittschützenden Charakter grundsätzlich[7] ab, da diese allein

---

3 Wysk/*Wysk*, VwGO, 3. Aufl. 2020, § 42 Rn. 124.

4 Zur Adressatentheorie s. nur Schoch/Schneider/Bier/*Wahl/Schütz*, VwGO, 37. EL 2019, § 42 Abs. 2 Rn. 48, 70 jeweils m.w.N.

5 Eingehend zur Schutznormtheorie BeckOK VwGO/*Schmidt-Kötters*, 54. Ed. 2020, § 42 Rn. 151 ff.

6 StRspr, vgl. BVerwG, NJW 1989, 467 (468); NVwZ 2004, 610 (611); Jarass/*Jarass*, BImSchG, 12. Aufl. 2017, § 5 Rn. 133; Landmann/Rohmer/*Dietlein*, UmweltR, 92. EL 2020, § 5 BImSchG Rn. 114.

7 Etwas anderes gilt, wenn es keine konkretisierenden Regelungen mit Immissionswerten zum Schutz der Gesundheit in Rechtsverordnungen oder Verwaltungsvorschriften gibt, entsprechende Vorsorgewerte allerdings festgelegt wurden. Als Ersatz für die fehlenden Schutzwerte können Drittbetroffene dann die Einhaltung der Vorsorgewerte verlangen, vgl. Jarass/*Jarass*, BImSchG, 12. Aufl. 2017, § 5 Rn. 135 m.w.N.

den Schutz der Allgemeinheit bezwecken.[8] Aufgrund der daraus resultierenden umwelt- und rechtspolitisch bedenklichen Vollzugsdefizite und nicht zuletzt der europarechtlichen Vorgaben gerät diese Auffassung allerdings immer stärker in Kritik.[9]

Bedingt dadurch, dass sich der geplante Maststall im Außenbereich der G befindet, erscheint daneben aufgrund der von der Anlage ausgehenden Lärm- und Geruchsimmissionen auch eine Verletzung des in § 35 Abs. 3 S. 1 Nr. 3 BauGB kodifizierten drittschützenden *Gebots der Rücksichtnahme*,[10] das über § 6 Abs. 1 Nr. 2 BauGB auch im immissionsschutzrechtlichen Genehmigungsverfahren zu beachten ist, möglich.   10

b) Immissionsschutzrechtlicher Nachbarbegriff

Weiterhin muss E vom personellen und sachlichen Schutzbereich der drittschützenden Normen erfasst sein. Die Bestimmung des Betroffenenkreises, der vom Schutzgehalt der Norm eingeschlossen werden soll, wird unter dem *Nachbarbegriff* diskutiert und hängt vom potenziellen Auswirkungsradius des Vorhabens ab. Im Gegensatz zum *baurechtlichen* Nachbarbegriff, der lediglich dinglich berechtigte Grundstücksnachbarn erfasst, ist der *immissionsschutzrechtliche* Nachbarbegriff weiter, da die Gefahren, vor denen das BImSchG schützen will, sich auch bei weiter entfernten Grundstücken realisieren können.[11] Nachbar ist danach, wer eine auf gewisse Dauer angelegte Rechtsbeziehung zu einem Grundstück im Einwirkungsbereich der Anlage hat; darunter fallen grundsätzlich Eigentümer oder Mieter eines Grundstücks, aber auch Arbeitnehmer, die ihren ständigen Aufenthaltsort in der Nähe der Anlage haben und sich deren Auswirkungen daher nicht nachhaltig entziehen können.[12] Nicht erfasst sind hingegen Spaziergänger und Besucher.[13] E als Eigentümer einer nächstgelegenen Wohnung ist danach unproblematisch Nachbar i.S.d. BImSchG und BauGB, fällt mithin in den personellen und sachlichen Schutzbereich der drittschützenden Normen der § 5 Abs. 1 Nr. 1 BImSchG und § 35 Abs. 2 S. 1 Nr. 3 BauGB und ist somit nach § 42 Abs. 2 VwGO klagebefugt.   11

IV. Ordnungsgemäß durchgeführtes Vorverfahren, §§ 68 ff. VwGO

Das nach § 68 Abs. 1 S. 1 VwGO erforderliche Vorverfahren wurde dem Sachverhalt (SV) zufolge ordnungsgemäß, insbesondere form- und fristgerecht, erfolglos durchgeführt.   12

---

8 BVerwG, NJW 1983, 242 L; NVwZ 2004, 610 (611); BeckOK UmweltR/*Schmidt-Kötters*, 55. Ed. 2020, § 5 BImSchG Rn. 121.

9 Ausführlich dazu Jarass/*Jarass*, BImSchG, 12. Aufl. 2017, § 5 Rn. 136; Landmann/Rohmer/*Dietlein*, UmweltR, 92. EL 2020, § 5 BImSchG Rn. 166; Schoch/Schneider/Bier/*Wahl/Schütz*, VwGO, 37. EL 2019, § 42 Abs. 2 Rn. 154 ff; ablehnend weiterhin BeckOK UmweltR/*Schmidt-Kötters*, 55. Ed. 2020, § 5 BImSchG Rn. 122 ff.

10 Ernst/Zinkahn/Bielenberg/Krautzberger/*Söfker*, BauGB, 137. EL 2020, § 35 Rn. 89.

11 *Kahl/Gärditz*, Umweltrecht, 11. Aufl. 2019, § 7 Rn. 57.

12 Landmann/Rohmer/*Dietlein*, UmweltR, 91. EL 2019, § 5 BImSchG Rn. 87.

13 *Schlacke*, Umweltrecht, 7. Aufl. 2019, § 9 Rn. 28; Landmann/Rohmer/*Thiel*, UmweltR, 91. EL 2019, § 3 BImSchG Rn. 24.

V. Beteiligten- und Prozessfähigkeit, §§ 61, 62 VwGO

13 E als Kläger (§ 63 Nr. 1 VwGO) ist als natürliche Person gem. §§ 61 Nr. 1 1. Alt., 62 Abs. 1 Nr. 1 VwGO beteiligten- und prozessfähig. Mangels abweichender landesrechtlicher Regelung gem. § 78 Abs. 1 Nr. 2 VwGO[14] ist nach dem in § 78 Abs. 1 Nr. 1 1. Hs. VwGO enthaltenen Grundsatz richtiger Beklagter (§ 63 Nr. 2 VwGO) der Rechtsträger der Behörde, die den angefochtenen VA erlassen hat (sog. *Rechtsträgerprinzip*).[15] Untere Immissionsschutzbehörden sind nach § 1 Abs. 1, Abs. 2 Nr. 3, Abs. 3 ImSchZuVO die unteren Verwaltungsbehörden, gem. § 15 Abs. 1 Nr. 1 2. Var. LVG im vorliegenden Fall also grundsätzlich die Große Kreisstadt G nach Maßgabe des § 19 LVG selbst. Da das Immissionsschutzrecht aber nach § 19 Abs. 1 Nr. 5d) LVG von der Zuständigkeit Großer Kreisstädte ausgenommen ist und die Rückausnahme des § 19 Abs. 2 LVG nicht greift, ist das Landratsamt die zuständige Genehmigungsbehörde. Aufgrund der Doppelfunktion des Landratsamtes[16] kommen damit sowohl der Landkreis als auch das Land BW als Rechtsträger in Betracht. Bedingt dadurch, dass das Landratsamt als untere Verwaltungsbehörde gem. § 1 Abs. 3 S. 2 LKrO BW staatliche Behörde ist, ist das Land BW richtiger Beklagter. Dass E die Klage gegen das Landratsamt gerichtet hat, ist jedoch unschädlich, da § 78 Abs. 1 Nr. 1 2. Hs. VwGO auch die Angabe der Behörde genügen lässt.[17] Das beklagte Land BW ist als Gebietskörperschaft des öffentlichen Rechts gem. § 61 Nr. 1 2. Alt. VwGO beteiligtenfähig. Es wird nach § 62 Abs. 3 VwGO durch das örtlich zuständige Landratsamt vertreten.

VI. Sonstige Sachentscheidungsvoraussetzungen

14 Schließlich müssen auch die sonstigen Sachentscheidungsvoraussetzungen eingehalten worden sein. Die Klage des E wurde ausweislich des SV unter Einhaltung der Form- und Fristvoraussetzungen (§§ 74 Abs. 1 S. 1, 81 f. VwGO) beim sachlich (§ 45 VwGO) sowie örtlich (§ 52 Nr. 1 VwGO) zuständigen Verwaltungsgericht erhoben. Etwaige Probleme bestehen insoweit nicht.

VII. Zwischenergebnis

15 Die Sachentscheidungsvoraussetzungen liegen vor, die Klage des E ist damit zulässig.

B. Notwendige Beiladung, § 65 Abs. 2 VwGO

16 Nach § 65 Abs. 2 VwGO ist die F-AG notwendig zum Verfahren beizuladen. Die Aufhebung der immissionsschutzrechtlichen Genehmigung als VA mit Doppelwirkung wirkt nämlich zugleich zwingend zulasten der F-AG als Begünstigte, die Entscheidung

---

14 Abweichend vom Rechtsträgerprinzip ermächtigt § 78 Abs. 1 Nr. 2 VwGO den Landesgesetzgeber die Anfechtungs- oder Verpflichtungsklage gegen die Behörde selbst zu richten (sog. *Behördenprinzip*). Von dieser Ermächtigung haben Brandenburg, Mecklenburg-Vorpommern, Niedersachen, das Saarland, Sachsen-Anhalt sowie Schleswig-Holstein ganz oder teilweise Gebrauch gemacht; diese Länder haben für die Behörden, auf die sich die auf § 78 Abs. 1 Nr. 2 VwGO gestützte Regelung erstreckt, ausdrücklich ebenfalls die erforderliche Regelung über die Beteiligtenfähigkeit gem. § 61 Nr. 3 VwGO getroffen, vgl. dazu Schoch/ Schneider/Bier/*Meissner/Schenk*, VwGO, 38. EL 2020, § 78 Rn. 41 ff.
15 BeckOK VwGO/*Kintz*, 54. Ed. 2020, § 78 Rn. 17.
16 Ausführlich dazu *Koehl*, LKV 2018, 150 (153).
17 Dem Kläger wird mit dieser Regelung die oftmals schwierige Feststellung erspart, wer Rechtsträger der handelnden Behörde ist und dem Gericht übertragen, vgl. Kopp/Schenke/*Schenke*, VwGO, 25. Aufl. 2019, § 78 Rn. 9.

kann mithin nur einheitlich ergehen. Die Beteiligtenfähigkeit der F-AG als juristische Person des Privatrechts folgt aus § 61 Nr. 1 2. Alt. VwGO in Verbindung mit (i.V.m.) § 1 Abs. 1 S. 1 AktG. Vor Gericht wird sie gem. § 62 Abs. 3 VwGO i.V.m. § 78 Abs. 1 S. 1 AktG durch ihren Vorstand vertreten und ist somit prozessfähig.

C. Begründetheit

Die (Dritt-)AK des E ist begründet, soweit die angegriffene Genehmigung rechtswidrig ist und E dadurch in seinen Rechten verletzt, § 113 Abs. 1 S. 1 VwGO.

    17

I. Rechtswidrigkeit des Verwaltungsaktes

Die immissionsschutzrechtliche Genehmigung ist rechtmäßig, wenn sie auf einer tauglichen Ermächtigungsgrundlage beruht sowie formell und materiell rechtmäßig ist.

    18

1. Ermächtigungsgrundlage

Nach dem aus dem Rechtsstaatsprinzip fließenden Grundsatz des Vorbehalts des Gesetzes bedarf auch eine *dritt*belastende Maßnahme einer tauglichen Ermächtigungsgrundlage.[18] Für den Erlass der immissionsschutzrechtlichen Genehmigung kommt § 6 Abs. 1 BImSchG in Betracht, wenn es sich bei dem geplanten Maststall um eine genehmigungsbedürftige Anlage i.S.d. BImSchG handelt. § 4 Abs. 1 S. 1 BImSchG unterwirft solche Anlagen einer Genehmigungspflicht, die in besonderem Maße geeignet sind, schädliche Umwelteinwirkungen hervorzurufen oder in anderer Weise die Allgemeinheit oder die Nachbarschaft zu gefährden, erheblich zu benachteiligen oder erheblich zu belästigen.

    19

> Sollte für die Anlage im immissionsschutzrechtlichen Sinne keine Genehmigungsbedürftigkeit bestehen, kann nichtsdestotrotz eine sonstige (z.B. bauordnungsrechtliche) Genehmigung erforderlich sein im Rahmen derer die zuständige Behörde u.a. auch die Einhaltung des Immissionsschutzrechts (§§ 22 ff. BImSchG) prüft.

a) Anlage i.S.d. § 3 Abs. 5 BImSchG

Voraussetzung der Genehmigungsbedürftigkeit ist zunächst, dass es sich bei dem von der F-AG geplanten Maststall überhaupt um eine Anlage i.S.d. § 3 Abs. 5 BImSchG handelt, mithin um eine ortsfeste Einrichtung, eine ortsveränderliche technische Einrichtung oder ein Grundstück mit einer Nutzung, die Emissionen verursacht. Anders als anlagenbezogene Immissionen unterfallen verhaltensbezogene Immissionen nämlich nicht dem Anwendungsbereich des BImSchG, sondern dem Immissionsschutzecht der Länder.[19] Bei dem geplanten Maststall der F-AG handelt es sich unzweifelhaft um eine ortsfeste Anlage nach § 3 Abs. 5 Nr. 1 BImSchG. Die erste Voraussetzung ist damit ohne Weiteres erfüllt.

    20

---

18 Stelkens/Bonk/Sachs/*Sachs*, VwVfG, 9. Aufl. 2018, § 44 Rn. 46.
19 BeckOK UmweltR/*Schulte/Michalk*, 55. Ed. 2020, § 3 BImSchG Rn. 71.

b) Genehmigungsbedürftigkeit, § 4 Abs. 1 S. 3 BImSchG i.V.m. § 1 Abs. 1 S. 1 der 4. BImSchV i.V.m. Anhang 1 zur 4. BImSchV

21 Die Anlage muss weiterhin genehmigungsbedürftig sein. § 3 Abs. 1 BImSchG enthält zwar eine Legaldefinition der „schädlichen Umwelteinwirkungen" i.S.d. § 4 Abs. 1 S. 1 BImSchG. Allerdings bestimmt die auf Grundlage des § 4 Abs. 1 S. 3 BImSchG erlassene 4. BImSchV konstitutiv den Kreis der genehmigungspflichtigen Anlagen: § 1 Abs. 1 S. 1 der 4. BImSchV i.V.m. Anhang 1 zur 4. BImSchV legt fest, dass nur die dort abschließend genannten Anlagen – soweit zu erwarten ist, dass sie für die Dauer von mindestens zwölf Monaten betrieben werden – genehmigungspflichtig i.S.d. § 4 Abs. 1 BImSchG sind. Einer Subsumtion des Einzelfalls bedarf es insofern nicht.

22 Die streitgegenständliche Anlage ist unter Ziffer 7.1.9.1 in Spalte a des Anhangs 1 zur 4. BImSchV aufgeführt. Es bestehen keine Hinweise darauf, dass der Maststall weniger als zwölf Monate betrieben werden soll. Da es sich bei dem geplanten Aufzuchtstall mithin um eine genehmigungsbedürftige Anlage handelt, bedarf dieser einer immissionsschutzrechtlichen Genehmigung. § 6 Abs. 1 BImSchG ist damit die taugliche Ermächtigungsgrundlage.

> An sich nicht genehmigungsbedürfte Anlagen können neuerdings nach der Umsetzung der Seveso-III-Richtlinie[20] unabhängig von der 4. BImSchV unter bestimmten Voraussetzungen gem. §§ 23a ff. BImSchG einer sog. *störfallrechtlichen Genehmigung* bedürfen.[21]

2. Formelle Rechtmäßigkeit

23 Die Genehmigung ist formell rechtmäßig, wenn sie von der zuständigen Behörde im vorgeschriebenen Verfahren erlassen wurde sowie etwaigen Formvorgaben genügt.

a) Zuständigkeit

24 Zuständige Immissionsschutzbehörde für den Erlass einer immissionsschutzrechtlichen Genehmigung ist nach § 1 Abs. 1, Abs. 2 Nr. 3, Abs. 3 ImSchZuVO i.V.m. § 15 Abs. 1 Nr. 1 2. Var., 19 Abs. 1 Nr. 5d), Abs. 2 LVG wie bereits erläutert das Landratsamt.

> In Bayern ist die Große Kreisstadt nach Art. 1 Abs. 1 Nr. 1c) BayImSchG i.V.m. Art. 9 Abs. 2 S. 1 BayGO ebenfalls als untere Kreisverwaltungsbehörde zuständige Immissionsschutzbehörde. Nach § 1 Abs. 1, Abs. 2 Nr. 3, Abs. 3 Zuständigkeitsverordnung Umweltschutz (ZustVU) sind in NRW die Kreise und kreisfreien Städte als untere Umweltschutzbehörden zuständig.

25 E bringt nun allerdings vor, dass bei einem derart bodenrechtlich relevanten Vorhaben nicht die Immissionsschutzbehörde, sondern vielmehr die Baurechtsbehörde zuständig sei. Für die Erteilung einer baurechtlichen Genehmigung wäre vorliegend nach §§ 48 Abs. 1, 46 Abs. 1 Nr. 3 LBO i.V.m. § 15 Abs. 1 Nr. 1 2. Var. LVG die G als untere Baurechtsbehörde zuständig.

---

20 Richtlinie 2012/18/EU des Europäischen Parlaments und des Rates vom 4.7.2012 zur Beherrschung der Gefahren schwerer Unfälle mit gefährlichen Stoffen, zur Änderung und anschließenden Aufhebung der Richtlinie 96/82/EG des Rates, ABl. L 197/1 vom 24.7.2012.
21 Eingehender dazu *Kahl/Gärditz*, Umweltrecht, 11. Aufl. 2019, § 7 Rn. 25.

> Untere Bauaufsichtsbehörde nach Art. 53 Abs. 1 S. 2 BayBO ist in Bayern die Große Kreisstadt selbst als Kreisverwaltungsbehörde gem. Art. 53 Abs. 1 S. 1 BayBO i.V.m. Art. 9 Abs. 2 S. 1 BayGO, § 1 Nr. 1 Verordnung über Aufgaben der Großen Kreisstädte (GrKrV). In NRW ist nach § 1 Abs. 1 S. 1 Nr. 3a), S. 2 BauO NRW ebenfalls die Große kreisangehörige Stadt als untere Bauaufsichtsbehörde zuständig.

Insofern wären für die Erteilung der immissionsschutzrechtlichen und baurechtlichen Genehmigung tatsächlich zwei unterschiedliche Behörden zuständig. Um jedoch sich überschneidende, gegebenenfalls sogar widersprechende, Genehmigungen hinsichtlich derselben Anlage zu vermeiden, entfaltet die immissionsschutzrechtliche Genehmigung nach § 13 BImSchG sog. *Konzentrationswirkung*.[22] Danach schließt die Genehmigung, von bestimmten Ausnahmen abgesehen, sonstige erforderliche behördliche Entscheidungen mit ein. Mehrere an sich notwendige Genehmigungsverfahren werden mithin zu einem Verfahren konzentriert, das mit einer einzigen (immissionsschutzrechtlichen) Genehmigung abschließt, jedenfalls soweit die Konzentration reicht. Der Verlust der Sachentscheidungskompetenz der verdrängten Behörden wird aber durch das in § 10 Abs. 5 BImSchG i.V.m. § 11 der 9. BImSchV normierte zwingende Anhörungsrecht ausgeglichen.[23]

26

Mit dem Landratsamt hat vorliegend folglich die zuständige Behörde gehandelt.

27

> Die Pflicht zur Einholung der Stellungnahmen der „verdrängten Behörden" bedeutet allerdings nicht, dass zugunsten der zu beteiligenden Behörden ein interner Zustimmungsvorbehalt besteht, die zuständige Immissionsschutzbehörde die Genehmigung also nur dann erteilen darf, wenn die verdrängte Behörde auch intern zugestimmt hat.[24] Nichtsdestotrotz dürfte einer negativen Stellungnahme in der Praxis erhebliches Gewicht zukommen.[25]

b) Verfahren

Das Verfahren muss ferner ordnungsgemäß durchgeführt worden sein: In verfahrensbezogener Hinsicht unterscheidet das BImSchG zwischen dem förmlichen Genehmigungsverfahren nach § 10 BImSchG und dem vereinfachten Verfahren nach § 19 BImSchG. Welches Verfahren zur Anwendung kommt, ergibt sich aus der 4. BImSchV, die in Spalte c des Anhangs 1 die anzuwendende Verfahrensart festlegt. Der geplante Stall der F-AG zur Aufzucht von Ferkeln mit einem Lebendgewicht von bis zu 30 kg soll Platz für 9.000 Ferkel haben. Gem. § 2 Abs. 1 S. 1 Nr. 1a) der 4. BImSchV unterliegt dieser aufgrund der Kennzeichnung mit dem Buchstaben „G" in Spalte c des Anhangs 1 zur 4. BImSchV dem förmlichen Genehmigungsverfahren nach § 10 BImSchG.

28

Darüber hinaus besteht für den Stall eine unbedingte UVP-Pflicht nach § 6 S. 1, 2 UVPG, da es sich um ein Vorhaben i.S.d. Ziffer 7.9.1 der Anlage 1 zum UVPG handelt, das in Spalte 1 der Anlage mit dem Buchstaben „X" gekennzeichnet ist. Aus diesem Grund könnte sich die Frage nach dem Verhältnis der 9. BImSchV, die auf Grund-

29

---

22   Landmann/Rohmer/*Seibert*, UmweltR, 91. EL 2019, § 13 BImSchG Rn. 13.
23   Landmann/Rohmer/*Seibert*, UmweltR, 91. EL 2019, § 13 BImSchG Rn. 45.
24   Eingehend dazu Landmann/Rohmer/*Seibert*, UmweltR, 91. EL 2019, § 13 BImSchG Rn. 45 m.w.N.
25   BeckOK UmweltR/*Giesberts*, 55. Ed. 2020, § 13 BImSchG Rn. 4.

lage des § 10 Abs. 10 BImSchG erlassen wurde und die Einzelheiten des förmlichen Genehmigungsverfahrens regelt, und dem UVPG stellen. Da die 9. BImSchV jedoch ein Verfahren anordnet, das dem Niveau der Prüfung nach dem UVPG entspricht, erfolgt die Prüfung anhand des BImSchG, auch wenn das betroffene Vorhaben – wie hier – UVP-pflichtig ist.[26]

aa) Antrag, § 10 Abs. 1 BImSchG i.V.m. §§ 2 ff. der 9. BImSchV

30 Eingeleitet wird das förmliche Genehmigungsverfahren nach § 10 Abs. 1 S. 1 BImSchG i.V.m. § 2 Abs. 1 S. 1 der 9. BImSchV durch einen schriftlichen Antrag des Vorhabenträgers, dessen Inhalt sich aus § 3 der 9. BImSchV ergibt. Der Umfang lässt sich § 10 Abs. 1 S. 2 BImSchG i.V.m. §§ 4 ff. der 9. BImSchV entnehmen. § 4e) der 9. BImSchV zufolge sind zusätzliche Angaben erforderlich, da es sich bei dem Maststall um ein UVP-pflichtiges Vorhaben handelt.

31 Laut SV hat die F-AG einen entsprechenden Antrag unter Einreichung sämtlicher erforderlicher Unterlagen gestellt. Ein ordnungsgemäß gestellter Antrag liegt damit vor.

bb) Öffentlichkeitsbeteiligung

32 Weiterhin muss die mehrstufig aufgebaute Öffentlichkeitsbeteiligung ordnungsgemäß durchgeführt worden sein.

(1) Öffentliche Bekanntmachung, § 10 Abs. 3 S. 1, Abs. 4 BImSchG i.V.m. §§ 8, 9 der 9. BImSchV

33 Sobald alle Unterlagen des Antragstellers vollständig sind, hat die Genehmigungsbehörde das Vorhaben in ihrem amtlichen Veröffentlichungsblatt sowie entweder im Internet oder in örtlichen Tageszeitungen, die im Bereich des Anlagenstandortes verbreitet sind, gem. § 10 Abs. 3 S. 1 BImSchG i.V.m. § 8 Abs. 1 S. 1 der 9. BImSchV öffentlich bekannt zu machen. Nach § 8 Abs. 1 S. 3 der 9. BImSchV hat die Bekanntmachung bei UVP-pflichtigen Anlagen darüber hinaus auch über das jeweilige zentrale Internetportal nach § 20 Abs. 1 UVPG zu erfolgen. Die Bekanntmachung muss die in § 10 Abs. 4 BImSchG i.V.m. § 9 Abs. 1 der 9. BImSchV geforderten Angaben enthalten. Auf die UVP-Pflichtigkeit sowie den vom Antragsteller vorgelegten UVP-Bericht ist nach § 9 Abs. 1a) der 9. BImSchV ebenfalls hinzuweisen. Schließlich ist auch die Entscheidung über die Durchführung eines Erörterungstermins nach § 12 Abs. 1 S. 5 der 9. BImschV öffentlich bekannt zu machen.

34 Vorliegend veröffentlichte das Landratsamt das Vorhaben sowohl im amtlichen Veröffentlichungsblatt als auch in den drei örtlichen Tageszeitungen in G. Inhalt der Bekanntmachung samt Unterlagen wurden zudem über das gemeinsame[27] UVP-Portal zugänglich gemacht. Die öffentliche Bekanntmachung enthielt darüber hinaus die nach § 10 Abs. 4 BImSchG i.V.m. § 9 Abs. 1, Abs. 1a) der 9. BImSchV geforderten Angaben. Das Landratsamt hat insbesondere darauf hingewiesen, wo und wann der Antrag sowie die dazugehörigen Unterlagen öffentlich zur Einsicht ausgelegt wurden, zum Vorbringen von Einwendungen bei der zuständigen Stelle aufgefordert sowie auf die Folgen der verspäteten Einwendungserhebung hingewiesen und schließlich einen Erörte-

---

26 *Kahl/Gärditz*, Umweltrecht, 11. Aufl. 2019, § 7 Rn. 34.
27 Während Niedersachsen ein eigenes zentrales Internetportal eingerichtet hat, haben sich die übrigen Länder zusammengeschlossen und ein gemeinsames UVP-Portal errichtet.

rungstermin bestimmt. Ein Hinweis auf die UVP-Pflichtigkeit des geplanten Maststalls und den von der F-AG vorgelegten UVP-Bericht erfolgte ebenfalls. Eine ordnungsgemäße öffentliche Bekanntmachung ist somit gegeben.

(2) Auslegung von Antrag und Unterlagen zur Einsichtnahme, § 10 Abs. 3 S. 2 BImSchG i.V.m. § 10 der 9. BImSchV

Antrag und Antragsunterlagen sowie die entscheidungserheblichen Berichte und Empfehlungen, die der Behörde im Zeitpunkt der Bekanntmachung vorliegen, samt UVP-Bericht sind nach der Bekanntmachung gem. § 10 Abs. 3 S. 2 BImSchG i.V.m. § 10 Abs. 1 S. 1, 2, 4 1. Hs. der 9. BImSchV einen Monat zur Einsicht auszulegen, wobei es sich bei der Monatsfrist um eine Ablauffrist nach § 31 Abs. 1, Abs. 3 VwVfG i.V.m. §§ 187 Abs. 2 S. 1, 188 Abs. 2 2. Alt. BGB handelt, d.h. der erste Tag der Auslegung wird bei der Fristberechnung mitgezählt. Die Auslegung hat gem. § 10 Abs. 1 S. 1 der 9. BImschV bei der Genehmigungsbehörde und – soweit erforderlich – einer geeigneten Stelle in der näheren Umgebung des Vorhabenstandortes, etwa im Rathaus der Standortgemeinde, zu erfolgen. Nach § 10 Abs. 1 S. 4 2. Hs. der 9. BImSchV sind Antrag und Unterlagen auch in den Gemeinden auszulegen, in denen sich das Vorhaben voraussichtlich auswirkt. Hinsichtlich der Auslegungsdauer ergeben sich vorliegend keine Probleme. Sämtliche Unterlagen wurden zudem sowohl im Landratsamt als auch im Rathaus der G, die zugleich die Gemeinde ist, in welcher sich das Vorhaben voraussichtlich auswirkt, ausgelegt.

Zwischen der öffentlichen Bekanntmachung des Vorhabens und dem Beginn der Auslegungsfrist soll gem. § 9 Abs. 2 1. Hs. der 9. BImSchV eine Woche liegen. Problematisch erscheint nun im vorliegenden Fall, dass lediglich fünf Tage dazwischenlagen. Es könnte also eine fehlerhafte Öffentlichkeitsbeteiligung, mithin ein Verfahrensfehler vorliegen. Bereits aus dem Wortlaut des § 9 Abs. 2 1. Hs. der 9. BImSchV („soll") ergibt sich aber, dass die Einhaltung der Wochenfrist nicht zwingend ist. Da es Sinn und Zweck dieser Frist ist, Verzögerungen beim Erscheinen von Tageszeitungen auszugleichen,[28] ist eine kürzere (oder auch längere) Frist nach § 9 Abs. 2 2. Hs. der 9. BImSchV dann unschädlich, wenn die Auslegung „nach der Bekanntmachung" (§ 10 Abs. 3 BImSchG) erfolgt, mithin frühestens am Tag nach der letzten Bekanntmachung. Vorliegend begann die Auslegung am Tag nach der Bekanntmachung in der dritten und als letztes erschienenen Tageszeitung in G. Ein diesbezüglicher Verfahrensfehler scheidet damit aus.

(3) Einwendungen, § 10 Abs. 3 S. 4 BImSchG i.V.m. § 12 der 9. BImSchV

Nach § 10 Abs. 3 S. 4 BImSchG i.V.m. § 12 Abs. 1 S. 1 der 9. BImSchV können während der Auslegung und bis zu zwei Wochen danach bei der zuständigen Behörde oder der Stelle, bei der Antrag und Unterlagen zur Einsicht ausliegen – schriftlich oder elektronisch – Einwendungen erhoben werden. Da es sich bei dem geplanten Aufzuchtstall um ein UVP-pflichtiges Vorhaben handelt, gilt gem. § 12 Abs. 1 S. 2 der 9. BImSchV eine Einwendungsfrist von einem Monat nach Ablauf der Auslegungsfrist, wobei die Fristberechnung nach § 31 Abs. 1, Abs. 3 VwVfG i.V.m. §§ 187 Abs. 2 S. 1, 188 Abs. 2 2. Alt. BGB erfolgt. Einwendungen kann grundsätzlich jedermann erheben, mithin auch Durchreisende oder Urlauber. Diese sog. Jedermann-Einwender haben allerdings

35

36

---

28   *Kahl/Gärditz*, Umweltrecht, 11. Aufl. 2019, § 7 Rn. 40; Jarass/*Jarass*, BImSchG, 12. Aufl. 2017, § 10 Rn. 75.

– im Gegensatz zu drittbetroffenen Einwendern – weder ein eigenes Recht auf Verfahrensteilhabe noch die Möglichkeit, die Genehmigung anzufechten.[29] Beiden ist indes gemein, dass sich die Einwendungen nicht in einem bloßen Protest erschöpfen dürfen,[30] sondern vielmehr ein sachliches Gegenvorbringen zur Verhinderung oder Änderung des geplanten Vorhabens darstellen müssen, wobei der Drittbetroffene die konkret gefährdeten Rechtsgüter sowie die befürchtete Beeinträchtigung darzulegen hat.[31]

37 E äußerte vorliegend Bedenken, die sich im Interesse seiner Gesundheit gegen mögliche von dem Maststall ausgehende Lärm- und Geruchsimissionen wenden. Dies stellt keinen bloßen Protest gegen das geplante Vorhaben dar, sondern vielmehr ein sachliches Gegenvorbringen zur Verhinderung desselbigen.

38 Mit Ablauf der Einwendungsfrist werden nach § 10 Abs. 3 S. 5 BImSchG alle Einwendungen präkludiert, die nicht auf besonderen privatrechtlichen Titeln beruhen. Dass E im vorliegenden Fall seine Einwendungen erst fünf Wochen nach Ablauf der Frist erhoben hat, hat allerdings – in verfahrensrechtlicher Hinsicht – lediglich den Verlust des Anspruchs auf Anbringung und Behandlung seiner Einwendungen im weiteren Verwaltungsverfahren zur Folge (sog. *formelle Präklusion*);[32] er hat etwa keinen Anspruch darauf, seine nicht rechtzeitig vorgebrachten Einwendungen im Erörterungstermin nach § 14 Abs. 1 S. 2 der 9. BImSchV zu erläutern oder ein sonstiges Eingehen auf sie zu verlangen.[33]

> Die Genehmigungsbehörde trifft aufgrund ihrer umfassenden Amtsermittlungspflicht nichtsdestotrotz eine Berücksichtigungspflicht auch hinsichtlich verspätet erhobener Einwendungen.[34]

cc) Behördenbeteiligung, § 10 Abs. 5 S. 1 BImSchG i.V.m. § 11 der 9. BImSchV

39 Spätestens gleichzeitig mit der öffentlichen Bekanntmachung des Vorhabens fordert die Genehmigungsbehörde nach § 10 Abs. 5 S. 1 BImSchG i.V.m. § 11 S. 1 der 9. BImSchV die Behörden, deren Aufgabenbereich durch das Vorhaben berührt wird, auf, ihre Stellungnahmen innerhalb einer Frist von einem Monat abzugeben. Dabei handelt es sich überwiegend – wenn auch nicht nur – um jene Behörden, die für eine aufgrund der Konzentrationswirkung des § 13 BImSchG ersetzte Genehmigung zuständig sind.[35] Die Behördenbeteiligung hat vorliegend ordnungsgemäß stattgefunden. Probleme sind insofern nicht ersichtlich.

dd) Durchführung einer UVP

40 Wie bereits erläutert, besteht für das geplante Vorhaben aufgrund der Kennzeichnung mit dem Buchstaben „X" in Spalte 1 des Anhangs 1 zum UVPG gem. § 6 Abs. 1 S. 1, 2

---

29 *Kahl/Gärditz*, Umweltrecht, 11. Aufl. 2019, § 7 Rn. 41; BeckOK UmweltR/*Schack*, 55. Ed. 2020, § 10 BImSchG Rn. 59.
30 Unzulässig sind also bloß allgemeine oder politische Einwände, die sich bspw. gegen die Vorhabenform richten, vgl. *Schlacke*, Umweltrecht, 7. Aufl. 2019, § 9 Rn. 67.
31 *Kahl/Gärditz*, Umweltrecht, 11. Aufl. 2019, § 7 Rn. 41; BeckOK UmweltR/*Schack*, 55. Ed. 2020, § 10 BImSchG Rn. 55.
32 Landmann/Rohmer/*Dietlein*, UmweltR, 91. EL 2019, § 10 BImSchG Rn. 180.
33 *Kahl/Gärditz*, Umweltrecht, 11. Aufl. 2019, § 7 Rn. 43.
34 *Schlacke*, Umweltrecht, 7. Aufl. 2019, § 9 Rn. 67.
35 Näher dazu Jarass/*Jarass*, BImSchG, 12. Aufl. 2017, § 10 Rn. 53.

UVPG eine unbedingte UVP-Pflicht. Eine solche wurde dem SV zufolge auch ordnungsgemäß durchgeführt mit dem Ergebnis, dass das Vorhaben erhebliche nachteilige Umweltauswirkungen haben würde.

ee) Erörterungstermin, § 10 Abs. 6 BImSchG i.V.m. §§ 12 Abs. 1 S. 3, 14 ff. der 9. BImSchV

Nach Ablauf der Einwendungsfrist kann die Genehmigungsbehörde gem. § 10 Abs. 6 BImSchG i.V.m. §§ 12 Abs. 1 S. 3, 14 ff. der 9. BImSchV einen Erörterungstermin durchführen, in dem die rechtzeitig gegen das Vorhaben erhobenen Einwendungen mit dem Antragsteller und den Einwendern erörtert werden, soweit dies für die Prüfung der Genehmigungsvoraussetzungen von Bedeutung sein kann. Der Erörterungstermin findet nicht statt, wenn nach näherer Maßgabe des § 16 der 9. BImSchV ein Erörterungsbedarf nicht gegeben ist. Das Ermessen besteht gem. § 12 Abs. 1 S. 4 der 9. BImschV auch im Fall von UVP-pflichtigen Vorhaben, da die Öffentlichkeitsbeteiligung weder nach dem UVPG noch der Umweltverträglichkeitsprüfungsrichtlinie (UVP-RL)[36] oder der Industrieemissionen-Richtlinie (IE-RL)[37] erforderlich ist.[38] Ein Erörterungstermin wurde laut SV durchgeführt.

ff) Behördenentscheidung, § 10 Abs. 6a) BImSchG

Die Entscheidung im förmlichen Genehmigungsverfahren hat gem. § 10 Abs. 6a) BImSchG innerhalb einer Frist von sieben Monaten nach Antragseingang zu erfolgen, wobei diese Frist lediglich als äußerste Grenze zu verstehen ist. Nach § 20 Abs. 1 S. 1 der 9. BImSchV hat die Genehmigungsbehörde nach Ermittlung aller relevanten Umstände nämlich unverzüglich zu entscheiden. Die Nichteinhaltung der Frist stellt zwar ein rechtswidriges Behördenhandeln dar, führt aber nicht zu einer Erteilungsfiktion.[39] Dem SV lassen sich diesbezüglich keine gegenteiligen Anhaltspunkte entnehmen, die Behördenentscheidung ist damit „fristgerecht" erfolgt.

c) Form, § 10 Abs. 7 BImSchG

Die Genehmigung muss schließlich formgerecht ergangen sein. Die Genehmigung wurde § 10 Abs. 7 S. 1 BImSchG entsprechend der F-AG und den Personen, die Einwendungen erhoben haben, darunter auch E, zugestellt und gem. § 10 Abs. 7 S. 2 BImSchG öffentlich bekannt gemacht. Aus der Tatsache, dass E die Genehmigung förmlich zugestellt wurde, ergibt sich mittelbar, dass das Schriftformerfordernis des § 10 Abs. 7 S. 1 BImSchG eingehalten wurde. Der Bescheid enthält auch die nach § 39 Abs. 1 S. 1 VwVfG erforderliche Begründung. Mangels entgegenstehender Anhaltspunkte im SV ist davon auszugehen, dass die Begründung die Anforderungen des § 21 Abs. 1 Nr. 5 der 9. BImSchV erfüllt. Formverstöße sind folglich nicht gegeben.

d) Zwischenergebnis

Die Genehmigung ist somit formell rechtmäßig ergangen.

41

42

43

44

36 Richtlinie 2011/92/EU vom 13.12.2011, ABl. L 26/1.
37 Richtlinie 2010/75/EU vom 24.11.2010, ABl. L 334/17.
38 *Kahl/Gärditz*, Umweltrecht, 11. Aufl. 2019, § 7 Rn. 42.
39 *Schlacke*, Umweltrecht, 7. Aufl. 2019, § 9 Rn. 67.

3. Materielle Rechtmäßigkeit

45   Fraglich ist, ob die immissionsschutzrechtliche Genehmigung auch materiell rechtmäßig ist. Dies ist der Fall, wenn der Maststall genehmigungsfähig ist, die Genehmigungsvoraussetzungen des § 6 Abs. 1 BImSchG mithin erfüllt sind.

a) § 6 Abs. 1 Nr. 1 BImSchG

46   Nach § 6 Abs. 1 Nr. 1 BImSchG muss zunächst sichergestellt sein, dass die sich aus § 5 BImSchG und einer aufgrund des § 7 BImSchG erlassenen Rechtsverordnung ergebenden Betreiberpflichten erfüllt werden.

47   Aufgrund der von dem geplanten Maststall ausgehenden Lärm- und Geruchsimmissionen könnte ein Verstoß gegen die in § 5 Abs. 1 Nr. 1 BImSchG enthaltene Schutzpflicht vorliegen. Dies ist der Fall, wenn durch die Anlage schädliche Umwelteinwirkungen und sonstige Gefahren, erhebliche Nachteile und erhebliche Belästigungen für die Allgemeinheit und die Nachbarschaft hervorgerufen werden können.

aa) Schädliche Umwelteinwirkungen

48   Schädliche Umwelteinwirkungen sind nach der in § 3 Abs. 1 BImSchG enthaltenen Legaldefinition Immissionen, die nach Art, Ausmaß oder Dauer geeignet sind, Gefahren, erhebliche Nachteile oder erhebliche Belästigungen für die Allgemeinheit oder die Nachbarschaft herbeizuführen.

(1) Immissionen

49   Bei dem von dem Maststall ausgehenden *Lärm* handelt es sich um Geräusche, die auf Menschen einwirken und damit um Immissionen i.S.d. § 3 Abs. 2 BImSchG. Der in § 3 Abs. 2 BImSchG definierte Immissionsbegriff umfasst daneben u.a. auch Luftverunreinigungen, nach § 3 Abs. 4 BImSchG also Veränderungen der natürlichen Zusammensetzung der Luft, insbesondere durch Rauch, Ruß, Staub, Gase, Aerosole, Dämpfe oder Geruchsstoffe. Die von der Anlage freigesetzten *Geruchsstoffe* sind also Luftverunreinigungen, mithin ebenfalls Immissionen nach § 3 Abs. 2 BImSchG.

(2) Schädlichkeit der Immissionen

50   Diese Lärm- und Geruchsimmissionen müssten auch schädlich sein, d.h. geeignet, Gefahren, erhebliche Nachteile oder erhebliche Belästigungen herbeizuführen.

51   Unter einer *Gefahr* versteht man eine Sachlage, die bei ungehindertem Geschehensablauf in absehbarer Zeit mit hinreichender Wahrscheinlichkeit den Eintritt eines Schadens, d.h. einer Rechtsverletzung bzw. einer Schädigung von Rechtsgütern, erwarten lässt.[40] Die Schutzgüter finden sich in § 1 BImSchG. E befürchtet zwar aufgrund der Lärmimmissionen einen unruhigen Schlaf, eine gewichtige Schädigung seiner Gesundheit stellt dies indes nicht dar. Er trägt auch nicht vor, dass der unangenehme Geruch der Ferkel ihn unmittelbar körperlich krank machen würde, etwa durch eine Schleimhautentzündung o.Ä. Eine Gesundheitsgefahr infolge der Geruchsimmissionen kommt insofern ebenfalls nicht in Betracht.

---

40 BeckOK UmweltR/*Schulte/Michalk*, 55. Ed. 2020, § 3 BImSchG Rn. 33.

Es könnte jedoch ein Nachteil oder eine Belästigung i.S.d. § 3 Abs. 1 BImSchG gegeben sein. Unter *Nachteilen* versteht man negative Auswirkungen, insbesondere wirtschaftlicher oder sozialer Art, wobei es keiner Rechtsgutbeeinträchtigung bedarf, sondern vielmehr eine Beeinträchtigung von Interessen genügt;[41] dazu zählen v.a. Fälle bloßer Vermögenseinbußen, wie etwa die Minderung der Wohnqualität, der Umsatzrückgang oder die Wertminderung eines Grundstücks.[42] Als *Belästigungen* werden Beeinträchtigungen des körperlichen oder seelischen Wohlbefindens unterhalb der Schwelle zum Gesundheitsschaden bezeichnet.[43] Auch wenn wirtschaftliche Einbußen des E nicht ersichtlich sind, so wird die Wohnqualität des E durch die Lärmimmissionen sowie die Geruchseinwirkungen gemindert, es bestehen also negative Auswirkungen sozialer Art. Ein Nachteil i.S.d. § 3 Abs. 1 BImSchG liegt insofern vor. Der von den 9.000 Ferkeln ausgehende Geruch könnte ferner eine Belästigung darstellen. Die Geruchsemissionen eines Maststalls wirken potenziell ununterbrochen und gerade nicht punktuell, dosiert oder einmalig auf den Betroffenen ein. Dieser stetige, ganztätige Geruch sowie das Bewusstsein, diesem – abgesehen durch einen Umzug – nicht ausweichen zu können, sind in der Lage psychischen Stress zu erzeugen, welcher wiederum körperliche Auswirkungen zur Folge haben kann. Eine Belästigung i.S.d. § 3 Abs. 1 BImSchG ist damit gegeben. | 52

Dieser Nachteil und diese Belästigung müssten nun auch *erheblich* sein, um immissionsschutzrechtlich beachtlich zu sein.[44] Die Erheblichkeit beurteilt sich danach, ob die Beeinträchtigung – bezogen auf das Empfinden eines sog. *verständigen Durchschnittsmenschen*, nicht auf die individuelle, subjektive Einstellung eines besonders empfindlichen Einzelnen –[45] das der Allgemeinheit oder den Nachbarn zumutbare Maß überschreitet, wobei auch z.B. der Gebietscharakter und etwaige Vorbelastungen zu berücksichtigen sind.[46] Die Zumutbarkeitsgrenze ist das Ergebnis einer umfassenden Güter- und Interessenabwägung.[47] | 53

Sofern vorhanden, können sich konkretere Maßstäbe aus Grenzwerten ableiten: Wann etwa die Erheblichkeitsschwelle in Bezug auf *Geräuschimmissionen* überschritten ist, wird unter Heranziehung der in der TA-Lärm festgesetzten Grenzwerte beurteilt.[48] Bei der TA-Lärm handelt es sich um eine normkonkretisierende Verwaltungsvorschrift,[49] die auf Grundlage des § 48 Abs. 1 S. 1 Nr. 1 BImSchG erlassen wurde. Obwohl Verwaltungsvorschriften als bloßes Innenrecht lediglich für die Exekutive verbindlich sind und grundsätzlich keine Außenwirkung entfalten, wird die TA-Lärm auch gegenüber Gerichten prinzipiell als außenverbindlich erachtet, es sei denn, sie verstößt gegen höherrangiges Recht, ist veraltet oder wegen einer atypischen Fallgestaltung nicht heranzuziehen.[50] Werden also die einschlägigen Grenzwerte der TA-Lärm überschritten, liegt regelmäßig eine schädliche Umwelteinwirkung i.S.d. § 3 Abs. 1 BImSchG vor. Laut SV | 54

41 BeckOK UmweltR/*Schulte/Michalk*, 55. Ed. 2020, § 3 BImSchG Rn. 36.
42 *Kahl/Gärditz*, Umweltrecht, 11. Aufl. 2019, § 7 Rn. 56.
43 *Schlacke*, Umweltrecht, 7. Aufl. 2019, § 9 Rn. 28; Landmann/Rohmer/*Thiel*, UmweltR, 91. EL 2019, § 3 BImSchG Rn. 42.
44 *Schlacke*, Umweltrecht, 7. Aufl. 2019, § 9 Rn. 28.
45 BVerwG, Urt. v. 7.10.1983 – 7 C 44/81 – juris Rn. 18.
46 BeckOK UmweltR/*Schulte/Michalk*, 55. Ed. 2020, § 3 BImSchG Rn. 42, 45.
47 *Kahl/Gärditz*, Umweltrecht, 11. Aufl. 2019, § 7 Rn. 58.
48 *Schlacke*, Umweltrecht, 7. Aufl. 2019, § 9 Rn. 28, 30.
49 Landmann/Rohmer/*Hansmann*, UmweltR, 91. EL 2019, TA-Lärm, Nr. 1 1 Rn. 3; *Schlacke*, Umweltrecht, 7. Aufl. 2019, § 9 Rn. 30.
50 *Kahl/Gärditz*, Umweltrecht, 11. Aufl. 2019, § 7 Rn. 59 f.

werden die einschlägigen Grenzwerte überschritten; Anhaltspunkte dafür, dass die TA-Lärm unvereinbar mit höherrangigem Recht, überholt oder ein atypischer Fall gegeben ist, der eine abweichende Beurteilung rechtfertigen würde, liegen nicht vor. Damit handelt es sich bei den von dem Maststall ausgehenden Lärmimmissionen um erhebliche Nachteile und folglich um schädliche Umwelteinwirkungen i.S.d. § 3 Abs. 1 BImschG.

55   Hinsichtlich des von dem Aufzuchtstall ausgehenden *unangenehmen Geruchs* könnte die normkonkretisierende Verwaltungsvorschrift Technische Aufzeichnung zur Reinhaltung der Luft (TA-Luft)[51] zur Beurteilung der Erheblichkeitsschwelle in Erwägung gezogen werden. Hinsichtlich Geruchsimmissionen ist diese jedoch bislang unvollständig: Sie regelt nicht den Schutz vor schädlichen Umwelteinwirkungen durch Geruchsemissionen, sondern lediglich die Vorsorge gegen diese, vgl. Nr. 1 Abs. 3 der TA-Luft. Diese Lücke muss, solange sie besteht, durch einen Rückgriff auf andere Erkenntnisquellen geschlossen werden.[52] Diese Funktion erfüllt vorwiegend die Geruchsimmissions-Richtlinie (GIRL),[53] die bei der Bewertung der Erheblichkeit von Geruchsimmissionen als Orientierungshilfe – auch bei Vorhaben im Außenbereich –[54] herangezogen werden kann und zwar unabhängig davon, ob sie im jeweiligen Bundesland umgesetzt ist.[55] Ob der von der F-AG geplante Maststall durch Geruchsimmissionen erhebliche Belästigungen hervorruft, lässt sich indes infolge mangelnder Hinweise im SV nicht beurteilen. Die Geruchsimmissionen stellen daher keine erheblichen Nachteile oder Belästigungen und mithin auch keine schädliche Umwelteinwirkungen gem. § 3 Abs. 1 BImSchG dar.

bb) Interessenabwägung

56   Es stellt sich nun die Frage, ob sich an der Erheblichkeit, mithin der Zumutbarkeit der Lärmimmissionen, etwas ändert, weil der Bau massiver und schallschützender Wände und einer schallschützenden Decke für die F-AG zu teuer und damit wirtschaftlich unzumutbar wäre. Der eindeutige Gesetzeswortlaut des § 5 Abs. 1 Nr. 1 BImSchG („nicht hervorgerufen werden können") sowie der Schutzzweck des BImSchG, namentlich der Schutz der Allgemeinheit sowie der Nachbarschaft vor schädlichen Umwelteinwirkungen, sprechen dafür, dass für eine Abwägung hinsichtlich des Genehmigungsgegenstandes kein Raum ist, wenn schädliche Umwelteinwirkungen hervorgerufen werden.[56] Bezugspunkt der Zumutbarkeit ist einzig und allein die Wirkung der Immissionen für die Betroffenen; aus diesem Grund spielt i.R.d. Gefahrenabwehr des Schutzgrundsatzes des § 5 Abs. 1 Nr. 1 BImSchG die Belastung des Anlagenbetreibers keine Rolle.[57] Für die Beurteilung der Zumutbarkeit von Immissionen ist es daher unerheblich, wie kostspielig die Vermeidung der Immissionen für die F-AG ist.

---

51   *Hansmann*, NVwZ 2003, 266 (267).
52   Landmann/Rohmer/*Hansmann*, UmweltR, 92. EL 2020, Feststellungen und Beurteilungen von Geruchsimmissionen (Geruchsimmissions-Richtlinie - GIRL), Vorb. Rn. 1.
53   Feststellungen und Beurteilungen von Geruchsimmissionen (Geruchsimmissions-Richtlinie - GIRL) in der Fassung vom 29.02.2008 und einer Ergänzung vom 10.09.2008, abrufbar unter: http://gaa.baden-wuertemberg.de/servlet/is/16507/6_1.pdf, zuletzt abgerufen am 10.09.2020; umfangreich dargestellt bei Landmann/Rohmer/Heilshorn/Sparwasser, UmweltR, 92. EL 2020, § 22 BImSchG Rn. 22 ff. m.w.N.
54   Die GIRL findet zwar grundsätzlich nur Anwendung bei Wohn-, Misch-, Gewerbe-, Industrie- und Dorfgebieten, kann aber auch auf nicht unmittelbar geregelte, analogiefähige Fallgruppen angewendet werden, vgl. *Kahl/Gärditz*, Umweltrecht, 11. Aufl. 2019, § 7 Rn. 61.
55   BVerwG, Urt. v. 21.12.2011 – 4 C 12/10 – juris Rn. 22; BVerwG, Beschl. v. 7.5.2007 – 4 B 5/07 – juris Rn. 4; OVG Münster, Beschl. v. 21.9.2012 – 8 B 762/11 – juris Rn. 30.
56   BeckOK UmweltR/*Enders*, 55. Ed. 2020, § 6 BImSchG Rn. 2.
57   Jarass/*Jarass*, BImSchG, 12. Aufl. 2017, § 5 Rn. 22.

cc) Zwischenergebnis

Bei den von dem geplanten Maststall ausgehenden Lärmimmissionen handelt es sich um schädliche Umwelteinwirkungen i.S.d. § 3 Abs. 1 BImSchG, da die einschlägigen Grenzwerte der TA-Lärm überschritten werden. Die Anlage verletzt damit den in § 5 Abs. 1 Nr. 1 BImSchG enthaltenen Schutzgrundsatz. Mangels Einhaltung der in § 6 Abs. 1 Nr. 1 BImSchG genannten Genehmigungsvoraussetzung ist die von der F-AG geplante Anlage also nicht genehmigungsfähig, die erteilte Genehmigung mithin materiell rechtswidrig.

57

b) § 6 Abs. 1 Nr. 2 BImSchG

Des Weiteren könnte die Genehmigung wegen eines Verstoßes gegen andere öffentlich-rechtliche Vorschriften gem. § 6 Abs. 1 Nr. 2 BImSchG rechtswidrig sein. Da § 13 BImSchG lediglich eine formelle Konzentration bewirkt, ist eine umfassende Prüfung i.R.d. immissionsschutzrechtlichen Genehmigungsverfahrens erforderlich, d.h. es muss weiter geprüft werden, ob auch außerhalb des BImSchG sonstige anlagenbezogene Normen des öffentlichen Rechts verletzt sein können.

58

> Bedeutsam sind insbesondere die Vorschriften des Bauplanungs- und Bauordnungsrechts sowie des Naturschutz-, Wasser-, Kreislaufwirtschafts- und Straßenrechts.

In Betracht kommt vorliegend ein Verstoß gegen das Bauplanungsrecht nach §§ 29 ff. BauGB. Bei dem Maststall handelt es sich aufgrund seiner bodenrechtlichen Relevanz unzweifelhaft um eine bauliche Anlage i.S.d. § 29 Abs. 1 BauGB. Die Anlage berührt die in § 1 Abs. 6 BauGB genannten Belange allein schon wegen ihrer Größe nämlich in einer Weise, die geeignet ist, das Bedürfnis nach einer ihre Zulässigkeit regelnden verbindlichen Bauleitplanung hervorzurufen.[58]

59

Da die geplante Anlage der F-AG im Außenbereich der G errichtet werden soll, richtet sich deren Zulässigkeit nach § 35 BauGB. Während privilegierte Vorhaben nach § 35 Abs. 1 BauGB zulässig sind, wenn ihnen öffentliche Belange nicht entgegenstehen, sind sonstige Vorhaben nach § 35 Abs. 2 BauGB nur dann zulässig, wenn öffentliche Belange nicht beeinträchtigt werden. Privilegierten Außenbereichsvorhaben kommt demnach ein gesteigertes Durchsetzungsvermögen zu.[59] Voraussetzung ist dabei jeweils, dass eine ausreichende Erschließung gesichert ist.

60

In Betracht kommt zunächst der Privilegierungstatbestand des § 35 Abs. 1 Nr. 1 BauGB, wenn es sich bei dem Aufzuchtstall um einen land- oder forstwirtschaftlichen Betrieb handelt. Der Begriff der Landwirtschaft, wie er in § 201 BauGB gesetzlich definiert ist, gilt auch für § 35 Abs. 1 Nr. 1 BauGB.[60] Die Tierhaltung ist danach nur dann erfasst, wenn das Futter überwiegend auf den zum landwirtschaftlichen Betrieb gehörenden, landwirtschaftlich genutzten Flächen erzeugt werden kann. Dies ist bei 9.000 Ferkeln jedoch gerade nicht der Fall. Eine Privilegierung nach § 35 Abs. 1 Nr. 1 BauGB ist damit ausgeschlossen. Eine Privilegierung nach § 35 Abs. 1 Nr. 4 BauGB scheidet ebenfalls aufgrund der darin enthaltenen Ausnahmeregelung aus. Der Maststall unter-

61

---

58 Vgl. BVerwGE 44, 59 (62).
59 Battis/Krautzberger/Löhr/*Mitschang/Reidt*, BauGB, 14. Aufl. 2019, § 35 Rn. 63.
60 Ernst/Zinkahn/Bielenberg/Krautzberger/*Söfker*, 137. EL 2020, BauGB § 35 Rn. 23.

fällt nämlich nicht dem Privilegierungstatbestand des § 35 Abs. 1 Nr. 1 BauGB und ist zudem UVP-pflichtig.

62 Die Zulässigkeit des Vorhabens richtet sich somit nach § 35 Abs. 2 BauGB, öffentliche Belange dürfen also durch das Vorhaben nicht beeinträchtigt werden. § 35 Abs. 3 BauGB enthält zwar keine Definition des Begriffes der öffentlichen Belange, zählt jedoch nicht abschließend derartige Belange auf.[61] Die Anlage könnte schädliche Umwelteinwirkungen nach § 35 Abs. 3 S. 1 Nr. 3 BauGB hervorrufen und damit gegen das in der Vorschrift kodifizierte Rücksichtnahmegebot verstoßen, wobei die Legaldefinition des § 3 Abs. 1 BImSchG Anwendung findet.[62] Da die Beurteilung der Schädlichkeit von Umwelteinwirkungen aufgrund der Einheit der Rechtsordnung derjenigen nach § 5 Abs. 1 Nr. 1 BImSchG entspricht, liegt mit den die Grenzwerte der TA-Lärm überschreitenden Lärmimmissionen zugleich eine Verletzung des Gebots der Rücksichtnahme und damit eine Beeinträchtigung öffentlicher Belange vor. Das Vorhaben ist demnach auch bauplanungsrechtlich unzulässig.

63 Andere öffentlich-rechtliche Vorschriften i.S.d. § 6 Abs. 1 Nr. 2 BImSchG stehen der Genehmigung daher ebenfalls entgegen. Die der F-AG erteilte Genehmigung ist insofern mangels Genehmigungsfähigkeit materiell rechtswidrig.

c) Standortalternativenprüfung

64 Möglicherweise ist die Genehmigung zudem deshalb materiell rechtswidrig, weil das Landratsamt – wie von E vorgebracht – keine Standortalternativprüfung durchgeführt hat. Dies ist der Fall, wenn eine solche Prüfung als Voraussetzung einer Genehmigungserteilung vorgeschrieben ist. Nach § 6 Abs. 1 BImSchG ist die Genehmigung zu erteilen, wenn die Genehmigungsvoraussetzungen erfüllt sind. Es handelt sich dabei somit nicht um eine planerische, sondern um eine gebundene Entscheidung, im Rahmen derer wie bereits festgestellt kein Raum für eine Abwägung und damit auch für eine Prüfung von Alternativstandorten besteht.[63] Die Behörde könnte allenfalls i.R.v. Vorsorgevorgaben – in gewissen Grenzen – alternative Ausgestaltungen der betroffenen Anlage etwa in Form einer Verschiebung auf dem Betriebsgrundstück in Betracht ziehen.[64] Etwas anderes ergibt sich auch nicht aus der UVP-Pflichtigkeit des Maststalls, da sich die Prüfung – wie bereits erwähnt – lediglich nach dem BImSchG richtet. Eine materielle Rechtswidrigkeit der immissionsschutzrechtlichen Genehmigung ergibt sich demzufolge nicht aufgrund der unterbliebenen Prüfung alternativer Standorte.

d) Zwischenergebnis

65 Weil von dem Maststall schädliche Umwelteinwirkungen i.S.d. § 3 Abs. 1 BImSchG ausgehen, verstößt die der F-AG erteilte Genehmigung gegen den Schutzgrundsatz des § 5 Abs. 1 Nr. 1 BImSchG und das Rücksichtnahmegebot nach § 35 Abs. 3 S. 1 Nr. 3 BauGB, die Voraussetzungen des § 6 Abs. 1 BImschG sind mithin nicht erfüllt. Die Genehmigung ist damit materiell rechtswidrig.

---

61 Battis/Krautzberger/Löhr/*Mitschang/Reidt*, BauGB, 14. Aufl. 2019, § 35 Rn. 72.
62 Battis/Krautzberger/Löhr/*Mitschang/Reidt*, BauGB, 14. Aufl. 2019, § 35 Rn. 78.
63 BeckOK UmweltR/*Giesberts/Reinhardt*, 55. Ed. 2020, § 6 BImSchG Rn. 2; Jarass/*Jarass*, BImSchG, 12. Aufl. 2017, § 5 Rn. 47.
64 Jarass/*Jarass*, BImSchG, 12. Aufl. 2017, § 5 Rn. 47.

II. Subjektive Rechtsgutsverletzung

Schließlich muss die rechtswidrige immissionsschutzrechtliche Genehmigung den E auch in subjektiven Rechten verletzen. Ist der Kläger gleichzeitig Adressat des belastenden VA, indiziert dessen Rechtswidrigkeit die subjektive Rechtsgutsverletzung. In Drittanfechtungssituationen wie im vorliegenden Fall ist hingegen die Verletzung drittschützender Normen erforderlich.[65] Aufgrund des Verstoßes gegen den in § 5 Abs. 1 Nr. 1 BImSchG enthaltenen drittschützenden Schutzgrundsatz sowie das in § 35 Abs. 3 S. 1 Nr. 3 BauGB kodifizierte drittschützende Rücksichtnahmegebot ist dies hier grundsätzlich der Fall. Fraglich erscheint indes, ob sich E auch auf diese Rechtsgutsverletzung berufen kann. Das Landratsamt wendet ein, eine Rechtsgutsverletzung sei ausgeschlossen, da E die Einwendungen zu spät erhoben hat, er mithin mit seinem Vorbringen präkludiert sei. Dies wäre der Fall, wenn das BImSchG eine *materielle Präklusionsregelung* enthält. Nur dann ist es demjenigen, der die rechtzeitige Erhebung von Einwendungen versäumt hat, verwehrt diese in einem späteren Rechtsbehelfsverfahren geltend zu machen.[66] § 10 Abs. 3 S. 5 BImSchG enthält allerdings eine formelle Präklusionsregelung, die lediglich zur Folge hat, dass der Betroffene keinen Anspruch auf Berücksichtigung seiner Einwendungen im weiteren Verwaltungsverfahren hat. Damit ist E mit seinem Vorbringen nicht materiell präkludiert, eine subjektive Rechtsgutsverletzung liegt also vor.

66

Vor dem Gesetz zur Anpassung des Umwelt-Rechtsbehelfsgesetzes und anderer Vorschriften an europa- und völkerrechtliche Vorgaben, das am 2.6.2017 in Kraft trat, enthielt § 10 Abs. 3 S. 5 BImSchG tatsächlich noch eine materielle Präklusionsregelung.
Die materielle Präklusion wurde grundsätzlich als mit der Rechtsschutzgarantie des Art. 19 Abs. 4 GG vereinbar angesehen, da der Rechtsschutz durch dessen Abhängigkeit von Einwendungserhebungen im Verwaltungsverfahren nicht unzumutbar erschwert wurde.[67] Zulässig war die materielle Präklusion aber lediglich in engen Grenzen: So musste etwa das Verfahren ordnungsgemäß durchgeführt worden sein, was insbesondere die Bekanntmachung sowie Auslegung betrifft, und die Präklusion durfte auch nur solche Einwendungen erfassen, die ein Nichtrechtskundiger aufgrund der ausgelegten Unterlagen vorbringen konnte.[68]
Nachdem der Europäische Gerichtshof (EuGH) zunächst entschieden hatte, dass die in § 2 Abs. 3 UmwRG, § 73 Abs. 4 S. 3 VwVfG enthaltenen materiellen Präklusionsregelungen gem. Art. 11 Abs. 1, Abs. 3 UVP-RL, Art. 25 Abs. 1, Abs. 3 IE-RL aufgrund ihrer übermäßigen Beeinträchtigung des effektiven Rechtsschutzes im Anwendungsbereich dieser beiden Richtlinien unionsrechtswidrig sind,[69] wurde diese Sicht auf § 10 Abs. 3 S. 5 BImSchG a.F. übertragen und seit Verkündung des EuGH-Urteils in Genehmigungsverfahren für UVP-pflichtige Vorhaben und/oder Anlagen nach der IE-RL nicht mehr angewendet.[70] Mittlerweile hat der Gesetzgeber durch die Einfügung „für das weitere Genehmigungsverfahren" in § 10 Abs. 3 S. 5 BImSchG n.F. klargestellt, dass es sich nur noch um eine formelle Präklusionsregelung handelt.

---

65 Ausführlich dazu Schoch/Schneider/Bier/*Riese*, VwGO, 37. EL 2019, § 113 Rn. 29 ff.
66 BeckOK UmweltR/*Schack*, 55. Ed. 2020, § 10 BImSchG Rn. 66.
67 *Schmidt/Kahl/Gärditz*, Umweltrecht, 10. Aufl. 2017, § 7 Rn. 43.
68 *Schmidt/Kahl/Gärditz*, Umweltrecht, 10. Aufl. 2017, § 7 Rn. 43.
69 EuGH, Urt. v. 15.10.2015, Rs. C-137/14 (Kommission/Deutschland), Rn. 75 ff.
70 *Schmidt/Kahl/Gärditz*, Umweltrecht, 10. Aufl. 2017, § 7 Rn. 44.

Fraglich erscheint in diesem Zusammenhang allerdings, ob die Möglichkeit des § 19 Abs. 3 BImSchG, anstelle eines vereinfachten ein förmliches Verfahren durchzuführen, in Zukunft an Bedeutung verlieren wird. Diese Option sollte die schwächere Rechtsposition eines Betreibers, dem grundsätzlich eine Genehmigung im vereinfachten Verfahren zu erteilen wäre, ausgleichen.[71] Das Verfahren nach § 19 BImSchG ist nämlich gekennzeichnet durch einen überwiegenden Ausschluss der Öffentlichkeitsbeteiligung, der die Nichtanwendbarkeit der Vorschriften über den Einwendungsausschluss zur Folge hatte. Gerade dieser, die Rechtssicherheit des Betreibers sichernde und stärkende Einwendungsausschluss, existiert nun aber gerade nicht mehr.

III. Zwischenergebnis

67 Die (Dritt-)AK ist begründet, da die der F-AG erteilte Genehmigung rechtswidrig ist und den E dadurch in seinen Rechten verletzt.

D. Ergebnis

68 Die Klage des E hat Aussicht auf Erfolg, weil sie zulässig und begründet ist. Das Verwaltungsgericht wird die der F-AG erteilte immissionsschutzrechtliche Genehmigung aufheben.

69
Weiterführende Hinweise:
Zum materiellen Recht: *Schlacke*, Umweltrecht, 7. Aufl. 2019, § 9; *Kahl/Gärditz*, Umweltrecht, 11. Aufl. 2019, § 7; *Koch/Hofmann/Reese*, Handbuch Umweltrecht, 5. Aufl. 2018, § 4; *Hilbert*, Das Verhältnis von Immissionsschutzrecht und Baurecht, JuS 2014, S. 983 – 987; *Schink*, Vier Jahrzehnte Immissionsschutzrecht, NVwZ 2017, S. 337 – 346.
Zum Prozessrecht: *Held*, Individualrechtsschutz bei fehlerhaftem Verwaltungsverfahren, NVwZ 2012, S. 461 – 468; *ders.*, Umfang der Klage- und Rügebefugnis von Individualklägern nach dem Umwelt-Rechtsbehelfsgesetz, DÖV 2019, S. 121 – 130; *Enders*, Subjektivrechtliche Fundierung des Umweltschutzes: Das Bundesverwaltungsgericht als Motor der Rechtsaktualisierung im Zeichen des Europarechts, ZUR 2016, S. 387 – 393; *Franzius*, Modernisierung des subjektiven öffentlichen Rechts, UPR 2016, S. 281 – 295; *Wegener*, Nein, nein, nein!? – Kein Funktionswandel der Verwaltungsgerichtsbarkeit unter dem Einfluss des Unionsrechts?, JZ 2016, S. 829 – 834; *Ramsauer*, Die Dogmatik der subjektiven öffentlichen Rechte – Entwicklung und Bedeutung der Schutznormlehre, JuS 2012, S. 769 – 777; *Hong*, Subjektive Rechte und Schutznormtheorie im europäischen Verwaltungsrechtsraum, JZ 2012, S. 380 – 388; *Kahl/Ohlendorf*, Das subjektive öffentliche Recht – Grundlagen und aktuelle Entwicklungen im nationalen Recht, JA 2010, S. 872 – 879.

---

71 *Kahl/Gärditz*, Umweltrecht, 11. Aufl. 2019, § 7 Rn 51.

Fall 5: Bundesnaturschutzrecht

Sachverhalt

Die *Superwind-GmbH* (S-GmbH) beantragte beim zuständigen Landratsamt die Erteilung einer immissionsschutzrechtlichen Genehmigung für die Errichtung zweier Windkraftanlagen mit einer Gesamthöhe von jeweils 90 m in der Großen Kreisstadt G im Land L. In unmittelbarer Nähe des Vorhabenstandortes befindet sich ein ausgewiesenes Natura 2000-Gebiet, das insbesondere dem Schutz heimischer Fledermäuse (*Microchiroptera*), die in Anhang IV der FFH-Richtlinie (Richtlinie 92/43/EG vom 21.5.1992, ABl. L 43/2) aufgeführt sind, dient. Das von der S-GmbH beigebrachte Gutachten stellte fest, dass von den beiden Anlagen kein signifikant erhöhtes Tötungsrisiko für die in dem Schutzgebiet beheimateten Fledermäuse ausgehe. Eine Datenrecherche zu bekannten Fledermausquartieren im direkten Umfeld der Windkraftanlagen sei durchgeführt worden. Zur Ergänzung, insbesondere der Bewertung der tatsächlichen Nutzung des Gebiets durch Fledermäuse, sei auch die Erfassung des Fluggeschehens der Fledermäuse in zwei Nächten – und zwar am 12.2. und 24.3.2020 – erfolgt. Im angefügten Literaturverzeichnis finden sich zwei Quellen aus den Jahren 1987 und 1999, die sich speziell auf Fledermäuse beziehen. Im Gutachten findet sich ferner vereinzelt eine Bezugnahme auf konkrete Örtlichkeiten. Aufgrund dieses Gutachtens erteilte das Landratsamt der S-GmbH schließlich die beantragte Genehmigung. Eine Öffentlichkeitsbeteiligung fand im Rahmen des immissionsschutzrechtlichen Genehmigungsverfahrens allerdings nicht statt.

Nachdem die vom Land L anerkannte Umweltschutzvereinigung *Fledermaus-Freunde e.V.* (FF), die sich satzungsgemäß dem Schutz fliegender Lebewesen, vor allem einheimischer Fledermäuse, gewidmet hat, zufällig von der Genehmigungserteilung erfahren hatte, ist sie empört und legt umgehend Widerspruch gegen diese ein. Die Einschätzung des Landratsamtes beruhe auf einem nicht geeigneten Erfassungs- und Beobachtungssystem, da das von der S-GmbH vorgelegte Gutachten es an den elementarsten Grunduntersuchungen zur Erfassung des Bestandes und des Verhaltens der Fledermausarten habe fehlen lassen. Das Gutachten sei durch und durch fehlerhaft: Zum einen würden strichprobenartige Untersuchungen auf keinen Fall ausreichen, um fundierte Aussagen über die Auswirkungen der Anlagen etwa auf das Flug- und Balzverhalten der Fledermäuse treffen zu können. Zum anderen bestünde für die Fledermäuse definitiv ein signifikant erhöhtes Risiko, mit den Rotorblättern der Windkraftanlagen zu kollidieren. Nicht einmal etwaige Abschaltzeiten könnten dieses erhöhte Kollisionsrisiko nach der Einschätzung des FF verhindern. Nach Durchführung eines ordnungsgemäßen, aber erfolglosen Widerspruchsverfahrens erhebt FF Klage gegen das Landratsamt beim zuständigen Verwaltungsgericht.

Das Landratsamt ist der Ansicht, FF sei nicht klagebefugt. Bereits der Anwendungsbereich des Umweltrechtsbehelfsgesetzes sei im vorliegenden Fall mangels tauglichen Prüfungsgegenstandes nicht eröffnet, da schon keine Pflicht zur Durchführung einer Umweltverträglichkeitsprüfung (UVP) bestünde. Darüber hinaus stünde dem Landratsamt eine naturschutzfachliche Einschätzungsprärogative zu, die gerichtlich überhaupt nicht überprüfbar sei. Auf die Einschätzungen des FF im Hinblick auf etwaige Abschaltzeiten komme es daher nicht an. Jedenfalls hätte FF seine Einwendungen bereits im Rahmen des immissionsschutzrechtlichen Genehmigungsverfahrens betreffend die naturschutzrechtliche Zulässigkeit der Anlagen erheben und nicht während des gesamten

Verfahrens schweigen sollen. Ein derartiges Verhalten eines Sachwalters der Natur sei nicht nur unredlich, sondern auch rechtsmissbräuchlich.

Hat eine umweltrechtliche Verbandsklage des FF Aussicht auf Erfolg?

Lösung:

Die Klage des FF hat Aussicht auf Erfolg, soweit sie zulässig und begründet ist.

A. Zulässigkeit

2 Die Klage muss zunächst zulässig sein.

I. Eröffnung des Verwaltungsrechtswegs, § 40 Abs. 1 S. 1 VwGO

3 Mangels aufdrängender Sonderzuweisung richtet sich die Eröffnung des Verwaltungsrechtswegs nach der Generalklausel des § 40 Abs. 1 S. 1 VwGO. Danach ist der Verwaltungsrechtsweg eröffnet, wenn die Klage eine öffentlich-rechtliche Streitigkeit nichtverfassungsrechtlicher Art zum Gegenstand hat und keine abdrängende Sonderzuweisung besteht. Öffentlich-rechtlich ist eine Streitigkeit dann, wenn die streitentscheidenden Normen solche des öffentlichen Rechts sind. Dies ist nach der sog. *modifizierten Subjektstheorie* der Fall, wenn die Normen Träger hoheitlicher Gewalt einseitig berechtigen oder verpflichten. FF begehrt die Aufhebung der nach § 6 BImSchG erteilten immissionsschutzrechtlichen Genehmigung. Diese ist eine einseitige Regelung, zu deren Erlass eine Behörde ausschließlich auf Grundlage des öffentlichen Rechts befugt sein kann. Ein Aufhebungsanspruch kann sich daher ebenfalls nur aus dem öffentlichen Recht ergeben. Damit ist die Streitigkeit öffentlich-rechtlich. Die Streitigkeit ist auch nichtverfassungsrechtlicher Art, da keine unmittelbar am Verfassungsleben Beteiligten im Kern um Verfassungsrecht streiten (sog. *doppelte Verfassungsunmittelbarkeit*). In Ermangelung einer abdrängenden Sonderzuweisung ist somit der Verwaltungsrechtsweg nach § 40 Abs. 1 S. 1 VwGO eröffnet.

II. Statthafte Klageart, § 88 VwGO

4 Die Statthaftigkeit der Klage richtet sich gem. § 88 VwGO nach dem klägerischen Begehren. FF möchte gegen die der S-GmbH erteilte immissionsschutzrechtliche Genehmigung vorgehen. Da es sich bei der Genehmigung, dessen Aufhebung FF begehrt, nach §§ 6, 4 BImSchG um einen Verwaltungsakt (VA) i.S.d. § 35 S. 1 VwVfG handelt, der insofern Doppelwirkung entfaltet, als er gegenüber der S-GmbH begünstigend und gegenüber FF belastend wirkt (sog. *VA mit Doppelwirkung*), ist die (Dritt-)Anfechtungsklage (AK) gem. § 42 Abs. 1 1. Alt VwGO die statthafte Klageart.

III. Klagebefugnis, § 42 Abs. 2 VwGO

5 FF muss ferner klagebefugt sein.

1. § 42 Abs. 2 2. Hs. VwGO

6 Nach § 42 Abs. 2 2. Hs. VwGO ist klagebefugt, wer geltend machen kann, durch den angegriffenen VA in eigenen subjektiven öffentlichen Rechten verletzt zu sein. Nach der sog. *Möglichkeitstheorie* reicht es aus, dass eine Rechtsgutsverletzung nicht von

vornherein ausgeschlossen, d.h. möglich, erscheint. Dies ist nur dann nicht der Fall, wenn die geltend gemachte Verletzung offensichtlich und eindeutig nach keiner Betrachtungsweise vorliegen kann.

a) Adressatentheorie

Da FF nicht Adressat der immissionsschutzrechtlichen Genehmigung ist, kann sich dessen Klagebefugnis nicht aus einer möglichen Verletzung von Art. 2 Abs. 1 GG (sog. *Adressatentheorie*) ergeben.

7

b) Schutznormtheorie

Eine Klagebefugnis könnte angenommen werden, wenn die angegriffene Genehmigung eine drittschützende Norm verletzt, in dessen Schutzbereich FF fällt. Nach der sog. *Schutznormtheorie* entfaltet eine Norm Drittschutz, wenn sie nicht nur Interessen der Allgemeinheit, sondern zumindest auch Interessen Einzelner zu dienen bestimmt ist. Dies ist bei Bestimmungen des Artenschutzrechts – wie etwa § 44 Abs. 1 BNatSchG – jedoch gerade nicht der Fall, da diese ausschließlich öffentliche Interessen (Artenschutz) verfolgen.

8

2. § 42 Abs. 2 1. Hs. VwGO i.V.m. § 2 Abs. 1 UmwRG

FF könnte aber eine Klagebefugnis aus dem UmwRG zustehen (sog. *umweltrechtliche Verbandsklage*). Nach der Öffnungsklausel des § 42 Abs. 2 1. Hs. VwGO i.V.m. § 2 Abs. 1 UmwRG kann eine nach § 3 UmwRG anerkannte Umweltvereinigung, ohne eine Verletzung in eigenen Rechten geltend machen zu müssen, unter bestimmten Voraussetzungen Rechtsbehelfe gegen Entscheidungen nach § 1 Abs. 1 S. 1 UmwRG einlegen.

9

> Das UmwRG dient der Umsetzung der dritten Säule[1] der Aarhus-Konvention[2], die die Europäische Union (EU) neben den Mitgliedstaaten ebenfalls unterzeichnet hat, sowie der Umsetzung der unionsrechtlichen Anforderungen an den Zugang zu Rechtsschutz für Nichtregierungsorganisationen.[3]
>
> Nach Art. 9 Abs. 2 Aarhus-Konvention stellt jede Vertragspartei im Rahmen ihrer innerstaatlichen Rechtsvorschriften sicher, dass Mitglieder der Öffentlichkeit Zugang zu einem Überprüfungsverfahren vor einem Gericht haben, um die materiellrechtliche und verfahrensrechtliche Rechtmäßigkeit von Entscheidungen, Handlungen oder Unterlassungen anzufechten, für die Art. 6 Aarhus-Konvention gilt, wozu nach Anhang I Nr. 20 der Aarhus-Konvention Verfahren zählen, für die eine Öffentlichkeitsbeteiligung aufgrund eines Verfahrens zur UVP nach innerstaatlichen Rechtsvorschriften vorgesehen ist.
>
> Nach Art. 9 Abs. 3 Aarhus-Konvention, der von der EU für die Mitgliedstaaten nicht umgesetzt wurde, haben die Vertragsparteien sicherzustellen, dass Mitglieder der Öffentlichkeit, sofern sie etwaige in ihrem innerstaatlichen Recht festgelegte Kriterien erfüllen, Zugang zu verwaltungsbehördlichen oder gerichtlichen Verfahren haben, um Handlungen oder Unterlassungen anzufechten, die gegen umweltbezogene Bestimmungen ihres in-

---

1 Die erste Säule betrifft den Zugang der Öffentlichkeit zu Informationen über die Umwelt, die zweite Säule die Beteiligung der Öffentlichkeit bei bestimmten umweltbezogenen Entscheidungen.

2 UNECE-Übereinkommen vom 25.6.1998 über den Zugang zu Informationen, die Öffentlichkeitsbeteiligung an Entscheidungsverfahren und den Zugang zu Gerichten in Umweltangelegenheiten, BGBl. II 2006, 1251.

3 Eingehend dazu *Schlacke*, NVwZ 2017, 905 ff.

nerstaatlichen Rechts verstoßen. Nach Art. 2 Nr. 4 und Nr. 5 Aarhus-Konvention zählen zu den Mitgliedern der „Öffentlichkeit" u.a. nichtstaatliche Organisationen, die auch dann zur „betroffenen Öffentlichkeit" gehören, wenn sie sich für den Umweltschutz einsetzen und alle nach innerstaatlichem Recht geltenden Voraussetzungen erfüllen. Die EU setzte dies mit der Umweltverträglichkeitsprüfungsrichtlinie (UVP-RL)[4] und der Richtlinie über die integrierte Vermeidung und Verminderung der Umweltverschmutzung (IVU-RL)[5] um. Art. 1 Abs. 2e UVP-RL zufolge haben Nichtregierungsorganisationen, die sich für den Umweltschutz einsetzen und alle nach innerstaatlichem Recht geltenden Voraussetzungen erfüllen, ein ausreichendes Interesse an einer Entscheidung. Im Rahmen ihrer innerstaatlichen Rechtsvorschriften haben die Mitgliedstaaten sicherzustellen, dass diese auch Zugang zu einem gerichtlichen Überprüfungsverfahren erhalten. Danach obliegt es grundsätzlich den nationalen Gesetzgebern, die Voraussetzungen festzulegen, nach denen derartige Nichtregierungsorganisationen ein Anfechtungsrecht haben können.[6] Die nationalen Rechtsvorschriften müssen aber entsprechend Art. 9 Abs. 2 UAbs. 2 Aarhus-Konvention einen „weiten Zugang zu den Gerichten" gewährleisten.

Darüber hinaus dürfen nach gefestigter Rechtsprechung des Europäischen Gerichtshofs (EuGH) die Verfahrensmodalitäten für Klagen, die den Schutz der den Einzelnen aus dem Unionsrecht erwachsenden Rechte gewährleisten sollen, nach dem *Grundsatz der Äquivalenz* nicht weniger günstig ausgestaltet sein als die für entsprechende innerstaatlichen Klagen und nach dem *Grundsatz der Effektivität* die Ausübung der durch die Unionsrechtsordnung verliehenen Rechte nicht praktisch unmöglich machen oder übermäßig erschweren.[7]

a) Tauglicher Prüfungsgegenstand nach § 1 UmwRG

10 Zunächst muss ein tauglicher Angriffsgegenstand vorliegen. Dies sind nach § 2 Abs. 1 S. 1 Nr. 1 UmwRG die in § 1 Abs. 1 S. 1 UmwRG abschließend genannten Entscheidungen.

aa) § 1 Abs. 1 S. 1 Nr. 1 UmwRG

11 Bei der immissionsschutzrechtlichen Genehmigung könnte es sich um eine Zulassungsentscheidung i.S.d. § 1 Abs. 1 S. 1 Nr. 1 UmwRG handeln, wenn für das Vorhaben eine Pflicht zur Durchführung einer UVP bestehen kann. Dies ist grundsätzlich nicht nur dann der Fall, wenn das Vorhaben nach § 6 UVPG abstrakt-generell, d.h. ohne Ansehung der konkret von ihm ausgehenden Umweltauswirkungen, einer UVP-Pflicht unterliegt, sondern auch, wenn lediglich eine allgemeine oder standortbezogene Vorprüfung des Einzelfalls nach § 7 Abs. 1 S. 1 oder Abs. 2 S. 1 UVPG vorgesehen ist.[8] Nach Ziffer 1.6.3 der Anlage 1 zum UVPG ist erst für ein Vorhaben, das die Errichtung und den Betrieb einer Windfarm mit 3 bis weniger als 6 Windkraftanlagen mit einer Gesamthöhe von jeweils mehr als 50 m zum Ziel hat, eine standortbezogene Vorprüfung des Einzelfalls gem. § 7 Abs. 2 S. 1 UVPG durchzuführen. Für ein Vorhaben, das wie vorliegend nur die Errichtung zweier Windenergieanlagen vorsieht, besteht damit kei-

---

4 Richtlinie 2011/92/EU vom 13.12.2011, ABl. L 26/1.
5 Richtlinie 2008/1/EG vom 15.1.2008, ABl. L 24/8.
6 Vgl. zum Ganzen VG Darmstadt, Beschl. v. 29.3.2018 – 6 L 3548/17 – juris Rn. 77.
7 Vgl. EuGH, Urt. v. 8.3.2011, Rs. C-240/09, Rn. 48.
8 Landmann/Rohmer/*Fellenberg/Schiller*, UmweltR, 91. EL 2019, § 1 UmwRG Rn. 39.

ne UVP-Pflicht. Eine Entscheidung i.S.d. § 1 Abs. 1 S. 1 Nr. 1 UmwRG liegt damit nicht vor.

bb) § 1 Abs. 1 S. 1 Nr. 2 UmwRG

Eine Entscheidung i.S.d. § 1 Abs. 1 S. 1 Nr. 2 1. Var. UmwRG scheidet ebenfalls aus, da die Genehmigung keine Anlage betrifft, die in Spalte c des Anhangs 1 zur 4. BImSchV mit dem Buchstaben „G" gekennzeichnet und für die damit gem. § 2 Abs. 1 S. 1 Nr. 1a) der 4. BImSchV ein förmliches Genehmigungsverfahren nach § 10 BImSchG vorgeschrieben ist. Weil die Anlage in Ziffer 1.6.2 des Anhangs 1 zur 4. BImSchV mit dem Buchstaben „V" gekennzeichnet ist und wie erläutert keiner UVP-Pflicht unterliegt (vgl. § 2 Abs. 1 S. 1 Nr. 1c) der 4. BImSchV), war über den Genehmigungsantrag vielmehr gem. § 2 Abs. 1 S. 1 Nr. 2 der 4. BImSchV im vereinfachten Verfahren nach § 19 BImSchG zu entscheiden.

12

cc) § 1 Abs. 1 S. 1 Nr. 5 UmwRG

In Betracht kommt allerdings eine Entscheidung i.S.d. § 1 Abs. 1 S. 1 Nr. 5 UmwRG. Danach findet das UmwRG Anwendung auf Rechtsbehelfe gegen VAe oder öffentlich-rechtliche Verträge, durch die andere als in § 1 Abs. 1 S. 1 Nr. 1 – 2b) UmwRG genannte Vorhaben unter Anwendung umweltbezogener Rechtsvorschriften des Bundesrechts, des Landesrechts oder unmittelbar geltender Rechtsakte der Europäischen Union zugelassen werden.

13

Bei der immissionsschutzrechtlichen Genehmigung handelt es sich wie festgestellt um einen VA i.S.d. § 35 S. 1 VwVfG.

14

Unter umweltbezogenen Rechtsvorschriften versteht man nach § 1 Abs. 4 UmwRG Bestimmungen, die sich zum Schutz von Mensch und Umwelt auf den Zustand von Umweltbestandteilen i.s.v. § 2 Abs. 3 Nr. 1 UIG (Nr. 1) oder Faktoren i.s.v. § 2 Abs. 3 Nr. 2 UIG (Nr. 2) beziehen. Gemeint ist damit der Zustand von Umweltbestandteilen wie Luft und Atmosphäre, Wasser, Boden, Landschaft und natürliche Lebensräume einschließlich Feuchtgebiete, Küsten- und Meeresgebiete, die Artenvielfalt und ihre Bestandteile, einschließlich gentechnisch veränderter Organismen, sowie die Wechselwirkungen zwischen diesen Bestandteilen, und um Faktoren wie Stoffe, Energie, Lärm und Strahlung, Abfälle aller Art sowie Emissionen, Ableitungen und sonstige Freisetzungen von Stoffen in die Umwelt, die sich auf die Umweltbestandteile i.S.d. § 2 Abs. 3 Nr. 1 UIG auswirken oder wahrscheinlich auswirken. Die der Genehmigung zugrunde liegenden Bestimmungen des BImSchG und des BNatSchG stellen unzweifelhaft umweltbezogene Rechtsvorschriften dar, insbesondere dienen die Zugriffsverbote des § 44 Abs. 1 BNatSchG dem Artenschutz. Mit der immissionsschutzrechtlichen Genehmigung ist damit ein tauglicher Verfahrensgegenstand gem. § 1 Abs. 1 S. 1 Nr. 5 UmwRG gegeben.

15

b) Anerkannte Vereinigung nach § 3 UmwRG

Eine auf das UmwRG gestützte Klagebefugnis setzt gem. § 2 Abs. 1 S. 1 UmwRG weiter voraus, dass es sich bei FF um eine nach § 3 UmwRG anerkannte (inländische oder ausländische Vereinigung) handelt. Die Anerkennung zur Einlegung von Rechtsbehelfen nach dem UmwRG wird gem. § 3 Abs. 1 S. 1 UmwRG auf Antrag der Vereinigung erteilt. Nach § 3 Abs. 1 S. 2 UmwRG ist die Anerkennung zu erteilen, wenn die Verei-

16

nigung nach ihrer Satzung ideell und nicht nur vorübergehend vorwiegend die Ziele des Umweltschutzes fördert (Nr. 1), im Zeitpunkt der Anerkennung mindestens drei Jahre besteht und in diesem Zeitraum i.S.d. Nr. 1 tätig gewesen ist (Nr. 2), die Gewähr für eine sachgerechte Aufgabenerfüllung, insbesondere für eine sachgerechte Beteiligung an behördlichen Entscheidungsverfahren, bietet (Nr. 3), gemeinnützige Zwecke i.S.v. § 52 AO verfolgt (Nr. 4) und jeder Person den Eintritt als Mitglied ermöglicht, die die Ziele der Vereinigung unterstützt (Nr. 5). Diese Voraussetzungen sind vorliegend erfüllt: Bei FF handelt es sich ausweislich des Sachverhalts (SV) um eine vom Land L anerkannte Vereinigung. Dies ist nach § 3 Abs. 3 UmwRG ohne Weiteres möglich.

Maßgeblicher Zeitpunkt nach § 3 UmwRG ist – wie sich aus der Ausnahmeregelung des § 2 Abs. 2 UmwRG ergibt – der Zeitpunkt der Anerkennung.[9] Die in § 2 Abs. 1 UmwRG getroffene Regelung weicht damit von dem im deutschen Recht geltenden allgemeinen Grundsatz ab, dass für das Vorliegen der Zulässigkeitsvoraussetzungen eines Rechtsbehelfs der Zeitpunkt der Schließung der mündlichen Verhandlung maßgebend ist.[10] Unionsrechtliche Bedenken bestehen insoweit indes nicht, da § 2 Abs. 2 UmwRG die Fälle erfasst, in denen die Anerkennung bei der Einlegung des Rechtsbehelfs noch nicht vorliegt.[11] Nach § 2 Abs. 2 S. 1 UmwRG kann eine (noch) nicht nach § 3 UmwRG anerkannte Vereinigung ausnahmsweise einen Rechtsbehelf nach § 2 Abs. 1 UmwRG einlegen, wenn sie bei Einlegung des Rechtsbehelfs die Voraussetzungen für eine Anerkennung erfüllt (Nr. 1) und sie einen Antrag auf Anerkennung gestellt hat (Nr. 2), über den jedoch aus Gründen noch nicht entschieden ist, die von der Vereinigung nicht zu vertreten sind (Nr. 3). Diese Regelung sollte den europarechtlichen Vorgaben der Art. 11 Abs. 1 UVP-RL und Art. 25 Abs. 1 IE-RL Rechnung tragen, die die Verbandsklage vom Vorliegen der materiellen Anerkennungsvoraussetzungen für die Umweltvereinigung abhängig machen; hat eine Umweltvereinigung, die sämtliche Voraussetzungen für eine Anerkennung erfüllt, einen Anerkennungsantrag gestellt, der aber ohne ihr Verschulden von der Anerkennungsbehörde noch nicht beschieden wurde, so kann der Vereinigung die Verbandsklagemöglichkeit nicht versagt werden.[12] Solange die Anerkennung der Umweltvereinigung noch nicht vorliegt, ist § 2 Abs. 2 UmwRG europarechtskonform, da es der einzelnen Vereinigung obliegt, einen Antrag so rechtzeitig und vollständig zu stellen, dass die Voraussetzungen des § 2 Abs. 2 S. 1 UmwRG bei Rechtsbehelfseinlegung erfüllt sind. Diese grundsätzlich im Verantwortungsbereich der Vereinigung liegende Voraussetzung einer rechtzeitigen Antragstellung auf Anerkennung nach § 3 Abs. 1 UmwRG macht es ihr weder praktisch unmöglich, einen Rechtsbehelf einzulegen, noch wird sie dadurch über Gebühr belastet.[13]

Zweifel bestehen allerdings an der Europarechtskonformität des § 2 Abs. 2 S. 1 UmwRG, wenn zwar noch nicht im Zeitpunkt der Einlegung des Rechtsbehelfs, jedoch im Zeitpunkt der Entscheidung über den Rechtsbehelf eine Anerkennung nach § 3 UmwRG vorliegt.[14]

---

9   BayVGH, Beschl. v. 20.1.2010 – 22 CS 09.2968 – juris Rn. 13; VG Ansbach, Urt. v. 7.10.2009 – AN 11 K 09.1439 – juris Rn. 123; Landmann/Rohmer/*Fellenberg/Schiller*, UmweltR, 91. EL 2019, § 2 UmwRG Rn. 10.
10 StRspr., vgl. etwa BVerwG, Urt. v. 12.3.2008 – 9 A 3.0; BVerwG, Urt. v. 6.11.1997 – 4 A 16.97; Redeker/ v.Oertzen/*Kothe*, VwGO, 16. Aufl. 2014, § 108 Rn. 16; Landmann/Rohmer/*Fellenberg/Schiller*, UmweltR, 91. EL 2019, § 2 UmwRG Rn. 10 m.w.N.
11 Landmann/Rohmer/*Fellenberg/Schiller*, UmweltR, 91. EL 2019, § 2 UmwRG Rn. 10.
12 Landmann/Rohmer/*Fellenberg/Schiller*, UmweltR, 91. EL 2019, § 2 UmwRG Rn. 31.
13 VG Darmstadt, Beschl. v. 29.3.2018 – 6 L 3548/17 – juris Rn. 78.
14 Vgl. eingehend zum Ganzen VG Darmstadt, Beschl. v. 29.3.2018 – 6 L 3548/17 – juris Rn. 76 ff.

Problematisch erscheint in diesem Zusammenhang insbesondere die Vereinbarkeit mit dem Grundsatz der Äquivalenz, wonach die Verfahrensmodalitäten für Klagen, die den Schutz der den Einzelnen aus dem Unionsrecht erwachsenden Rechte gewährleisten sollen, nicht weniger günstig ausgestaltet sein dürfen als die für entsprechende innerstaatliche Klagen.[15] Wie bereits erläutert weicht der Gesetzgeber mit § 2 Abs. 1 i.V.m. Abs. 2 UmwRG von dem allgemeinen prozessualen Grundsatz ab, nach welchem maßgeblicher Zeitpunkt zur Beurteilung der Sach- und Rechtslage der Schluss der mündlichen Verhandlung ist. Dieser Grundsatz findet auch Anwendung auf die Beteiligtenfähigkeit gem. § 61 VwGO.[16] Heilung – die zur Zulässigkeit der Klage führt – tritt demnach ein, wenn der bisher Beteiligungsunfähige im Laufe des Prozesses die Fähigkeit erwirbt, Beteiligter zu sein.[17] Mit der Anerkennung nach § 3 UmwRG erwirbt die Umweltvereinigung die Prozessführungsbefugnis im Hinblick auf die Geltendmachung der umweltrechtlichen Verbandsklage. Tritt diese Befugnis im Laufe des Klageverfahrens ein, würde es nun allerdings die Nichtregierungsorganisation bei der Geltendmachung von Rechten aus dem Unionsrecht – im vorliegenden Fall also der Verstoß gegen das artenschutzrechtliche Tötungsverbot – schlechter stellen als bei innerstaatlichen Klagen, bei denen ausreichend ist, dass die Sachurteilsvoraussetzungen im Zeitpunkt der Entscheidung über den Rechtsbehelf gegeben sind.[18] Aus diesem Grund erscheint für den Fall, dass die Umweltvereinigung im Laufe des Rechtsbehelfsverfahrens anerkannt worden ist, die Regelung des § 2 Abs. 2 S. 1 Nr. 3 UmwRG europarechtswidrig und daher nicht anwendbar. Mit Erlass des Anerkennungsbescheids ist daher davon auszugehen, dass im Zeitpunkt der Rechtsbehelfseinlegung die Voraussetzungen einer Anerkennung erfüllt waren; aufgrund der mit Erlass der Anerkennung eintretenden Tatbestandswirkung von VAen ist es dem Gericht versagt, die Rechtmäßigkeit der Anerkennung zu überprüfen.[19] § 2 Abs. 2 UmwRG ist europarechtskonform vielmehr dahin auszulegen, dass dessen Voraussetzungen dann als erfüllt angesehen werden müssen, wenn im Zeitpunkt der Entscheidung über den Rechtsbehelf eine Anerkennung nach § 3 UmwRG vorliegt.[20]

c) Weitere Voraussetzungen nach § 2 Abs. 1 UmwRG

Schließlich müssen die weiteren Voraussetzungen des § 2 Abs. 1 UmwRG gegeben sein.

17

aa) Voraussetzungen nach § 2 Abs. 1 S. 1 UmwRG

FF muss nach § 2 Abs. 1 S. 1 Nr. 1 UmwRG geltend machen, dass die angegriffene Entscheidung Rechtsvorschriften widerspricht, die für die Entscheidung von Bedeutung sein können.

18

Die Frage nach der Entscheidungsrelevanz des Verstoßes ist regelmäßig i.R.d. Begründetheit zu prüfen, da eine eingehende Prüfung nicht nur der Begründetheitsprüfung vorgrei-

---

15 EuGH, Urt. v. 8.3.2011, Rs C-240/09, Rn. 48.
16 VG Darmstadt, Beschl. v. 29.3.2018 – 6 L 3548/17 – juris Rn. 79.
17 Kopp/Schenke/*Schenke*, VwGO, 25. Aufl. 2019, § 61 Rn. 2; Schoch/Schneider/Bier/*Bier/Steinbeiß-Winkelmann*, VwGO, 37. EL 2019, § 61 Rn. 9.
18 VG Darmstadt, Beschl. v. 29.3.2018 – 6 L 3548/17 – juris Rn. 79.
19 VG Darmstadt, Beschl. v. 29.3.2018 – 6 L 3548/17 – juris Rn. 79; OVG Münster, Beschl. v. 15.9.2008 – 8 B 900/08.AK – juris Rn. 13; Kopp/Ramsauer/*Ramsauer*, VwVfG, 20. Aufl. 2019, § 43 Rn. 16 ff.; Landmann/Rohmer/*Fellenberg/Schiller*, UmweltR, 91. EL 2019, § 3 UmwRG Rn. 50.
20 VG Darmstadt, Beschl. v. 29.3.2018 – 6 L 3548/17 – juris Rn. 69.

fen würde, sondern wohl auch nicht sachgerecht wäre.[21] Zweck dieser Vorschrift ist es, Bagatellfälle bereits auf Ebene der Zulässigkeit herauszufiltern, wenn also die Verletzung der Vorschrift nicht zur Rechtswidrigkeit der angegriffenen Entscheidung führen kann.[22]

19   Anders als für die Begründetheit reicht es i.R.d. Zulässigkeit aus, dass nach dem schlüssigen Vortrag der Umweltvereinigung ein solcher Widerspruch möglich erscheint; der Gesetzgeber knüpft mit dem Wortlaut „geltend macht" hinsichtlich der Darlegungslast nämlich erkennbar an die Voraussetzungen des § 42 Abs. 2 VwGO an.[23] Die Möglichkeit eines Widerspruchs auf der Grundlage des Vortrags des FF ist damit ausreichend. FF macht im vorliegenden Fall einen Verstoß gegen das in § 44 Abs. 1 Nr. 1 BNatSchG enthaltene Tötungsverbot geltend, das zur Rechtswidrigkeit der immissionsschutzrechtlichen Genehmigung führen kann, da eine Verletzung des § 44 Abs. 1 Nr. 1 BNatSchG der Genehmigung als öffentlich-rechtliche Vorschrift i.S.d. § 6 Abs. 1 Nr. 2 BImSchG entgegensteht. Nach § 2 Abs. 1 S. 1 Nr. 2 UmwRG muss FF zudem geltend machen, durch die angegriffene Entscheidung in seinem satzungsgemäßen Aufgabenbereich der Förderung der Ziele des Umweltschutzes berührt zu sein. Auch diese Voraussetzung ist hier erfüllt, da zu den Aufgaben des FF insbesondere der „Schutz der heimischen Fledermäuse" gehört.

bb) Voraussetzungen nach § 2 Abs. 1 S. 2 UmwRG

20   Die Kontrolle von Entscheidungen gem. § 1 Abs. 1 S. 1 Nr. 5 UmwRG ist nach § 2 Abs. 1 S. 2 UmwRG schließlich auf die Rüge umweltbezogener Vorschriften i.S.d. § 1 Abs. 4 UmwRG beschränkt. Diese Voraussetzung der Zulässigkeitsebene der Klage wird letztlich gem. § 2 Abs. 4 S. 1 Nr. 2 UmwRG auf die Begründetheitsebene gespiegelt.[24] Vorliegend rügt FF den Verstoß gegen § 44 Abs. 1 Nr. 1 BNatSchG, der – wie bereits erläutert – eine umweltbezogene Vorschrift darstellt.

cc) Zwischenergebnis

21   Die weiteren Voraussetzungen des § 2 Abs. 1 UmwRG sind damit erfüllt.

d) Ergebnis

22   FF ist aufgrund einer möglichen Verletzung des in § 44 Abs. 1 BNatSchG enthaltenen Zugriffsverbots durch die der S-GmbH erteilte immissionsschutzrechtliche Genehmigung nach § 42 Abs. 2 1. Hs. VwGO i.V.m. § 2 Abs. 1 UmwRG i.V.m. § 1 Abs. 1 S. 1 Nr. 5 UmwRG klagebefugt. Das vom Landratsamt in Bezug genommene unredliche Verhalten des FF nach § 5 UmwRG schränkt nicht bereits die Klagebefugnis des FF ein, sondern ist erst auf der Ebene der Begründetheit der Klage zu prüfen.[25]

---

21 *Kment*, NVwZ 2018, 921 (922).
22 *Kment*, NVwZ 2018, 921 (922).
23 Landmann/Rohmer/*Fellenberg/Schiller*, UmweltR, 91. EL Sept. 2019, § 2 UmwRG Rn. 11.
24 *Schlacke*, NVwZ 2017, 905 (909).
25 OVG Greifswald, Beschl. v. 8.5.2018 – juris Rn. 61.

IV. Ordnungsgemäß durchgeführtes Vorverfahren, §§ 68 ff. VwGO

Das grundsätzlich nach § 68 Abs. 1 S. 1 VwGO erforderliche Vorverfahren wurde ord-   23
nungsgemäß, insbesondere form- und fristgerecht, erfolglos durchgeführt.

V. Beteiligten- und Prozessfähigkeit, §§ 61, 62 VwGO

FF als Kläger (§ 63 Nr. 1 VwGO) ist als rechtsfähiger Verein nach § 61 Nr. 1 2. Alt.   24
VwGO i.V.m. § 21 BGB beteiligtenfähig. Im Prozess wird FF gem. § 62 Abs. 3 VwGO
i.V.m. § 26 Abs. 1 S. 2 BGB durch seinen Vorstand vertreten. Richtiger Beklagter (§ 63
Nr. 2 VwGO) ist nach dem in § 78 Abs. 1 Nr. 1 1. Hs. VwGO enthaltenen Rechtsträgerprinzip der Rechtsträger der Behörde, die den angefochtenen VA erlassen hat. Nach
§ 1 Abs. 1, Abs. 2 Nr. 3, Abs. 3 ImSchZuVO sind die unteren Immissionsschutzbehörden die unteren Verwaltungsbehörden, die Große Kreisstadt G nach Maßgabe des § 19
LVG also gem. § 15 Abs. 1 Nr. 1 2. Var. LVG selbst. Bedingt dadurch, dass das Immissionsschutzrecht allerdings nach § 19 Abs. 1 Nr. 5d) LVG von der Zuständigkeit Großer Kreisstädte ausgenommen ist und die Rückausnahme des § 19 Abs. 2 LVG nicht
greift, ist das Landratsamt die zuständige Genehmigungsbehörde. Der Landkreis oder
das Land L kommen aufgrund der Doppelfunktion des Landratsamtes als Rechtsträger
in Betracht. Als untere Verwaltungsbehörde ist das Landratsamt gem. § 1 Abs. 3 S. 2
LKrO BW staatliche Behörde, weshalb das Land L richtiger Beklagter ist. Die unrichti-
ge Bezeichnung des Beklagten ist nach § 78 Abs. 1 Nr. 1 2. Hs. VwGO jedoch unschädlich, da danach die Angabe der Behörde ausreichend ist. Die Beteiligtenfähigkeit des
Landes L als Gebietskörperschaft des öffentlichen Rechts folgt aus § 61 Nr. 1 2. Alt.
VwGO. Vertreten wird das Land nach § 62 Abs. 3 VwGO durch das örtlich zuständige
Landratsamt.

VI. Sonstige Sachentscheidungsvoraussetzungen

Die Klage wurde form- und fristgerecht nach §§ 81, 82 und § 74 Abs. 1 S. 1 VwGO   25
beim sachlich (§ 45 VwGO) und örtlich (§ 52 Nr. 1 VwGO) zuständigen Gericht erhoben.

VII. Zwischenergebnis

Da sämtliche Sachentscheidungsvoraussetzungen erfüllt sind, ist die Klage des FF zu-   26
lässig.

B. Notwendige Beiladung, § 65 Abs. 2 VwGO

Die S-GmbH ist gem. § 65 Abs. 2 VwGO zum Verfahren notwendig beizuladen, da bei   27
VAen mit Doppelwirkung deren Aufhebung zugleich auch zwingend zulasten des Be-
günstigten wirkt. Die Beteiligtenfähigkeit der S-GmbH als juristische Person des Pri-
vatrechts ergibt sich aus § 61 Nr. 1 2. Alt. VwGO i.V.m. § 13 Abs. 1 GmbHG. Die S-
GmbH ist auch prozessfähig, da sie gem. § 62 Abs. 3 VwGO i.V.m. § 35 Abs. 1 S. 1
GmbHG durch ihren Geschäftsführer vertreten wird.

C. Begründetheit

28 Die Klage ist nach § 2 Abs. 4 S. 1 Nr. 2 UmwRG begründet, soweit die immissionsschutzrechtliche Genehmigung gegen umweltbezogene Rechtsvorschriften verstößt, die für diese Entscheidung von Bedeutung sind, und der Verstoß Belange berührt, die zu den Zielen gehören, die FF nach seiner Satzung fördert.

I. Verstoß gegen umweltbezogene Rechtsvorschrift, die für die Entscheidung von Bedeutung ist

29 Zunächst muss ein Verstoß gegen eine umweltbezogene Rechtsvorschrift gegeben sein, der für die Entscheidung von Bedeutung ist.

1. Verstoß gegen umweltbezogene Rechtsvorschrift

30 FF rügt den Verstoß gegen das in § 44 Abs. 1 BNatSchG enthaltene Zugriffsverbot, bei dem es sich wie gezeigt um eine umweltbezogene Rechtsvorschrift handelt. Fraglich ist, ob der artenschutzrechtliche Verbotstatbestand des § 44 Abs. 1 Nr. 1 BNatSchG durch die immissionsschutzrechtliche Genehmigung der Windkraftanlagen tatsächlich erfüllt wird.

Die Bestimmungen des **allgemeinen Artenschutzrechts** (§§ 39 ff. BNatSchG) bieten allen wild lebenden Tieren und Pflanzen i.S.d. § 7 Abs. 2 Nr. 1 und 2 BNatSchG einen Mindestschutz unabhängig von einem besonderen Schutzstatus, d.h. auch solchen, die nicht namentlich in eine Artenliste aufgenommen wurden.[26]

Die Bestimmungen des **besonderen Artenschutzrechts** (§§ 44 ff. BNatSchG) betreffen hingegen einzelne Tier- und Pflanzenarten, die in Artenlisten[27] namentlich aufgezählt sind und für welche spezielle Verbotstatbestände gelten[28].

Das Schutzregime des Artenschutzrechts ist insgesamt **dreistufig** ausgestaltet: Zunächst wird allen wild lebenden Tieren und Pflanzen ein allgemeiner Schutz gewährt; stärker ist der Schutz besonders geschützter Arten i.S.d. § 7 Abs. 2 Nr. 13 BNatSchG; das höchste Schutzniveau wiederum gilt für streng geschützte Arten i.S.d. § 7 Abs. 2 Nr. 14 BNatSchG.[29] Durch die Verweisungen in § 7 Abs. 2 Nr. 13 – 14 BNatSchG auf die verschiedenen Artenlisten, die in anderen nationalen sowie europäischen Regelungswerken[30] enthalten sind und so auch den Artenschutzauftrag nach Art. 12 FFH-RL erfüllen, erfolgt die Zuordnung der einzelnen Arten zu den jeweiligen Schutzklassen.[31]

Verstöße gegen diese Verbote sind überwiegend durch Bußgeld bzw. Kriminalstrafe sanktionsbewehrt (§ 69 Abs. 2 Nr. 7 – 16, 20 – 21, § 71 Abs. 1 Nr. 1 BNatSchG) und können im Übrigen als Verstöße gegen die öffentliche Sicherheit durch die naturschutzrechtliche Generalermächtigung nach § 3 Abs. 2 BNatSchG durchgesetzt werden.[32]

---

26 *Schlacke*, Umweltrecht, 7. Aufl. 2019, § 10 Rn. 59.
27 Dazu gehören etwa die EU-Artenschutzverordnung sowie die Bundesartenschutzverordnung.
28 *Schlacke*, Umweltrecht, 7. Aufl. 2019, § 10 Rn. 60.
29 *Kahl/Gärditz*, Umweltrecht, 11. Aufl. 2019, § 10 Rn. 139.
30 Anhang A, B der Verordnung (EG) Nr. 338/97 des Rates vom 9.12.1996 über den Schutz von Exemplaren wildlebender Tier- und Pflanzenarten durch Überwachung des Handels (Artenschutz-Verordnung); Anhang IV, V der Richtlinie 92/43/EWG des Rates vom 21.5.1992 zur Erhaltung der natürlichen Lebensräume sowie der wildlebenden Tiere und Pflanzen (FFH-Richtlinie); § 1 Abs. 1 BArtSchV, Anlage 1 zur BArtSchV aufgrund der Ermächtigungen in § 54 Abs. 1, Abs. 2 BNatSchG.
31 *Kahl/Gärditz*, Umweltrecht, 11. Aufl. 2019, § 10 Rn. 139.
32 *Kahl/Gärditz*, Umweltrecht, 11. Aufl. 2019, § 10 Rn. 139.

Die immissionsschutzrechtliche Genehmigung ist nach § 6 Abs. 1 BImSchG zu erteilen, wenn sichergestellt ist, dass die sich aus § 5 BImSchG und einer aufgrund des § 7 BImSchG erlassenen Rechtsverordnung ergebenden Pflichten erfüllt werden (Nr. 1), und andere öffentlich-rechtliche Vorschriften und Belange des Arbeitsschutzes der Errichtung und dem Betrieb der Anlage nicht entgegenstehen (Nr. 2). Andere öffentlich-rechtliche Vorschriften i.S.v. § 6 Abs. 1 Nr. 2 BImSchG stellen die artenschutzrechtlichen Zugriffsverbote nach §§ 44 ff. BNatSchG und damit auch das in § 44 Abs. 1 Nr. 1 BNatSchG normierte Tötungsverbot dar.

31

a) Tatbestandsvoraussetzungen des § 44 Abs. 1 Nr. 1 BNatSchG

Zunächst müssen die Tatbestandsvoraussetzungen des § 44 Abs. 1 Nr. 1 BNatSchG gegeben sein. Danach ist es u.a. verboten, wild lebende Tiere der besonders geschützten Arten zu verletzen oder zu töten.

32

> Bei § 44 BNatSchG handelt es sich um eine Schlüsselvorschrift des besonderen Artenschutzes: Während § 44 Abs. 1 BNatSchG verschiedene allgemeine **Zugriffsverbote** enthält, beinhalten § 44 Abs. 2 und Abs. 3 BNatSchG **Besitz- und Vermarktungsverbote.**[33] **Ausnahmen** zu diesen Bestimmungen sind einheitlich in § 45 BNatSchG unter Aufführung aller Abweichungsvoraussetzungen des Art. 16 FFH-RL geregelt; die in § 67 Abs. 2 S. 1 BNatSchG geregelte **Dispensregelung** beschränkt sich auf unzumutbare Belastungen im Einzelfall.[34]

aa) Wild lebende Tiere besonders geschützter Arten

Dann müssten die heimischen Fledermäuse zu den wild lebenden Tieren der besonders geschützten Arten zählen. Unter wild lebenden Tieren versteht man alle in Freiheit vorkommenden Tierarten, deren Exemplare nicht ausschließlich vom Menschen gezüchtet werden.[35] Der Kreis der besonders geschützten Arten wird in § 7 Abs. 2 Nr. 13 BNatSchG legaldefiniert. Nach § 7 Abs. 2 Nr. 13a) BNatSchG erfahren all jene Tierarten den besonderen Schutz, die in Anhang A oder Anhang B der Artenschutzverordnung aufgeführt sind. *Microchiroptera*, also Fledermäuse, sind weder in Anhang A noch Anhang B der Artenschutzverordnung genannt und zählen daher nicht zu den besonders geschützten Tierarten im Sinne dieser Vorschrift. Sie sind aber in Anhang IV der FFH-RL gelistet und gehören damit zu den besonders geschützten Arten nach § 7 Abs. 2 Nr. 13b) aa) BNatSchG. Da alle heimischen Fledermausarten im Anhang IV der FFH-RL aufgezählt sind, zählen sie darüber hinaus sogar zu den streng geschützten Arten nach § 7 Abs. 2 Nr. 14b) BNatSchG.

33

bb) Signifikant erhöhtes Tötungsrisiko, § 44 Abs. 5 S. 2 Nr. 1 BNatSchG

Die einzelnen Verbote des § 44 Abs. 1 Nr. 1 BNatSchG, mithin auch das Tötungsverbot, verfolgen grundsätzlich einen individuenbezogenen Ansatz, wonach bereits die Tötung einzelner Exemplare einer Art verboten und eine populationsbezogene Relati-

34

---

33 *Kahl/Gärditz*, Umweltrecht, 11. Aufl. 2019, § 10 Rn. 141 ff.
34 *Schlacke*, Umweltrecht, 7. Aufl. 2019, § 10 Rn. 60.
35 BeckOK UmweltR/*Gläß*, 55. Ed. 2020, § 44 BNatSchG Rn. 4.

vierung ausgeschlossen ist.[36] Eine populationsbezogene Betrachtungsweise kann erst im Rahmen einer Befreiung eine Rolle spielen.[37] Die Verwirklichung des Tötungstatbestandes hängt nicht von subjektiven Elementen ab; eine Tötung liegt damit auch dann vor, wenn sich diese als unausweichliche Konsequenz eines im Übrigen rechtmäßigen Verwaltungshandelns erweist.[38]

35 Dass bei der Errichtung eines Vorhabens oder bei seiner Verwirklichung einzelne Exemplare besonders geschützter Tiere, etwa durch Kollisionen mit Windkraftanlagen bzw. deren Rotorblättern, getötet werden, ist bei lebensnaher Betrachtung indes nie völlig auszuschließen.[39] Um zu verhindern, dass das Tötungsverbot zu einem unüberwindbaren Planungs- und Zulassungshindernis wird, hat die Rspr. § 44 Abs. 1 Nr. 1 BNatSchG einschränkend dahin gehend ausgelegt, dass der Tötungstatbestand nur dann erfüllt ist, wenn sich das Tötungsrisiko für die Individuen geschützter Arten *in signifikanter Weise* erhöht.[40] Diese Signifikanzrechtsprechung hat mittlerweile in § 44 Abs. 5 S. 2 Nr. 1 BNatSchG Eingang in das Gesetz gefunden.[41] Danach liegt ein Verstoß gegen das Tötungsverbot nicht vor, wenn das Tötungsrisiko für Exemplare betroffener Arten nicht signifikant erhöht wird und die Beeinträchtigung bei Anwendung der gebotenen, fachlich anerkannten Schutzmaßnahmen nicht vermieden werden kann. Ob eine signifikante Erhöhung des Tötungsrisikos gegeben ist, ist insbesondere anhand der artspezifischen Verhaltensweisen, der Häufigkeit der Frequentierung des Gefährdungsbereichs und der Wirksamkeit vorgesehener Schutzmaßnahmen zu bewerten.[42]

36 Bei der Beurteilung der Frage, ob ein artenschutzrechtlicher Verbotstatbestand nach § 44 BNatSchG erfüllt ist, steht der Genehmigungsbehörde grundsätzlich eine *naturschutzfachliche Einschätzungsprärogative* zu, die sich neben der Erfassung des Bestandes der geschützten Arten auch auf die Bewertung der diesen im Falle einer Realisierung des Vorhabens drohenden Gefahren bezieht.[43] Grund für die Zuerkennung dieser Einschätzungsprärogative ist, dass es im Bereich des Artenschutzes regelmäßig um ökologische Bewertungen und Einschätzungen geht, für die keine normkonkretisierenden Maßstäbe bestehen; folglich ist die Rechtsanwendung auf die Erkenntnisse der ökologischen Wissenschaft und Praxis angewiesen.[44] Die Einschätzungsprärogative besteht allerdings nur dort, wo sich trotz fortschreitender wissenschaftlicher Erkenntnisse immer noch keine gesicherte Erkenntnislage sowie anerkannte Standards herausgebildet haben, sich eine bestimmte Auffassung also nicht als allgemein anerkannter

---

36 BVerwG, Urt. v. 16.3.2006 – 4 A 1075/04 – juris Rn. 563; BVerwG, Urt. v. 21.6.2006 – 9 A 28/05 – juris Rn. 36; Landmann/Rohmer/*Gellermann*, UmweltR, 91. Sept. 2019, § 44 BNatSchG Rn. 9 m.w.N.

37 BVerwG, Urt. v. 21.6.2006 – 9 A 28/05 – juris Rn. 36.

38 EuGH, Urt. v. 30.1.2002, Rs. C-103/00; BVerwG, Urt. v. 9.7.2008 – 9 A 14/07 – juris Rn. 91; BVerwG, Urt. v. 16.3.2006 – 4 A 1075/04 – juris Rn. 559; BVerwG, Urt. v. 21.6.2006 – 9 A 28/05 – juris Rn. 38.

39 BVerwG, Urt. v. 9.7.2008 – 9 A 14/07 – juris Rn. 91.

40 StRspr. BVerwG, Urt. v. 8.1.2014 – 9 A 4/13 – juris Rn. 78; BVerwG, Urt. v. 14.7.2011 – 9 A 12/10 – juris Rn. 99; BVerwG, Urt. v. 9.7.2008 – 9 A 14/07 – juris Rn. 91; BeckOK UmweltR/*Gläß*, 55. Ed. 2020, § 44 BNatSchG Rn. 16a m.w.N.

41 Mit dieser Regelung soll die Signifikanzrechtsprechung zu § 44 Abs. 1 Nr. 1 BNatSchG bestätigt werden, vgl. BT-Drs. 18/11939, S. 17. Vgl. ausführlicher dazu *Huggins/Schlacke*, Schutz von Arten vor Glas und Licht – Rechtliche Anforderungen und Gestaltungsmöglichkeiten, 2019, S. 89 ff.; *Huggins*, NuR 2019, 511 (515).

42 BVerwG, Urt. v. 14.7.2011 – 9 A 12/10 – juris Rn. 99; VG München, Beschl. v. 15.7.2019 – M 28 S7 19.2522 – juris Rn. 44; VG Gießen, Urt. v. 13.6.2018 – 1 K 311/17.GI – juris Rn. 27.

43 VG Gießen, Urt. v. 13.6.2018 – 1 K 311/17.GI – juris Rn. 27 f.

44 VG Gießen, Urt. v. 13.6.2018 – 1 K 311/17.GI – juris Rn. 28.

Stand der Wissenschaft durchgesetzt hat und die gegenteilige Meinung als nicht (mehr) vertretbar angesehen wird.[45]

> Folge der behördlichen Einschätzungsprärogative ist, dass die Annahmen der Behörde lediglich einer eingeschränkten Kontrolle zugänglich sind; die gerichtliche Kontrolldichte ist insoweit zurückgenommen. Die Verwaltungsgerichte bleiben allerdings verpflichtet zu prüfen, ob die artenschutzrechtlichen Untersuchungen im Gesamtergebnis in ihrem **methodischen Vorgehen** sowie in ihrer **Ermittlungstiefe** ausgereicht haben, um die Behörde in die Lage zu versetzen, eine sachgerechte Prüfung durchzuführen.[46]

Mangels normativer Festlegung von Art und Umfang sowie Methodik und Untersuchungstiefe der zur Ermittlung der artenschutzrechtlichen Betroffenheiten erforderlichen Maßnahmen lassen sich diese lediglich allgemein umschreiben; sie sind im Wesentlichen abhängig von den naturräumlichen Gegebenheiten des Einzelfalls. Die Behörde wird sich die erforderliche, aber auch hinreichende Erkenntnisgrundlage regelmäßig aus zwei Quellen verschaffen, nämlich der Bestandserfassung vor Ort sowie der Auswertung vorhandener Erkenntnisse und der Fachliteratur. Die Behörde ist zwar regelmäßig zur Auswertung bereits vorhandener Erkenntnisse und Literatur zum Plangebiet und den dort nachgewiesenen oder möglicherweise vorkommenden Arten, zu ihren artspezifischen Verhaltensweisen und den für sie typischen Habitatstrukturen gehalten. Derartige Erkenntnisse können sich ergeben aus vorhandenen Katastern, Registern und Datenbanken öffentlicher Stellen, in denen über größere Zeiträume hinweg Erkenntnisse zusammengetragen werden, aus Abfragen bei den Fachbehörden sowie bei Stellen des ehrenamtlichen Naturschutzes, durch Auswertung gutachterlicher Stellungnahmen aus Anlass anderer Planvorhaben oder aus Forschungsprojekten und schließlich aus der naturschutzfachlichen Literatur im Allgemeinen. Die Behörde kann sich aber auch auf gutachterliche Stellungnahmen stützen, die der Vorhabenträger beigebracht hat.

37

Dies erweist sich nur dann als verfahrensfehlerhaft, wenn das vorgelegte Gutachten auch für den Nichtsachkundigen erkennbare Mängel aufweist, etwa nicht auf dem allgemein anerkannten Stand der Wissenschaft beruht, von unzutreffenden tatsächlichen Verhältnissen ausgeht, unauflösbare Widersprüche enthält oder Anlass zu Zweifeln an der Sachkunde oder Unparteilichkeit des Sachverständigen gibt.[47]

38

(1) Stichprobenuntersuchung

Mangelhaft erscheint zunächst sowohl die Dokumentation als auch der Umfang der Stichprobenuntersuchung.

39

Das Gutachten besagt, dass eine Datenrecherche zu bekannten Fledermausquartieren im direkten Umfeld erfolgt sei. Darüber hinaus sei zur Ergänzung, insbesondere der Bewertung der tatsächlichen Nutzung des Gebietes durch Fledermäuse, die Erfassung des Fluggeschehens der Fledermäuse in zwei Nächten (12.2. und 24.3.2020) erfolgt. Zu dieser sog. Stichprobenuntersuchung fehlen indes nahezu jegliche weitere relevante Angaben, beispielsweise dazu, zu welcher Uhrzeit bzw. in welchem Zeitraum die Un-

40

---

45 OVG Greifswald, Beschl. v. 8.5.2018 – 3 M 22/16 – juris Rn. 72.

46 BVerwG, Urt. v. 27.6.2013 – 4 C 1/12 – juris Rn. 16. Zur verfassungsrechtlichen Unbedenklichkeit der Einschätzungsprärogative s. VG Gießen, Urt. v. 13.6.2018 – 1 K 311/17.GI – juris Rn. 29.

47 Vgl. ausführlich dazu OVG Greifswald, Beschl. v. 8.5.2018 – 3 M 22/16 – juris Rn. 74.

tersuchungen durchgeführt worden sind, mit welchem konkreten Gerät dies geschehen ist und wie jeweils die Wetterbedingungen waren, etwa Bedeckung, Temperatur, Wind, Regen. Es ist zwar eine Liste der festgestellten Arten erstellt worden. In quantitativer Hinsicht fehlen jedoch wiederum weitere Daten. Dass diese für die Beurteilung der Intensität der Fledermausaktivität im Umfeld der Anlagen und folglich auch für die Zahl potenzieller Schlagopfer von Bedeutung wäre, ist nicht von der Hand zu weisen. Die *Dokumentation* der Untersuchungen erscheint damit insgesamt defizitär und genügt offenkundig nicht den Grundanforderungen an ihre Überprüfbarkeit und Nachvollziehbarkeit.

41 Selbiges gilt für den *Umfang* der Stichprobenuntersuchung. Geht man von 200 Aktivitätstagen von Fledermäusen aus, so dürfte eine Untersuchung an lediglich zwei Tagen schon aus laienhafter Sicht als offensichtlich unzureichend erscheinen. Sogar umfangreichere Stichproben von beispielsweise 20 oder mehr Nächten wären mit Prognoseunsicherheiten behaftet. Ferner fehlt es an einer Erläuterung, ob es einen besonderen Grund dafür gegeben hat, die Untersuchungen gerade an den betreffenden beiden Tagen durchzuführen, oder ob dies lediglich dem Zufall geschuldet war. Insoweit mangelt es an einer fachlichen Unterlegung.

(2) Untersuchungstiefe

42 Auch die Untersuchungstiefe des Gutachtens erscheint in ihrer Auswertung der Fachliteratur unzureichend bzw. oberflächlich. So finden sich im Literaturverzeichnis lediglich zwei Quellen, die sich speziell auf Fledermäuse beziehen. Diese sind zudem 1987 und 1999 veröffentlicht worden und erscheinen damit als nicht mehr hinreichend aktuell.

(3) Untersuchungsgebiet

43 Dem Gutachten lässt sich schließlich ebenfalls nicht entnehmen, was eigentlich das Untersuchungsgebiet gewesen ist und nach welchen fachlichen Kriterien dieses festgelegt worden ist. Im Gutachten findet sich nur vereinzelt eine Bezugnahme auf konkrete Örtlichkeiten, die insoweit allerdings keine ausreichenden Rückschlüsse erlauben.

(4) Zwischenergebnis

44 Nach den tatsächlichen Annahmen und Bewertungen des von der S-GmbH vorgelegten und vom Landratsamt geprüften und zum Gegenstand des Genehmigungsbescheides gemachten artenschutzrechtlichen Gutachtens ist die Einschätzung des Landratsamtes, eine Verletzung artenschutzrechtlicher Verbotstatbestände sei vorhabenbedingt nicht zu erwarten, naturschutzfachlich nicht vertretbar. Die dem angegriffenen Genehmigungsbescheid zugrunde liegende Annahme des Landratsamtes, die Errichtung und der Betrieb der Windkraftanlagen führen nicht zu einer signifikanten Erhöhung des Tötungsrisikos für die Fledermäuse, ist nicht von der dem Landratsamt zustehenden naturschutzfachlichen Einschätzungsprärogative gedeckt, da die artenschutzrechtliche Untersuchungen sowohl in ihrem methodischen Vorgehen als auch in ihrer Ermittlungstiefe nicht ausgereicht haben, um das Landratsamt in die Lage zu versetzen, die Voraussetzungen des artenschutzrechtlichen Verbotstatbestandes sachgerecht zu überprüfen. Aus demselben Grund ist die Prüfung etwaiger Vermeidungsmaßnahmen, zu

denen insbesondere die Implementierung eines Abschaltlogarithmus zählt,[48] nicht möglich.

b) Ausnahmen und Befreiungen nach §§ 45, 67 BNatSchG

Eine Ausnahme vom Tötungsverbot nach § 44 Abs. 1 Nr. 1 BNatSchG gem. § 45 Abs. 7 S. 1 Nr. 5 BNatSchG – dem einzig in Betracht kommenden Auffangtatbestand – oder eine Befreiung nach § 67 Abs. 2 S. 1 BNatSchG scheiden im vorliegenden Fall aus. Das Vorliegen der jeweiligen Tatbestandsvoraussetzungen – seien es zwingende Gründe des überwiegenden öffentlichen Interesses i.S.d. Ausnahmeregelung oder eine unzumutbare Belastung i.S.d. Befreiungsmöglichkeit – erscheint bereits äußerst zweifelhaft. Im Übrigen ist es dem Landratsamt jedenfalls aufgrund des mangelhaften artenschutzrechtlichen Gutachtens nicht möglich, die Voraussetzungen einer Ausnahme oder Befreiung zu prüfen. Kann die Genehmigungsbehörde schon die Voraussetzungen eines artenschutzrechtlichen Verbotstatbestandes nicht sachgerecht überprüfen, dann kann sie erst recht nicht etwaige Ausnahmen oder Befreiungen prüfen.

45

> Während § 45 Abs. 1 – Abs. 5 BNatSchG gesetzliche Ausnahmen von bestimmten Verboten nach § 44 Abs. 1 Nr. 1 BNatSchG vorsehen, betreffen § 45 Abs. 6 – Abs. 8 BNatSchG behördliche Ausnahmen im Einzelfall. Nach § 67 Abs. 1 S. 2 BNatSchG ist ein Rückgriff auf den allgemeinen Befreiungstatbestand des § 67 Abs. 1 BNatSchG zur Rechtfertigung von Verstößen gegen die Zugriffsverbote des § 44 BNatSchG verwehrt. Möglich ist lediglich eine Befreiung nach § 67 Abs. 2 S. 1 BNatSchG.

c) Zwischenergebnis

Ein Verstoß gegen eine umweltbezogene Rechtsvorschrift ist somit gegeben.

46

2. Entscheidungsrelevanz

Der Verstoß gegen § 44 Abs. 1 Nr. 1 BNatSchG muss zudem für die Entscheidung von Bedeutung sein können, d.h. der Rechtsverstoß muss eine Entscheidungsrelevanz haben.[49] Während die Entscheidungsrelevanz bei gebundenen Entscheidungen regelmäßig anzunehmen ist, muss die Bedeutung des vorgetragenen Rechtsverstoßes in Fällen von Ermessens- oder Abwägungsentscheidungen konkret bestimmt werden.[50] Die Darlegungslast trägt grundsätzlich die anerkannte Vereinigung, wobei die Anforderungen gering anzusetzen sind: So wird im Zweifel in Anlehnung an § 4 Abs. 1a) S. 2 UmwRG von einer Entscheidungsrelevanz auszugehen sein.[51] Da bei einem Verstoß gegen das in § 44 Abs. 1 Nr. 1 BNatSchG enthaltene Tötungsverbot die immissionsschutzrechtliche Genehmigung zu versagen ist, ist dieser Verstoß auch entscheidungsrelevant.

47

II. Verstoß berührt von der Vereinigung nach ihrer Satzung geförderte Ziele

Die Verletzung des in § 44 Abs. 1 Nr. 1 BNatSchG normierten Tötungsverbots berührt auch Belange, die zu den Zielen gehören, die FF nach seiner Satzung fördert.

48

---

48 VG Darmstadt, Beschl. v. 29.3.2018 – 6 L 3548/17 – juris Rn. 138.
49 Landmann/Rohmer/*Fellenberg/Schiller*, UmweltR, 91. EL Sept. 2019, § 2 UmwRG Rn. 15.
50 *Kment*, NVwZ 2018, 921 (922).
51 *Kment*, NVwZ 2018, 921 (923).

III. Heilungsvorschriften

49 Der Verstoß kann jedoch möglicherweise geheilt werden.

1. Heilung von Verfahrensfehlern, § 4 UmwRG

50 Eine Heilung nach § 4 Abs. 1b) UmwRG kommt im vorliegenden Fall nicht in Betracht, da es sich bei dem Verstoß gegen das Tötungsverbot nach § 44 Abs. 1 Nr. 1 BNatSchG nicht um einen Verfahrensfehler, sondern vielmehr um einen materiellen Fehler handelt.

2. Heilung von materiellen Fehlern, § 7 Abs. 5 S. 1 UmwRG

51 Der Verstoß gegen § 44 Abs. 1 Nr. 1 BNatSchG könnte daher nach § 7 Abs. 5 UmwRG, der eine Komplementärregelung zu § 4 Abs. 1b) UmwRG darstellt, geheilt werden. Nach § 7 Abs. 5 S. 1 UmwRG, welcher gem. § 7 Abs. 6 UmwRG auch für Klagen anerkannter Umweltvereinigungen gilt, führt eine Verletzung materieller Rechtsvorschriften nur dann zur Aufhebung der Entscheidung nach § 1 Abs. 1 S. 1 Nr. 5 UmwRG, wenn sie nicht durch Entscheidungsergänzung[52] oder ein ergänzendes Verfahren[53] behoben werden kann.

> Der Anwendungsbereich des § 7 Abs. 5 UmwRG ist begrenzt auf Entscheidungen nach § 1 Abs. 1 S. 1 Nr. 1 – 2b) sowie Nr. 5 UmwRG, da es in den anderen Fällen des § 1 Abs. 1 S. 1 UmwRG einer solchen Regelung nicht bedarf; Planfeststellungen und Plangenehmigungen unterfallen nämlich weiterhin dem spezielleren § 75 Abs. 1a) S. 2 VwVfG. Von dieser Regelung erfasst werden daher insbesondere immissionsschutzrechtliche Genehmigungen sowie wasserrechtliche Erlaubnisse und Bewilligungen.[54] Eine ressourcenökonomische Reparatur der Zulassungsentscheidung soll damit auch auf diesen Gebieten ermöglicht werden.[55]

52 Eine Heilung kommt allerdings nicht im Hinblick auf jeglichen Verstoß gegen materielle Rechtsvorschriften in Betracht, sondern ist vielmehr lediglich dann möglich, wenn die konkrete Möglichkeit der Fehlerbehebung in einem ergänzenden Verfahren nach Feststellung der Rechtswidrigkeit und Nichtvollziehbarkeit oder durch Ergänzung der Entscheidung besteht. Eine Heilung setzt damit zum einen voraus, dass der Verstoß nicht von solcher Art und Schwere ist, dass er das Vorhaben als Ganzes von vornherein in Frage stellt. Zum anderen muss sich die konkrete Möglichkeit abzeichnen, dass sich der Mangel in absehbarer Zeit beseitigen lässt. Steht im Zeitpunkt der gerichtlichen Entscheidung hingegen fest, dass eine Beseitigung des Mangels aus tatsächlichen oder rechtlichen Gründen auf unabsehbare Zeit nicht in Betracht kommt, steht der

---

52 In diesem Fall wird eine ansonsten unveränderte Entscheidung um Regelungen ergänzt, die für ein fehlerfreies Ergebnis erforderlich sind. Es ergeht ein Verpflichtungsurteil gerichtet auf Ergänzung der Entscheidung um die bisher fehlende Regelung, vgl. Hoppe/Beckmann/Kment/*Winkler*, UVPG/UmwRG, 5. Aufl. 2018, § 7 UmwRG Rn. 21.

53 Dabei handelt es sich um ein wiederaufgreifendes Verfahren mit dem Ziel behebbare Fehler im Entscheidungsvorgang (vor allem bei der Abwägung- oder Ermessensausübung) zu beseitigen. Das Gericht spricht lediglich die Rechtswidrigkeit der Entscheidung aus mit der Folge, dass sie bis zur Behebung des Mangels nicht vollziehbar ist, vgl. Hoppe/Beckmann/Kment/*Winkler*, UVPG/UmwRG, 5. Aufl. 2018, § 7 UmwRG Rn. 21.

54 BT-Drs. 18/9526, S. 44.

55 Landmann/Rohmer/*Fellenberg/Schiller*, UmweltR, 91. EL 2019, § 7 UmwRG Rn. 83.

Planung ein unüberwindliches Hindernis entgegen, das einer Fehlerbehebung keinen Raum mehr lässt.[56] Erforderlich ist mithin die positive Feststellung, dass die Fehlerbehebung möglich ist.[57]

Handelt es sich um einen heilbaren Fehler, so kommt im Immissionsschutzrecht insbesondere[58] eine nachträgliche Anordnung nach § 17 BImSchG in Betracht. Danach können nach Genehmigungserteilung Anordnungen getroffen werden, um die sich aus dem BImSchG und der aufgrund des BImSchG erlassenen Rechtsverordnungen ergebenden Pflichten zu erfüllen. Zu Anordnungen i.S.d. § 17 BImSchG zählen Weisungen zur Beschaffenheit der Anlage, zur Art und Weise des Anlagenbetriebs sowie zu sonstigen Handlungen, die der Erfüllung immissionsschutzrechtlicher Normen dienen, wozu auch Inhalts- und Nebenbestimmungen gehören.[59] Vorliegend handelt es sich grundsätzlich um einen behebbaren Mangel, da das Kollisionsrisiko mithilfe von Abschaltzeiten gemindert werden könnte. Andere öffentlich-rechtliche Vorschriften i.S.d. § 6 Abs. 1 Nr. 2 BImSchG wie etwa § 44 Abs. 1 Nr. 1 BNatSchG können indes nicht nachträglich durch eine Anordnung nach § 17 Abs. 1 BImSchG durchgesetzt werden, da es sich dabei nicht um Pflichten aus dem BImSchG und der aufgrund des BImSchG erlassenen Rechtsverordnungen handelt.[60] Ein Rückgriff auf Ermächtigungsgrundlagen des jeweiligen Fachgesetzes ist zwar möglich.[61] Eine Entscheidungsergänzung kommt allerdings dann nicht in Betracht, wenn aufgrund eines unzureichend ermittelten Sachverhalts keine Gewissheit darüber besteht, ob die Ergänzung der Entscheidung den materiellen Fehler beseitigen kann.[62] Wie bereits erläutert ist das artenschutzrechtliche Gutachten mangelhaft, die naturschutzfachliche Einschätzungsprärogative des Landratsamtes insofern nicht vertretbar. Es ist damit unklar, ob der materielle Fehler beseitigt werden kann. Eine Heilung nach § 7 Abs. 5 UmwRG ist folglich ausgeschlossen.

IV. Missbräuchliches oder unredliches Verhalten im Rechtsbehelfsverfahren, § 5 UmwRG

Das Landratsamt ist der Auffassung, dass FF seine Einwendungen bereits während des Genehmigungsverfahrens hätte vorbringen müssen. Das Schweigen während des gesamten Verfahrens sei nicht nur unredlich, sondern auch rechtsmissbräuchlich. Nach § 5 UmwRG bleiben Einwendungen, die eine Person oder eine Vereinigung i.S.d. § 4 Abs. 3 S. 1 UmwRG erstmals im Rechtsbehelfsverfahren erhebt, unberücksichtigt, wenn die erstmalige Geltendmachung im Rechtsbehelfsverfahren missbräuchlich oder unredlich ist. Ein erstmaliges Vorbringen kann etwa dann missbräuchlich oder unredlich sein, wenn der Rechtsbehelfsführer im Verwaltungsverfahren erklärt oder auf andere Weise deutlich gemacht hat, dass entsprechende Einwendungen nicht bestehen. Bei Rechtsbehelfen anerkannter Umweltvereinigungen kann ein missbräuchliches oder

---

56 BT-Drs. 18/9526, S. 44.
57 Hoppe/Beckmann/Kment/*Winkler*, UVPG/UmwRG, 5. Aufl. 2018, § 7 UmwRG Rn. 23.
58 In Betracht kämen grundsätzlich zwar auch eine nachträgliche Auflage nach § 12 Abs. 2a) BImSchG oder eine Änderungsgenehmigung nach § 16 BImSchG. Im Hinblick auf die nachträgliche Fehlerbehebung erweisen sich diese Regelungen indes als wenig passgenau: Erstere kann zusammen mit der Genehmigung mit dem Vorbehalt nachträglicher Änderungen werden; zweitere bezieht sich auf die Änderung der Lage, der Beschaffenheit oder des Betriebs einer genehmigungsbedürftigen Anlage, vgl. dazu Hoppe/Beckmann/Kment/*Winkler*, UVPG/UmwRG, 5. Aufl. 2018, § 7 UmwRG Rn. 24.
59 Jarass/*Jarass*, BImSchG, 12. Aufl. 2017, § 17 Rn. 22.
60 BeckOK UmweltR/*Posser*, 55. Ed. 2020, § 17 BImSchG Rn. 16.
61 VGH Kassel, Beschl. v. 7.1.2002 – 2 TZ 3262/01 – juris Rn. 14.
62 Landmann/Rohmer/*Fellenberg/Schiller*, UmweltR, 91. EL 2019, § 7 UmwRG Rn. 95 m.w.N.

unredliches Verfahrensverhalten bspw. angenommen werden, wenn die im Rechtsbehelfsverfahren erstmalige Erhebung bestimmter Einwendungen, die der Vereinigung bereits im Zulassungsverfahren bekannt waren, den Schutzanliegen und Umweltbelangen, als deren Sachwalter sich die Vereinigung versteht, zuwiderläuft, die Vereinigung sich also, gemessen an ihren satzungsgemäßen Zielen oder ihrer Rolle als „Quasi-Verwaltungshelfer" „unvernünftig" verhält.[63] Die Umweltvereinigung muss die betreffende Einwendung folglich im Verwaltungsverfahren zurückgehalten haben, obwohl ihr die Einwendung bekannt war, sie Gelegenheit zur Stellungnahme hatte und die Bedeutung der Einwendung für die behördliche Entscheidung schon zu diesem Zeitpunkt erkennbar war.[64]

55 FF wird vorliegend vorgeworfen, im immissionsschutzrechtlichen Genehmigungsverfahren Einwendungen betreffend die naturschutzrechtliche Zulässigkeit des Vorhabens nicht erhoben zu haben, sondern während des gesamten Verfahrens untätig geblieben zu sein. Dieser Einwand des Landratsamtes geht insoweit fehl, als FF im immissionsschutzrechtlichen Genehmigungsverfahren nach § 19 BImSchG keine verfahrensrechtliche Stellung inne hatte, die für ihn eine Mitwirkungsobliegenheit in dem vom Landratsamt behaupteten Sinne hätte begründen können. Nach § 19 Abs. 2 BImSchG sind im vereinfachten Verfahren insbesondere § 10 Abs. 3, Abs. 3a) BImSchG nicht anzuwenden. § 10 Abs. 3a) BImSchG, wonach nach dem UmwRG anerkannte Vereinigungen die zuständige Behörde in einer dem Umweltschutz dienenden Weise unterstützen sollen, deutet systematisch darauf hin, dass die Voraussetzungen des § 5 UmwRG lediglich dann erfüllt sein können, wenn die Vorschriften des § 10 Abs. 3, Abs. 3a) BImSchG anzuwenden sind. Demzufolge greift der Einwendungsausschluss nach § 5 UmwRG im vorliegenden Fall nicht.

V. Zwischenergebnis

56 Die Klage des FF ist auch begründet, da die immissionsschutzrechtliche Genehmigung gegen die umweltbezogene Rechtsvorschrift des § 44 Abs. 1 Nr. 1 BNatSchG verstößt, die für die Entscheidung von Bedeutung ist, und der Verstoß Belange berührt, die zu den Zielen gehören, die FF nach seiner Satzung fördert.

D. Ergebnis

57 Die Klage des FF hat Aussicht auf Erfolg, weil sie zulässig und begründet ist. Das Verwaltungsgericht wird die der S-GmbH erteilte immissionsschutzrechtliche Genehmigung aufheben.

58

> **Weiterführende Hinweise**
> **Zum materiellen Recht:** *Schlacke*, Umweltrecht, 7. Aufl. 2019, §§ 6, 9 und 10; *Kahl/ Gärditz*, Umweltrecht, 11. Aufl. 2019, §§ 5, 7 und 10; *Koch/Hofmann/Reese*, Handbuch Umweltrecht, 5. Aufl. 2018, §§ 4, 7; *Schink*, Vier Jahrzehnte Immissionsschutzrecht, NVwZ 2017, S. 337 – 346; *Stark/Christmann*, Schwerpunktbereichsklausur – Öffentliches Recht: Umweltrecht – Naturschutzrecht und Windkraftanlagen, JuS 2017, S. 430 – 436; *Bick/Wulfert*, Der Artenschutz in der Vorhabenzulassung aus rechtlicher und naturschutzfachlicher Sicht, NVwZ 2017, S. 346 – 355; *Eichberger*, Gerichtliche Kontrolle, naturschutzfachliche

---

63 BT-Drs. 422/16, S. 35.
64 Landmann/Rohmer/*Fellenberg/Schiller*, UmweltR, 91. EL 2019, § 5 UmwRG Rn. 23.

Einschätzungsprärogative und Grenzen wissenschaftlicher Erkenntnis, NVwZ 2019, S. 1560 – 1566; *Huggins*, Vogelschlag an Glas – eine neue Hürde für die Vorhabenzulassung? Naturschutzfachliche Anforderungen an die Verwendung von Glas und deren Berücksichtigung in der bauplanerischen Konfliktbewältigung, NuR 2019, S. 511 – 519; *Huggins/Schlacke*, Schutz von Arten vor Glas und Licht – Rechtliche Anforderungen und Gestaltungsmöglichkeiten, 2019.

Zum Prozessrecht: VG Darmstadt, Beschl. v. 29.3.2018 – 6 L 3548/17; *Römling*, Anwendungsfragen des novellierten UmwRG – Anmerkung zum Urteil des VG Darmstadt v. 29.3.2018 – 6 L 3548/17.DA, NuR 2018, S. 538 – 540; OVG Greifswald, Beschl. v. 8.5.2018 – 3 M 22/16; *Wegener*, Rechtsschutz im europäischen (Umwelt-)Recht – Richterrechtliche und sekundärrechtliche Bausteine und Fehlercodes unionaler Dogmatik, UTR 98 (2008), S. 319 – 352; *Bruckert*, Die Ausweitung der Klagebefugnis im Umweltrecht – Anpassungsbedarf der Schutznormlehre in Folge europäischer Integration, NuR 2015, S. 541 – 546: *Schlacke*, Die Novelle des UmwRG 2017, NVwZ 2017, S. 905 – 912; *Keller*, Drittanfechtungen im Umweltrecht durch Umweltvereinigungen und Individualkläger – Ein Zwischenstand nach Änderung des Umwelt-Rechtsbehelfsgesetzes, NVwZ 2017, S. 1080 – 1084; *Franzius*, Genügt die Novelle des Umwelt-Rechtsbehelfsgesetzes den unionsrechtlichen Vorgaben?, NVwZ 2018, S. 219 – 222; *ders.*, Möglichkeiten und Grenzen der richterlichen Rechtsfortbildung zur Bestimmung der Klagebefugnis im Umweltrecht, DVBl 2014, S. 543 – 550; *Seibert*, Die Fehlerbehebung durch ergänzendes Verfahren nach dem UmwRG – Neue prozessuale Instrumente zur Genehmigungserhaltung, NVwZ 2018, S. 97 – 105; *ders.*, Die gerichtliche Kontrolle von Verfahrensvorschriften nach § 4 UmwRG, NVwZ 2019, S. 337 – 344; *Heß*, Aktivierung der Umweltverbandsklage, ZUR 2018, S. 686 – 691; *Kment*, Rechtsbehelfe von Umweltvereinigungen – Anwendungsfragen des neuen § 2 UmwR 2017, NVwZ 2018, S. 921 – 928; *Held*, Umfang der Klage- und Rügebefugnis von Individualklägern nach dem Umwelt-Rechtsbehelfsgesetz, DÖV 2019, S. 121 – 130; Schlacke/Schrader/Bunge/*Schlacke/Römling*, Aarhus-Handbuch – Informationen, Beteiligung und Rechtsschutz in Umweltangelegenheiten, 2. Aufl. 2019, S. 441 – 555; *Schlacke*, Aktuelles zum Umwelt-Rechtsbehelfsgesetz – Kompensation des Wegfalls der materiellen Präklusion, Anwendungsbereich, Rügebefugnis und Kontrollmaßstab im Spiegel der Rechtsprechung, NVwZ 2019, S. 1392 – 1401; *Eichberger*, Gerichtliche Kontrolldichte, naturschutzfachliche Einschätzungsprärogative und Grenzen wissenschaftlicher Erkenntnis, NVwZ 2019, S. 1560 – 1566; *Dolde*, Naturschutzfachliche Einschätzungsprärogative – Normkonkretisierung tut not!, NVwZ 2019, S. 1567 – 1572; *Bayer*, Fledermausschutz im Genehmigungsverfahren von Windenergieanlagen – Maßnahmen und nachträgliche Änderungen nach Erteilung der Genehmigung, NuR 2019, S. 387 – 394; *Buchberger*, Das Verbandsklagerecht der Umweltverbände – ein Streifzug, EurUP 2019, S. 377 – 386; *Guckelberger*, Die Begründetheit von Umweltrechtsbehelfen von Verbänden seit der UmwRG-Novelle 2017, NuR 2020, S. 655 - 662.

Fall 6: Gewässerschutzrecht

Sachverhalt

1 Im Rahmen des Gesamtprojektes „Hochwasserschutz für Deutschland" widmet sich die Bundesregierung verschiedenen Projekten entlang hochwassergefährdeter Flüsse. Neben der Errichtung von Deichen und der Durchführung von Renaturierungsmaßnahmen sind insbesondere Hochwasserrückhaltebecken angedacht. Unter anderem möchte die Bundesregierung die 190 Kilometer lange Zagst für potenzielle Hochwasser rüsten, die maßgeblich durch das Bundesland BW verläuft. Das Bundesland BW hält das für äußerst sinnvoll und sieht durch Raumordnungspläne an verschiedenen Abschnitten der Zagst Maßnahmen vor. Zwischen Kilometer 105 und 110 beantragt BW (durch eine oberste Landesbehörde) sodann konkret bei der zuständigen Planfeststellungsbehörde – einer Landesbehörde des Bundeslandes BW (LB) – die Errichtung eines gesteuerten Hochwasserrückhaltebeckens unter Einreichung der erforderlichen wasser- und umweltrechtlichen Unterlagen. Die angrenzenden Bewohner werden noch von BW postalisch über das geplante Projekt informiert. Eine Erörterung wird zu diesem frühen Zeitpunkt als entbehrlich erachtet.

Als Planfeststellungsbehörde (PFBh) beginnt LB (die gleichzeitig zuständige Anhörungsbehörde ist) das Vorhaben umzusetzen. Auf einer von BW gefundenen potenziellen Fläche, die fast ausschließlich landwirtschaftlich genutzt wird, soll das Vorhaben realisiert werden. Die Staufläche des Beckens erstreckt sich bei Vollstau über eine Fläche von 120 ha. Durch einen Einstau bis zum vorgesehenen maximalen Stauziel kann im Hauptbecken ein Volumen von 6 Mio. m³ zurückgehalten werden. Nach ordnungsgemäßer Antragsstellung kommt die Planfeststellungsbehörde nach einer ordnungsgemäß durchgeführten Umweltverträglichkeitsvorprüfung zu der (zutreffenden) Erkenntnis, dass eine Umweltverträglichkeitsprüfung (UVP) durchzuführen sei, da bei dem Vorhaben erhebliche nachteilige Umweltauswirkungen zumindest nicht ausgeschlossen werden können. Der dazugehörige UVP-Bericht wird ordnungsgemäß erstellt.

Ende September 2019 wird durch Hinweis in der lokalen Tageszeitung und Einstellung in den Internetauftritten der angrenzenden Gemeinden auf die Auslegung der Planunterlagen hingewiesen. Die Auslegung des Ausbauplans – einschließlich der Unterlagen der UVP – erfolgt vom 2.10.2019 bis einschließlich 2.11.2019 ordnungsgemäß durch Einstellung ins Internet auf den Seiten der LB. Zwar habe es vereinzelte Einwendungen gegeben – u.a. eine fristgerecht vorgebrachte Einwendung des Landwirts Philip Pubcek (P) – welche allerdings in formeller oder materieller Hinsicht unbeachtlich seien – ein Erörterungstermin wird deshalb wiederum nicht durchgeführt. Alle Belange, die sich aus den Einwendungen ergeben, sind der LB bereits bekannt. Parallel werden ordnungsgemäß die Behörden beteiligt, deren Belange berührt sind – die dabei eingegangenen Stellungnahmen enthalten keine Einwendungen.

Nach Abwägung aller relevanten Belange und insbesondere unter Berücksichtigung des hohen Gemeinwohlinteresses am Hochwasserschutz, erlässt die LB am 31.12.2019 einen Planfeststellungsbeschluss (PFB).

Der Landwirt P ärgert sich über das Vorhaben. Als Eigentümer eines Grundstücks, welches an das Rückhaltebecken angrenzt, sorgt er sich um mögliche Auswirkungen, insbesondere beeinflusst durch Berichte, die er von anderen Hochhalterückbecken gehört hat. So seien seine Büsche und Bäume am Ufer gefährdet, da sie ins Wasser abgleiten könnten. Da die Uferstellen mit Steinschüttungen gesichert werden und auch bauliche Vertiefungen notwendig sind, lasse sich nicht ausschließen, dass Risse an den Häusern entstehen könnten, die auf den betreffenden Grundstücken stehen. Zudem sei schon das ganze Verfahren höchst fehlerhaft. Zum einen habe BW die Öffentlichkeit vor Antragstellung nicht hinreichend früh beteiligt, obwohl das Projekt doch erhebliche Auswirkungen auf die gesamte Umgebung haben wird. Auch wurden seine am 15.10.2019 vorgebrachten Bedenken gegen die fehlerhafte Abwägung nicht beachtet und zu einem Erörterungstermin sei es ja nicht einmal gekommen.

LB hält P für einen Querulanten, dessen Einwendungen jeglicher Grundlage entberten. Selbstverständlich habe man das Risiko für die Uferbepflanzung und das angrenzende Gebäude abgewogen. Alles werde nach dem neuesten Stand der Technik erbaut, um mögliche Auswirkungen zu vermeiden. Doch diese Belange träten hinter das überragende Gemeinwohlinteresse des Hochwasserschutzes zurück. Das Verfahren sei vorbildlich durchgeführt worden, insbesondere habe sogar eine frühe Öffentlichkeitsbeteiligung stattgefunden, ohne dass LB darauf ausdrücklich hinwirken musste. Zudem war ein Erörterungstermin entbehrlich, da sämtliche Belange berücksichtigt wurden – eine dadurch erlangte Zeitersparnis war in diesem Fall vorzugswürdig.

P will sich das nicht gefallen lassen und möchte den PFB insgesamt aus der Welt schaffen und das Hochwasserbecken verhindern: Das Vorhaben könne sicher auch anderswo realisiert werden. Er erhebt fristgerecht Klage beim zuständigen Oberverwaltungsgericht (Verwaltungsgerichtshof) und beantragt die Aufhebung des PFB.

Hat die Klage des P Aussicht auf Erfolg?

Bearbeiterhinweis: Auf Inhalts- und Nebenbestimmungen nach § 14 Abs. 3 WHG ist nicht einzugehen. Der PFB entfaltet keine enteignungsrechtliche Vorwirkung, auf Entschädigungsansprüche ist nicht einzugehen. Auf das BNatSchG und mögliche landesrechtliche Verwaltungsvorschriften in Bezug auf eine frühe Öffentlichkeitsbeteiligung soll nicht eingegangen werden. Ein Raumordnungsverfahren nach § 15 ROG wurde durchgeführt, sonstige öffentlich-rechtliche Vorschriften stehen dem Vorhaben nicht entgegen.

Lösung:

Die Klage des P hat Aussicht auf Erfolg, soweit sie zulässig und begründet ist.

A. Zulässigkeit

Die Klage muss zulässig sein. 2

I. Eröffnung des Verwaltungsrechtswegs, § 40 Abs. 1 S. 1 VwGO

Mangels aufdrängender Sonderzuweisung richtet sich die Eröffnung des Verwaltungsrechtswegs nach der Generalklausel des § 40 Abs. 1 S. 1 VwGO. Danach ist der Verwaltungsrechtsweg eröffnet, wenn die Klage eine öffentlich-rechtliche Streitigkeit nicht-verfassungsrechtlicher Art zum Gegenstand hat und keine abdrängende Sonderzuweisung besteht. Öffentlich-rechtlich ist eine Streitigkeit dann, wenn die streitentscheidenden Normen solche des öffentlichen Rechts sind. Dies ist nach der sog. *modifizierten Subjektstheorie* der Fall, wenn die Normen Träger hoheitlicher Gewalt einsei- 3 tig berechtigen oder verpflichten. P begehrt die Aufhebung des PFB. Dieser ist eine einseitige Regelung, zu deren Erlass eine Behörde ausschließlich auf Grundlage des öffentlichen Rechts befugt sein kann. Ein Aufhebungsanspruch kann sich daher ebenfalls nur aus dem öffentlichen Recht ergeben. Damit ist die Streitigkeit öffentlich-rechtlich. Die Streitigkeit ist auch nichtverfassungsrechtlicher Art, da keine unmittelbar am Verfassungsleben Beteiligten im Kern um Verfassungsrecht streiten (sog. *doppelte Verfassungsunmittelbarkeit*). In Ermangelung einer abdrängenden Sonderzuweisung ist also der Verwaltungsrechtsweg nach § 40 Abs. 1 S. 1 VwGO eröffnet.

II. Statthafte Klageart, § 88 VwGO

4 Die statthafte Klageart richtet sich gem. § 88 VwGO nach dem Begehren des Klägers. P möchte das Hochwasserbecken verhindern und verlangt dafür die Aufhebung des PFB. Eine Anfechtungsklage (AK) nach § 42 Abs. 1 1. Alt. VwGO kommt grundsätzlich in Betracht, wenn die Beseitigung eines belastenden Verwaltungsaktes (VA) begehrt wird.[1]

1. Verwaltungsakt, § 35 S. 1 VwVfG

5 Dafür müsste es sich bei einem PFB um einen VA handeln gem. § 35 VwVfG handeln. Nach § 35 S. 1 VwVfG ist ein VA „jede Verfügung, Entscheidung oder andere hoheitliche Maßnahme, die eine Behörde zur Regelung eines Einzelfalls auf dem Gebiet des öffentlichen Rechts trifft und die auf unmittelbare Rechtswirkung nach außen gerichtet ist". § 35 VwVfG unterscheidet zwischen dem VA in seiner Grundform (S. 1) und der Allgemeinverfügung (S. 2) als besondere Form des VA, bei der sich der VA – im Falle der adressatenbezogenen Allgemeinverfügung – an einen bestimmbaren Personenkreis richtet. Zunächst sind die Merkmale der Entscheidung einer Behörde auf dem Gebiet des öffentlichen Rechts unzweifelhaft anzunehmen, denn der PFB wurde von LB, einer Landesbehörde, im Bereich des Wasserhaushaltsrechts, welches zum öffentlichen Recht zählt, erlassen. Außenwirkung enthält der PFB nach § 68 Abs. 1 und 3 WHG durch die Festlegungen der Rechtsbeziehung zwischen dem Vorhabenträger und den Belangen der betroffenen Beteiligten.[2] Nach §§ 68, 70 Abs. 1 WHG i.V.m. § 75 Abs. 1 S. 1 VwVfG wird die Zulässigkeit des Vorhabens im Hinblick auf seine Vereinbarkeit mit öffentlich-rechtlichen Vorschriften festgestellt, so dass auch die Rechtswirkungen der Regelung vorliegen. Der PFB wird teilweise als VA i.S.d. § 35 S. 1 VwVfG, teilweise als Allgemeinverfügung nach § 35 S. 2 VwVfG verstanden,[3] seine Qualifizierung als VA ist aber unstreitig.

Da der PFB Wirkungen gegenüber sämtlichen betroffenen Beteiligten entfaltet, diese aber zum Zeitpunkt des Erlasses nicht bestimmt werden müssen, wird das Merkmal des Einzelfalles tlw. verneint. Vielmehr spreche dies für eine Allgemeinverfügung nach § 35 S. 2 VwVfG, da der Personenkreis hier im Einzelfall anhand von Merkmalen bestimmbar ist.[4] Dem lässt sich entgegenhalten, dass sich der PFB zwar auf weitere Beteiligte auswirken kann; adressiert ist er jedoch einzig an den Vorhabenträger. Dass ein VA nach § 35 S. 1 VwVfG auch mittelbar Dritte betreffen kann, ist kein Ausschlusskriterium für das Merk-

---

1 *Hufen*, Verwaltungsprozessrecht, 11. Aufl. 2019, § 14 Rn. 1 ff.
2 BeckOK VwVfG/*Kämper*, 47. Ed. 2020, § 75 VwVfG Rn. 4.
3 Stelkens/Bonk/Sachs/*Neumann/Külpmann*, 9. Aufl. 2018, § 74, Rn. 19 m.w.N.
4 *Hufen*, Verwaltungsprozessrecht, 11. Aufl. 2019, § 14 Rn. 6.

mal des Einzelfalls. Vielmehr ist die Frage nach dem Adressaten entscheidend: Richtet sich der VA an einen Einzelnen, so ist § 35 S. 1 VwVfG einschlägig. Besteht der Adressatenkreis hingegen aus einem bestimmbaren Personenkreis, so liegt eine Allgemeinverfügung (§ 35 S. 2 VwVfG) vor. In jedem Fall handelt es sich bei dem PFB um einen VA, so dass dieser Streit in der Klausur regelmäßig nicht diskutiert werden muss.

2. Drittanfechtung

Wie bereits festgestellt wurde, richtet sich der PFB an den Vorhabenträger, der die Plangenehmigung beantragt hat. In diesem Fall ist der Planfeststellungsbeschluss an B adressiert und wirkt für diesen begünstigend. Für P handelt es sich aber um einen belastenden VA, so dass der VA Doppelwirkung hat. In diesem Fall ist die (Dritt-)AK nach § 42 Abs. 1 1. Alt. VwGO statthaft. 6

3. Zwischenergebnis

Da der PFB einen VA darstellt, dessen Aufhebung von P begehrt wird, ist die AK nach § 42 Abs. 1 1. Alt. VwGO in Form der Dritt-AK die statthafte Klageart. 7

8

> **Richtige Klageart beim PFB – Anfechtungs- oder Verpflichtungsklage?**
> Beim PFB sind zwei mögliche Klagebegehren denkbar. Zum einen kann die Aufhebung des gesamten PFB begehrt werden und zum anderen kann die Verpflichtung der Behörde zum Erlass oder der Ergänzung des PFB intendiert sein. Für eine Aufhebung des PFB ist die AK (§ 42 Abs. 1 1. Alt. VwGO) die statthafte Klageart, für Ergänzungen des PFB wäre die Verpflichtungsklage (VK § 42 Abs. 1 2. Alt. VwGO) statthaft. In der Praxis sind bei komplexen PFB (bspw. der Verkehrswegeplanung) Verpflichtungsklagen aufgrund des Planerhaltungsgrundsatzes oftmals zielführender. Im WHG hingegen sind die Fälle der Anfechtung in der Planfeststellung nicht selten. Das Wasserrecht enthält zudem in § 70 Abs. 1 i.V.m. § 14 Abs. 3 WHG die Besonderheit, nachteiligen Auswirkungen auf Dritte mit Inhalts- oder Nebenbestimmungen entgegenwirken zu können. Möchten sich betroffene Dritte gegen diese Inhalts- oder Nebenbestimmungen im Klagewege zur Wehr setzen, so ist an die isolierte Form der AK zu denken.

III. Klagebefugnis

Die Klagebefugnis bestimmt sich nach § 42 Abs. 2 VwGO und sieht vor, dass der Kläger geltend machen muss, dass er durch den PFB möglicherweise in seinen subjektiv-öffentlichen Rechten verletzt wird. P macht geltend durch den PFB in seinen Rechten beeinträchtigt zu sein – so befürchtet er ungesicherte Böschungen und auch Risse an den Gebäuden, die auf seinen angrenzenden Grundstücken stehen. Zugleich werden verfahrensrechtliche Verstöße gegen die unzureichende Berücksichtigung seiner Einwendungen geltend gemacht. 9

1. Adressatentheorie

Zunächst ist nach der sog. *Adressatentheorie* derjenige klagebefugt, der durch den VA unmittelbar belastet wird. Es ist im vorliegenden Fall nicht ersichtlich, dass die LB die Bindungswirkung des PFB auf den P erstreckt hat, so dass eine unmittelbare adressatenbezogene Klagebefugnis nicht angenommen werden kann. P ist vielmehr Dritter, auf 10 den sich der PFB möglicherweise belastend auswirkt. Für den Adressaten (BW) wirkt der PFB hingegen begünstigend. In Betracht kommt eine Klagebefugnis des P nur dann, wenn die Möglichkeit besteht, dass eine drittschützende Norm verletzt wurde, in deren Schutzbereich P fällt.

2. Schutznormtheorie

11   Bei der Drittanfechtung ist für die Bestimmung der Klagebefugnis die sog. *Schutznormtheorie* von entscheidender Bedeutung. Diese erkennt subjektiv-öffentliche Rechte dann an, wenn ein Rechtssatz nicht nur im öffentlichen Interesse erlassen wurde, sondern auch dem Schutz der Interessen Einzelner (also auch Dritten) zu dienen bestimmt ist.[5] Bei fachplanerischen Abwägungsentscheidungen ist diese Schutzwürdigkeit auf mehreren Ebenen denkbar. So kann sich dies aus dem Gebot der sachgerechten Abwägung (der betroffenen öffentlichen und privaten Belange) ergeben.[6] Auch wenn planbetroffene Dritte ein Recht auf eine gerechte Abwägung der eigenen Belange haben,[7] begründet nicht jeder Belang i.R.d. Fachplanung ein subjektives Recht.[8] Ein grundsätzliches Recht auf ordnungsgemäße Abwägung besteht nicht.[9] Weiterhin ist ein Schutz auch aus der Norm selbst möglich, wenn diese das Allgemeinwohl zum Zweck hat und hierbei auch Interessen Einzelner berücksichtigt werden müssen. Letztlich kann sich der Drittschutz sogar aus Verfahrensrechten ableiten, wenn sie den Inhalt der Entscheidung unmittelbar begrenzen oder vorgeben.

12   Im Folgenden ist zu prüfen, welche der von P geltend gemachten Normen drittschützenden Charakter aufweisen. Denn P macht eine fehlerhafte Planrechtfertigung, eine fehlerhafte Abwägung bezüglich seiner Interessen und Verfahrensfehler durch die fehlerhafte Öffentlichkeitsbeteiligung geltend.

a) Drittschutz von § 68 Abs. 3 Nr. 1 WHG

13   Vorliegend beruft sich P materiellrechtlich sowohl auf die Planrechtfertigung als auch auf die Nichtbeachtung seiner Belange i.R.d. Abwägung. Die Frage ist demnach, ob § 68 Abs. 3 WHG eine nachbarschützende Norm darstellt.

14   Ein drittschützender Rechtssatz des öffentlichen Rechts könnte sich zunächst aus § 68 Abs. 3 Nr. 1 WHG ergeben, wenn dieser zumindest auch dem Schutz eines Dritten zu dienen bestimmt ist. Denn auch für den Wasserschutz verlangt die Rspr., dass sich der Nachbarschutz aus Rechtsvorschriften ableiten lassen muss.[10] Nach § 68 Abs. 3 WHG darf ein Plan nur dann genehmigt werden, wenn das „Wohl der Allgemeinheit" zumindest nicht erheblich oder dauerhaft beeinträchtigt wird. Der Begriff der Allgemeinheit ließe zunächst einen Drittschutz durchaus vermuten. In einer generellen Form wird das allerdings abgelehnt, der geschützte Personenkreis muss auch hierbei individualisierbar sein.[11] Eine mangelnde Berücksichtigung des Wohls der Allgemeinheit führt nicht

---

5   BVerfGE 27, 297 (307); Schoch/Schneider/Bier/*Wahl*, VwGO, 37. EL 2019, Vorb. § 42 Abs. 2 Rn. 95; *Hufen*, Verwaltungsprozessrecht, 11. Aufl. 2019, § 14 Rn. 71 f.; Eyermann/*Happ*, VwGO, 15. Aufl. 2019, § 42 Rn. 72; *Schlacke*, Umweltrecht, 7. Aufl. 2019, § 6 Rn. 12.
6   Eyermann/*Happ*, VwGO, 15. Aufl. 2019, § 42 Rn. 129.
7   BVerwG, Urt. v. 18.3.1983 – 4 C 80/79; VerwRspr 1979, 727 (735).
8   BVerwG, Urt. v. 27.10.2000 – 4 A 10/99; Eyermann/*Happ*, VwGO, 15. Aufl. 2019, § 42 Rn. 129 m.w.N.
9   *Schlacke*, Umweltrecht, 7. Aufl. 2019, § 6 Rn. 13.
10   BVerwGE 128, 358; NVwZ 2007, 1074; OVG Magdeburg, NVwZ-RR 2015, 809 (811).
11   Siehe hierzu ausführlich *Breuer/Gärditz*, Öffentliches und privates Wasserrecht, 4. Aufl. 2017, Rn. 1364 ff. m.w.N.

grundsätzlich zu einem Drittschutz, denn das würde dem Drittschutz zu einer unbeschränkten Anwendung verhelfen.[12] Hingegen ist auch bei wasserrechtlichen Entscheidungen das Rücksichtnahmegebot zu beachten, was sich aus § 70 Abs. 1 i.V.m § 13 Abs. 1 WHG ergibt und sich auch auf den Hochwasserschutz erstreckt. Demnach können sich Dritte nur dann auf § 68 Abs. 3 Nr. 1 WHG berufen, wenn deren Abwägungsbelange vom Gewässerausbau betroffen sind und deren Beeinträchtigung zu vermeiden sind.[13] Diese Abwägungsbelange müssen aber die Grenze zu einem nicht nur unerheblichen Nachteil übersteigen.[14] P macht geltend, dass Büsche und Bäume auf seinem Grundstück durch die neuen Uferflächen abrutschen können. Auch sind durch die Steinaufschüttungen Risse an seinen Gebäuden zu befürchten – diese Fälle sind bereits bei anderen Rückhaltebecken aufgetreten. Eine Beschädigungsgefahr für die Gebäude von P und die Entwurzelung seiner Bäume und Büsche stellen eine Eigentumsbeeinträchtigung dar und ist somit als nicht unerheblicher Nachteil anzusehen.

P steht demnach aus § 68 Abs. 3 Nr. 1 WHG i.V.m. der Abwägungsentscheidung ein subjektiv-öffentliches Recht zu, da es möglich erscheint, dass ihn die Entscheidung nicht nur unerheblich beeinträchtigt. 15

16

> **Klausurtipp: Prüfung aller in Betracht kommenden subjektiv-öffentlichen Rechte?**
> Wird in der Klagebefugnis eine mögliche Verletzung eines subjektiv-öffentlichen Rechtes bejaht, so werden in Urteilen regelmäßig andere in Betracht kommende Rechte lediglich erwähnt unter Verweis, dass eine Überprüfung dahinstehen kann. In einem Gutachten jedoch sollten alle in Betracht kommenden Rechte geprüft werden. Auch wenn die Klausur entgegen den erlernten Gepflogenheiten in diesem Falle etwas „kopflastig" wird, ist das bei planungsrechtlichen Fallkonstellationen durchaus angezeigt und üblich. Gerade mit Blick auf umweltrechtliche Fachplanungen, bei denen UVP-Belange geprüft werden müssen, ist das in der Sache nicht zu vermeiden.

b) Drittschutz aus Verfahrensvorschriften

Darüber hinaus könnten Verfahrensvorschriften subjektiv-öffentliche Rechte enthalten. Hier macht P geltend, dass kein Erörterungstermin stattgefunden hat. Die Frage, ob sich subjektiv-öffentliche Rechte aus Verfahrensvorschriften ableiten lassen, lässt sich nicht einheitlich beantworten. 17

> Für die Beantwortung dieser Frage muss zunächst das System der Verfahrensrechte dargestellt werden: Grundsätzlich nehmen Verfahrensrechte im Verwaltungsrecht nur eine dienende Funktion ein. Die Intention ist dabei die Sicherstellung des effektiven Verwaltungsverfahrens, auch im Hinblick auf die Verfahrensökonomie.[15] Dies ergibt sich aus § 46 VwVfG, der Verfahrensfehler, die keinen Einfluss auf das materielle Recht haben, als unerheblich erachtet. Das Bundesverwaltungsgericht (BVerwG) hat hierzu die sog. *Kausalitätsrechtsprechung* entwickelt, bei der ein Verfahrensfehler nur dann beachtlich ist, wenn die konkrete Möglichkeit besteht, dass die angegriffene Sachentscheidung ohne

---

12 VG Bayreuth, BeckRS 2014, 58403; vgl. zu § 31 Abs. 5 a.F.: BayVGH, BeckRS 2007, 29847; VG Ansbach, BeckRS 2008, 43535; VG Ansbach, BeckRS 2006, 30190 Rn. 39; VG Dessau, Urt. v. 31.5.2006 – 1 A 286/05.
13 VG Aachen, Urt. v. 9.10.2009 – 7 K 1417/09 BeckRS 2010, 45590; OVG Magdeburg, NVwZ-RR 2015, 809 (811).
14 OVG Lüneburg, Beschl. V. 20.7.2007 – 12 ME 210/07; VGH Mannheim, BeckRS 2014, 57512; OVG Magdeburg, NVwZ-RR 2015, 809 (811).
15 BeckOK VwVfG/*Schemmer*, 47. Ed. 2020, § 46 VwVfG Rn. 3.

den Verfahrensfehler anders ausgefallen wäre.[16] *Absolute* Verfahrensfehler können sich aus Verfahrensrechten ergeben, die nicht nur dem Verfahren dienen, sondern darüber hinaus einen eigenen Zweck verfolgen bzw. sogar eigene subjektive Rechtspositionen vermitteln. Infolgedessen wirken sich diese absoluten Verfahrensfehler immer auf die Entscheidung aus, so dass bei diesen § 46 VwVfG nicht zur Anwendung kommt und eine Klagebefugnis anzunehmen ist.[17] Bei *relativen Verfahrensfehlern* muss hingegen unterschieden werden, ob sich der Verfahrensfehler auf materielle Rechtspositionen auswirkt, denn nur in diesem Fall führt der Fehler zur Beachtlichkeit. Auch bei Normen mit drittschützendem Charakter ist für die Beachtlichkeit auf die Kausalität abzustellen. Die Verletzung von relativen Verfahrensrechten kann also ohne eine gleichzeitige Verletzung von materiellen Rechten nicht die Klagebefugnis rechtfertigen.

18 Im Folgenden könnten sich mehrere mögliche Verletzungen drittschützender Normen ergeben.

aa) Frühe Öffentlichkeitsbeteiligung, § 25 Abs. 3 VwVfG

19 Zunächst wendet P ein, dass eine frühzeitige Öffentlichkeitsbeteiligung schon nicht stattgefunden hat. Es könnte sich dabei um eine mögliche Verletzung von § 25 Abs. 3 VwVfG handeln. Denn bei dem Bau eines Hochwasserrückhaltebeckens könnte es sich um ein Vorhaben aus § 25 Abs. 3 VwVfG handeln, bei dem eine frühe Öffentlichkeitsbeteiligung angezeigt gewesen wäre.

(1) Vorhaben nach § 25 Abs. 3 VwVfG

20 § 25 Abs. 3 VwVfG konkretisiert die Anwendung der frühen Öffentlichkeitsbeteiligung auf solche Vorhaben, „die nicht nur unwesentliche Auswirkungen auf die Belange einer größeren Zahl von Dritten haben können". Maßgeblich sind demnach die Auswirkungen, die das Vorhaben hat, wobei lediglich lokale Auswirkungen nicht genügen – vielmehr bedarf es einer räumlichen Bedeutsamkeit.[18] Im vorliegenden Fall zieht sich das Hochwasserrückhaltebecken über mehrere Kilometer und, auch wenn es sich bei den Flächen um landwirtschaftliche Flächen handelt, büßt es dadurch nicht seine Raumbedeutsamkeit ein. Die zu erwartenden Auswirkungen betreffen die Belange einer größeren Anzahl von Dritten, so dass es sich um ein Vorhaben nach § 25 Abs. 3 VwVfG handelt.

21

Vorhabenbegriff nach § 25 Abs. 3 VwVfG:
Zunächst sind die Vorhaben, bei denen eine frühe Öffentlichkeitsbeteiligung durchgeführt werden soll, bundesgesetzlich nicht klar definiert. Diese sind durch Auslegung des § 25 Abs. 3 VwVfG zu ermitteln. Nach dem Gesetzeswortlaut handelt es sich um Vorhaben, die „nicht nur unwesentliche Auswirkungen auf die Belange einer größeren Zahl von Dritten haben können". Der Begriff des Vorhabens verdeutlicht, dass tätigkeitsbezogene Genehmigungsverfahren nicht unter den Anwendungsbereich fallen (so bspw. die Freisetzungsgenehmigung für gentechnisch veränderte Organismen). Im Blick hatte der Gesetz-

---

16 *Schlacke*, Umweltrecht, 7. Aufl. 2019, § 6 Rn. 13.
17 BeckOK VwVfG/*Schemmer*, 47. Ed. 2020, § 46 VwVfG Rn. 26.
18 BeckOK VwVfG/*Herrmann*, 47. Ed. 2020, § 25 VwVfG Rn. 23; Stelkens/Bonk/Sachs/*Kallerhoff/Fellenberg*, VwVfG, 9. Aufl. 2018, § 25 Rn. 68.

geber (laut Gesetzesbegründung) in erster Linie planfeststellungspflichtige Infrastruktur-vorhaben und immissionsschutzrechtlich relevante Vorhaben. Allgemein handelt es sich um Vorhaben, die in ihrer Auswirkung über die Nachbarschaft (bipolare Nachbarschafts-streitigkeiten) hinausreichen. Der Begriff der Auswirkungen darf nicht etwa mit dem der schädlichen Umwelteinwirkungen i.S.d. § 3 Abs. 1 BImSchG oder vergleichbaren Begriffen des Umweltrechts oder den berührten Belangen i.S.d. § 73 Abs. 4 VwVfG verwechselt wer-den, sondern ist weit zu verstehen. „Auswirkungen" sind nicht nur individuelle Interes-sen, sondern auch Interessen der Allgemeinheit sowie über Interessen hinausgehende Werte. Beispiele sind, neben Einwirkungen durch Immissionen, Wertverluste von Grund-stücken, Veränderungen des Landschaftsbildes, der Verbrauch von Flächen oder der Ein-satz öffentlicher Mittel zur Finanzierung des Vorhabens.

Ein Anknüpfungspunkt könnten UVP-pflichtige Vorhaben oder Raumordnungsverfahren sein, was einer Objektivierung des unbestimmten Rechtsbegriffes zuträglich wäre. Doch konnte sich ein entsprechender Vorschlag in der Literatur nicht durchsetzen.[19] Lediglich in § 2 Abs. 1 UVwG (Umweltverwaltungsgesetz Baden-Württemberg) lässt sich eine solche Verknüpfung finden: Danach ist ein Vorhaben nach § 25 Abs. 3 VwVfG dann bedeutsam, wenn für das Vorhaben eine UVP-Pflicht besteht. Durch diese Objektivierung entzieht der Landesgesetzgeber die Bestimmung des Vorhabens dem Ermessen der Behörde.

(2) Hinwirkungspflicht bei der frühen Öffentlichkeitsbeteiligung

§ 25 Abs. 3 VwVfG verpflichtet die zuständige Behörde, auf eine Öffentlichkeitsbeteili-gung *hinzuwirken* – eine Rechtspflicht zur Durchführung einer frühen Öffentlichkeits-beteiligung besteht hingegen nicht. LB müsste demnach auf eine frühe Öffentlichkeits-beteiligung gegenüber dem Vorhabenträger BW hingewirkt haben. Die LB ist der Auf-fassung, dass eine frühe Öffentlichkeitsbeteiligung durchgeführt worden ist, da BW postalisch Informationen versandt hat. *Hinwirken* meint ein aktives und zielgerichtetes Tun, welches sowohl die Information als auch die Beratung durch den Vorhabenträger umfasst.[20] Da BW – zumindest vordergründig – frühzeitig beteiligt hat, ging LB davon aus, dass ein Hinwirken nicht mehr notwendig sei. Dass diese Durchführung mögli-cherweise nicht den Ansprüchen einer Öffentlichkeitsbeteiligung nach § 25 Abs. 3 VwVfG genügt hat, kann die Hinwirkungspflicht nicht beeinträchtigen, da die konkre-te Ausführung weder initiiert noch erzwungen werden kann.[21] Folglich kann sich P nicht auf eine fehlerhafte frühe Öffentlichkeitsbeteiligung aus § 25 Abs. 3 VwVfG be-rufen.

22

(3) Rechtsfolgen einer fehlerhaften frühen Öffentlichkeitsbeteiligung

Eine fehlerhafte frühe Öffentlichkeitsbeteiligung hat keine Auswirkungen auf das Ver-fahren, da den Vorhabenträger bereits keine rechtliche Pflicht trifft, diese durchzufüh-ren. Nach dem Grundsatz *a maiore ad minus* muss dies auch bei einer unzureichenden Durchführung der frühen Öffentlichkeitsbeteiligung gelten. Für P ergibt sich aus einer fehlerhaften frühen Öffentlichkeitsbeteiligung nach § 25 Abs. 3 VwVfG kein subjektiv-öffentliches Recht, das ihm eine Klagebefugnis vermittelt.

23

---

19 BeckOK VwVfG/*Herrmann*, 47. Ed. 2020, § 25 VwVfG Rn. 23.
20 Stelkens/Bonk/Sachs/*Kallerhoff/Fellenberg*, VwVfG, 9. Aufl. 2018, § 25 Rn. 69.
21 Stelkens/Bonk/Sachs/*Kallerhoff/Fellenberg*, VwVfG, 9. Aufl. 2018, § 25 Rn. 69.

bb) §§ 68 Abs. 1, 70 Abs. 1 WHG i.V.m. § 73 Abs. 6 VwVfG

24 Weiterhin trägt P vor, dass i.R.d. Planfeststellung keine Erörterung stattgefunden hat. Die Erörterung i.R.d. Planfeststellung ist in §§ 68 Abs. 1, 70 Abs. 1 WHG i.V.m. § 73 Abs. 6 VwVfG vorgeschrieben und verpflichtet die Anhörungsbehörde, die Einwendungen gegen den Plan mündlich zu erörtern.[22] Die Erörterung dient dem Ausgleich privater und öffentlicher Belange und soll so zur Konfliktvermeidung schon vor der Sachentscheidung beitragen. Deshalb nimmt sie auch einen zentralen Bestandteil der Öffentlichkeitsbeteiligung ein und ist verpflichtend vorgesehen. Allerdings sind Fehler bei der Erörterung nach § 45 Abs. 1 Nr. 3 VwVfG heilbar und können bis zum Ende des gerichtlichen Verfahrens nachgeholt werden – dieser Umstand bestätigt die dienende Funktion des Erörterungsverfahrens, dessen Ausbleiben als relativer Verfahrensfehler einzustufen ist. Bei relativen Verfahrensfehlern kann sich ein subjektives-öffentliches Recht nur dann ergeben, wenn die angegriffene Sachentscheidung ohne den Verfahrensfehler anders ausgefallen wäre. Da P bei der Erörterung auch seine individuellen Belange hätten vorbringen können, die sich i.R.d. Abwägung möglicherweise auf das Abwägungsergebnis ausgewirkt hätten, kann nicht ausgeschlossen werden, dass die Sachentscheidung anders ausgefallen wäre. Demnach besteht die Möglichkeit der Verletzung eines subjektiven-öffentlichen Rechtes aus dem Verfahrensrecht nach §§ 68 Abs. 1, 70 Abs. 1 WHG i.V.m. § 73 Abs. 6 VwVfG, da sich die fehlerhafte Erörterung auf die Sachentscheidung ausgewirkt haben könnte.

cc) § 70 Abs. 2 WHG i.V.m. § 4 UmwRG i.V.m. §§ 4, 7 Abs. 1 S. 1 UVPG i.V.m. 13.6.2. der Anlage 1 zum UVPG

25 Eine weitere Verletzung drittschützender Normen könnte sich für P aus einer fehlerhaften Durchführung der UVP ergeben, da keine Erörterung durchgeführt wurde, die hier nach § 18 Abs. 1 UVPG ebenfalls als Bestandteil der Öffentlichkeitsbeteiligung vorgesehen ist.

26 Bei der Frage der Klagebefugnis aus Verstößen gegen Verfahrensvorschriften des UVPG ergeben sich mehrere kontrovers diskutierte Fragen. Rechtsschutz aus der UVP wird durch das UmwRG vermittelt. Danach müsste zunächst der sachliche und persönliche Anwendungsbereich des UmwRG eröffnet sein (unter [1] und [2]). Zudem stellt sich die Frage, wieweit UVP-Vorschriften eine drittschützende Wirkung entfalten (unter [3]).

(1) Sachlicher Anwendungsbereich des UmwRG

27 Der sachliche Anwendungsbereich des UmwRG muss dafür zunächst eröffnet sein, bei dem PFB muss es sich also um eine Entscheidung i.S.d. § 1 Abs. 1 S. 1 UmwRG handeln. Sachlich umfasst § 4 Abs. 1 UmwRG sowohl die Einklagbarkeit von UVP-Fehlern, zum einen aufgrund der Nichtdurchführung einer vorgeschriebenen UVP und zum anderen aufgrund der Nichtdurchführung einer UVP-Einzelfallvorprüfung. Im vorliegenden Fall handelt es sich bei dem Hochwasserrückhaltebecken um einen Neubau eines Stauwerkes, das der Zurückhaltung von Wasser dient und mit 6 Mio. m³ unter 13.6.2. der Anlage 1 zum UVPG unter das UVPG fällt. Gem. 13.6.2. der Anlage 1 zum UVPG ist das Vorhaben mit „A" gekennzeichnet, so dass eine *allgemeine Vorprüfung* des Einzelfalles nach § 7 Abs. 1 S. 1 UVPG durchzuführen ist. § 7 Abs. 1 S. 3

---

22 BeckOK VwVfG/*Kämper*, 47. Ed. 2020, § 73 VwVfG Rn. 64.

UVPG sieht dabei vor, dass eine UVP durchgeführt werden muss, wenn das Vorhaben nach Einschätzung der zuständigen Behörde erhebliche nachteilige Umweltauswirkungen haben kann, die nach § 25 Abs. 2 UVPG zu berücksichtigen wären.[23] Die Behörde hat im Rahmen einer Prognose über Umweltfolgen zu entscheiden. Nach der Rspr. sind Umweltauswirkungen bereits dann erheblich, wenn sie bei der Entscheidung über die Zulässigkeit des Vorhabens zu berücksichtigen und so gewichtig sind, dass im Zeitpunkt der UVP-Vorprüfung ein Einfluss auf das Ergebnis des Zulassungsverfahrens nicht ausgeschlossen werden kann. Insoweit ist auf das materielle Zulassungsrecht abzustellen, bei dem auch geringfügige Belange die Pflicht zur Durchführung einer UVP zu Folge haben können.[24] Laut Sachverhalt (SV) kam die LB zur richtigen Annahme, dass eine UVP durchgeführt werden muss. Eine UVP-Pflicht nach 7 Abs. 1 S. 3 UVPG i.V.m. 13.6.2. der Anlage 1 zum UVPG ist vorliegend anzunehmen. Der sachliche Anwendungsbereich des UmwRG ist damit eröffnet.

(2) Persönlicher Anwendungsbereich des UmwRG

P könnte als natürliche Person vom Anwendungsbereich des UmwRG ausgeschlossen sein, da das Gesetz für Vereinigungen konzipiert wurde, denen eine Erweiterung ihrer Klagemöglichkeiten zugesprochen werden sollte. § 4 Abs. 3 Nr. 1 UmwRG gewährt auch Personen nach § 61 Nr. 1 VwGO einen Rechtsbehelf, wenn sie als betroffene Öffentlichkeit subjektive Rechtsverletzungen geltend machen können.[25] Dass P als Betroffener durch die Anlage in seinen Rechten beeinträchtigt werden könnte, wurde bereits festgestellt (s.o.). Somit ist der Anwendungsbereich des UmwRG für P grundsätzlich eröffnet.

(3) Drittschutz aus UVP-Vorschriften

Problematisch ist, ob und welche subjektiv-öffentlichen Rechte aus der Verletzung von UVP-Vorschriften abgeleitet werden können. Dies ist vor allem auf die europarechtlichen Vorgaben in diesem Bereich zurückzuführen, die sich zum Teil nicht mit den verwaltungsverfahrensrechtlichen nationalen Vorschriften decken. Im Mittelpunkt der Diskussion steht die Frage, ob die UVP-Verfahrensvorschriften eigene subjektive Rechte begründen können und sich somit von der rein dienenden Funktion herkömmlicher Verfahrensvorschriften lösen. § 4 Abs. 1 UmwRG ist als Sonderregelung zu den Verfahrensrechten aus dem VwVfG zu verstehen: Die in § 4 Abs. 3 i.V.m. Abs. 1 UmwRG berechtigten Personen haben demnach die Möglichkeit fehlerhafte oder unterlassene UVPs gerichtlich überprüfen zu lassen. Diese Prüfung erstreckt sich ausdrücklich auch auf die Fehlerhaftigkeit des Verfahrens. So stellt § 4 Abs. 3 i.V.m. Abs. 1 UmwRG gleichzeitig eine Sondervorschrift zu § 46 VwVfG dar und enthält ein davon unabhängiges Fehlerfolgenregime. Im vorliegenden Fall könnte sich ein Verfahrensfehler aus § 4 Abs. 1 Nr. 2 UmwRG ergeben, da keine Erörterung i.R.d. UVP durchgeführt wurde. Fraglich bleibt, ob hieraus ein subjektiv-öffentliches Recht ableitbar ist: So wird vertreten, dass für Individualkläger die Verletzung aus einem sonstigen (materiellen) subjektiv-öffentlichen Recht notwendig sei und sich der Mangel (der UVP-Vorschriften) auf

28

29

---

23 Zum Begriff der Umweltverträglichkeitsprüfung ausführlich: Hoppe/Beckmann/Kment/*Winkler*, UVPG/UmwRG, 5. Aufl. 2018, UVPG Einleitung Rn. 2. Zu den Umweltauswirkungen Hoppe/Beckmann/Kment/*Appold*, UVPG/UmwRG, 5. Aufl. 2018, § 3 UVPG Rn. 16 f. jeweils m.w.N.

24 BVerwG, NVwZ 2015, 85 (87); OVG Magdeburg, NVwZ 2015, 809 (812).

25 EuGH, BeckRS 2015, 80512; NJW 2015, 3495; BVerwG, NVwZ 2014, 367 (369).

die Sachentscheidung auswirken müsse.[26] Die Darlegungslast dieses Zusammenhanges würde dann jedoch, im Gegensatz zu § 46 VwVfG, entfallen.[27] Eine andere Ansicht erkennt bei wesentlichen Fehlern nach UmwRG ein subjektiv-öffentliches Recht an, denn nur so könne den Anforderungen einer bestmöglichen Wirkung der UVP ausreichend Rechnung getragen werden. Zudem müsse dies auch bei Individualklägern gelten, da der eindeutige Wortlaut des § 4 Abs. 3 i.V.m. Abs. 1 UmwRG ausdrücklich dem Einzelnen als Dritten das Recht zur Aufhebung einräumt.[28] Auch wenn die drittschützende Wirkung der UVP-Vorschriften im Hinblick sowohl auf die europarechtliche als auch nationale Rspr. nicht mehr ernsthaft angezweifelt werden kann, kann die Beantwortung des Meinungsstreites vorliegend dahinstehen.[29] Denn P kann über die UVP-Vorschriften hinaus die mögliche Verletzung eines subjektiv-öffentlichen Rechtes geltend machen (§ 68 Abs. 3 WHG), so dass P nach beiden Ansichten klagebefugt ist. Die Frage des Verfahrensfehlers ist auf der Ebene der Begründetheit wieder aufzugreifen.

(4) Zwischenergebnis

30
31

Nach § 4 UmwRG i.V.m. §§ 4, 7 Abs. 1 S. 1 UVPG i.V.m. 13.6.2. der Anlage 1 zum UVPG ist eine mögliche Verletzung drittschützender Vorschriften anzunehmen.

> **Eigenwert der Öffentlichkeitsbeteiligung:**
> Auch wenn die Diskussionen über einen Eigenwert der Öffentlichkeitsbeteiligung im Verwaltungsverfahren zugenommen haben, lehnt die Rspr. einen solchen weiterhin ab und spricht der Öffentlichkeitsbeteiligung weiterhin „nur" eine dienende Funktion zu. Diese Sichtweise erklärt sich zwar aus der Ausgestaltung des VwVfG und der VwGO, stößt aber im Rahmen europarechtlicher Vorgaben an ihre Grenzen. Insbesondere durch das UmwRG i.V.m. UVPG nimmt eine Aufwertung der Öffentlichkeitsbeteiligung im Verfahren zu. Die restriktive Auslegung des nationalen Rechts erschwert jedoch eine einheitliche Anwendung und Auslegung des Verfahrensrechtes, welches durch eine besondere Dynamik geprägt ist.

c) § 71 Abs. 1 i.V.m. § 14 Abs. 3 WHG – enteignungsrechtliche Vorwirkung

32

Letztlich kann sich eine Klagebefugnis des P aus dem Grundrecht der Eigentumsgarantie nach Art. 14 Abs. 1 GG ergeben, da der PFB ihn in seinem Eigentum beeinträchtigen kann. Vor Prüfung einer Klagebefugnis aus Grundrechten sind primär gesetzliche Konkretisierungen in Form von gesetzlichen Schutznormen zu überprüfen, die in den jeweiligen Fachgesetzen bereits vorgesehen sind.[30] § 71 Abs. 1 i.V.m. § 14 Abs. 3 WHG enthalten mit einer enteignungsrechtlichen Vorwirkung eine solch ausdrückliche Schutzwirkung. Dem SV ist aber nicht zu entnehmen, dass der PFB in irgendeiner Form enteignungsrechtliche Vorwirkung gegenüber P entfaltet, so dass § 71 WHG schon nicht anwendbar ist. Eine Klagebefugnis aus § 71 Abs. 1 i.V.m. Art. 14 GG ist vorliegend im Ergebnis abzulehnen.

---

26 Eyermann/*Happ*, VwGO, 15. Aufl. 2019, § 4 UmwRG Rn. 3 und § 2 UmwRG Rn. 11; BVerwG, NVwZ 2014, 367 Rn. 21 f.; NVwZ 2016, 308 Rn. 23.
27 BVerwG, NVwZ 2016, 308 Rn. 23.
28 *Schlacke*, UmweltR, 7. Aufl. § 6 Rn. 13; EuGH, ZUR 2016, 33 (38).
29 EuGH, NuR 2004, 517; OVG Magdeburg, ZUR 2009, 36. Gegenteilige Auffassung noch OVG Koblenz, NuR 2004, 817; VGH Mannheim, ZUR 2014, 496.
30 *Hufen*, Verwaltungsprozessrecht, 11. Aufl. 2019, § 14 Rn. 83 f.; *Breuer/Gärditz*, Öffentliches und privates Wasserrecht, 4. Aufl. 2017, Rn. 1272 m.w.N.

IV. Ordnungsgemäßes Vorverfahren, §§ 68 ff. VwGO

Ein grundsätzlich nach § 68 Abs. 1 S. 1 VwGO erforderliches Vorverfahren wurde vor- 33
liegend von P nicht durchgeführt. Im Rahmen einer Planfeststellung ist das Vorverfahren gem. §§ 70, 74 Abs. 1 S. 2 VwVfG allerdings entbehrlich.

V. Beteiligten- und Prozessfähigkeit, §§ 61, 62 VwGO

P als Kläger (§ 63 Nr. 1 VwGO) ist als natürliche Person gem. §§ 61 Nr. 1 1. Alt., 62 34
Abs. 1 Nr. 1 VwGO beteiligten- und prozessfähig.

Nach dem in § 78 Abs. 1 Nr. 1 1. Hs. VwGO enthaltenen Rechtsträgerprinzip ist rich- 35
tiger Beklagter (§ 63 Nr. 2 VwGO) grundsätzlich der Rechtsträger der Behörde, die
den angefochtenen VA erlassen hat. Untere Wasserbehörde ist nach § 80 Abs. 2, § 82
Abs. 1 WG (BW) die untere Verwaltungsbehörde, nach § 15 Abs. 1 Nr. 1 LVG sind dies
grundsätzlich die Landratsämter (Var. 1) oder die Großen Kreisstädte (Var. 2). Da das
Wasserrecht nach § 19 Abs. 1 Nr. 5b LVG aber von der Zuständigkeit Großer Kreisstädte ausgenommen ist, verbleibt das Landratsamt als zuständige Behörde. Weil das
Landratsamt als untere Verwaltungsbehörde gem. § 1 Abs. 3 S. 2 LKrO BW staatliche
Behörde ist, ist das Land BW richtiger Beklagter. Als Gebietskörperschaft des öffentlichen Rechts ist das Land gem. § 61 Nr. 1 2. Alt. VwGO beteiligtenfähig. Es wird nach
§ 62 Abs. 3 VwGO durch das örtlich zuständige Landratsamt vertreten.

> In Bayern wären nach Art. 63 Abs. 1 S. 2 BayWG die Kreisverwaltungsbehörden als untere
> Wasserbehörde zuständig. In NRW bestimmt sich die Zuständigkeit nach § 114 Abs. 3
> LWG (NRW), wonach die Kreise und kreisfreien Städte als untere Wasserbehörden tätig
> sind.

VI. Sonstige Sachentscheidungsvoraussetzungen

Schließlich müssten auch die sonstigen Sachentscheidungsvoraussetzungen eingehalten 36
worden sein. Die Klage des P wurde ausweislich des SV unter Einhaltung der Form-
und Fristvoraussetzungen (§§ 74 Abs. 1 S. 1, 81 f. VwGO) beim sachlich (§ 45 VwGO)
sowie örtlich (§ 52 Nr. 1 VwGO) zuständigen Verwaltungsgericht erhoben. Etwaige
Probleme bestehen insoweit nicht.

VII. Zwischenergebnis

Die AK in Form der Drittanfechtung des P gegen den PFB ist demnach zulässig. 37

B. Notwendige Beiladung, § 65 VwGO

Eine Beiladung nach § 65 VwGO ist nicht ersichtlich. Insbesondere ist BW als Vorha- 38
benträger im vorliegenden Verfahren nach § 65 Abs. 2 VwGO nicht notwendig beizuladen, da das Land BW Beklagter ist und nach § 62 Abs. 3 VwGO durch das örtlich
zuständige Landratsamt vertreten wird (s.o.).

C. Begründetheit

Die Klage des P ist nach § 113 Abs. 1 S. 1 VwGO begründet, soweit der PFB rechts- 39
widrig und P dadurch in seinen Rechten verletzt ist.

I. Planfeststellungspflichtigkeit

40 Das Gewässerausbauvorhaben müsste zunächst in den Anwendungsbereich des WHG fallen. Sodann sieht § 68 Abs. 1, 3 i.V.m. § 67 Abs. 2 WHG bei Gewässerausbauvorhaben zwingend eine Planfeststellung bzw. bei vereinfachter Zulassung bestimmter Vorhaben eine Plangenehmigung (§ 68 Abs. 2 WHG) vor.

1. Anwendungsbereich des WHG

41 Das Hochwasserrückhaltebecken müsste zunächst in den Anwendungsbereich des WHG fallen. Allgemeiner Regelungsgegenstand des WHG ist die Wasserwirtschaft, wobei das Wasserhaushaltsgesetz hierfür den rechtlichen Ordnungsrahmen schafft. Grundlegend versteht das Bundesverfassungsgericht (BVerfG) unter Wasserhaushaltsrecht die allgemein verbindliche Normierung der menschlichen Einwirkungen auf Oberflächen- und Grundwasser.[31]

42 Das vorliegende Vorhaben zielt auf den Ausbau eines Gewässers ab, welcher im Wasserhaushaltsgesetz geregelt sein könnte. Zunächst müsste es sich bei der Zagst um ein Gewässer handeln. Der Gewässerbegriff des WHG ergibt sich aus § 1 und § 2 WHG.[32] Nach § 2 Abs. 1 WHG gilt das WHG für oberirdische Gewässer, Küstengewässer und Grundwasser sowie Teile dieser Gewässer. Für Meeresgewässer (§ 2 Abs. 1a WHG) gelten ebenfalls einige Vorschriften des WHG (§ 23 WHG und Kap. 2 Abschnitt 3a WHG). Nach § 3 Nr. 1 WHG sind *oberirdische Gewässer* ständig oder zeitweilig in Betten fließende oder stehende oder aus Quellen wild abfließende Wasser. Unzweifelhaft ist die Zagst laut SV ein Fluss und somit als fließendes oberirdisches Gewässer nach § 2 Abs. 1 i.V.m. § 3 Nr. 1 WHG anzusehen – das Hochwasserrückhaltebecken bezieht sich also auf ein Gewässer i.S.d. § 2 Abs. 1 i.V.m. § 3 Nr. 1 WHG und fällt demnach in den Anwendungsbereich des WHG.

43

> **Rückhaltebecken als Gewässer?**
>
> Ob das Hochwasserrückhaltebecken selbst ein Gewässer i.S.d. § 2 Abs. 1 i.V.m. § 3 Nr. 1 WHG ist, muss an dieser Stelle nicht dargestellt werden, da ja der Gewässerausbau der Zagst nach §§ 67 ff. WHG in Frage steht. Dennoch soll die Gewässereigenschaft des Rückhaltebeckens vertiefend betrachtet werden. Grundlage ist die Legaldefinition aus § 3 Nr. 1 WHG, der oberirdische Gewässer als *„das ständig oder zeitweilig in Betten fließende oder stehende oder aus Quellen wild abfließende Wasser"* definiert. Ob das Wasser dabei ständig oder zeitweilig in einem Bett fließt oder steht (§ 3 Nr. 1 WHG), kann im Einzelfall durchaus schwer zu bestimmen sein. Nach Rspr. und Literatur ist es für das *zeitweilige* Vorhandensein nicht entscheidend, ob es sich um regelmäßig oder unregelmäßig wiederkehrende Ereignisse handelt, die dazu führen, dass das Wasser am betreffenden Ort steht oder fließt.[33] Ist die Wasseransammlung hingegen auf außergewöhnliche Naturereignisse zurückzuführen oder handelt es sich um ein Überschwemmungsgebiet, so wird das zeitweilige Vorhandensein abgelehnt.[34] Ein Rückhaltebecken wäre danach nur dann ein Gewässer, wenn es sich bspw. um ein teilweise gefülltes Becken (Dauerstaubecken) handelt.

---

31 BVerfGE 15, 1 (14); BVerfGE 58, 300 (348).
32 *Czychowski/Reinhardt*, WHG, 12. Aufl. 2019, § 2 Rn. 2; *Kotulla*, Umweltrecht, 7. Aufl. 2018, S. 119.
33 BVerwG, NVwZ 2011, 697; *Czychowski/Reinhardt*, WHG, 12. Aufl. 2019, § 3 Rn. 14; Landmann/Rohmer/ *Faßbender*, UmweltR, 92. EL Feb. 2020, § 3 WHG Rn. 14.
34 Landmann/Rohmer/*Faßbender*, UmweltR, 92. EL Feb. 2020, § 3 WHG Rn. 14.

Für die Fallbearbeitung sollten die Begriffsbestimmungen und Definitionen des Gewässers bei der Fallbearbeitung geläufig sein. Eine gute Übersicht findet sich bspw. bei *Kotulla*, Umweltrecht, 7. Aufl. 2018, S. 119 f. oder auch bei *Schlacke*, Umweltrecht, 7. Aufl. 2019, § 11, Rn. 25 ff.

2. Gewässerausbau, § 67 Abs. 2 WHG

Für die Planfeststellungspflichtigkeit muss es sich bei dem vorliegenden Hochwasserrückhaltebecken um ein Vorhaben i.S.d. § 67 Abs. 2 WHG, also einen Ausbau des betreffenden Gewässers, handeln. Nach der Legaldefinition des § 67 Abs. 2 WHG betrifft der Ausbau eines Gewässers seine auf Dauer angelegte Herstellung, die Beseitigung oder die wesentliche Umgestaltung eines Gewässers.[35] Auch stehen nach § 67 Abs. 2 S. 3 WHG Deich- und Dammbauten sowie Bauten des Küstenschutzes dem Gewässerausbau gleich, wenn sie den Hochwasserabfluss beeinflussen.[36] Ein Hochwasserrückhaltebecken steht nach § 67 Abs. 2 S. 3 WHG als ein den Hochwasserabfluss beeinflussender Deich- und Dammbau einem Gewässerausbau gleich.[37]   44

Die Planfeststellungspflichtigkeit des Gewässerausbaus liegt demnach vor.   45

II. Formelle Planfeststellung

Die Planfeststellung müsste weiterhin formell rechtmäßig erfolgt sein.   46

1. Zuständigkeit/Form

Laut SV ist das Landratsamt als untere Wasserbehörde nach § 80 Abs. 2, § 82 Abs. 1 WG BW die untere Verwaltungsbehörde. Nach § 15 Abs. 1 Nr. 1 Var. 1 LVG sind die Landratsämter in jedem Fall zuständig (s.o.). Laut SV ist LB zuständige Behörde, mithin also das Landratsamt, das als zuständige Planfeststellungs- und Anhörungsbehörde gehandelt hat. Eine Identität dieser Behörden ist unschädlich.[38] Hinsichtlich der Form sind keine Mängel ersichtlich.   47

2. Verfahren

Das rechtmäßige Verfahren bestimmt sich nach den §§ 70 Abs. 1 und 2, 68 WHG i.V.m. §§ 4, 5 Abs. 1, 7 Abs. 1 S. 1, 18 Abs. 1 UVPG i.V.m. 13.6.2. der Anlage 1 zum UVPG i.V.m. §§ 72 ff. VwVfG.   48

a) Antrag, § 70 Abs. 1 WHG i.V.m. § 73 Abs. 1 S. 1 VwVfG

BW als oberste Landesbehörde und Vorhabenträgerin stellte laut SV form- und fristgerecht bei der zuständige Planfeststellungsbehörde LB, eine Landesbehörde des Bundeslandes BW, den Antrag auf Errichtung eines Hochwasserrückhaltebeckens. Dafür hat es die wasser- und umweltrechtlichen Unterlagen gem. § 70 Abs. 1 WHG i.V.m. § 73 Abs. 1 S. 1 VwVfG eingereicht. Der Antrag enthält alle erforderlichen Einzelangaben   49

---

35 BVerwG, Beschl. v. 7.7.1995 – 11 VR 11.95; *Stüer*, Bau- und Fachplanungsrecht, 5. Aufl. 2015, Rn. 4231; *Czychowski/Reinhardt*, WHG, 12. Aufl. 2019, § 67 Rn. 20 f.
36 BeckOK UmweltR/*Spieth*, 55. Ed. 2020, § 67 WHG Rn. 25.
37 BayVGH, Beschl. v. 19.7.2013 – 8 ZB 12.403 – juris Rn. 13.
38 Vgl. BVerwG, Urt. v. 18.3.2009 – 9 A 39/07- juris Rn. 24 f.; BVerwG, NVwZ 2002, 1103 (1104).

mitsamt den UVP-relevanten Angaben des Ausbauplans, insbesondere wurde laut Sachverhalt ein UVP-Bericht gem. § 16 UVPG ordnungsgemäß erstellt und dem Ausbauplan beigefügt.

b) Umweltverträglichkeitsprüfung

50 Die UVP ist ein unselbstständiger, dienender Teil des Verfahrens (§ 4 UVPG); ihre ordnungsgemäße Durchführung ist daher in der formellen Rechtmäßigkeit zu prüfen.[39] Eine UVP-Pflichtigkeit nach §§ 4, 5 Abs. 1, 7 Abs. 1 S. 1 UVPG i.V.m. 13.6.2. der Anlage 1 zum UVPG wurde bereits i.R.d. Klagebefugnis geprüft und ist vorliegend anzunehmen. Die LB ist zuständige Behörde zur Durchführung der UVP. Die Form wurde gewahrt.

c) Behördenbeteiligung

51 Die beteiligten Behörden wurden laut SV nach §§ 68 Abs. 3, 70 Abs. 1 und 2 WHG, § 17 UVPG i.V.m. § 73 Abs. 2, 3a VwVfG ordnungsgemäß beteiligt.

d) Verfahren, insbesondere Öffentlichkeitsbeteiligung

52 Schwieriger zu beurteilen ist allerdings die Frage, ob die Öffentlichkeit nach § 18 UVPG richtig beteiligt worden ist. Denn es wurden die Unterlagen der UVP zwar formgerecht bekannt gemacht, form- und fristgerecht ausgelegt und Gelegenheit zur Äußerung für Betroffene gegeben, eine Erörterung fand jedoch nicht statt.

aa) Anhörungsverfahren, § 18 Abs. 1 S. 4 UVPG i.V.m. §§ 68 Abs. 3, 70 Abs. 1 und 2 WHG, § 73 VwVfG

53 Das Anhörungsverfahren müsste durch die Auslegung der Planunterlagen, mitsamt den Unterlagen der UVP einen Monat zur Einsicht ausgelegt worden sein, §§ 68 Abs. 3, 70 Abs. 1 und 2 WHG, §§ 18 Abs. 1 S. 4, 19 UVPG i.V.m. § 73 Abs. 3 S. 1 VwVfG. Die Unterlagen wurden vom 2.10.2019 bis zum 2.11.2019 ordnungsgemäß ausgelegt, die Auslegung ist demnach nicht zu beanstanden.

54 Innerhalb von zwei Wochen nach Ablauf der Auslegungsfrist gemäß §§ 68 Abs. 3, 70 Abs. 1 und 2 WHG, §§ 18 Abs. 1 S. 4, 19 UVPG i.V.m. § 73 Abs. 4 S. 1 VwVfG hat P form- und fristgerecht Einwendungen erhoben.

55 Zudem müsste ein Erörterungstermin nach §§ 68 Abs. 3, 70 Abs. 1 und 2 WHG, § 18 Abs. 1 S. 4 UVPG i.V.m. § 73 Abs. 6 S. 1 VwVfG durchgeführt worden sein. Der Erörterungstermin dient zum einen dazu, einen Interessenausgleich zwischen den Beteiligten herzustellen, und zum anderen den betroffenen Beteiligten eine Möglichkeit zu geben, ihre Interessen gegenüber den Behörden mitzuteilen.[40] Er wird als zentrales Element der Öffentlichkeitsbeteiligung betrachtet.[41] Die Erörterung in § 73 Abs. 6 S. 1 VwVfG ist dabei verpflichtend ausgestaltet, was insbesondere im Umkehrschluss durch die Regelungen zur fachgesetzlichen Erleichterung bzgl. des Erörterungstermins deutlich wird (vgl. § 10 Abs. 6 BImSchG, § 17a Nr. 1 FStrG, § 14a Nr. 1 WaStrG). Das Verhältnis von UVPG (§ 1 Abs. 4 UVPG) und fachgesetzlichen Vorschriften kann an dieser

---

39 BVerwG, Urt. v. 18.3.2009 – 9 A 39/07 - Rn. 23 - juris.
40 Hoppe/Beckmann/Kment/*Hagmann*, UVPG/UmwRG, 5. Aufl. 2018, § 18 UVPG Rn. 24.
41 BeckOK VwVfG/*Kämper*, 47. Ed. 2020, § 73 VwVfG Rn. 65.

Stelle noch dahinstehen, da sowohl § 18 Abs. 1 S. 4 UVPG als auch §§ 68 Abs. 3, 70 Abs. 1 und 2 WHG bestimmen, dass die Öffentlichkeitsbeteiligung nach den Vorgaben in § 73 Abs. 3 1, Abs. 5 – 8 VwVfG erfolgen muss. Insbesondere handelt es sich bei der Erörterung um einen einheitlichen Termin, bei dem sowohl die Belange nach UVPG als auch die fachgesetzlichen Belange erörtert werden.

P ist auch Adressat dieser Regelung. Sein Grundstück grenzt direkt an das Rückhalte-becken, womit er zur betroffenen Öffentlichkeit wiederum sowohl nach § 18 UVPG als auch nach §§ 68 Abs. 3, 70 Abs. 1 und 2 WHG zählt. Dabei ist jede Person, deren Belange durch eine Zulassungsentscheidung oder einen Plan oder ein Programm be-rührt werden, als betroffen zu erachten. 56

Demnach liegt im vorliegenden Fall ein Fehler der Öffentlichkeitsbeteiligung vor, da trotz Einwendungen (von P) keine Erörterung durchgeführt worden ist. Die Anhörung wurde demnach fehlerhaft durchgeführt. 57

bb) Beachtlichkeit des Fehlers

Fraglich ist, wie sich dieser Verfahrensfehler auswirkt. Grundsätzlich bestimmt § 46 VwVfG die Folgen von Verfahrensfehlern. Da Verfahrensvorschriften eine dienende Funktion zukommt, führen Fehler hierbei nicht per se zur Aufhebung der Sachent-scheidung. Es bedarf zunächst der Klärung, ob sich die Verfahrensanforderungen nach UVPG oder den fachrechtlichen Vorschriften aus WHG bestimmen, da sich bezüglich der Verfahrensfehler unterschiedliche Folgen ergeben könnten. Das Verhältnis von UVPG und den fachrechtlichen Vorschriften ergibt sich aus § 1 Abs. 4 UVPG. Danach findet das UVPG dann Anwendung, wenn Rechtsvorschriften die UVP „nicht näher bestimmen oder die wesentlichen Anforderungen dieses Gesetzes nicht näher beach-ten" (§ 1 Ab. 4 S. 1 UVPG).[42] Es kann allerdings vorliegend dahinstehen, ob das WHG diese Wesentlichkeitsschwelle überschreitet. Denn § 70 Abs. 2 WHG bestimmt aus-drücklich, dass sich bei einer UVP-Pflicht des Vorhabens das Verfahren nach dem UVPG richtet. Demnach unterliegen Fehlerfolgen dem Fehlerfolgenregime des UmwRG. Denn die in § 4 UmwRG enthaltene (unionsrechtlich geprägte) Sondervor-schrift zu § 46 VwVfG regelt eigenständig die Fehlerfolgen bei Verfahrensverstößen im Rahmen der UVP. Dies gilt nach § 4 Abs. 1 S. 2 UmwRG auch für die Vorprüfung nach § 7 Abs. 1 S. 1 UVPG. § 4 UmwRG gliedert sich dabei in absolute und relative[43] Ver-fahrensfehler. Bei absoluten Verfahrensfehlern ist die Sachentscheidung aufzuheben (soweit keine Heilung möglich ist). Bei relativen Verfahrensfehlern entscheidet sich die Aufhebung nach ihrer Wesentlichkeit für die Sachentscheidung. 58

(1) Absolute Verfahrensfehler aus § 4 Abs. 1 S. 1 Nr. 2 UmwRG – unterbliebene Öffentlichkeitsbeteiligung

In Betracht käme ein absoluter Verfahrensfehler durch eine unterbliebene Öffentlich-keitsbeteiligung aus § 4 Abs. 1 S. 1 Nr. 2 UmwRG, indem die Erörterung nicht stattge-funden hat. Die nicht durchgeführte und nicht nachgeholte, aber erforderliche Öffent-lichkeitsbeteiligung nach § 18 UVPG oder nach § 10 BImschG i.S.d. § 4 Abs. 1 S. 1 Nr. 2 UmwRG wird als Sonderfall der fehlerhaften UVP nach § 4 Abs. 1 S. 1 Nr. 1 59

---

42 Hoppe/Beckmann/Kment/*Hagmann*, UVPG/UmwRG, 5. Aufl. 2018, § 18 UmwRG Rn. 15.
43 Zum Teil werden diese auch als „unwesentlich" bezeichnet, s. *Schlacke*, Umweltrecht, 7. Aufl. 2019, § 6 Rn. 13.

UmwRG angesehen und stellt einen absoluten Verfahrensfehler dar.[44] Die teilweise unterbliebene Öffentlichkeitsbeteiligung oder eine zu Unrecht unterbliebene erneute Öffentlichkeitsbeteiligung ist hierbei allerdings nicht umfasst.[45] So ist die fehlende Erörterung als teilweise unterbliebene Beteiligung zu verstehen, die einen absoluten Verfahrensfehler nicht begründet. In Anbetracht der Folgen für das gesamte Verfahren (Planerhaltungsgrundsatz) ist diese Auffassung auch berechtigt.[46] Es würde zudem dem Sinn der Vorschrift nicht entsprechen, die die Einbindung der Öffentlichkeit schützen möchte und nicht nur einzelne Fehler im Verfahren der Öffentlichkeitsbeteiligung sanktionieren soll. Ein absoluter Verfahrensfehler nach § 4 Abs. 1 S. 1 Nr. 2 UmwRG liegt deshalb nicht vor.

(2) Absolute Verfahrensfehler aus § 4 Abs. 1 S. 1 Nr. 3 UmwRG – unterbliebene Öffentlichkeitsbeteiligung

60 § 4 Abs. 1 S. 1. Nr. 3 UmwRG enthält einen Auffangtatbestand, der auch die Verfahrensfehler umfassen soll, die nicht unter § 4 Abs. 1 S. 1 Nr. 1 oder 2 UmwRG fallen, aber nach Art und Schwere mit diesen vergleichbar sind.[47] Das System dieses Auffangtatbestandes würde allerdings konterkariert, wenn ein von § 4 Abs. 1 S. 1 Nr. 2 UmwRG ausgenommener Fehler durch § 4 Abs. 1 S. 1. Nr. 3 UmwRG aufgewertet würde, obwohl er die Schwelle zur Absolutheit gerade nicht erreicht hat. Die unterbliebene Erörterung als teilweise unterbliebene Öffentlichkeitsbeteiligung stellt nach dem Fehlerregime des § 4 Abs. 1 UmwRG keinen absoluten Verfahrensfehler dar und ist auch nicht vom Auffangtatbestand des § 4 Abs. 1 S. 1. Nr. 3 UmwRG umfasst.

(3) Relativer Verfahrensfehler – fehlerhafte Öffentlichkeitsbeteiligung

61 Nach §§ 4 Abs. 1a, 4 Abs. 1 UmwRG kann die fehlerhafte Öffentlichkeitsbeteiligung einen relativen Verfahrensfehler darstellen, der nach § 46 VwVfG zu behandeln ist. Einen abschließenden Katalog solcher Fehler enthält § 4 Abs. 1a UmwRG nicht, sondern umfasst jene Verfahrensfehler, die nicht in den Anwendungsbereich des § 4 Abs. 1 UmwRG fallen.[48] Vorliegend ist im Falle einer unterbliebenen Erörterung zweifellos ein Verfahrensfehler anzunehmen, der nicht unter § 4 Abs. 1 UmwRG fällt (s.o.). Fraglich bleibt, ob diese fehlerhafte Erörterung sich auf die Sachentscheidung ausgewirkt hat. Auch wenn das zunächst zu vermuten ist, schließt dies nicht aus, dass das Gericht von Amts wegen eine Überprüfung vornimmt. Da LB jedoch die Belange des P berücksichtigt hat, i.R.d. Abwägung allerdings zu einem Überwiegen des Allgemeinwohls gekommen ist, hat sich die unterlassene Erörterung nicht auf den Planfeststellungsbeschluss ausgewirkt. Nach §§ 4 Abs. 1a, 4 Abs. 1 UmwRG i.V.m. § 46 VwVfG ist der Fehler demnach unbeachtlich, P kann sich darauf nicht berufen.

---

44 Hoppe/Beckmann/Kment/*Kment*, UVPG/UmwRG, 5. Aufl. 2018, § 4 UmwRG Rn. 23.
45 BVerwG, Urt. v. 9.2.2017 – 7 A 2/15 –, NVwZ-Beilage 2017, 101 Rn. 33; Hoppe/Beckmann/Kment/*Kment*, UVPG/UmwRG, 5. Aufl. 2018, § 4 UmwRG Rn. 23.
46 BVerwG, Urt. v. 9.2.2017 – 7 A 2/15 –, NVwZ-Beilage 2017, 101 Rn. 33; Hoppe/Beckmann/Kment/*Kment*, UVPG/UmwRG, 5. Aufl. 2018, § 4 UmwRG Rn. 23.
47 Hoppe/Beckmann/Kment/*Kment*, UVPG/UmwRG, 5. Aufl. 2018, § 4 UmwRG Rn. 24.
48 Hoppe/Beckmann/Kment/*Kment*, UVPG/UmwRG, 5. Aufl. 2018, § 4 UmwRG Rn. 28.

cc) Zwischenergebnis

Die Anhörung war demnach zwar fehlerhaft, was aber nach §§ 4 Abs. 1a, 4 Abs. 1 UmwRG i.V.m. § 46 VwVfG unbeachtlich ist.

62

63

Weiterführend zu Verfahrensfehler:[49]

Nach traditionellem Verständnis stellen Verfahrensvorschriften, aufgrund der lediglich dienenden Funktion des Verwaltungsverfahrens, grundsätzlich keine selbstständigen Schutznormen dar, es sei denn, es kann zusätzlich eine materielle Rechtsgutverletzung geltend gemacht werden, vgl. § 46 VwVfG (sog. *dienende Funktion des Verwaltungsverfahrens*). Den auf dieser Auffassung fußenden sog. *relativen Verfahrensrechten* i.S.v. § 4 Abs. 1a UmwRG kommt kein modifizierter Zulässigkeitsmaßstab zu, d.h. relative Verfahrensfehler nach § 1 Abs. 1 Satz 1 Nr. 1 bis Nr. 2b UmwRG begründen nach h.M. keine vom Maßstab des § 42 Abs. 2 VwGO abweichende Klagebefugnis. Zudem ist i.R.d. Begründetheit bei solchen relativen Verfahrensfehlern weiterhin das Kausalitätserfordernis des § 46 VwVfG zu prüfen und ferner kein über den Maßstab des § 113 Abs. 1 S. 1 VwGO hinausgehender Aufhebungsanspruch gegeben. Anderes gilt hingegen bei sog. *absoluten Verfahrensrechten* i.S.v. § 4 Abs. 1 UmwRG, welche auch unabhängig vom materiellen Verfahrensausgang, d.h. ohne nachzuweisende Ergebniskausalität i.S.d. § 46 VwVfG, subjektive Mitwirkungsrechte gewähren. Die Verdrängung des § 46 VwVfG im Falle absoluter Verfahrensfehler ergibt sich konkret über das *argumentum e contrario* aus § 4 Abs. 1a UmwRG i.V.m § 4 Abs. 1 UmwRG. Ferner wird der Aufhebungsanspruch des § 113 Abs. 1 S. 1 VwGO bei absoluten Verfahrensfehler dahin gehend über § 4 Abs. 1, 3 UmwRG erweitert, dass absolute Verfahrensfehler unabhängig vom Nachweis der Auswirkung auf materielle Rechtspositionen des Klägers durch einen zulässigen Rechtsbehelf erfolgreich angegriffen werden können (sog. *objektive Kontrolle*). Verfahrensvorschriften finden nach vorherrschender Meinung in der Rspr. jedoch weiterhin ihre ausschließliche Funktion in der einzelfallgerechten Herstellung richtiger Sachentscheidungen, so dass den Verfahrensvorschriften darüber hinaus kein materieller Eigenwert zugestanden wird.[50] So ist nach wie vor strittig, inwieweit Individualklagen gem. § 42 Abs. 2 VwGO nach der Schutznormtheorie zulässig sein können, wenn ausschließlich solche (auch: absolute) Verfahrensrechte verletzt sind. Aufgrund der Ausweitung des umweltrechtlichen Rechtsschutzes durch die EU scheint die tradierte Auffassung unionsrechtlich kaum haltbar. Nach dem Telos des Unionsrechts müsste schon die Verletzung von Verfahrensrechten, welche über § 4 Abs. 1, 3 UmwRG einen Aufhebungsanspruch vermitteln, die Klagebefugnis für Individualkläger begründen können, da sonst die erweiterten gerichtlichen Beteiligungsrechte zur Überprüfung der verfahrensmäßigen Rechtmäßigkeit gem. Art. 11 Abs. 1 UVP-RL de facto ins Leere liefen.[51] Denn der Aufhebungsanspruch des § 4 Abs. 1 UmwRG gilt gem. § 4 Abs. 3 UmwRG nicht nur für Rechtsbehelfe von Umweltverbänden, sondern auch Personen i.S.v. § 61 Nr. 1, 2 VwGO; mithin könnte man daraus ableiten, dass ein Unterlassen der UVP auch i.R.d. Individualrechtsschutzes gem. § 42 Abs. 2 2. Hs VwGO einen absoluten, individuell einklagbaren Verfahrensfehler darstellen müsste. Teile der Literatur argumentieren dahin gehend gegen die h.M. und das BVerwG, dass den verfahrensrechtlichen Bestimmungen zur Durchführung einer UVP, welche eben gerade auch dem Schutz indivi-

---

49 Nachfolgend diskutierter Streitstand ausführlich dargestellt bei *Schlacke*, Umweltrecht, 7. Aufl. 2019, § 6 Rn. 13; Eyermann/*Happ*, VwGO, 15. Aufl. 2019, § 42 Rn. 117 f.; ebd./*ders.*, VwGO, 15. Aufl. 2019, § 4 UmwRG Rn. 3 ff.
50 Hierzu ausführlich *Schlacke*, Umweltrecht, 7. Aufl. 2019, § 6 Rn. 13 m.w.N.
51 So *Schlacke*, Umweltrecht, 7. Aufl. 2019, § 6 Rn. 13.

dueller Mitwirkungsrechte dienen, bei richtlinienkonformer Auslegung des § 42 Abs. 2 VwGO (hier: analog) Drittschutz zuzusprechen sei.

3. Zwischenergebnis

64 Die formellen Voraussetzungen der Planfeststellung liegen demnach vor.

III. Materielle Voraussetzungen nach § 68 Abs. 3 WHG

65 § 68 Abs. 3 WHG enthält zwingende materielle Voraussetzungen, die kumulativ vorliegen müssen. Neben der zwingend notwendigen Planrechtfertigung darf das Vorhaben das Allgemeinwohl nicht beeinträchtigen (Nr. 1) und keinen sonstigen öffentlich-rechtlichen Vorschriften entgegenstehen (Nr. 2).[52] Die Beeinträchtigung des Allgemeinwohls kann allerdings durch Bedingungen oder Auflagen ausgeglichen werden.

1. Planrechtfertigung

66 Hoheitliche Planung bedarf aufgrund ihrer Auswirkungen auf Rechtspositionen Dritter immer einer Rechtfertigung – der sogenannten Planrechtfertigung.[53] Diese ergibt sich regelmäßig aus den jeweiligen Fachplanungen und ist dann anzunehmen, wenn das Vorhaben vernünftigerweise geboten erscheint und dem Ziel des einschlägigen Fachplanungsgesetzes zu dienen geeignet ist.[54]

67 Im Wasserrecht besteht die Besonderheit, dass zwischen gemeinnützigen und privatnützigen Vorhaben unterschieden wird. So dienen die gemeinnützigen Vorhaben dem Gemeinwohl und die privatnützigen Vorhaben, welche *keiner* Planrechtfertigung bedürfen, lediglich den privaten Interessen des Vorhabenträgers.[55] Vorliegend dient das Rückhaltebecken dem Hochwasserschutz, der in § 6 Abs. 1 Nr. 6 WHG ausdrücklich als allgemeiner Grundsatz des Wasserrechts definiert wird. Es handelt sich demnach um eine gemeinnützige Planfeststellung. Eine Planrechtfertigung ist demnach angezeigt.

68 Die Planrechtfertigung selbst ergibt sich vorliegend aus dem Gebot des Hochwasserschutzes. Auch das europäische Recht misst der Hochwasservorsorge überragende Bedeutung zu.[56] Nach § 68 Abs. 3 WHG darf ein Plan nur festgestellt oder genehmigt werden, wenn eine Beeinträchtigung des Wohls der Allgemeinheit, insbesondere eine erhebliche und dauerhafte, nicht ausgleichbare Erhöhung der Hochwasserrisiken oder eine Zerstörung natürlicher Rückhalteflächen, nicht zu erwarten sind.[57] Die Planrechtfertigung ist demnach anzunehmen.

> Im Wasserrecht ist auch eine *privatnützige Planfeststellung* nach § 68 WHG möglich, was die Vorschrift von anderen Fachplanungen unterscheidet. Denn diese sind in der Regel nur dann zulässig, wenn sie eine Aufgabe „zum Wohle der Allgemeinheit" erfüllen (vgl.

---

52 *Kotulla*, Umweltrecht, 7. Aufl. 2018, S. 151; *Czychowski/Reinhardt*, WHG, 12. Aufl. 2019, § 68 Rn. 21.
53 BVerwG, NVwZ 2002, 1103 (1104).
54 BVerwGE 56, 110 (168) = NJW 1979, 64; *Leist/Tams*, JuS 2007, 1093 (1096).
55 BeckOK UmweltR/*Spieth*, 55. Ed. 2020, § 70 WHG Rn. 18; *Czychowski/Reinhardt*, WHG, 12. Aufl. 2019, § 67 Rn. 4; BVerwG, Urt. v. 10.2.1978 – IV C 25.75 – BVerwGE 55, 220 = DVBl 1979, 63; *Stüer*, Bau- und Fachplanungsrecht, 5. Aufl. 2015, Rn. 4234.
56 Richtlinie 2007/60/EG vom 23.10.2007, ABl. L 288/27.
57 BVerwG, Urt. v. 9.2.2017 – 7 A 2.15; BayVGH, BayVBl 2020, 49.

Art. 14 Abs. 3 GG). Im Gegensatz zur gemeinnützigen Planfeststellung darf die privatnützige Planfeststellung jedoch nicht in Rechte Dritter eingreifen, gegen das Allgemeinwohl verstoßen und kann keine Enteignung rechtfertigen.

2. Keine Beeinträchtigung des Wohls der Allgemeinheit

Das Hochwasserrückhaltebecken darf zunächst nicht das Wohl der Allgemeinheit i.S.d. 69 § 68 Abs. 3 Nr. 1 WHG beeinträchtigen. Das Allgemeinwohl ergibt sich maßgeblich aus § 6 WHG, welcher die allgemeinen Grundsätze der Gewässerbewirtschaftung enthält. Der Begriff erfährt durch Rspr. und Literatur Konkretisierungen, die ihn nicht nur auf wasserwirtschaftliche Belange beschränken.[58] In Bezug auf die wasserwirtschaftlichen Gesichtspunkte stellt der Begriff die Bewirtschaftung der knappen und gefährdeten Ressource Wasser in den Mittelpunkt.[59] Wasserwirtschaftliche Teile des Allgemeinwohls sind bspw. die Wasserversorgung, die Wasserreinhaltung, die Abwasserbeseitigung und eben auch der Schutz vor Hochwasser als ordnungsgemäßer Wasserabfluss.[60] Das Hochwasserrückhaltebecken beeinträchtigt das Allgemeinwohl vorliegend nicht. Vielmehr fördert es den Hochwasserschutz.

3. Sonstige öffentlich-rechtliche Vorschriften

Laut Bearbeiterhinweis stehen keine sonstigen öffentlich-rechtlichen Vorschriften und 70 auch keine anderen Anforderungen nach dem WHG gem. § 68 Abs. 3 Nr. 2 WHG entgegen.

4. Planungsrechtliches Abwägungsgebot

P macht vorliegend geltend, LB habe seine Belange nicht ausreichend berücksichtigt. 71 So könnten Bäume und Büsche am Ufer des Rückhaltebeckens bei Hochwasser beschädigt werden. Außerdem seien durch die baulichen Anlagen Risse an den Gebäuden auf seinen Grundstücken nicht auszuschließen. Es könnte sich demnach um einen Verstoß gegen das fachplanerische Abwägungsgebot handeln. Dieses Abwägungsgebot ergibt sich aus dem Wesen der Planfeststellung, bei der die vom Vorhaben berührten öffentlichen und privaten Belange gegeneinander und gerecht abzuwägen sind, um einer rechtsstaatlichen Planung gerecht zu werden.[61] Das gilt demnach auch für die Fachplanung aus §§ 67 ff. WHG. Bei der Ausübung des Planungsermessens müssen zudem alle für die planfeststellungsbedürftigen Vorhaben geltenden rechtlichen Bedingungen eingehalten werden, worunter auch das Abwägungsgebot fällt.[62] Die gerichtliche Überprüfbarkeit erstreckt sich allerdings aufgrund des großen Planungs- und Gestaltungsspielraum der PFBh nur auf Fehler im Abwägungsvorgang. Als Abwägungsfehler kommen ein Abwägungsausfall, ein Abwägungsdefizit, eine Abwägungsfehleinschätzung und eine Abwägungsdisproportionalität in Betracht.

---

58 Das war lange umstritten ist aber mittlerweile ganz herrschende Meinung. Dazu ausführlich *Czychowski/Reinhardt*, WHG, 12. Aufl. 2019, § 6 Rn. 27; BeckOK UmweltR/*Spieth*, 55. Ed. 2020, § 68 WHG Rn. 23 jeweils m.w.N.

59 *Czychowski/Reinhardt*, WHG, 12. Aufl. 2019, § 6 Rn. 28.

60 *Czychowski/Reinhardt*, WHG, 12. Aufl. 2019, § 6 Rn. 30.

61 BVerwGE 48, 56 (63); BeckOK VwVfG/*Kämper*, 47. Ed. 2020, § 74 VwVfG Rn. 68 m.w.N.

62 BVerwGE 97, 148 m.w.N.

72   Bei der wasserrechtlichen Planung ist i.R.d. Abwägung die Unterscheidung von gemeinnützigen und privatnützigen Vorhaben zusätzlich angezeigt, da sie unterschiedlichen Abwägungsanforderungen unterliegen. Insbesondere ist die Ablehnung privatnütziger Vorhaben alleine aufgrund planerischer Abwägung ohne zwingende Versagungsgründe möglich.[63] Vorliegend wurde die gemeinnützige Planfeststellung bereits festgestellt.

73   Die LB hat laut SV die Belange des P abgewogen – sie geht in der Stellungnahme ausdrücklich darauf ein. Es wurde dargelegt, dass die neueste Technik bei der Realisierung des Vorhabens zum Einsatz kommt, um mögliche Auswirkungen auf die Rechtsgüter des P abzumildern bzw. auszuschließen. In Betracht kommt demnach lediglich ein Abwägungsfehler in Form der Abwägungsdisproportionalität, bei dem die Belange entsprechend ihrer Wertigkeit falsch gewichtet wurden. Gegenüber stehen sich dabei die Belange des P, die im Schutz vor möglichen Beschädigungen seiner Pflanzen und Gebäude bestehen, und die des Hochwasserschutzes. Gerade im Wasserrecht nehmen die Grundsätze aus §§ 5, 6 WHG eine wichtige Rolle i.R.d. Abwägung ein, da sie das System des Gewässerschutzes gewährleisten. Der Hochwasserschutz ist dabei nach § 6 Abs. 1 Nr. 6 WHG als Grundsatz definiert und muss in der Abwägung berücksichtigt werden. Untermauert wird die Wichtigkeit des Hochwasserschutzes durch die Instrumente aus §§ 72 ff. WHG, die staatliche Schutzpflichten in diesem Bereich ausdrücklich definieren und für die überragende Bedeutung des Hochwasserschutzes sprechen. Auch wenn P mögliche Schäden seiner Rechtsgüter geltend macht, so treten diese hinter den Hochwasserschutz zurück. Denn je bedeutender das Rechtsgut, desto geringere Anforderungen sind an die Wahrscheinlichkeit möglicher Schäden des Betroffenen zu stellen. Demnach kann eine Fehlgewichtung der Belange nicht angenommen werden, die Abwägung erfolgte ohne Fehler.

5. Zwischenergebnis

74   Die materiellen Voraussetzungen des § 68 Abs. 3 WHG liegen vor, ein Abwägungsfehler ist nicht erkennbar.

D. Ergebnis

75   Die zulässige Klage des P ist unbegründet und hat damit keine Aussicht auf Erfolg. P kann die Aufhebung des PFB vorliegend nicht verlangen, da dieser formell und materiell rechtmäßig erlassen wurde.

76

Weiterführende Hinweise:
Zum materiellen Recht: *Leist/Tams*, Schwerpunktbereich – Einführung in das Planfeststellungsrecht Teil 1 & 2, JuS 2007, S. 995 – 1001 und S. 1093 – 1097; *Kotulla*, Umweltrecht. Grundstrukturen und Fälle, 7. Aufl. 2018, 5. Teil: Gewässerschutzrecht; *Guckelberger*, Die diversen Facetten der Öffentlichkeitsbeteiligung bei wasserrechtlichen Planungen, NuR 2010, S. 835 – 842; *Czychowski/Reinhardt*, Kommentar zum WHG, 12. Aufl. 2019; *Albrecht*, Die ökologische Neuausrichtung des Wasserrechts durch die Wasserrahmenrichtlinie, EurUP 2015, S. 96–119; *Breuer/Gärditz*, Öffentliches und privates Wasserrecht, 4. Aufl. 2017; BeckOK UmweltR/*Giesberts/Reinhardt*, 55. Ed. 2020, WHG; *Stüer*, Bau- und Fachpla-

---

63 *Czychowski/Reinhardt*, WHG, 12. Aufl. 2019, § 70 Rn. 37 m.w.N.; *Stüer*, Bau- und Fachplanungsrecht, 5. Aufl. 2015, Rn. 4234.

nungsrecht, 5. Aufl. 2015, 2. Teil, IX Wasserrecht; *Schink/Reidt/Mitschang*, Kommentar zum UVPG/UmwRG, 2018; *Hoppe/Beckmann/Kment*, Kommentar zum UVPG und UmwRG, 5. Aufl. 2018; *Landmann/Rohmer*, Umweltrecht, 91. EL Sept. 2019; *Bader/Ronellenfitsch*, Kommentar VwVfG, 47. Auflage 2020; VG Neustadt, Planfeststellung eines Hochwasserrückhaltebeckens, NuR 2008, S. 276 – 292; BVerwG, Urt. v. 3.6.2014 – 4 CN 6/12; BVerwG, Urt. v. 22.10.2015 – 7 C 15/13; BVerwG, Urt. v. 9.2.2017 – 7 A 2/15; BVerwGE 158, 1–142; VG Hannover, BeckRS 2015, 46486; OVG Magdeburg, NVwZ-RR 2015, S. 809 – 815; VG Köln, BeckRS 2015, 46486; VG Augsburg, ZUR 2018, S. 376 – 380; BayVGH, BeckRS 2019, 3433.

Zum Prozessrecht: *Schmidt*, Das System der verwaltungsrechtlichen Klagearten, DÖV 2011, S. 169 – 174; *Haug/Schadtle*, Der Eigenwert der Öffentlichkeitsbeteiligung im Planungsrecht, NVwZ 2014, S. 271 – 275; *Fehling/Kastner/Störmer*, VerwR, 4. Aufl. 2016, VwGO; *Ziekow/Sodan*, VwGO, 5. Aufl. 2018; Stelkens/Bonk/Sachs/*Sachs*, Kommentar VwVfG, 9. Aufl. 2018; Eyermann/*Happ*, Kommentar VwGO, 15. Aufl. 2019; *Schoch/Schneider/Bier*, Kommentar VwGO, 37. EL 2019.

Fall 7: Kreislaufwirtschafts- und Abfallrecht

Sachverhalt

1   *Karolina Knister* (K) ist Betreiberin einer immissionsschutzrechtlich genehmigten Anlage in der Großen Kreisstadt G im Land BW, die sich mit der physikalisch-chemischen Behandlung von organischen Lösungsmitteln durch Destillieren befasst. In der Nacht zum 25.3.2020 kam es auf dem Gelände der K sowie auf dem Nachbargrundstück der *Ludmilla Lauter* (L), auf welchem sich ein Galvanikbetrieb befindet, zu einem Großbrand, der von der Feuerwehr erst nach zwei Tagen gelöscht werden konnte. Zur Brandbekämpfung setzte die Feuerwehr Feuerlöschschaum ein, bei dessen Erzeugung perfluorierte Tenside (PFT) verwendet wurden. Der Schaum bzw. das verbleibende Löschwasser wurden soweit wie möglich aufgefangen und auf dem Grundstück der L in mehreren Behältern zwischengelagert. Wie sich herausstellte, enthält das Löschwasser neben PFT auch Nickel, das aus dem Galvanikbetrieb der L stammt und dem Löschwasser bei den dortigen Löscharbeiten zugesetzt wurde.

Nach vorangegangener Anhörung erließ das Landratsamt gegenüber K einen Bescheid, welcher ihr in *Nr. 1* die ordnungsgemäße Beseitigung des zwischengelagerten Löschwassers binnen eines Monats aufgab. Diese Verfügung wurde in *Nr. 2* mit der Anordnung der sofortigen Vollziehung versehen. Für den Fall der nicht fristgerechten Befolgung der Verpflichtung aus *Nr. 1* wurde in *Nr. 3* die Ersatzvornahme angedroht. Die voraussichtlichen Kosten wurden ebenfalls beziffert.

Die Vollzugsanordnung wurde im Wesentlichen damit begründet, dass es sich bei dem Löschwasser um Abfall im Sinne des KrWG handelt, das aufgrund der Belastung mit PFT und Nickel geeignet sei, die Umwelt zu gefährden. Bedingt durch seine Kontamination könne das Wasser auch nicht weiter verwertet werden. Es bedürfe insoweit einer umgehenden ordnungsgemäßen Beseitigung.

K sei auch als Abfallerzeugerin anzusehen und damit richtige Adressatin der Verfügung. Das Löschwasser sei zwar nicht durch eine eigene Tätigkeit der K angefallen. Es wurde aber gutachterlich festgestellt, dass das Feuer durch einen technischen Mangel an einem zur Destillationsanlage der K gehörenden Rührwerk ausgelöst wurde und von dort aus auf das Nachbargrundstück und den Nachbarbetrieb übergriff. Damit habe K die erste Ursache für ein Tätigwerden der Feuerwehr gesetzt. Auch wenn die Feuerwehr innerhalb ihrer Zuständigkeit zur Brandbekämpfung, im Rahmen derer das Löschwasser als Abfall entstand, tätig geworden sei, könne sie nicht als Abfallerzeugerin angesehen werden. Da der Betrieb der Anlage der K nicht nur für die Brandbekämpfung auf ihrem Grundstück, sondern auch für den Feuerwehreinsatz auf dem Nachbargrundstück ursächlich gewesen sei und die Feuerwehr im Rahmen der Gefahrenabwehr für die K tätig wurde, sei ihr die Tätigkeit der Feuerwehr zuzurechnen. Ebenso wenig könne die gänzlich unbeteiligte L als Störerin herangezogen werden. Es wäre unbillig, diese als Störerin heranzuziehen, insbesondere da das Gefährdungspotential, das von deren Anlage ausging, aufgrund der erteilten Genehmigung für den Betrieb des Unternehmens als erlaubt anzusehen und damit vernachlässigungsfähig sei. K ist empört und legt unverzüglich Widerspruch gegen den Bescheid ein. Gleichzeitig wendet sie sich gegen die sofortige Vollziehung des Bescheides. K macht geltend, dass ihre Inanspruchnahme nicht rechtens sei, da sie weder Abfallbesitzerin noch Abfallerzeugerin sei. Das Löschwasser werde auf dem benachbarten Grundstück der L in Behältern gelagert. Insofern habe sie keinerlei Zugriffsmöglichkeiten. Sie selbst sei an den

Löscharbeiten gar nicht beteiligt gewesen, habe das Löschwasser mithin nicht erzeugt. Erzeuger des Abfalls war einzig die Feuerwehr, die schließlich auch die Aufgabe hätte, Brände zu bekämpfen. Eine Zurechnung der Tätigkeit der Feuerwehr käme ebenfalls nicht in Betracht. Abgesehen davon, dass dem Erzeugerbegriff Kriterien der Verursachung und Zurechnung fremd seien, könnte der Feuerwehreinsatz allenfalls L zugerechnet werden. Weil die Anlage der K beim Eintreffen bereits fast vollständig zerstört war und im Zeitpunkt des Anfalls des Löschwassers nicht mehr betrieben wurde, dienten die Löscharbeiten ausschließlich dem Schutz der Nachbargrundstücke. Dies zeige sich schon daran, dass das Wasser überwiegend auf dem Betriebsgelände der L ausgebracht und abgesaugt wurde. Im Übrigen sei die Abfalleigenschaft des Wassers mit PFT und Nickel durch Substanzen herbeigeführt worden, die in ihrem Betrieb überhaupt nicht verwendet würden. PFT rühre aus dem Feuerwehrschaum und Nickel aus der Galvanisieranlage der L. Die Störerauswahl sei insofern rechtsfehlerhaft erfolgt.

Beurteilen Sie die Erfolgsaussichten eines Antrages der K auf Gewährung einstweiligen Rechtsschutzes.

Lösung:

Der Antrag der K auf Gewährung einstweiligen Rechtsschutzes hat Aussicht auf Erfolg, soweit er zulässig und begründet ist.

A. Zulässigkeit

Der Antrag muss zunächst zulässig sein. 2

I. Eröffnung des Verwaltungsrechtswegs, § 40 Abs. 1 S. 1 VwGO

Der Rechtsweg des Eilverfahrens richtet sich nach der Rechtswegeröffnung der Haupt- 3
sache. Mangels Eingreifens einer aufdrängenden Sonderzuweisung ist die Generalklausel des § 40 Abs. 1 S. 1 VwGO einschlägig. Danach ist der Verwaltungsrechtsweg eröffnet, wenn eine öffentlich-rechtliche Streitigkeit nichtverfassungsrechtlicher Art vorliegt und keine abdrängende Sonderzuweisung besteht. Eine öffentlich-rechtliche Streitigkeit ist gegeben, wenn die streitentscheidenden Normen dem öffentlichen Recht zuzuordnen sind, sie also ausschließlich Hoheitsträger berechtigen oder verpflichten (sog. *modifizierte Subjektstheorie*). Die im vorliegenden Fall relevanten Vorschriften des KrWG gehören zweifelsohne dem öffentlichen Recht an, eine öffentlich-rechtliche Streitigkeit ist damit gegeben. Da sich die Streitigkeit weder zwischen unmittelbar am Verfassungsleben beteiligten Rechtsträgern abspielt noch der Kern des Streits im Verfassungsrecht liegt (sog. *doppelte Verfassungsunmittelbarkeit*), ist die Streitigkeit auch nichtverfassungsrechtlicher Art. Schließlich ist keine abdrängende Sonderzuweisung vorhanden, so dass der Verwaltungsrechtsweg nach § 40 Abs. 1 S. 1 VwGO eröffnet ist.

II. Statthaftigkeit des Antrags, §§ 122 Abs. 1, 88 VwGO

K möchte sich gegen den für sofort vollziehbar erklärten Bescheid zur Wehr setzen und 4
im Wege des einstweiligen Rechtsschutzes gegen diesen vorgehen. Die statthafte Antragsart richtet sich auch im vorläufigen Rechtsschutz gem. §§ 122 Abs. 1, 88 VwGO

nach dem Begehren des Antragstellers (Ast). Die in Betracht kommenden Verfahren sind in §§ 80, 80a VwGO und in § 123 VwGO (sowie in § 47 Abs. 6 VwGO) geregelt.

1. Abgrenzung zu § 123 Abs. 1 VwGO, § 123 Abs. 5 VwGO

5   Nach § 123 Abs. 5 VwGO ist eine einstweilige Anordnung nach § 123 Abs. 1 VwGO subsidiär, kommt in den Fällen der §§ 80, 80a VwGO also nicht in Betracht. Ein solcher Fall ist gegeben, wenn im Hauptsacheverfahren eine Anfechtungsklage (AK) nach § 42 Abs. 1 1. Alt. VwGO oder ein Anfechtungswiderspruch nach § 68 Abs. 1 S. 1 VwGO statthaft wären. Kann der Kläger in der Hauptsache sein Begehren mittels Verpflichtungs-, allgemeiner Leistungs- oder Feststellungsklage als statthafter Klageart verfolgen, kommt vorläufiger Rechtsschutz hingegen ausschließlich nach § 123 VwGO zur Anwendung. Fraglich ist daher, welche Klageart in der Hauptsache dem klägerischen Begehren Rechnung trägt.

6   K verfolgt mit ihrem Antrag genau genommen zwei Ziele: Zunächst wendet sie sich gegen die in *Nr. 1* genannte Verpflichtung, das Löschwasser zu beseitigen und begehrt deren Aufhebung. Da diese Verfügung alle Merkmale eines belastenden Verwaltungsaktes (VA) nach § 35 S. 1 VwVfG erfüllt, wäre eine AK statthaft. Bezüglich *Nr. 1* des Bescheides kommt damit einstweiliger Rechtsschutz nach § 80 Abs. 5 S. 1 VwGO in Betracht.

7   K wendet sich weiterhin gegen die Androhung der Ersatzvornahme in *Nr. 3* des Bescheides, die eine Maßnahme der Verwaltungsvollstreckung darstellt. Dabei könnte es sich um einen weiteren belastenden VA handeln. Fraglich erscheint einzig die Regelungswirkung einer derartigen Androhung. Eine Regelung ist anzunehmen, wenn die Maßnahme darauf gerichtet ist, in verbindlicher und der Bestandskraft fähigen Weise Rechtsfolgen festzulegen, d.h. Rechte des Betroffenen unmittelbar zu begründen, ändern, aufzuheben, verbindlich festzustellen oder zu verneinen.[1] Die Androhung eines Zwangsmittels stellt nach den einschlägigen vollstreckungsrechtlichen Regelungen grundsätzlich eine rechtliche Voraussetzung für die Anwendung des Zwangsmittels dar und trifft somit eine für die Fortsetzung der Verwaltungsvollstreckung unerlässliche Regelung.[2] Da die Androhung der Ersatzvornahme also Regelungswirkung entfaltet, stellt auch diese einen VA im Sinne des (i.S.d.) § 35 S. 1 VwVfG dar. Aufgrund der Anfechtungssituation kommt damit auch hinsichtlich *Nr. 3* des Bescheides einstweiliger Rechtsschutz nach § 80 Abs. 5 S. 1 VwGO in Betracht.

2. Rechtbehelf ohne aufschiebende Wirkung, § 80 Abs. 2 S. 1 Nr. 1 – 4 VwGO

8   Die Anträge der K müssten nach § 80 Abs. 5 S. 1 VwGO darauf gerichtet sein, die aufschiebende Wirkung des eingelegten Rechtsbehelfs anzuordnen oder wiederherzustellen. Es müsste also ein Fall des § 80 Abs. 2 S. 1 Nr. 1 – 4 VwGO vorliegen. K hat gegen den Bescheid Widerspruch gem. § 68 Abs. 1 S. 1 VwGO eingelegt, welcher nach § 80 Abs. 1 S. 1 VwGO grundsätzlich aufschiebende Wirkung hat.

9   Bezüglich *Nr. 1* des Bescheides wurde nach *Nr. 2* desselbigen die sofortige Vollziehung angeordnet, so dass die aufschiebende Wirkung des Widerspruchs nach § 80 Abs. 2

---

1   Kopp/Ramsauer/*Ramsauer*, VwVfG, 20. Aufl. 2019, § 35 Rn. 88.
2   Kopp/Schenke/*Schenke*, VwGO, 25. Aufl. 2019, § 167 Rn. 16; Kopp/Ramsauer/*Ramsauer*, VwVfG, 20. Aufl. 2019, § 35 Rn. 113.

S. 1 Nr. 4 VwGO entfällt. Statthaft ist daher ein Antrag auf *Wiederherstellung* der aufschiebenden Wirkung nach § 80 Abs. 5 S. 1 2. Alt. VwGO.

Im Hinblick auf *Nr. 3* des Bescheides entfällt die aufschiebende Wirkung kraft Gesetzes nach § 80 Abs. 2 S. 1 Nr. 3 VwGO i.V.m. § 12 S. 1 LVwVG,[3] da es sich bei der Androhung der Ersatzvornahme um eine Vollstreckungsmaßnahme handelt. Statthaft ist insofern ein Antrag auf *Anordnung* der aufschiebenden Wirkung nach § 80 Abs. 5 S. 1 1. Alt. VwGO. 10

III. Antragsbefugnis, § 42 Abs. 2 VwGO analog

Aufgrund der Akzessorietät des vorläufigen Rechtsschutzes ist nur derjenige antragsbefugt im Verfahren des § 80 Abs. 5 VwGO, wer im späteren Hauptsacheverfahren klagebefugt ist.[4] K muss nach § 42 Abs. 2 VwGO analog also geltend machen, durch den angegriffenen Bescheid möglicherweise in eigenen Rechten verletzt zu sein. Dies ist vorliegend unproblematisch gegeben, da K als Adressatin sie belastender Maßnahmen in ihrer allgemeinen Handlungsfreiheit nach Art. 2 Abs. 1 GG verletzt sein kann (sog. *Adressatentheorie*). 11

IV. Rechtsschutzbedürfnis

Des Weiteren dürfte K nicht das Rechtsschutzbedürfnis zur Stellung der Eilanträge fehlen, d.h. sie muss ein rechtlich schutzwürdiges Interesse an dem erstrebten Rechtsschutzziel haben[5] und ihr darf kein einfacheres Mittel zur Erreichung des Ziels zur Verfügung stehen bzw. auf andere Weise ein weiter reichender Rechtsschutz nicht möglich sein.[6] 12

1. Vorheriger Antrag bei der Behörde

Fraglich ist, ob das Rechtsschutzinteresse entfällt, weil K keinen vorherigen Antrag bei der Behörde nach § 80 Abs. 4 VwGO auf Aussetzung der Vollziehung gestellt hat. Dies könnte nämlich einen einfacheren und auch zumutbaren Weg darstellen, das Rechtsschutzziel zu erreichen. Die Durchführung eines behördlichen Aussetzungsverfahrens ist nach § 80 Abs. 6 S. 1 VwGO nur für die Abgaben und Kosten i.S.v. § 80 Abs. 1 S. 1 Nr. 1 VwGO vorgeschrieben; der Vorrang der behördlichen Aussetzungsentscheidung nach § 80 Abs. 4 VwGO gilt also lediglich für diesen Fall. Im Umkehrschluss ergibt sich daraus, dass in den übrigen Fällen des § 80 Abs. 2 VwGO ein vorheriger Aussetzungsantrag i.R.d. § 80 Abs. 5 VwGO nicht erforderlich ist.[7] Da es sich bei § 80 Abs. 6 S. 1 VwGO um eine Ausnahmeregelung handelt, lässt sich diese auf andere Fälle auch nicht analog anwenden.[8] Selbst wenn man dies anders sähe, wäre vorliegend ein vorheriger Aussetzungsantrag nach § 80 Abs. 6 S. 2 Nr. 2 VwGO jedenfalls aufgrund der drohenden Vollstreckung entbehrlich. 13

---

3 *Bayern*: Art. 21a) S. 1 VwZVG; *NRW*: § 112 S. 1 JustG.
4 Kopp/Schenke/*Schenke*, VwGO, 25. Aufl. 2019, § 80 Rn. 134.
5 Schoch/Schneider/Bier/*Schoch*, VwGO, 37. EL 2019, § 80 Rn. 492.
6 *Schenke*, Verwaltungsprozessrecht, 16. Aufl. 2019, Rn. 587.
7 Kopp/Schenke/*Schenke*, VwGO, 25. Aufl. 2019, § 80 Rn. 138; BeckOK VwGO/*Gersdorf*, 54. Ed. 2020, § 80 VwGO Rn. 163; Eyermann/*Schmidt*, VwGO, 15. Aufl. 2019, § 80 Rn. 62; *Finkelnburg/Dombert/Külpmann*, Vorläufiger Rechtsschutz im Verwaltungsstreitverfahren, 7. Aufl. 2017, Rn. 899.
8 Vgl. zum Ganzen Kopp/Schenke/*Schenke*, VwGO, 25. Aufl. 2019, § 80 Rn. 138.

2. Vorherige Rechtsbehelfseinlegung in der Hauptsache

14 Das Rechtsschutzbedürfnis kann der K auch nicht deshalb abgesprochen werden, weil sie in der Hauptsache beim zuständigen Gericht noch keinen Rechtsbehelf eingelegt hat. Nach § 80 Abs. 5 S. 2 VwGO ist der Eilantrag nämlich schon vor Erhebung der AK zulässig. Strittig ist zwar, ob ein vorheriger oder zumindest gleichzeitiger Widerspruch mit dem Eilantrag erforderlich ist,[9] insbesondere da es anderenfalls keinen Rechtsbehelf gäbe, dessen aufschiebende Wirkung wiederhergestellt bzw. angeordnet werden könnte.[10] Ein Streitentscheid ist jedoch im vorliegenden Fall entbehrlich, da K bereits Widerspruch gegen den Bescheid eingelegt hat.

3. Rechtsbehelf nicht offensichtlich unzulässig

15 Schließlich lassen sich dem Sachverhalt (SV) keine Anhaltspunkte dafür entnehmen, dass der von K eingelegte Anfechtungswiderspruch offensichtlich unzulässig ist, insbesondere ist eine Verfristung nicht ersichtlich. Das Rechtsschutzbedürfnis der K besteht mithin.

V. Beteiligten- und Prozessfähigkeit, §§ 61, 62 VwGO

16 Die Ast. K ist als natürliche Person nach §§ 61 Nr. 1 1. Alt., 62 Abs. 1 Nr. 1 VwGO beteiligten- und prozessfähig. Richtiger Antragsgegner ist nach § 78 Abs. 1 Nr. 1 VwGO analog der Rechtsträger der Behörde, die den angefochtenen VA erlassen hat (sog. *Rechtsträgerprinzip*). Untere Abfallbehörde ist nach § 23 Abs. 1, Abs. 2 Nr. 3, Abs. 3 S. 1 LAbfG die untere Verwaltungsbehörde, gem. § 15 Abs. 1 Nr. 1 2. Var. LVG also die Große Kreisstadt G nach Maßgabe des § 19 LVG selbst. Da das Abfallrecht aber nach § 19 Abs. 1 Nr. 5a) LVG von der Zuständigkeit Großer Kreisstädte ausgenommen ist, ist das Landratsamt die zuständige Behörde. Weil das Landratsamt als untere Verwaltungsbehörde gem. § 1 Abs. 3 S. 2 LKrO BW staatliche Behörde ist, ist das Land BW richtiger Antragsgegner. Als Gebietskörperschaft des öffentlichen Rechts ist das Land gem. § 61 Nr. 1 2. Alt. VwGO beteiligtenfähig. Es wird nach § 62 Abs. 3 VwGO durch das örtlich zuständige Landratsamt vertreten.

VI. Ordnungsgemäße Antragstellung, §§ 81 f. VwGO analog

17 Der Eilantrag ist nach §§ 81 f. VwGO analog schriftlich zu stellen, wobei eine Antragsfrist nicht besteht. Diese Formvorschriften müsste K bei Einlegung der Eilanträge einhalten.

VII. Zuständiges Gericht, § 80 Abs. 5 S. 1 VwGO

18 Gem. § 80 Abs. 5 S. 1 VwGO ist das Gericht der Hauptsache zuständig für einen Eilantrag, d.h. das Gericht, bei dem die Hauptsache anhängig ist. Hat der Ast., wie im vorliegenden Fall, den Antrag bereits vor Klageerhebung gestellt (vgl. § 80 Abs. 5 S. 2 VwGO), ist das Gericht sachlich und örtlich zuständig, welches zur Entscheidung über

---

9 Bejahend *Finkelnburg/Dombert/Külpmann*, Vorläufiger Rechtsschutz im Verwaltungsstreitverfahren, 7. Aufl. 2017, Rn. 945; Eyermann/*Schmidt*, VwGO, 15. Aufl. 2019, § 80 Rn. 72; Schoch/Schneider/Bier/*Schoch*, VwGO, 37. EL 2019, § 80 Rn. 460 m.w.N; ablehnend *Schenke*, Verwaltungsprozessrecht, 16. Aufl. 2019, Rn. 992; BeckOK VwGO/*Gersdorf*, 54. Ed. 2020, § 80 VwGO Rn. 164; Sodan/Ziekow/*Puttler*, VwGO, 5. Aufl. 2018, § 80 Rn. 129; Kopp/Schenke/*Schenke*, VwGO, 25. Aufl. 2019, § 80 Rn. 139 m.w.N.
10 Eyermann/*Hoppe*, VwGO, 15. Aufl. 2019, § 80 Rn. 65.

die künftige Klage zuständig wäre. K müsste die Anträge also bei dem für die AK sachlich und örtlich zuständigen Verwaltungsgericht (§§ 45, 52 VwGO) stellen.

VIII. Zwischenergebnis

Die Anträge der K sind nach alledem zulässig.   19

B. Objektive Antragshäufung, § 44 VwGO analog

Beide Begehren der K können in einem Antragsverfahren durch eine objektive Antrags-   20
häufung nach § 44 VwGO analog verfolgt werden, da sie sich gegen denselben Antragsgegner richten, im Zusammenhang stehen und dasselbe Gericht zuständig ist.

C. Begründetheit

Die Anträge der K müssen auch begründet sein.   21

I. Nr. 1 der Verfügung: Verpflichtung zur Beseitigung des Löschwassers

Im Hinblick auf *Nr. 1* der Verfügung ist der Antrag der K begründet, wenn die Anord-   22
nung der sofortigen Vollziehung formell rechtswidrig ist oder das Interesse der K an der Wiederherstellung der aufschiebenden Wirkung ihres Widerspruchs (Suspensivinteresse) das öffentliche Interesse an der sofortigen Vollziehung des angefochtenen VA (Vollziehungsinteresse) überwiegt. Das Gericht trifft dabei eine originäre Ermessensentscheidung.[11]

> Es herrscht Streit darüber, welche Entscheidung das Gericht zu treffen hat, wenn die Anordnung der sofortigen Vollziehung die formellen Rechtmäßigkeitsanforderungen nicht erfüllt. Teilweise wird die Ansicht vertreten, das Gericht sei in diesem Fall allein zur Aufhebung der formell rechtswidrigen Anordnung der sofortigen Vollziehung berechtigt, da die Behörde im Falle der Wiederherstellung der aufschiebenden Wirkung daran gehindert sei, eine neue, formell rechtmäßige Vollzugsanordnung zu treffen.[12] Der Gegenauffassung zufolge kommt hingegen nur die Wiederherstellung der aufschiebenden Wirkung in Betracht, da zum einen § 80 Abs. 5 S. 1 VwGO eine derartige begrenzte Entscheidungsbefugnis des Gerichts nicht kenne und zum anderen die Bindungswirkung der Entscheidung nach § 80 Abs. 5 S. 1 VwGO nicht weiter gehe als die Gründe, die sie tragen und die Behörde daher nicht daran gehindert sei, die sofortige Vollziehung erneut anzuordnen.[13]

Das Suspensivinteresse des Ast. überwiegt regelmäßig, wenn eine summarische Prü-   23
fung der Erfolgsaussichten des Rechtsbehelfs in der Hauptsache ergibt, dass der angegriffene VA offensichtlich rechtswidrig ist, weil an der Vollziehung eines solchen VA kein öffentliches Interesse besteht. Bei offenen Erfolgsaussichten erfolgt eine Abwä-

---

11 BayVGH, Beschl. v. 20.3.2017 – 3 CS 17.257 – juris Rn. 8; OVG Saarlouis, Beschl. v. 28.10.2010 – 3 B 180/10 –
    juris Rn. 3; VGH Mannheim, Beschl. v. 7.1.1994 – 10 S 1942/93 – juris Rn. 18.
12 VGH Mannheim, Beschl. v. 30.4.1996 – 1 S 776/96 – juris Rn. 3 f.; OVG Weimar, Beschl. v. 1.3.1994 – 1 EO
    40/94 – juris Rn. 30; *Schmaltz*, DVBl 1992, 230 (233 f.).
13 Eingehend dazu Schoch/Schneider/Bier/*Schoch*, 37. EL 2019, VwGO § 80 Rn. 442 ff.; BeckOK VwGO/*Gers-
    dorf*, 54. Ed. 2020, § 80 Rn. 180 jeweils m.w.N.

gung sämtlicher betroffener Interessen unter besonderer Berücksichtigung der Folgen des Suspensiveffekts einerseits und des Sofortvollzugs andererseits.[14]

1. Formelle Rechtmäßigkeit der Vollziehungsanordnung

24 Fraglich ist zunächst, ob die Anordnung des Sofortvollzugs formell rechtmäßig ist.

a) Zuständigkeit

25 Zuständig für die Anordnung des Sofortvollzugs ist nach § 80 Abs. 2 S. 1 Nr. 4 VwGO grundsätzlich die Behörde, die den VA erlassen hat, mithin das Landratsamt als Ausgangsbehörde.

b) Verfahren

26 In verfahrensrechtlicher Hinsicht ist fraglich, ob K vor Erlass der Vollziehungsanordnung hätte angehört werden müssen. Teilweise wird dies in unmittelbarer[15] oder analoger[16] Anwendung des § 28 Abs. 1 VwVfG bejaht. Überwiegend wird das Anhörungserfordernis indes abgelehnt.[17]

> Gegen eine direkte Anwendung des § 28 Abs. 1 VwVfG spreche, dass es sich bei der Anordnung des Sofortvollzugs mangels eigenständiger Regelung nicht um einen VA gem. § 35 S. 1 VwVfG handelt.[18] Gegen eine analoge Anwendung wird überwiegend eingewendet, dass bereits eine Regelungslücke fehle, da es sich bei § 80 Abs. 2 S. 1 Nr. 4, Abs. 3 VwGO um eine abschließende Regelung der formellen Rechtmäßigkeitsvoraussetzungen für die Anordnung der sofortigen Vollziehung handele.[19] Darüber hinaus bestehe keine vergleichbare Interessenlage, weil sich Vollzugsanordnung und VA diametral unterscheiden: Für ein gerichtliches Vorgehen gegen die Anordnung der sofortigen Vollziehung bestünden grundsätzlich keine Fristen und sie sei auch nicht der Bestandskraft fähig.[20] Ferner sei sie im Hinblick auf ihre Eingriffsintensität nicht mit einem VA vergleichbar.[21]

27 Ein Streitentscheid ist vorliegend insofern entbehrlich, als die Anordnung des Sofortvollzugs mit der Verfügung in der Hauptsache verbunden wurde. Eine Anhörung der K ist damit in jedem Falle erfolgt.

---

14 Zur gerichtlichen Interessenabwägung s. nur BeckOK VwGO/*Gersdorf*, 54. Ed. 2020, § 80 Rn. 187 ff.; kritisch hingegen Schoch/Schneider/Bier/*Schoch*, 37. EL 2019, VwGO § 80 Rn. 372 ff.

15 *Ganter*, DÖV 1984, 970 ff.; *Grigoleit*, Die Anordnung der sofortigen Vollziehbarkeit gemäß § 80 Abs. 2 Nr. 4 VwGO als Verwaltungshandlung – Bezugsrahmen, Verfahren, Rechtsschutz, 1997, S. 122 ff.

16 *Finkelnburg/Dombert/Külpmann*, Vorläufiger Rechtsschutz im Verwaltungsstreitverfahren, 7. Aufl. 2017, Rn. 732; *Müller*, NVwZ 1988, 702 f.

17 BeckOK VwGO/*Gersdorf*, 54. Ed. 2020, § 80 VwGO Rn. 79; Sodan/Ziekow/*Puttler*, VwGO, 5. Aufl. 2018, § 80 Rn. 80; Schoch/Schneider/Bier/*Schoch*, VwGO, 37. EL 2019, § 80 Rn. 460; Kopp/Schenke/*Schenke*, VwGO, 25. Aufl. 2019, § 80 Rn. 82.

18 BeckOK VwGO/*Gersdorf*, 54. Ed. 2020, § 80 VwGO Rn. 80; Kopp/Schenke/*Schenke*, VwGO, 25. Aufl. 2019, § 80 Rn. 79, 82.

19 Schoch/Schneider/Bier/*Schoch*, VwGO, 37. EL 2019, § 80 Rn. 258; BeckOK VwGO/*Gersdorf*, 54. Ed. 2020, § 80 VwGO Rn. 81; *Schenke*, Verwaltungsprozessrecht, 16. Aufl. 2019, Rn. 977.

20 BeckOK VwGO/*Gersdorf*, 54. Ed. 2020, § 80 VwGO Rn. 81; Sodan/Ziekow/*Puttler*, VwGO, 5. Aufl. 2018, § 80 Rn. 81.

21 Kopp/Schenke/*Schenke*, VwGO, 25. Aufl. 2019, § 80 Rn. 82.

c) Begründungserfordernis, § 80 Abs. 3 S. 1 VwGO

Nach § 80 Abs. 3 S. 1 VwGO ist das besondere Interesse an der sofortigen Vollziehung des VA schriftlich zu begründen, wobei sich die Begründung nicht in der floskelhaften Wiedergabe des Gesetzes erschöpfen darf, sondern einen Bezug zum konkreten Einzelfall enthalten muss.[22] Ob die Begründung objektiv richtig ist, ist dabei unerheblich. Der Sofortvollzug wurde mit den von dem kontaminierten Löschwasser ausgehenden Gefahren begründet. Eine formell ordnungsgemäße Begründung liegt damit vor.

28

d) Zwischenergebnis

Die Anordnung der sofortigen Vollziehung nach § 80 Abs. 2 S. 1 Nr. 4 VwGO ist formell rechtmäßig.

29

2. Interessenabwägung

Maßgeblich für die vom Gericht durchzuführende Interessenerwägung sind die Erfolgsaussichten des Rechtsbehelfs in der Hauptsache, im gegebenen Fall also des Anfechtungswiderspruchs nach § 68 Abs. 1 S. 1 VwGO.

30

a) Zulässigkeit

Hinsichtlich der Zulässigkeit des eingelegten Widerspruchs bestehen keinerlei Zweifel.

31

b) Begründetheit

Der Widerspruch ist begründet, wenn der angegriffene VA rechtswidrig ist und die K dadurch in ihren Rechten verletzt, §§ 68 Abs. 1 S. 1, 113 Abs. 1 S. 1 VwGO. Im Falle eines Ermessens-VA ist der Widerspruch auch dann begründet, wenn der VA unzweckmäßig ist und die Ermessensvorschrift (auch) den rechtlichen Interessen der K dient.

32

aa) Rechtswidrigkeit des Verwaltungsaktes

Fraglich ist, ob der VA rechtmäßig ergangen ist. Dafür muss er auf einer tauglichen Ermächtigungsgrundlage beruhen sowie formell und materiell rechtmäßig sein.

33

(1) Ermächtigungsgrundlage

In Ermangelung einer speziellen Ermächtigungsgrundlage kommt für die Anordnung unter *Nr. 1* des Bescheides, das Löschwasser zu beseitigen, die Generalklausel des § 62 KrWG in Betracht. Danach kann die zuständige Behörde im Einzelfall die erforderlichen Anordnungen zur Durchführung des KrWG und der aufgrund des KrWG erlassenen Rechtsverordnungen treffen.

34

(2) Formelle Rechtmäßigkeit

Die Verfügung muss weiter formell rechtmäßig sein.

35

---

22 Eyermann/*Schmidt*, VwGO, 15. Aufl. 2019, § 80 Rn. 55.

(a) Zuständigkeit

36 Zuständig ist das Landratsamt als untere Abfallbehörde nach § 23 Abs. 1, Abs. 2 Nr. 3, Abs. 3 S. 1 LAbfG in Verbindung mit (i.V.m.) §§ 15 Abs. 1 Nr. 1 2. Var., 19 Abs. 1 Nr. 5a) LVG.

> In Bayern ist nach § 4 Abs. 1 Nr. 4 Abfallzuständigkeitsverordnung (AbfZustV), die auf Grundlage von Art. 29 Abs. 2 BayAbfG erlassen wurde, die Kreisverwaltungsbehörde, d.h. das Landratsamt oder die kreisfreie Stadt, die zuständige Behörde. Nach § 1 Abs. 1, Abs. 2 Nr. 3, Abs. 3 ZustVU i.V.m. Punkt 30.1 des Anhangs II der ZustVU sind in NRW die Kreise und kreisfreien Städte als untere Umweltschutzbehörden zuständig.

(b) Verfahren

37 Verfahrensrechtliche Bedenken bestehen nicht, insbesondere wurde K vor Erlass der Verfügung gem. § 28 Abs. 1 VwVfG ordnungsgemäß angehört.

(c) Form

38 Formfehler sind ebenfalls nicht ersichtlich. Eine schriftliche Begründung nach § 39 Abs. 1 VwVfG ist gegeben.

(3) Materielle Rechtmäßigkeit

39 Der VA muss auch materiell rechtmäßig sein. Dies ist der Fall, wenn die Tatbestandsvoraussetzungen der Ermächtigungsgrundlage gegeben sind und die Behörde das ihr zustehende Ermessen fehlerfrei ausgeübt hat.

(a) Tatbestandsvoraussetzungen

40 Fraglich erscheint, ob die Tatbestandsvoraussetzungen des § 62 KrWG erfüllt sind.

(aa) Abfall i.S.d. § 3 Abs. 1 S. 1 KrWG

41 Dann muss es sich bei dem „Löschwasser" zunächst um Abfall i.S.d. KrWG handeln. Abfall fällt an, wenn eine Sache erstmals die Abfallmerkmale nach § 3 Abs. 1 S. 1 KrWG erfüllt. *Abfälle* sind danach alle Stoffe oder Gegenstände, derer sich ihr Besitzer entledigt, entledigen will oder entledigen muss. Grundlegende Voraussetzung für die Abfalleigenschaft ist mithin, dass es sich um einen Stoff oder Gegenstand handelt und ein Entledigungstatbestand gegeben ist.

42 Im Gegensatz zu Gegenständen, bei denen es sich um körperliche Sachen handelt, können sich Stoffe auch in einem flüssigen oder gasförmigen Aggregatszustand befinden.[23] Das in den Behältern aufgefangene Löschwasser ist somit ein Stoff i.S.d. § 3 Abs. 1 S. 1 KrWG.

Damit dieser Stoff zum Abfall wird, muss einer der *Entledigungstatbestände* in § 3 Abs. 2 – 4 KrWG vorliegen. Während Anknüpfungspunkt der in § 3 Abs. 2, Abs. 3 KrWG normierten Entledigungsvarianten der (tatsächliche oder fingierte) Entledigungswille des Abfallbesitzers ist (sog. *subjektiver Abfallbegriff*), begründet § 3 Abs. 4

---

23 *Kahl/Gärditz*, Umweltrecht, 11. Aufl. 2019, § 11 Rn. 21.

KrWG eine Entledigungspflicht unabhängig vom Willen des Abfallbesitzers (sog. *objektiver Abfallbegriff*).[24] Aufgrund der Kontamination des Löschwassers mit PFT und Nickel kommt vorliegend eine Entledigungspflicht nach § 3 Abs. 4 KrWG in Betracht. Danach muss sich der Besitzer der Stoffe oder Gegenstände entledigen, wenn diese (1.) nicht mehr entsprechend ihrer ursprünglichen Zweckbestimmung verwendet werden, (2.) sie aufgrund ihres konkreten Zustandes geeignet sind, gegenwärtig oder künftig das Wohl der Allgemeinheit, insbesondere die Umwelt zu gefährden und (3.) deren Gefährdungspotenzial nur durch eine ordnungsgemäße und schadlose Verwertung oder gemeinwohlverträgliche Beseitigung nach den Vorschriften des KrWG ausgeschlossen werden kann. Bei dem in den Behältern zwischengelagerten Löschwasser handelt es sich im Wesentlichen um Wasser, das zu Feuerlöschzwecken ausgebracht und aufgrund seiner erheblichen Verunreinigung mit Brandrückständen sowie PFT und Nickel zur Verhinderung von Umweltbeeinträchtigungen aufgefangen wurde. Bedingt durch die Kontamination mit umweltgefährdenden Stoffen kann das Wasser seine Funktion, Brände zu löschen, nicht mehr erfüllen, eine wirtschaftlich sinnvolle Verwendung ist folglich ausgeschlossen. Das Löschwasser mit seinen potenziell erheblich gewässerschädlichen Substanzen ist auch geeignet, die Umwelt zu gefährden. Sein Gefährdungspotenzial kann unzweifelhaft lediglich durch eine gemeinwohlverträgliche Beseitigung ausgeschlossen werden. Bei dem mit Schadstoffen belasteten Wasser handelt es sich damit um Abfall i.S.d. § 3 Abs. 1 S. 1 KrWG.

(bb) Richtiger Adressat

Voraussetzung einer auf § 62 KrWG gestützten Anordnung ist weiterhin, dass diese sich gegen den richtigen Adressaten richtet. Dazu muss K als Abfallbesitzerin oder Abfallerzeugerin i.S.d. KrWG zu qualifizieren sein.

43

α) K als Abfallbesitzerin

Besitzer von Abfällen ist nach § 3 Abs. 9 KrWG jede natürliche oder juristische Person, die die tatsächliche Sachherrschaft über Abfälle hat, wobei im Gegensatz zum zivilrechtlichen Sachherrschaftsbegriff ein Besitzbegründungswille nicht erforderlich ist.[25] K übte zu keinem Zeitpunkt die tatsächliche Sachherrschaft über das Löschwasser aus. Dieses wurde vielmehr von der Feuerwehr aufgefangen und in Behältern auf dem Grundstück der L zwischengelagert. Da K nicht in der Lage ist, auf diese einzuwirken, ist sie nicht Abfallbesitzerin i.S.d. § 3 Abs. 9 KrWG.

44

In gewissen Fällen kann auch der frühere Abfallbesitzer in Anspruch genommen werden. Nach § 22 S. 1 KrWG können die zur Verwertung und Beseitigungen Verpflichteten Dritte mit der Erfüllung ihrer Pflichten beauftragen. Dritter ist jede natürliche oder juristische Person sowie (teil-)rechtsfähige Personen- bzw. Personenhandelsgesellschaften, wozu auch rechtsfähige Personen des öffentlichen Rechts zählen.[26] Rechtsfolge der Beauftragung ist zwar, dass der Dritte im Verhältnis zum Auftraggeber die Erfüllung der Entsorgungspflichten übernimmt (sog. *Erfüllungsprivatisierung*).[27] Dies hat indes keinen gleich-

---

24 *Kahl/Gärditz*, Umweltrecht, 11. Aufl. 2019, § 11 Rn. 21; BeckOK UmweltR/*Wolf*, 55. Ed. 2020, § 3 KrWG Rn. 16 ff., 19.
25 *Schlacke*, Umweltrecht, 7. Aufl. 2019, § 12 Rn. 25.
26 BeckOK UmweltR/*Dippel*, 55. Ed. 2020, § 22 KrWG Rn. 2.
27 BeckOK UmweltR/*Dippel*, 55. Ed. 2020, § 22 KrWG Rn. 8.

zeitigen Übergang der Entsorgungsverpflichtung als solche auf den Dritten zur Folge: Ausweislich § 22 S. 2 KrWG bleibt die originäre Verantwortlichkeit für die Erfüllung der Pflichten von der Beauftragung Dritter unberührt und so lange bestehen, bis die Entsorgung endgültig und ordnungsgemäß abgeschlossen ist.[28] Ein Verantwortungsübergang ist insofern ausgeschlossen; eine befreiende Pflichtenübertragung auf Dritte, wie sie noch § 13 Abs. 2 KrW-/AbfG vorsah, kennt das KrWG nicht mehr.[29] Ein Abfallbesitzer, der einen Dritten mit der Entsorgung der Abfälle beauftragt und diesem hierzu den Besitz daran überträgt, bleibt damit weiterhin für deren ordnungsgemäße Entsorgung verantwortlich.

β) K als Abfallerzeugerin

45   Eine abfallrechtliche Verantwortung der K kann damit nur begründet werden, wenn sie den Abfall erzeugt hat. Zum *Abfallerzeuger* bestimmt § 3 Abs. 8 KrWG jede natürliche oder juristische Person, durch deren Tätigkeit Abfälle angefallen sind (*Ersterzeuger*), oder jede Person, die Vorbehandlungen, Mischungen oder sonstige Behandlungen vornimmt, die eine Veränderung der Beschaffenheit oder der Zusammensetzung dieser Abfälle bewirken (*Zweiterzeuger*). In Betracht kommt vorliegend allein eine Ersterzeugereigenschaft der K nach § 3 Abs. 8 1. Alt. KrWG. K wendet nun ein, dass sie selbst weder an den Löscharbeiten noch an dem anschließenden Auffangen und Zwischenlagern des Löschwassers beteiligt war. Der Betrieb der Anlage der K stellt mithin lediglich ein vorgelagertes Glied in der zur Entstehung des Abfalls führenden Kausalkette dar. Allein die Feuerwehr hatte maßgeblichen Einfluss auf den Einsatz sowie Art und Umfang der bei der Brandbekämpfung verwendeten Löschmittel. Fraglich ist daher, wann Abfall durch die Tätigkeit einer Person angefallen ist.

46   Eine *enge Auffassung* stellt einzig auf die Ausübung der Sachherrschaft im Zeitpunkt der Umwandlung der Sache zu Abfall und die unmittelbare (letzte) Ursache für die Abfallentstehung ab mit der Folge, dass eine Abfallerzeugereigenschaft des Hintermannes mangels tatsächlicher Sachherrschaft ausscheidet.[30] Danach wäre K nicht Abfallerzeugerin i.S.d. KrWG, da der Einsatz des Wassers zur Brandbekämpfung sowie das anschließende Auffangen und Zwischenlagern des kontaminierten Löschwassers zur Abwehr von Umweltgefährdungen in Abwesenheit der K und, ohne dass diese Einfluss auf die Maßnahmen der Feuerwehr gehabt hätte, erfolgte. Ihre letzte „Tätigkeit" war der Betrieb einer Anlage mit einem schadhaften Rührwerk, das eine Explosion bewirkte und einen Großbrand zur Folge hatte. Daraufhin endeten sämtliche Tätigkeiten der K auf ihrem Grundstück. Zu diesem Zeitpunkt war aber das Löschwasser, das später zum Abfall wurde, noch nicht einmal in der Nähe ihrer Anlage. Vielmehr war die Anlage der K bei der Ankunft der Feuerwehr bereits zerstört, der Betrieb mithin eingestellt und der Abfall noch gar nicht angefallen.

47   Einer *weiten Ansicht* zufolge spielt der Aspekt der Sachherrschaft über den anfallenden Abfall lediglich für die Bestimmung der Besitzereigenschaft, nicht hingegen für die Erzeugereigenschaft eine Rolle. Ausreichend sei vielmehr, dass der Abfall als ursächliche Folge einer Tätigkeit des Betroffenen entstanden sei.[31] Da keine Einschränkung hin-

---

28   BeckOK UmweltR/*Dippel*, 55. Ed. 2020, § 22 KrWG Rn. 8.
29   *Kahl/Gärditz*, Umweltrecht, 11. Aufl. 2019, § 11 Rn. 80.
30   VG Arnsberg, Urt. v. 19.4.2010 – 14 K 2368/09 – juris Rn. 21, 24.
31   OVG Münster, Urt. v. 7.10.2011 – 20 A 1181/10 – juris Rn. 32, 35.

sichtlich der als Mittel für den Anfall des Abfalls in Frage kommenden Tätigkeiten bestehe, werde jegliches Verhalten erfasst, das als Handeln oder sonstiges Tätigwerden oder Tätigsein einer Person anzusehen sei. Danach wäre K als Abfallerzeugerin nach § 3 Abs. 8 KrWG anzusehen, da sie die für das Entstehen des Abfalls maßgebliche Ursache gesetzt hat. Auslöser des Brandes, der den Feuerwehreinsatz zur Folge hatte, war nämlich eine betriebliche Tätigkeit der K. Das zur Destillationsanlage der K gehörende Rührwerk hatte einen technischen Mangel, der zu einer Explosion sowie in der Folge zu einem Brand führte, der letztlich auf die benachbarte Galvanikanlage der L übergriff.

Eine *vermittelnde Ansicht* nimmt schließlich an, dass die Bestimmung des Abfallerzeugers im Regelfall zwar aufgrund der Sachherrschaft über die zu Abfall werdende Sache und der Handlung des Betroffenen als letzte Ursache für die Abfallentstehung erfolge. In Ausnahmefällen und bei Vorliegen „besonderer Umstände" könne aber auch derjenige Abfallerzeuger sein, der zum Zeitpunkt des Anfalls des Abfalls keine Sachherrschaft über diesen ausübte und auch nicht die letzte Ursache für die Entstehung des Abfalls setzte.[32] Voraussetzung sei, dass bei wertender Betrachtung des Einzelfalls ein Zurechnungszusammenhang zwischen der vorgelagerten Handlung und des Anfalls des Abfalls bestehe; berücksichtigungsfähig seien etwa die Zurechnung nach ordnungsrechtlichen Grundsätzen oder die jeweiligen Risikosphären.[33] Dieser Auffassung zufolge wäre die Abfallentstehung der K zuzurechnen und diese als Abfallerzeugerin i.S.d. § 3 Abs. 8 KrWG anzusehen, da besondere Umstände vorliegen, die einen Zurechnungszusammenhang begründen. In der Anlage der K erfolgte eine Behandlung organischer Lösungsmittel, die Abfälle bis hin zu gefährlichen Abfällen waren, woraus sich im Falle von Störungen im Betriebsablauf Explosions- sowie Brandgefahren ergeben konnten. Der Anlagenbetrieb stellt damit eine gefahrgeneigte Tätigkeit dar. Dies gilt umso mehr als die Anlage der K nach § 1 UmweltHG i.V.m. Nr. 53 des Anhangs I zum UmweltHG der Gefährdungshaftung unterliegt und das Rührwerk der Destillieranlage schadhaft war. Letztlich hat sich diese Gefahrgeneigtheit im vorliegenden Fall auch tatsächlich durch die Explosion, die zu einem Großbrand führte, realisiert. Verwirklichen sich nun die von einer derartigen Anlage ausgehenden Gefahren, so ist deren Betreiber aufgrund seiner gefahrgeneigten Handlung nach ordnungsrechtlichen Grundsätzen als Störer verantwortlich. Da er dieser Verantwortung mangels eigener wirksamer Mittel indes nicht gerecht werden kann, ist das Tätigwerden öffentlicher Einsatzkräfte – hier in Gestalt der Feuerwehr – zur effektiven Gefahrenabwehr erforderlich. Zwischen der privaten Gefahrenverursachung und der öffentlichen Gefahrenabwehr wird dadurch ein derartiger besonderer Bezug hergestellt, der es rechtfertigt, beides als natürliche Einheit zu betrachten.

Da die aufgeführten Ansichten im vorliegenden Fall zu unterschiedlichen Ergebnissen gelangen, bedarf es eines Streitentscheids.

Ausgehend vom *Wortlaut* des § 3 Abs. 8 1. Alt. KrWG könnte mit „Tätigkeit" ein aktiv, in die Außenwelt in Erscheinung tretendes Handeln eines Menschen gemeint und damit der Zeitpunkt, in welchem die Begriffsmerkmale des „Abfalls" erstmals verwirklicht werden, maßgeblich sein.[34] Weil der Abfall jedoch „durch" eine Tätigkeit

---

32 BVerwG, Urt. v. 15.10.2014 – 7 C1/13 – juris Rn. 15; ihm folgend *Kahl/Gärditz*, Umweltrecht, 11. Aufl. 2019, § 11 Rn. 84; Erbs/Kohlhaas/*Häberle*, Strafrechtliche Nebengesetze, 228. EL 2020, § 3 KrWG Rn. 44.
33 BVerwG, Urt. v. 15.10.2014 – 7 C1/13 – juris Rn. 15.
34 VG Arnsberg, Urt. v. 19.4.2010 – 14 K 2368/09 – juris Rn. 19.

angefallen sein muss, könnte der Wortlaut der Vorschrift auch so verstanden werden, dass Anknüpfungspunkt ein auf die Sache mit einem bestimmten Ergebnis einwirkendes Verhalten des Betroffenen und nicht ein bestimmtes Verhältnis zwischen der Person und der Sache ist.[35] Bei einem derartigen Verständnis macht der Wortlaut aber gleichzeitig deutlich, dass nicht jedes für den Anfall des Abfalls ursächliche Verhalten ausreicht, sondern vielmehr eine Tätigkeit erforderlich sei, die gerade für die Umwandlung der Sache in Abfall wesentlich ist.[36] Auch wenn sich der Normtext nicht dazu verhält, wann der Ursachenbeitrag einer Person für die Abfallentstehung als so wesentlich anzusehen ist, dass der Abfall durch ihre Tätigkeit angefallen ist, so lässt sich ihm doch entnehmen, dass ein Zurechnungszusammenhang bestehen muss.

50   Für ein solches Verständnis lassen sich auch *systematische Erwägungen* anführen: Zum einen macht die Tatsache, dass das KrWG selbstständige Definitionen des Abfallbesitzers und des Abfallerzeugers enthält, deutlich, dass der Abfallerzeugerbegriff nicht lediglich einen Unterfall des Abfallbesitzerbegriffs bzw. des früheren Besitzers darstellt. Hierfür spricht auch die begriffliche Unterscheidung in den §§ 3 Abs. 3 S. 2, 25 Abs. 2 KrWG sowie § 51 Abs. 1 S. 1 KrWG. Durch diese Unterscheidung wird deutlich, dass der Kreis der Entsorgungspflichtigen nicht zu eng zu ziehen ist, um Verantwortungslücken zu verhindern[37]. Zum anderen kommt dem Bezug zur Abfallrahmenrichtlinie[38] besondere Bedeutung zu. Die Definition des Begriffs des Abfallerzeugers in § 3 Abs. 8 KrWG entspricht derjenigen in Art. 3 Nr. 5 der Abfallrahmenrichtlinie, was dafür spricht, die Begriffe jeweils gleich zu verstehen und die Rechtsprechung des EuGH zu dieser Vorschrift[39] heranzuziehen. Danach ist regelmäßig derjenige Erzeuger, der die Sachherrschaft über die zu Abfall gewordene Sache im Zeitpunkt des Anfalls des Abfalls hatte.[40] Aufgrund von an Risikosphären oder Fehlverhalten anknüpfenden Zurechnungserwägungen kann aber auch vorgelagertes Verhalten anderer Personen die Abfallerzeugereigenschaft begründen.

51   Letztlich streiten auch der *Sinn und Zweck* der gesetzlichen Regelung für einen erweiterten Erzeugerbegriff: Von Bedeutung ist dabei neben dem Grundsatz effektiver Gefahrenabwehr, der wegen seiner ordnungsrechtlichen Prägung auch für das Kreislaufwirtschaftsrecht gilt, das Verursacherprinzip, das ausweislich der Gesetzesmaterialien explizit Grund für die Inanspruchnahme des Abfallerzeugers ist. Um den Begriff des Abfallerzeugers nicht ausufern zu lassen, muss es nach dem Grundsatz effektiver Gefahrenabwehr zwar dabei bleiben, dass grundsätzlich derjenige als Erzeuger zu qualifizieren ist, der als Inhaber der tatsächlichen Sachherrschaft die letzte Ursache für die Umwandlung der Sache in Abfall gesetzt hat. Ausnahmsweise ist es aber im Hinblick auf das Verursacherprinzip geboten, ein vorgelagertes Verhalten, das eine wesentliche Ursache für die Entstehung des Abfalls darstellt, aufgrund besonderer Umstände bei wertender Betrachtung als ausreichend zu erachten. Dies entspricht der im allgemeinen Ordnungsrecht anerkannten Ansicht, dass eine Person, die lediglich eine vorgelagerte Ursache gesetzt hat, ausnahmsweise als Verantwortliche herangezogen werden kann,

---

35 BVerwG, Urt. v. 15.10.2014 – 7 C1/13 – juris Rn. 16.
36 BVerwG, Urt. v. 15.10.2014 – 7 C1/13 – juris Rn. 16.
37 BVerwG, Urt. v. 15.10.2014 – 7 C1/13 – juris Rn. 17 f.
38 Richtlinie 2008/98/EG vom 19.11.2008, ABl. L 312/3.
39 EuGH, Urt. v. 7.9.2004 – Rs C-1/03, Van de Walle (Slg. 2004, I-7632); EuGH, Urt. v. 24.6.2008 – Rs. C-188/07, Commune de Mesquer (Slg. 2008, I-4501).
40 BVerwG, Urt. v. 15.10.2014 – 7 C1/13 – juris Rn. 19 ff.

wenn ihre Handlung mit dem Verhalten desjenigen, der die letzte unmittelbare Ursache gesetzt hat, eine natürliche Einheit bildet und dieses objektiv veranlasst hat.[41]

Da die besseren Argumente für die beiden zuletzt genannten Auffassungen sprechen, ist die K als Abfallerzeugerin nach § 3 Abs. 8 KrWG anzusehen und damit auch richtige Adressatin der auf Grundlage des § 62 KrWG getroffenen Anordnung.   52

(cc) Verletzung einer abfallrechtlichen Pflicht

Die Anordnung unter *Nr. 1* des Bescheides muss schließlich zur Durchsetzung einer sich aus dem KrWG ergebenden Pflicht erlassen worden sein.   53

Als Abfallerzeugerin ist K Adressatin der Grundpflichten des § 15 Abs. 1 S. 1, Abs. 2   54
KrWG. Danach sind Abfälle, die nicht verwertet werden, zu beseitigen, soweit in § 17 KrWG nichts anderes bestimmt ist, wobei die Abfallbeseitigung so zu erfolgen hat, dass das Wohl der Allgemeinheit nicht beeinträchtigt wird. Bedingt durch seine Kontamination kann das Löschwasser nicht weiter verwertet werden, es muss also beseitigt werden. Abweichend vom Grundsatz der Eigenentsorgung bestimmt § 17 Abs. 1 S. 2 KrWG, dass Abfälle aus anderen Herkunftsbereichen als privaten Haushalten (vgl. § 17 Abs. 1 S. 1 KrWG) öffentlich-rechtlichen Entsorgungsträgern zu überlassen sind. Diese Überlassungspflicht gilt indes nicht, soweit der Abfall in eigenen Anlagen des Abfallbesitzers oder -erzeugers beseitigt werden kann (§ 17 Abs. 1 S. 2 KrWG) und nicht überwiegende öffentliche Interessen eine Überlassung an den öffentlich-rechtlichen Entsorgungsträger erfordern (§ 17 Abs. 1 S. 3 KrWG). Laut SV betreibt K eine immissionsschutzrechtlich genehmigte Anlage, die zwar nicht primär dem Zweck der Abfallbeseitigung dient, eine solche aber im Produktionsprozess ermöglicht. Überwiegende öffentliche Interessen, die gegen eine Rückausnahme von der Ausnahme vom Eigenentsorgungsgrundsatz sprechen, sind ebenfalls nicht ersichtlich. K ist nach § 15 Abs. 1 S. 1, Abs. 2 KrWG also zur Beseitigung des kontaminierten Löschwassers verpflichtet. Da sie sich weigert, dieser Beseitigungspflicht nachzukommen, ist die Verletzung einer abfallrechtlichen Pflicht, zu deren Durchsetzung eine Anordnung nach § 62 KrWG erfolgen kann, gegeben.

(dd) Zwischenergebnis

Die Tatbestandsvoraussetzungen des § 62 KrWG sind nach alledem gegeben.   55

(b) Rechtsfolge: Ermessen

§ 62 KrWG räumt der Behörde hinsichtlich des „Ob" und „Wie" des Tätigwerdens Ermessen ein. Das ihm zustehende Ermessen muss das Landratsamt fehlerfrei ausgeübt haben.   56

(aa) Entschließungsermessen

Im Hinblick auf die Ausübung des Entschließungsermessens bestehen keine Bedenken, insbesondere weil von dem kontaminierten Löschwasser Gefahren für die Umwelt ausgehen.   57

---

41 Vgl. zum Ganzen BVerwG, Urt. v. 15.10.2014 – 7 C1/13 – juris Rn. 23 ff.

(bb) Auswahlermessen

58 Fraglich ist, ob das Landratsamt das Auswahlermessen fehlerfrei ausgeübt hat.

α) Mittelauswahl

59 Bezüglich der Wahl des Mittels, im vorliegenden Fall also die Abfallbeseitigung, bestehen keine Bedenken, insbesondere ist das Mittel aufgrund der von dem kontaminierten Löschwasser ausgehenden Umweltgefahren verhältnismäßig.

β) Störerauswahl

60 Problematisch erscheint allerdings die Ausübung des Auswahlermessens hinsichtlich des in Anspruch genommenen Störers. K wendet ein, die Feuerwehr als unmittelbare Abfallerzeugerin oder jedenfalls L als Abfallbesitzerin hätten in Anspruch genommen werden sollen. Ihre Heranziehung als Störerin sei insofern ermessensfehlerhaft.

61 Bei der Feuerwehr handelt es sich tatsächlich um die Abfallerzeugerin nach § 3 Abs. 8 KrWG, da sie im Zeitpunkt der Umwandlung des Löschwassers die tatsächliche Sachherrschaft ausübte und die letzte unmittelbare Ursache für die Abfallentstehung gesetzt hat. Als Besitzerin des Grundstücks, auf dem sich die mit dem Löschwasser gefüllten Behälter befinden, und damit als Inhaberin der tatsächlichen Sachherrschaft über die Behälter könnte L Abfallbesitzerin nach § 3 Abs. 9 KrWG sein. Auch wenn ein Besitzbegründungswille unerheblich ist, ist von Bedeutung, ob ein Dritter den Abfall widerrechtlich und gegen den Willen des Grundstücksbesitzers abgelagert hat (sog. *wilde Abfalllagerung*). Der Grundstücksbesitzer ist in solchen Fällen nämlich nur dann nicht als Abfallbesitzer zu qualifizieren, wenn das Grundstück der Allgemeinheit aufgrund von Betretungsrechten frei zugänglich ist und daher nach der Verkehrsanschauung keine tatsächliche Sachherrschaft über den wild abgelagerten Abfall angenommen werden kann. Ist das Grundstück hingegen tatsächlich oder rechtlich gegen ein Betreten Dritter ohne den Willen des Eigentümers gesichert und wird damit ein Mindestmaß an Sachherrschaft ausgeübt, wird der Grundstücksbesitzer auch als Abfallbesitzer angesehen.[42] Dem SV lässt sich zwar nicht entnehmen, ob das Betriebsgrundstück der L etwa durch eine Umzäunung o.Ä. gegen das Betreten unbefugter Dritter geschützt war und daher eine die Abfallbesitzereigenschaft ausschließende wilde Abfalllagerung anzunehmen ist. Doch selbst wenn man die Besitzereigenschaft der L bejaht und damit sowohl die Feuerwehr als Abfallerzeugerin gem. § 3 Abs. 8 KrWG als auch L als Abfallbesitzerin gem. § 3 Abs. 9 KrWG als Störerinnen in Betracht kommen, erscheint die Heranziehung der K als Störerin nicht ermessensfehlerhaft.

Leitender Gesichtspunkt für die Störerauswahl ist grundsätzlich die Effektivität der Gefahrenabwehr; Erwägungen einer gerechten Lastenverteilung können ebenfalls eine Rolle spielen.[43] Im Hinblick auf L gilt es zu beachten, dass sie weder an der Verursachung des Brandes noch an den Löscharbeiten beteiligt war. Es war lediglich dem Zufall geschuldet, dass sich ihr Betrieb auf dem Grundstück befand, auf welches das Feuer übergriff. Vor dem Hintergrund der gefahrgeneigten Tätigkeit fällt die Verunreinigung des Wassers mit Nickel, das von der Galvanisierungsanlage der L stammt, nur unwesentlich ins Gewicht. Es wäre folglich unbillig, L als Verantwortliche heranzuzie-

---

42 Vgl. zum Ganzen *Kahl/Gärditz*, Umweltrecht, 11. Aufl. 2019, § 11 Rn. 85.
43 VGH Mannheim, Urt. v. 24.1.2012 – 10 S 1476/11.

hen. Ein Ermessensfehler liegt insofern nicht vor. Auch hinsichtlich der Feuerwehr ergibt sich nichts anderes. Die Feuerwehr wurde lediglich deshalb tätig, weil K trotz ihrer gefahrgeneigten Tätigkeit die wirksamen Mittel fehlen, um ihrer Störerverantwortlichkeit nachzukommen. Die Verursachung und Brandbekämpfung sowie die Zwischenlagerung des verunreinigten Löschwassers sind aus diesem Grund als natürliche Einheit anzusehen, die es rechtfertigen, K nicht nur als Abfallerzeugerin nach § 3 Abs. 8 KrWG zu qualifizieren, sondern sie auch als Störerin in Anspruch zu nehmen. Die Ausübung des Auswahlermessens durch das Landratsamt war damit ermessensfehlerfrei.

bb) Zwischenergebnis

Die Beseitigungsanordnung ist rechtmäßig, da die Tatbestandsvoraussetzungen des § 62 KrWG vorliegen und das Landratsamt das ihm zustehende Ermessen fehlerfrei ausgeübt hat. **62**

c) Ergebnis

Weil sich die Verfügung in *Nr. 1* des Bescheides nach summarischer Prüfung als rechtmäßig erweist und keine Zweifel an der Zweckmäßigkeit bestehen, fällt die Interessenabwägung zulasten des Suspensivinteresses der K aus. Ihr Antrag ist insofern unbegründet. **63**

II. Nr. 3 der Verfügung: Androhung der Ersatzvornahme

Fraglich ist, ob die Androhung der Ersatzvornahme in *Nr. 3* des Bescheides rechtmäßig ist. Dazu muss auch sie auf einer Ermächtigungsgrundlage beruhen sowie formell und materiell rechtmäßig sein. **64**

1. Ermächtigungsgrundlage

Wie jedes belastende Verwaltungshandeln bedarf auch der Verwaltungszwang wegen des rechtsstaatlichen Vorbehalts des Gesetzes einer tauglichen Ermächtigungsgrundlage. Für die Androhung eines Zwangsmittels ist dies § 20 LVwVG.[44] **65**

2. Formelle Rechtmäßigkeit

Die Androhung der Ersatzvornahme muss formell rechtmäßig sein. **66**

a) Zuständigkeit

Das Landratsamt ist nach § 4 Abs. 1 LVwVG als die Behörde, die den zu vollziehenden Grund-VA erlassen hat[45] und dessen Vollstreckung nach § 20 LVwVG angedroht wurde, zuständige Vollstreckungsbehörde für die Anwendung von Zwangsmitteln und damit auch für deren Androhung. **67**

---

44 *Bayern*: Art. 36 Abs. 1 VwZVG; *NRW*: § 63 Abs. 1, § 69 Abs. 1 VwVG NRW.
45 *Bayern*: Art. 30 Abs. 1 S. 1 VwZVG; *NRW*: § 56 Abs. 1 VwVG NRW.

b) Verfahren

68 Da es sich bei einer Androhung nach § 20 LVwVG um einen VA i.S.d. § 35 S. 1 VwVfG handelt, müssen die allgemeinen Verfahrensanforderungen der §§ 9 ff. VwVfG eingehalten worden sein. Einer gesonderten Anhörung der K gem. § 28 Abs. 1 VwVfG hätte es im vorliegenden Fall nach § 28 Abs. 2 Nr. 5 VwVfG nicht bedurft, da es sich bei der Androhung eines Zwangsmittels nach Maßgabe der Verwaltungsvollstreckungsgesetze um eine Maßnahme in der Verwaltungsvollstreckung handelt. Dass K nichtsdestotrotz angehört wurde, ist jedoch unschädlich. Die Verfahrensvorschriften wurden mithin eingehalten.

c) Form

69 Die besonderen Formanforderungen der Androhung müssen ebenfalls erfüllt sein.

70 Zwangsmittel sind gem. § 20 Abs. 1 S. 1 LVwVG vor ihrer Anwendung schriftlich anzudrohen[46] und daher auch nach § 39 Abs. 1 VwVfG zu begründen. Das Schriftform- und Begründungserfordernis wurden im vorliegenden Fall eingehalten. Die Androhung des Zwangsmittels konnte nach § 20 Abs. 2 LVwVG mit dem VA, der vollstreckt werden soll, verbunden werden.[47] Ein Verstoß gegen Formvorschriften scheidet damit aus.

> In Bayern und NRW ist die Androhung dem Betroffenen darüber hinaus zuzustellen und zwar auch dann, wenn sie mit dem zugrundeliegenden VA verbunden ist und für diesen keine Zustellung vorgesehen ist, vgl. Art. 36 Abs. 7 VwZVG, § 63 Abs. 6 VwVG NRW.

d) Zwischenergebnis

71 Die Androhung der Ersatzvornahme ist somit rechtmäßig ergangen.

3. Materielle Rechtmäßigkeit

72 Die Androhung der Ersatzvornahme ist materiell rechtmäßig, wenn eine wirksame, vollstreckungsfähige und vollstreckbare Grundverfügung vorliegt, die Anforderungen an die Androhung aus § 20 LVwVG erfüllt sind und sich die Androhung der Ersatzvornahme an den richtigen Vollstreckungsschuldner richtet.

a) Wirksame, inhaltlich vollstreckungsfähige Grundverfügung

73 Zunächst muss eine wirksame, inhaltlich vollstreckungsfähige Grundverfügung vorliegen.

> In NRW wird zwischen dem gestreckten Verfahren (§ 6 Abs. 1 BVwVG, § 55 Abs. 1 VwVG NRW) und dem sofortigen Vollzug (§ 6 Abs. 2 BVwVG, § 55 Abs. 2 VwVG NRW) unterschieden. Während im ersten Fall ein VA vollstreckt werden soll, der auf die Vornahme einer Handlung, Duldung oder Unterlassung gerichtet ist, handelt die Behörde im zweiten Fall ohne vorausgehenden VA. Abhängig vom anzuwendenden Verfahren ergeben sich unterschiedliche zu wahrende Vollstreckungsvoraussetzungen.[48]

---

46 *Bayern*: Art. 36 Abs. 1 S. 1 VwZVG; *NRW*: § 63 Abs. 1 S. 1 VwVG NRW.
47 *Bayern*: Art. 36 Abs. 2 VwZVG; *NRW*: § 63 Abs. 2 VwVG NRW.
48 Ausführlich zur Verwaltungsvollstreckung in NRW *Muckel*, JA 2012, 272; *ders.*, JA 2012, 355.

Nach § 18 LVwVG ist ein VA mit Zwangsmitteln vollstreckbar, d.h. *vollstreckungsfähig*, wenn er zu einer Handlung, ausgenommen einer Geldleistung, einer Duldung oder einer Unterlassung verpflichtet.[49] Lediglich feststellende oder rechtsgestaltende VAe erfüllen diese Voraussetzung hingegen nicht.[50] Da die Verfügung unter *Nr. 1* des Bescheides eine Handlung von K, nämlich die Beseitigung des Löschwassers, fordert, ist ein VA mit einem vollstreckungsfähigen Inhalt unproblematisch gegeben. 74

Die zu vollstreckende Grundverfügung muss weiter *wirksam* sein. Nach § 43 Abs. 1 S. 1 VwVfG wird ein VA gegenüber demjenigen, für den er bestimmt ist, in dem Zeitpunkt wirksam, in dem er ihm bekannt gegeben wird. Er bleibt gem. § 43 Abs. 2 VwVfG wirksam, solange und soweit er nicht zurückgenommen, widerrufen, anderweitig aufgehoben oder durch Zeitablauf oder auf andere Weise erledigt ist. Unwirksam ist ein VA hingegen, wenn er nichtig ist, § 43 Abs. 3 VwVfG. Der VA wurde K vorliegend ordnungsgemäß bekannt gegeben. An der Wirksamkeit der Verfügung bestehen keine Zweifel, da keine Nichtigkeitsgründe i.S.d. § 44 VwVfG ersichtlich sind. 75

Ob es für die Rechtmäßigkeit der Androhung einer Vollstreckungsmaßnahme darüber hinaus einer *rechtmäßigen* Grundverfügung bedarf, kann hier dahinstehen, da sich die Grundverfügung nach summarischer Prüfung als rechtmäßig erwiesen hat. 76

> Der überwiegenden Auffassung zufolge ist die Rechtmäßigkeit der Grundverfügung unbeachtlich für die Zulässigkeit der Verwaltungsvollstreckung; die Vollstreckung einer Grundverfügung ist aus diesem Grund auch im Falle ihrer Rechtswidrigkeit rechtmäßig.[51] Tragender Grundsatz des Verwaltungsvollstreckungsrechts sei nämlich, dass die Wirksamkeit und nicht die Rechtmäßigkeit vorausgegangener VAe Bedingung für die Rechtmäßigkeit der nachfolgenden Akte und letztlich der Anwendung des Zwangsmittels ist.[52]

b) Vollstreckbare Grundverfügung

Nach § 2 LVwVG setzt die Vollstreckung eines VA ferner voraus, dass dieser unanfechtbar[53] geworden ist (Nr. 1) oder die aufschiebende Wirkung entfällt (Nr. 2).[54] Vorliegend entfällt die aufschiebende Wirkung des eingelegten Widerspruchs der K gegen die in *Nr. 1* des Bescheides enthaltene Verfügung aufgrund der Anordnung des Sofortvollzugs nach § 80 Abs. 2 S. 1 Nr. 4 VwGO. Ein unanfechtbarer VA nach § 2 Nr. 2 LVwVG ist damit gegeben. 77

c) Weitere Anforderungen an die Androhung

Darüber hinaus müssen die weiteren Anforderungen an die Androhung erfüllt sein. 78

---

49 *Bayern*: Art. 29 Abs. 1 VwZVG; *NRW*: § 55 Abs. 1 VwVG NRW.
50 *Muckel*, JA 2012, 272 (276).
51 BVerwG, Urt. v. 13.4.1984 – 4 C 31/81; BVerfG, Beschl. v. 7.12.1998 – 1 BvR 831/89; OVG Berlin-Brandenburg, Urt. v. 17.3.2016 – OVG 7 B 29/15; *Schenke*, NVwZ 1993, 1 (2); *Weber*, LKV 2017, 203 (206).
52 BVerwG, Urt. v. 13.4.1984 – 4 C 31/81 – juris Rn. 12. Eingehend dazu *Schenke*, NVwZ 1993, 1 (2); *Hyckel*, LKV 2015, 300 (302 f.).
53 *Unanfechtbar* ist eine Grundverfügung dann, wenn sie bestandskräftig geworden ist – entweder, weil die Rechtsbehelfsfristen abgelaufen sind (§§ 70, 74 VwGO) und kein Rechtsbehelf eingelegt worden ist oder weil über den eingelegten Rechtsbehelf rechtskräftig ablehnend entschieden wurde, vgl. *Muckel*, JA 2012, 272 (276).
54 *Bayern*: Art. 19 Abs. 1 VwZVG; *NRW*: § 55 Abs. 1 VwVG NRW.

aa) Bestimmtes und richtiges Zwangsmittel

79 Die Androhung muss sich zunächst gem. § 20 Abs. 3 S. 1 LVwVG auf ein *bestimmtes* Zwangsmittel beziehen.[55] Dies ist hier mit der Androhung der Ersatzvornahme nach § 19 Abs. 1 Nr. 2 LVwVG geschehen.

80 Die Ersatzvornahme muss auch das *richtige* Zwangsmittel darstellen. Zwangsmittel sind nach § 19 Abs. 1 LVwVG Zwangsgeld, Zwangshaft, Ersatzvornahme sowie unmittelbarer Zwang.[56] Da mit der Beseitigung des Löschwassers eine vertretbare Handlung[57] gefordert wird, kommen Zwangsgeld und Ersatzvornahme in Betracht. Für diesen Fall bestimmt § 19 Abs. 2 LVwVG, dass dasjenige Zwangsmittel anzuwenden ist, das den Pflichtigen und die Allgemeinheit voraussichtlich am wenigsten beeinträchtigt. Zwischen Zwangsgeld und Ersatzvornahme besteht grundsätzlich kein Rangverhältnis. Aufgrund der Eilbedürftigkeit der Beseitigung des verunreinigten Löschwassers bestehen hier keine Bedenken gegen die Androhung einer Ersatzvornahme, es handelt sich um das richtige Zwangsmittel.

bb) Fristsetzung

81 In der Androhung ist dem Pflichtigen des Weiteren nach § 20 Abs. 1 S. 2 1. Hs. LVwVG eine *angemessene Frist* zur Erfüllung der Verpflichtung zu bestimmen.[58] Diese muss so bemessen sein, dass dem Pflichtigen die Erfüllung der durchzusetzenden Verpflichtung möglich und zumutbar ist.[59] Laut SV wurde K in der Androhung zur Erfüllung ihrer Beseitigungsverpflichtung eine einmonatige und damit angemessene Frist gesetzt.

cc) Benennung der voraussichtlichen Kosten der Ersatzvornahme

82 Die *voraussichtlichen Kosten* der Ersatzvornahme wurden gem. § 20 Abs. 5 LVwVG ebenfalls angegeben.[60]

d) Richtiger Vollstreckungsschuldner

83 Obgleich im LVwVG nicht ausdrücklich geregelt ist, gegenüber wem die Verwaltungsvollstreckung stattfinden darf, ist nach allgemeinen Grundsätzen richtiger Vollstreckungsschuldner, wer durch die zu vollstreckende Grundverfügung verpflichtet wird. Als Störerin und Adressatin der Beseitigungsanordnung ist K also die richtige Vollstreckungsschuldnerin.

---

55 *Bayern*: Art. 36 Abs. 3 S. 1 VwZVG; *NRW*: § 63 Abs. 3 S. 1 VwVG NRW. Während die gleichzeitige Androhung mehrerer Zwangsmittel in *Bayern* nach Art. 36 Abs. 3 S. 2 VwZVG unzulässig ist (sog. Kumulationsverbot) und sich die Behörde die Wahl zwischen mehreren Zwangsmitteln nicht vorbehalten darf, lassen *Baden-Württemberg* und *NRW* die gleichzeitige Anordnung mehrerer Zwangsmittel zu, wenn die Reihenfolge, in welcher diese angewandt werden sollen, in der Androhung angegeben wird (vgl. § 20 Abs. 3 S. 2 LVwVG, § 63 Abs. 3 S. 2 VwVG NRW).

56 *Bayern*: Art. 29 Abs. 2 VwZVG; *NRW*: § 57 Abs. 1 VwVG NRW, § 61 VwVG NRW.

57 Handlungen sind *vertretbar*, wenn es – wirtschaftlich betrachtet – keine Rolle spielt, ob sie vom Pflichtigen selbst oder von einem Dritten vorgenommen werden, vgl. *App*, JuS 2004, 786 (790).

58 *Bayern*: Art. 36 Abs. 1 S. 2 VwZVG; *NRW*: § 63 Abs. 1 S. 2 VwVG NRW.

59 Engelhardt/App/Schlatmann/*Troidl*, VwVG, 11. Aufl. 2017, § 13 Rn. 3; *App*, JuS 2004, 786 (790).

60 *Bayern*: Art. 36 Abs. 4 S. 1 VwZVG; *NRW*: § 63 Abs. 4 VwVG NRW.

4. Zwischenergebnis

Da sich die Androhung der Ersatzvornahme i.R. einer summarischen Prüfung als   84
rechtmäßig erweist, fällt die Interessenabwägung zugunsten des öffentlichen Interesses
an einer sofortigen Vollziehung der in *Nr. 3* des Bescheids angedrohten Ersatzvornahme aus. Der Antrag ist damit ebenfalls unbegründet.

D. Ergebnis

Die zulässigen Anträge der K auf Gewährung einstweiligen Rechtsschutzes sind unbe-   85
gründet und haben daher keine Aussicht auf Erfolg.

   86

> **Weiterführende Hinweise:**
> **Zum materiellen Recht:** BVerwG, Urt. v. 15.10.2014 – 7 C 1/13 mit Anmerkung: *Frenz*, Ab-
> fallR 2015, S. 135 – 144; *Pützenbacher*, IMR 2015, S. 168; *Krahnefeld*, NVwZ 2015, S. 156 –
> 157; *Kopp-Assenmacher*, ZUR 2015, S. 239 – 241; OVG Münster, Urt. v. 7.10.2011 – 20 A
> 1181/10; VG Arnsberg, Urt. v. 19.4.2010 – 14 K 2368/09; OVG Münster, Urt. v. 10.8.2012 –
> 20 A 222/10; VG München, Urt. v. 21.1.2016 – M 17 K 14.5755; *Schlacke*, Umweltrecht,
> 7. Aufl. 2019, § 12; *Kahl/ Gärditz*, Umweltrecht, 11. Aufl. 2019, § 11; *Koch/Hofmann/Reese*,
> Handbuch Umweltrecht, 5. Aufl. 2018, § 6; *Frenz*, Abfallerzeuger und -besitzer nach deut-
> schem und europäischem Recht, ZUR 2005, S. 57 – 63; *Stuttmann*, Der Rechtsbegriff „Ab-
> fall", NVwZ 2006, S. 401 – 407; *Versteyl*, Zur Verantwortlichkeit des Abfallerzeugers/-be-
> sitzers – Vorläufiges oder Endgültiges?, NVwZ 2007, S. 1150 – 1152; *Schröder/ Shirvani*,
> Die Verantwortlichkeit des ehemaligen Abfallbesitzers, UPR 2008, S. 41 – 46; *Kropp*, Um-
> fang und Dauer der abfallrechtlichen Verantwortung des Abfallerzeugers und -besitzers,
> ZUR 2008, S. 401 – 406; *Frenz*, Grenzen des Abfallbegriffs nach dem neuen Kreislaufwirt-
> schaftsgesetz, NVwZ 2012, S. 1590 – 1593; *Schink*, Der Abfallbegriff im Kreislaufwirt-
> schaftsgesetz, UPR 2012, S. 201 – 209; *Petersen/Doumet/Stöhr*, Das neue Kreislaufwirt-
> schaftsgesetz, NVwZ 2012, S. 521 – 530; *Henke*, Abfallbegriff, Nebenprodukt und Ende der
> Abfalleigenschaft im neuen Kreislaufwirtschaftsgesetz, SächsVBl 2013, S. 225 – 233;
> *Hahn*, Das Kreislaufwirtschaftsgesetz in der Umsetzung und aktuelle (unter-)gesetzliche
> Regelungsabsichten, ZUR 2013, S. 190 – 192; *Wolf*, Von der Müllabfuhr zum Ressourcen-
> schutz – Entwicklungslinien des Abfallrechts, ZUR 2017, S. 579 – 594; *Jarass*, Abfallverwer-
> tung und das Ende der Abfalleigenschaft – Insbesondere bei Ersatzbaustoffen, NVwZ
> 2019, S. 1545 – 1552; *Malmendier*, Die Zwangsmittelfestsetzung in der Verwaltungsvoll-
> streckung des Bundes und der Länder, VerwArch 2003, S. 25 – 47; *App*, Einführung in das
> Verwaltungsvollstreckungsrecht, JuS 2004, S. 786 – 791; *Muckel*, Verwaltungsvollstre-
> ckung in der Klausur, JA 2012, S. 272 – 279; *ders.*, Verwaltungsvollstreckung in der Klausur
> (Fortsetzung), JA 2012, S. 355 – 361; *Hyckel*, Grundlagen der Verwaltungsvollstreckung im
> Polizei- und Ordnungsrecht – Teil 1, LKV 2015, S. 300 – 306; *ders.*, Grundlagen der Verwal-
> tungsvollstreckung im Polizei- und Ordnungsrecht – Teil 2, LKV 2015, S. 342 – 348; *Weiß*,
> Gibt es einen Rechtswidrigkeitszusammenhang in der Verwaltungsvollstreckung?, DÖV
> 2001, S. 275 – 285; *Weber*, Fehler im Verwaltungs- und im Vollstreckungsverfahren, LKV
> 2017, S. 203 – 210; *Roedel*, Verwaltungsvollstreckung: Voraussetzungen – Verfahren –
> Rechtsschutz, ZAP 2018, S. 893 – 906.
> **Zum Prozessrecht:** *Erbguth*, Einstweiliger Rechtsschutz gegen Verwaltungsakte, JA 2008,
> S. 357 – 365; *Shiravi/Heidebach*, Hauptsacherechtsbehelf und vorläufiger Rechtsschutz –
> Ist die Erhebung der Anfechtungsklage Voraussetzung für den Antrag nach § 80 Abs. 5
> VwGO?, DÖV 2010, S. 254 – 261; *Hummel*, Der vorläufige Rechtsschutz im Verwaltungs-

prozess, JuS 2011, S. 502 – 506; *Redeker*, Vorläufiger Rechtsschutz im Verwaltungsprozess – gewusst wie, AnwBl 2012, S. 870 – 875; *Koehl*, Die aufschiebende Wirkung von Widerspruch und Anfechtungsklage, JA 2016, S. 610 – 618; *Buchheister*, Vorläufiger Rechtsschutz nach der VwGO aus richterlicher Sicht – Das Eilverfahren als Ersatz für das Hauptsacheverfahren?, DVBl 2017, S. 610 – 614; *Vogl*, Die Bedeutung der Anträge auf Vollziehungsaussetzung und Wiederherstellung der aufschiebenden Wirkung, NVwZ 2018, S. 1448 – 1451; *Gatz*, Vorläufiger Rechtsschutz nach § 80 Abs. 5 VwGO, ZAP 2019, S. 407 – 418.

Fall 8: Bodenschutzrecht

Sachverhalt

Der Unternehmer *Anton Ungermann* (U) betreibt auf einem Grundstück im Stadtgebiet von Stuttgart seit einigen Jahren eine Tankstelle. In der integrierten Werkstatt werden Ölwechsel und kleinere Reparaturen vorgenommen, so dass jährlich eine große Menge verbrauchten Altöls und weiterer Flüssigabfälle anfällt. Diese Abfälle lagert U in Fässern auf einem benachbarten Grundstück, das er von der Angermeier-GmbH (A-GmbH) gepachtet hat.

Bei einer Sichtung der Fässer im Jahre 2019 durch die zuständige Behörde zeigt sich, dass einige der gelagerten Fässer aufgrund von Roststellen undicht geworden sind. Die Roststellen konnten entstehen, da U Fässer aus ungeeigneten Materialien zur Lagerung verwendet hatte. Unklar bleibt, wie lange die Undichtigkeiten zum Auffindungszeitpunkt schon bestanden haben und wieviel Mineralöle und Schwermetalle daher bisher auslaufen konnten. Die zuständige Behörde beschließt deshalb die Durchführung von Probebohrungen an siebzehn verschiedenen Stellen auf dem Grundstück der A-GmbH und erlässt der Grundstückseigentümerin gegenüber eine entsprechende Duldungsverfügung. Bis zu einer Tiefe von 5m werden durch Behördenmitarbeiter jeweils zwanzig Bodenproben entnommen und in einem Labor zur Analyse auf verschiedene Schwermetalle und Chemikalien untersucht. Dabei stellt sich heraus, dass aus zwölf Fässern so viele Mineralöle und Schwermetalle austreten konnten, dass es zu einer deutlichen Beeinträchtigung der Bodenfunktionen, insbesondere als Lebensgrundlage für Kleinsttiere und Mikroorganismen, gekommen ist. Um die Bodenfunktionen wieder herzustellen, erachtet die zuständige Behörde eine Teilsanierung des Bodens – zu Recht – für unabdingbar.

Sie übersendet *Max Edelfinger* (E), dem alleinigen Gesellschafter der A-GmbH, daher am 10.12.2019 einen Bescheid, indem sie ihn auffordert, das Grundstück auf eigene Kosten zu sanieren. Die Maßnahmen sind hinreichend konkret bezeichnet und auch im Übrigen nicht zu beanstanden. Die Anordnung wurde gemäß § 80 Abs. 2 S. 1 Nr. 4 VwGO für sofort vollziehbar erklärt und mit einer Vollstreckungsanordnung verbunden.

Die Behörde begründet ihre Entscheidung damit, dass nur die Durchführung der Arbeiten durch E effizient sei. Ein Rückgriff auf U scheide aus, da dieser nicht über die notwendige finanzielle Solvenz verfüge. Auch die A-GmbH könne die Sanierungsmaßnahmen nicht durchführen, da sie nur mit einer Mindesteinlage von 25.000,- € gem. § 5 Abs. 1 GmbHG ausgestattet ist, die Sanierungsmaßnahmen aber erfahrungsgemäß teurer würden.

Da E sich beharrlich weigert, die Sanierungsmaßnahme durchzuführen, beschließt die Behörde – nach ordnungsgemäßer Androhung – die Durchführung der Sanierungsmaßnahme im Wege der Ersatzvornahme. Da Eile geboten ist, wird diese bereits am 14.12.2019 festgesetzt und am selben Tage durchgeführt.

Insgesamt sind durch die behördlichen Tätigkeiten Kosten i.H.v. 50.827,- € angefallen. Diese setzen sich wie folgt zusammen: 3.216,- € entfallen auf die Entnahme der Erdproben sowie die Laboranalyse. 47.611,- € entstanden im Rahmen der Sanierungsmaßnahmen; die Höhe der Kosten, von deren Rechtmäßigkeit auszugehen ist, erklärt sich daraus, dass die Erde nicht nur ausgehoben, sondern auch ordnungsgemäß entsorgt werden musste. Die Behörde erlässt daher am 5.1.2020 einen Kostenbescheid in entsprechender Höhe an E. Nur wenn E die Kosten übernehme, sei zu verhindern, dass die öffentliche Hand auf den Sanierungskosten sitzenbleibe. Die unterkapitalisierte A-GmbH komme offenkundig nicht als Adressat des Kostenbescheids in Betracht. Eine Inanspruchnahme des U scheidet aus, da dieser am 15.12.2019 überraschend verstorben ist.

E verweigert die Zahlung, da er schließlich nichts „für die entstandenen Kosten könne". Insbesondere sei er nicht für die unsachgemäße Lagerung der Fässer in Anspruch zu nehmen. Zudem komme gesellschaftsrechtlich ausschließlich ein Rückgriff auf die A-GmbH in Betracht. Ein Durchgriff scheide aus, da die A-GmbH – entgegen der Auffassung der Behörde – nicht unterkapitalisiert sei. Ihrem Gesellschaftszweck, dem Ankauf und der Verpachtung von Flächen zur Lagerung gewerblicher Abfälle, könne sie mit dem zur Verfügung stehenden Kapital ohne Probleme nachkommen. Seine Inanspruchnahme als Kostenschuldner stelle sich als Enteignung dar und sei daher „verfassungsrechtlich überhaupt nicht zulässig". Auch wenn U nicht mehr „haftbar gemacht werden könne", bleibe zumindest der Rückgriff auf dessen Tochter und Alleinerbin *Martina Bertram (B)*. Die Behörde nimmt diese Einwände zur Kenntnis, ändert jedoch ihre Einschätzung der Situation nicht.

E erhebt nach ordnungsgemäßer, aber erfolgloser Durchführung des Widerspruchverfahrens umgehend Klage vor dem zuständigen Verwaltungsgericht.

Hat die Klage des E Aussicht auf Erfolg?

Lösung:

Die Klage des E hat Aussicht auf Erfolg, soweit sie zulässig und begründet ist.

A. Zulässigkeit

2 Zunächst muss die Klage zulässig sein.

I. Eröffnung des Verwaltungsgerichtswegs, § 40 Abs. 1 S. 1 VwGO

3 Mangels aufdrängender Sonderzuweisung richtet sich die Eröffnung des Verwaltungsrechtswegs nach der Generalklausel des § 40 Abs. 1 S. 1 VwGO. Erforderlich ist hiernach zunächst eine Streitigkeit öffentlich-rechtlicher Art. Eine Streitigkeit ist öffentlich-rechtlich, wenn die streitentscheidenden Normen solche des öffentlichen Rechts sind. Letzteres ist nach der sog. *modifizierten Sonderrechtstheorie* zu bejahen, wenn durch die streitentscheidende Norm ausschließlich Träger hoheitlicher Gewalt als solche berechtigt oder verpflichtet werden. Vorliegend sind Normen des Umweltrechts (konkret: §§ 9, 10, 24 Abs. 1 BBodSchG) streitentscheidende Normen. Diese berechtigen und verpflichten ausschließlich Träger hoheitlicher Gewalt in ihrer staatlichen Funktion. Eine öffentlich-rechtliche Streitigkeit liegt vor. Die Streitigkeit ist nichtverfassungsrechtlicher Art, da keiner der Beteiligten dem Verfassungsleben angehört und auch nicht um Verfassungsrecht streitet (sog. *doppelte Verfassungsunmittelbarkeit*). Es liegt keine abdrängende Sonderzuweisung vor. Der Verwaltungsrechtsweg ist somit gemäß § 40 Abs. 1 S. 1 VwGO eröffnet.

II. Statthafte Klageart

Die statthafte Klageart richtet sich nach dem Begehren des Klägers (§ 88 VwGO). E begehrt die Aufhebung des Kostenbescheids vom 29.2.2020. Diese Verfügung stellt einen (belastenden) Verwaltungsakt (VA) im Sinne des (i.S.d.) § 35 S. 1 VwVfG dar. Statthaft ist somit die Anfechtungsklage (AK) nach § 42 Abs. 1 1. Alt. VwGO.

4

III. Klagebefugnis, § 42 Abs. 2 VwGO

E muss weiterhin klagebefugt i.S.d. § 42 Abs. 2 VwGO sein. Er muss daher geltend machen, durch den angegriffenen VA in seinem subjektiven öffentlichen Recht verletzt zu sein. Hierbei genügt die *Möglichkeit* der Rechtsverletzung. Durch die Auferlegung der Kosten für die Ersatzvornahme ist E zumindest in seiner allgemeinen Handlungsfreiheit nach Art. 2 Abs. 1 GG betroffen. Art. 2 Abs. 1 GG schützt vor rechtswidrigen staatlichen Handlungsbefehlen,[1] die Vorschrift schützt den Grundrechtsträger damit davor, Adressat rechtswidriger Anordnungen zu sein (sog. Adressatentheorie). E ist somit klagebefugt.

5

IV. Ordnungsgemäß durchgeführtes Vorverfahren, §§ 68 ff. VwGO

Das nach § 68 Abs. 1 S. 1 VwGO erforderliche Vorverfahren wurde dem Sachverhalt (SV) entsprechend ordnungsgemäß, insbesondere form- und fristgerecht, durchgeführt.

6

V. Beteiligten- und Prozessfähigkeit, §§ 61, 62 VwGO

Die Beteiligtenfähigkeit des E als natürliche Person ergibt sich aus § 61 Nr. 1 1. Alt. VwGO. Die Klage ist gem. § 78 Abs. 1 Nr. 1. 1. Hs. VwGO grundsätzlich (und so auch hier) gegen den Rechtsträger der handelnden Behörde zu richten. Sachlich zuständig zum Vollzug des Bodenschutzgesetzes sind gem. § 16 Abs. 1 S. 1, Abs. 3 S. 1 i.V.m. Abs. 2 Nr. 3 LBodSchAG BW die unteren Verwaltungsbehörden. Dies ist hier die Stadt Stuttgart als Stadtkreis (§ 15 Abs. 1 Nr. 2 i.V.m. § 12 Abs. 1 LVG i.V.m. § 3 Abs. 1 GemO BW). Richtiger Beklagter ist daher die Stadt Stuttgart, auch wenn sie hier eine Pflichtaufgabe zur Erfüllung nach Weisung ausführt. Die Beteiligtenfähigkeit der Stadt – als Gebietskörperschaft und damit juristische Person des öffentlichen Rechts – ergibt sich aus § 61 Nr. 1 2. Alt. VwGO.

7

Die Prozessfähigkeit des E ergibt sich aus § 62 Abs. 1 Nr. 1 VwGO. Die Stadt Stuttgart wird bei der Vornahme von Verfahrenshandlungen durch den Bürgermeister vertreten (§ 62 Abs. 3 VwGO i.V.m. § 42 Abs. 1 S. 2 GemO BW).

8

VI. Klagefrist, § 74 Abs. 1 VwGO

Die AK muss gem. § 74 Abs. 1 VwGO innerhalb eines Monats nach Zustellung des Widerspruchsbescheids erhoben werden. Da E hier „umgehend" nach Erhalt des Widerspruchsbescheids Klage erhoben hat, bestehen hinsichtlich der Einhaltung der Klagefrist keine Bedenken.

9

---

1 BVerfGE 6, 32 – Elfes.

VII. Zuständiges Gericht

10   Die sachliche Zuständigkeit des Verwaltungsgerichts ergibt sich aus § 45 VwGO. Die örtliche Zuständigkeit folgt aus § 52 Nr. 1 VwGO, wonach bei Streitigkeiten, „die sich auf unbewegliches Vermögen … beziehen", das Verwaltungsgericht örtlich zuständig ist, in dessen Bezirk das Vermögen liegt. Zweck der Regelung ist es, „das mit der besten Ortskundigkeit oder zumindest der besten Möglichkeit, sich diese Kundigkeit zu verschaffen, ausgestattete ortsnächste Gericht entscheiden zu lassen".[2] Zu diesem Zweck ist der von § 52 Nr. 1 VwGO geforderte Bezug der Streitigkeit auf das unbewegliche Vermögen *weit auszulegen*.[3] Dies gilt auch für kostenrechtliche Streitigkeiten, soweit ihnen ein Bezug auf unbewegliches Vermögens eigen ist, insbesondere weil eine rechtliche Würdigung ohne Berücksichtigung der örtlichen Gegebenheiten nicht möglich ist.[4] Dies ist vorliegend der Fall, da der Bescheid die Kosten für die grundstückbezogenen Sanierungsmaßnahmen zum Gegenstand hat. Das VG Stuttgart ist sachlich und örtlich zuständig.

VIII. Zwischenergebnis

11   Die Klage des E ist zulässig.

B. Begründetheit

12   Die AK ist begründet, soweit der Erlass der Verfügung rechtswidrig ist und der Kläger dadurch in seinen Rechten verletzt wird (§ 113 Abs. 1 S. 1 VwGO). Dies ist der Fall, wenn für die Verfügung keine Ermächtigungsgrundlage bestand oder diese formell oder materiell rechtswidrig war.

I. Ermächtigungsgrundlage

13   Der Kostenbescheid könnte auf der Grundlage des § 24 Abs. 1 S. 1 BBodSchG ergehen. Fraglich ist, ob die Norm als Ermächtigungsgrundlage für einen Kostenbescheid in Betracht kommt. Der Gesetzeswortlaut impliziert jedenfalls als Normalfall die „Selbstvornahme" der Sanierungsmaßnahme durch den Verantwortlichen, der dann die bei ihm entstandenen Kosten zu tragen hat. Bereits der Gesetzgeber ist jedoch davon ausgegangen, dass die erforderlichen Maßnahmen i.S.d. § 24 Abs. 1 S. 1 BBodSchG auch durch die zuständige Behörde im Wege der unmittelbaren Ausführung oder der Ersatzvornahme ausgeführt werden können.[5] Auch das Bundesverwaltungsgericht (BVerwG) interpretiert die Vorschrift in diesem Sinne,[6] insbesondere um eine hinreichende Effektivität der behördlichen Instrumente sicherzustellen, indem eine Besserstellung des untätigen Verantwortlichen unterbunden wird. Zugleich sieht § 24 Abs. 1 S. 3 BBodSchG einen solchen Kostenerstattungsanspruch explizit vor.

---

2   Sodan/Ziekow/*Ziekow*, VwGO, 5. Aufl. 2018, § 52 VwGO Rn. 8 mit Verweis auf VGH Kassel, NVwZ-RR 2013, 784.
3   Sodan/Ziekow/*Ziekow*, VwGO, 5. Aufl. 2018, § 52 VwGO Rn. 8; vgl. OVG RhPf, NZS 2016, 743 (Genehmigung von Pflegesätzen); HessVGH, NVwZ-RR 2013, 784 (Genehmigung einer Schiedsstellenfestsetzung).
4   So (wohl) auch Sodan/Ziekow/*Ziekow*, VwGO, 5. Aufl. 2018, § 52 Rn. 12.
5   BT-Drs. 13/6701, S. 63, 67.
6   BVerwGE 126, 222, Rn. 21; a.A. BeckOK UmweltR/*Giesberts/Hilf*, 55. Ed. 2020, § 24 BBodSchG Rn. 12, wonach sich die Kostenerstattung in diesen Fällen nach den landesrechtlichen Vollstreckungsgesetzen richtet.

Alternativ könnte auch auf die entsprechenden Ermächtigungsgrundlagen der Landesverwaltungsvollstreckungsgesetze zurückgegriffen werden; hier z.B. §§ 19 Abs. 1 Nr. 2, 25, 31 Abs. 1, 2 LVwVG BW). Der weitere Fortgang der Prüfung würde sich hierdurch nur geringfügig ändern: Voraussetzung ist, dass die Vollstreckung in Form der Ersatzvornahme rechtmäßig war, mithin die vollstreckungsrechtlichen Voraussetzungen vorgelegen haben. Neben der vollziehbaren Grundverfügung bedarf es zu einer rechtmäßigen Vollstreckung insbesondere einer ordnungsgemäßen Androhung des Zwangsmittels. Tragender Grundsatz des Verwaltungsvollstreckungsrechts ist, dass es für die Rechtmäßigkeit einer Vollstreckungsmaßnahme maßgeblich nicht auf die Rechtmäßigkeit des Grundverwaltungsakts selbst ankommt, sofern dieser nur wirksam und vollziehbar ist (→ Fall 7; C II 3a) ff.).[7] Im Hinblick auf den Kostenbescheid ist jedoch wiederum eine rechtmäßige Grundverfügung unabdingbar.[8]

II. Formelle Rechtmäßigkeit des Kostenbescheids

Der Kostenbescheid muss formell rechtmäßig sein.　　14

1. Zuständigkeit

Laut SV hat die zuständige Behörde gehandelt. Dies ist vorliegend – wie im Rahmen　　15
der (i.R.d.) Zulässigkeit erörtert – die Stadt Stuttgart als Stadtkreis und untere Verwaltungsbehörde nach § 16 Abs. 1 S. 1, Abs. 3 S. 1 i.V.m. Abs. 2 Nr. 3 LBodSchAG, 15 Abs. 1 Nr. 2 i.V.m. § 12 Abs. 1 LVG i.V.m. § 3 Abs. 1 GemO BW.

In NRW sind gem. § 1 Abs. 1, Abs. 2 Nr. 3, Abs. 3 Zuständigkeitsverordnung Umweltschutz (ZustVU) die Kreise und kreisfreien Städte als untere Umweltschutzbehörden i.V.m. Punkt 60 der Anlage zur ZustVU und in Bayern die Kreisverwaltungsbehörden nach Art. 10 Abs. 2 S. 1 BayBodSchG die zuständigen Behörden.

2. Verfahren

Die verfahrensrechtlichen Anforderungen müssen eingehalten worden sein.　　16

a) Anhörung

Gem. § 28 Abs. 1 VwVfG ist ein Beteiligter anzuhören, bevor ein VA erlassen wird, der　　17
in seine Rechte eingreift. Der Kostenbescheid greift in die allgemeine Handlungsfreiheit des E ein, indem er diesem eine Kostenpflicht auferlegt. § 28 Abs. 2 Nr. 5 VwVfG kommt vorliegend nicht zur Anwendung, da der Kostenbescheid keine Maßnahme der Verwaltungsvollstreckung darstellt. E hatte vorliegend die Gelegenheit, seine Einschätzung der Situation darzulegen. Die Behörde hat diese zur Kenntnis genommen. Damit ist eine ordnungsgemäße Anhörung gem. § 28 Abs. 1 VwVfG erfolgt.

7　BVerwG, Urt. v. 25.9.2008 – 7 C 5/08 – juris Rn. 12; vgl. bereits die Nachw. unter Fall 7 Fn. 51 f.
8　BVerwG, Urt. v. 24.5.2018 – 3 C 25/16 – juris Rn. 6, 11.

b) Begründung

18 Die Behörde hat auch E gegenüber erläutert, weshalb sie ihre Entscheidung so getroffen hat. Die Begründung entspricht § 39 Abs. 1 S. 1, 2 VwVfG. Sie enthält die wesentlichen tatsächlichen und rechtlichen Gründe. Ob die Begründung zutrifft, ist für die Einhaltung des § 39 VwVfG unerheblich. Da die Begründung nachträglich gegeben wurde, ist hier § 45 Abs. 1 Nr. 2, Abs. 2 VwVfG einschlägig.

III. Materielle Rechtmäßigkeit des Kostenbescheids

19 Die Verfügung ist materiell rechtmäßig, wenn die Tatbestandsvoraussetzungen des § 24 Abs. 1 BBodSchG erfüllt sind und das Ermessen rechtmäßig ausgeübt wurde.

1. Tatbestand: Maßnahmen i.S.d. § 24 Abs. 1 S. 1 BBodSchG

20 Erforderlich ist ausweislich des Wortlauts des § 24 Abs. 1 S. 1 BBodSchG eine angeordnete Maßnahme nach § 9 Abs. 2, § 10 Abs. 1, §§ 12, 13, 14 S. 1 Nr. 1, § 15 Abs. 2 oder § 16 Abs. 1 BBodSchG. Vorliegend stehen *zwei* (möglicherweise kostenpflichtige) Maßnahmen im Raum: Hierbei handelt es sich zum einen um die Probebohrungen und Laboranalysen, mit deren Hilfe der Verdacht einer schädlichen Bodenveränderung untersucht wird. Hinzu treten zum anderen die Sanierungsmaßnahmen, welche nach Feststellung der stellenweisen schädlichen Bodenveränderung vorgenommen werden mussten. Damit die bei diesen Maßnahmen entstehenden Kosten umgelegt werden können, muss es sich *erstens* um Maßnahmen i.S.d. § 24 Abs. 1 S. 1 BBodSchG handeln, die *zweitens* rechtmäßig ergangen sind.

a) Teilsanierung des Bodenbereichs: Rechtmäßig „angeordnete Maßnahme" nach § 10 Abs. 1 S. 1 BBodSchG?

aa) Tatbestand des § 10 Abs. 1 S. 1 BBodSchG

21 Der Tatbestand der Generalklausel[9] des § 10 Abs. 1 S. 1 BBodSchG setzt voraus, dass die zuständige Behörde die zur Erfüllung der dort genannten Pflichten notwendigen Maßnahmen trifft. Bei der Teilsanierung des Bodenbereichs könnte es sich um eine Maßnahme i.S.d. § 10 Abs. 1 S. 1 BBodSchG, etwa um eine zur Erfüllung der sich aus § 4 BBodSchG ergebenden Pflichten notwendige Maßnahme, handeln.

22

> § 4 BBodSchG kennt verschiedene **Pflichten**:
>
> – Abs. 1 enthält eine *Vermeidungspflicht*, die sich gegen jedermann richtet, der aktiv und kausal auf den Boden einwirkt.
> – Abs. 2 enthält eine *Abwehrpflicht*, die sich ausschließlich an den Grundstückseigentümer sowie an den Inhaber der tatsächlichen Gewalt über ein Grundstück (sog. Zustandsverantwortliche) richtet.
> – Abs. 3, 6 statuieren *Sanierungs- und sonstige öffentlich-rechtliche Verkehrssicherungspflichten*.
>
> Die Adressaten sind in Abs. 3 S. 1, 4 und Abs. 6 BBodSchG konkretisiert.

---

9 Schlacke, Umweltrecht, 7. Aufl. 2019, § 13 Rn. 23.

§ 4 Abs. 3 S. 1, 4, Abs. 6 BBodSchG verpflichtet die dort genannten Personen, den Boden und Altlasten sowie durch schädliche Bodenveränderungen oder Altlasten verursachte Verunreinigungen von Gewässern so zu sanieren, dass dauerhaft keine Gefahren, erheblichen Nachteile oder erheblichen Belästigungen für den einzelnen oder die Allgemeinheit entstehen. Vorliegend ist daher zu prüfen, ob der Tatbestand des § 4 Abs. 3 S. 1 BBodSchG dadurch erfüllt wurde, dass eine schädliche Bodenverunreinigung oder Altlast verursacht wurde (1.), die eine Sanierungspflicht (2.) begründet, welche gegen den richtigen Adressaten (3.) gerichtet sowie ermessensfehlerfrei (4.) und verhältnismäßig (5.) ergangen ist.

23

(1) Schädliche Bodenveränderung oder Altlast

Hier könnte eine *schädliche Bodenveränderung* oder *Altlast* vorliegen. Diese beiden Begriffe sind in § 2 Abs. 3 und Abs. 5 BBodSchG legaldefiniert. Eine *schädliche Bodenveränderung* nach § 2 Abs. 3 BBodSchG liegt vor bei Beeinträchtigungen der Bodenfunktionen, die geeignet sind, Gefahren, erhebliche Nachteile oder erhebliche Belästigungen für den einzelnen oder die Allgemeinheit herbeizuführen. *Altlasten* nach § 2 Abs. 5 BBodSchG sind stillgelegte Abfallbeseitigungsanlagen sowie sonstige Grundstücke, auf denen Abfälle behandelt, gelagert oder abgelagert worden sind (Altablagerungen), und Grundstücke stillgelegter Anlagen und sonstige Grundstücke, auf denen mit umweltgefährdenden Stoffen umgegangen worden ist, ausgenommen Anlagen, deren Stilllegung einer Genehmigung nach dem Atomgesetz bedarf (Altstandorte), durch die schädliche Bodenveränderungen oder sonstige Gefahren für den einzelnen oder die Allgemeinheit hervorgerufen werden. Zwar liegen hier keine *Altlasten* vor, jedoch kommt das Vorliegen einer *schädlichen Bodenveränderung* in Betracht. Deren gesetzliche Definition ist zweistufig ausgestaltet. Es muss zunächst die *Beeinträchtigung* einer Bodenfunktion vorliegen, die darüber hinaus *geeignet* sein muss, Gefahren, erhebliche Nachteile oder erhebliche Belästigungen *hervorzurufen*. Erforderlich ist daher ein *Kausalzusammenhang* zwischen Beeinträchtigung und Gefahr.

24

Zunächst muss damit die Beeinträchtigung einer *Bodenfunktion* durch eine Bodenveränderung vorliegen. Der weite Begriff der Bodenveränderung schließt stoffliche Einträge ebenso wie Veränderungen der Bodenphysik und die Flächenversiegelung mit ein.[10] Die Bodenfunktionen sind in § 2 Abs. 2 BBodSchG näher konkretisiert. Im Mittelpunkt steht die natürliche Funktion des Bodens als Lebensgrundlage und Lebensraum für Menschen, Tiere, Pflanzen und Bodenorganismen gem. § 2 Abs. 2 Nr. 1a) BBodSchG. Vorliegend kommt es durch den Austritt von Ölen und anderen Fahrzeugflüssigkeiten zu einer deutlichen Beeinträchtigung der Bodenfunktionen, insbesondere als Lebensgrundlage für Kleinsttiere und Mikroorganismen. Eine Beeinträchtigung der Bodenfunktionen liegt somit vor.

25

Diese muss weiterhin geeignet sein, Gefahren, erhebliche Nachteile oder erhebliche Belästigungen hervorzurufen. Bei der Auslegung des Begriffs der Gefahr ist das ordnungsrechtliche Verständnis heranzuziehen, wonach unter *Gefahr* die hinreichende Wahrscheinlichkeit eines Schadenseintritts zu verstehen ist.[11] Ausreichend ist im Bodenschutzrecht allerdings bereits die „Gefahr einer Gefährdung", einer tatsächlichen Ge-

26

---

10 BT-Drs. 13/6701, S. 29.
11 BT-Drs. 13/6701, S. 29.

fahrensituation bedarf es nicht.[12] Als bedrohtes Schutzgut kommt neben der menschlichen Gesundheit oder dem Eigentum auch jedes andere Rechtsgut – insbesondere die ökologischen Bodenfunktionen – in Betracht.[13] Bei der alleinigen Beeinträchtigung ökologischer Bodenfunktionen setzt eine Gefahr jedoch eine dauerhafte bzw. nachhaltige Störung voraus.[14]

> Als *Nachteil* wird die Beeinträchtigung von Interessen verstanden, mit der keine Verletzung eines Rechtsguts verbunden ist, dazu zählen beispielsweise Vermögenseinbußen. *Belästigungen* sind insbesondere Beeinträchtigungen des körperlichen oder seelischen Wohlbefindens, etwa durch Geruchsemissionen. Eine Abgrenzung im Einzelfall ist nicht erforderlich, da ohnehin alle drei Bereiche erfasst werden.

27 *Vorliegend* hat sich eine Gefahr für die ökologischen Bodenfunktionen realisiert, da eine schädliche Bodenveränderung i.S.v. § 2 Abs. 3 BBodSchG bereits eingetreten ist, die ohne die Durchführung von Sanierungsmaßnahmen zu einer dauerhaften Beeinträchtigung der ökologischen Bodenfunktionen führen wird.

(2) Sanierungspflicht

28 Hinsichtlich der *Sanierungsmaßnahmen* differenziert § 2 Abs. 7 BBodSchG zwischen schadstoffbedingten und sonstigen Bodenveränderungen.[15] Bei schadstoffbedingten Bodenveränderungen sieht die Norm Dekontaminationsmaßnahmen (Nr. 1) und Sicherungsmaßnahmen (Nr. 2), bei nicht schadstoffbedingten Veränderungen der physikalischen, chemischen oder biologischen Bodenbeschaffenheit Beseitigungs- oder Verminderungsmaßnahmen (Nr. 3) vor. Was unter *Schadstoffen* zu verstehen ist, konkretisiert § 2 Nr. 6 BBodSchV: Es handelt sich hierbei um Stoffe und Zubereitungen, die aufgrund ihrer Gesundheitsschädlichkeit, ihrer Langlebigkeit oder Bioverfügbarkeit im Boden oder aufgrund anderer Eigenschaften und ihrer Konzentration geeignet sind, den Boden in seinen Funktionen zu schädigen oder sonstige Gefahren hervorzurufen. Vorliegend werden die ausgetretenen Mineralöle und Schwermetalle durch Erdaushub beseitigt. Hierin liegt eine Sanierungsmaßnahme i.S.d. § 2 Abs. 7 Nr. 1 BBodSchG.

(3) Richtiger Adressat der Sanierungsverfügung

29 E muss schließlich richtiger Adressat der Sanierungsverfügung sein. Hierzu muss E Pflichtiger nach § 4 Abs. 3 – 6 BBodSchG sein.

---

12 *Frenz*, BBodSchG, 2000, § 2 Rn. 61; *Erbguth/Stollmann*, Bodenschutzrecht, 1. Aufl. 2001, Rn. 83; *Schlacke*, Umweltrecht, 7. Aufl. 2019, § 13 Rn. 14.
13 BT-Drs. 13/6701, S. 29. Ausführlich zur Frage des Schutzguts *Schlabach/Landel/Notter*, ZUR 2003, 73 (76 ff.).
14 BT-Drs. 13/6701, S. 29: Lediglich kurzfristige Beeinträchtigungen, deren Folgen vollständig ausgeglichen werden, etwa bei vorübergehenden Bodenarbeiten zur Verlegung von Versorgungsleitungen, werden somit nicht erfasst.
15 *Kahl/Gärditz*, Umweltrecht, 11. Aufl. 2019, § 9 Rn. 23.

Als Adressaten einer Sanierungsverfügung nach § 10 Abs. 1 BBodSchG kommen grundsätzlich die folgenden Personen in Betracht:

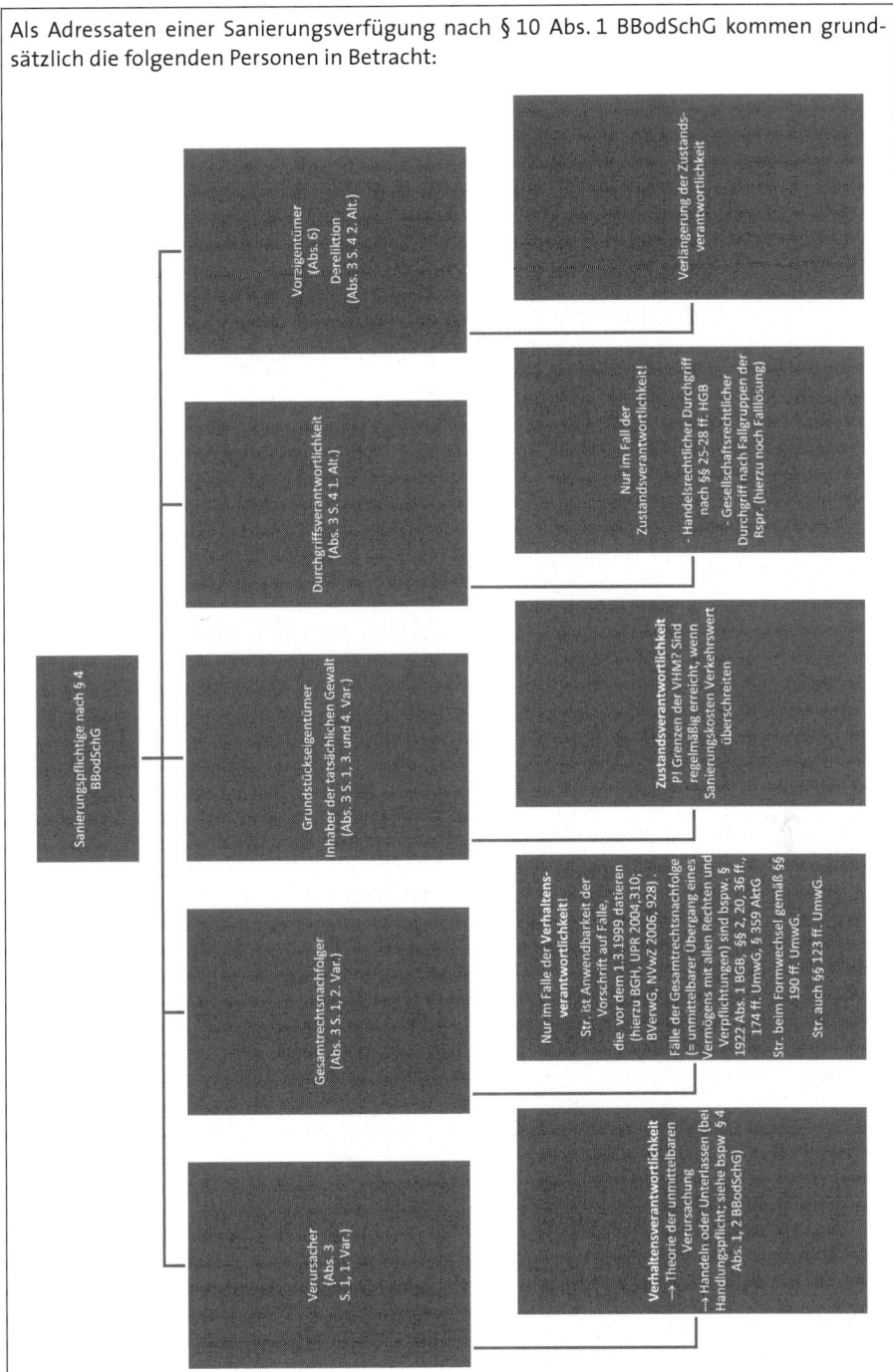

Sanierungspflichtige nach § 4 BBodSchG

Voreigentümer
(Abs. 6)
Dereliktion
(Abs. 3 S. 4 2. Alt.)

Durchgriffsverantwortlichkeit
(Abs. 3 S. 4 1. Alt.)

Grundstückseigentümer
Inhaber der tatsächlichen Gewalt
(Abs. 3 S. 1, 3. und 4. Var.)

Gesamtrechtsnachfolger
(Abs. 3 S. 1, 2. Var.)

Verursacher
(Abs. 3 S. 1, 1. Var.)

Verlängerung der Zustandsverantwortlichkeit

Nur im Fall der Zustandsverantwortlichkeit!
- Handelsrechtlicher Durchgriff nach §§ 25-28 ff. HGB
- Gesellschaftsrechtlicher Durchgriff nach Fallgruppen der Rspr. (hierzu noch Fallaufösung)

Zustandsverantwortlichkeit
PI Grenzen der VHM? Sind regelmäßig erreicht, wenn Sanierungskosten Verkehrswert überschreiten

Nur im Falle der Verhaltensverantwortlichkeit!
Str. ist Anwendbarkeit der Vorschrift auf Fälle, die vor dem 1.3.1999 datieren (hierzu BGH, UPR 2004; 310; BVerwG, NVwZ 2006, 928).
Fälle der Gesamtrechtsnachfolge (= unmittelbarer Übergang eines Vermögens mit allen Rechten und Verpflichtungen) sind bspw. § 1922 Abs. 1 BGB, §§ 2, 20, 36 ff., 174 ff. UmwG, § 359 AktG
Str. beim Formwechsel gemäß §§ 190 ff. UmwG.
Str. auch §§ 123 ff. UmwG.

Verhaltensverantwortlichkeit
→ Theorie der unmittelbaren Verursachung
→ Handeln oder Unterlassen (bei Handlungspflicht: siehe bspw. § 4 Abs. 1, 2 BBodSchG)

Einer Sanierungspflicht könnte jedoch die *Legalisierungswirkung* einer erteilten (gewerbe- oder umweltrechtlichen) Genehmigung entgegenstehen. Hierfür wird der Gedanke der Einheit der Rechtsordnung herangezogen (vgl. aber auch *Oerder*, NVwZ 1992, 1031 [1035]: Risikoübernahme der Behörde durch Genehmigungserteilung). Eine solche Legalisierung, die sich auf ein genehmigungspflichtiges Verhalten bezieht, würde auch dem Zustandsstörer gegenüber wirken (*Sparwasser/Engel/Voßkuhle*, Umweltrecht – Grundzüge des öffentlichen Umweltschutzrechts, 5. Aufl. 2003, § 9 Rn. 241). Die Reichweite der Legalisierungswirkung bemisst sich nach der Reichweite der Genehmigung, die im Einzelnen zu bestimmen ist (detailliert und m.w.N. hierzu noch Landmann/Rohmer/*Dombert*, UmweltR, 91. EL Sept. 2019, § 4 BBodSchG Rn. 49 f.). An der Sanierungspflicht ändert hingegen nichts die *behördliche Duldung*, also die Untätigkeit der Behörde trotz Kenntnis der Voraussetzungen eines behördlichen Einschreitens (bspw. VGH Mannheim, NVwZ-RR 1996, 387 [389]).

30 Vorliegend wird E – als alleiniger Gesellschafter der A-GmbH – in Anspruch genommen. E selbst ist weder verhaltensverantwortlich noch Eigentümer des betroffenen Grundstücks, also zustandsverantwortlich. Seine Inanspruchnahme könnte sich jedoch aus § 4 Abs. 3 S. 4 1. Alt. BBodSchG ergeben. Hiernach kann auch derjenige in Anspruch genommen werden, der aus handelsrechtlichem oder gesellschaftsrechtlichem Rechtsgrund für eine juristische Person einzustehen hat, welcher ein Grundstück, das mit einer schädlichen Bodenveränderung oder einer Altlast belastet ist, gehört. Dies setzt zunächst *die Zustandsverantwortlichkeit einer juristischen Person* voraus. Vorliegend steht das sanierungspflichtige Grundstück im Eigentum der A-GmbH, welche gem. § 13 Abs. 1 GmbHG eine juristische Person des Privatrechts ist.

Der Gesetzgeber beschränkte den Anwendungsbereich der Durchgriffshaftung auf juristische Personen, da nur bei diesen ein Durchgriff auf die Gesellschafter grds. ausgeschlossen ist (hierzu noch unten). Erfasst sind juristische Personen des öffentlichen Rechts (Körperschaften, Anstalten und Stiftungen) ebenso wie juristische Personen des Privatrechts (insbesondere GmbH, AG, KGaA, e.V., VVaG). Nicht hierunter fallen daher Personenhandels- oder BGB-Gesellschaften (BeckOK UmweltR/*Giesberts/Hilf*, 55. Ed. 2020, § 4 BBodSchG Rn. 41; skeptisch auch Landmann/Rohmer/*Dombert*, UmweltR, 91. EL Sept. 2019, § 4 BBodSchG Rn. 40; *Spieth*, altlasten-spektrum 1998, 75 (78); zur OHG BVerwG, BeckRS 2019, 15520, Rn. 5 ff.).

31 Die Anwendbarkeit der Norm verlangt weiterhin, dass E „aus handels- oder gesellschaftsrechtlichen Gründen" für die A-GmbH „einzustehen hat". Mit dieser Formulierung verweist die Norm auf die (gesellschaftsrechtliche) Rechtsprechung des Bundesgerichtshofs (BGH), welche verschiedene Fallgruppen dieses haftungsrechtlichen Durchgriffs entwickelt hat. Da die Gesellschaft für Verbindlichkeiten grundsätzlich nur mit dem Gesellschaftsvermögen haftet (vgl. § 13 Abs. 2 GmbHG) und ein Durchgriff auf die Gesellschafter grundsätzlich ausgeschlossen ist, können diese Fallgruppen nur als Ausnahmefälle konzipiert sein.

Der Gesetzgeber hatte beim Erlass des Gesetzes die beiden Fälle der gesellschaftsrechtlichen Durchgriffshaftung wegen Unterkapitalisierung sowie der qualifizierten Konzernabhängigkeit im Sinne.[16]

32

Vorliegend kommt lediglich ein Durchgriff wegen Unterkapitalisierung in Betracht,[17] wie er gesellschaftsrechtlich vom BGH entwickelt wurde.[18] Hierzu führte der Gesetzgeber aus:[19]

33

> *„Nach Absatz 3 sanierungspflichtige unterkapitalisierte Kapitalgesellschaften entstehen vor allem durch Ausgründungen von Unternehmensteilen in neue Kapitalgesellschaften, die nur mit dem gesetzlich vorgeschriebenen Mindestkapital ausgestattet sind und denen die kontaminierten Flächen vom ausgründenden Unternehmen übertragen werden. Hierzu zählt z. B. die Einschaltung von unterkapitalisierten Betriebsführungsgesellschaften. Erfaßt werden auch Fälle von Unternehmensspaltungen und -veräußerungen, in deren Vollzug bei dem ursprünglichen Unternehmen als wesentliche Vermögenswerte nur kontaminierte Flächen verbleiben. Der Tatbestand der Unterkapitalisierung, der wegen objektiven Mißbrauchs der gesellschaftsrechtlichen Organisationsformen zum Durchgriff auf die Gesellschafter berechtigt, kann sich hierbei vielfach bereits aus dem Umstand ergeben, daß die Sanierungsaufwendungen für die kontaminierten Flächen in die Bilanz des Unternehmens als Passiva einzustellen sind, denen keine wesentlichen Vermögenswerte als Aktiva gegenüberstehen."*

Ausweislich des Wortlauts der Gesetzesbegründung bedarf es eines *objektiven Missbrauchs* gesellschaftsrechtlicher Organisationsformen. Ein *subjektiver* (absichtlicher) *Missbrauch*, der vorliegt, wenn die Gesellschafter die Gefahr der Unterkapitalisierung kannten oder hätten kennen müssen *und* wenn das Vorhandensein einer schädlichen Bodenveränderung oder Altlast ihnen bekannt war oder sich zumindest aufdrängen musste, ist demnach nicht erforderlich.[20] Um einen solchen handelt es sich hier ausweislich des SV gerade nicht, insbesondere da die Bodenkontamination zum Zeitpunkt der Gesellschaftsgründung bzw. Eigentumsübertragung nicht bekannt war. Der Gesetzgeber macht in seiner Begründung deutlich, dass er vermeiden möchte, dass Sanierungsaufwendungen faktisch auf die öffentliche Hand abgewälzt werden, indem ein Unternehmen außerstande gesetzt wird, seinen Sanierungspflichten ausreichend nachzukommen. Dem soll durch einen ordnungsrechtlichen Durchgriff auf die Gesellschafter der unterkapitalisierten Gesellschaften gegengesteuert werden.[21] Dieses Ziel wird letztlich nur erreicht, wenn ein *objektiver* Missbrauch als ausreichend erachtet wird.

34

Problematisch ist die Beantwortung der Frage, wann eine Unterkapitalisierung vorliegt. Diese ist regelmäßig mit Blick auf den Unternehmenszweck zu ermitteln. Zweck der A-GmbH ist es, Grundstücksflächen anzukaufen und zur gewerblichen Nutzung (= der Lagerung gewerblicher Abfälle) zu verpachten. Fraglich ist, ob für diesen Unternehmenszweck das vorgesehene Stammkapital von 25.000,- € unzureichend war.[22] Hierfür spricht, dass die gewerbliche Nutzung der Grundstücksflächen zur Lagerung gewerblicher Abfälle mit einem erhöhten Risiko des Auftretens von Bodenkontamina-

35

---

16 BT-Drs. 13/6701, S. 51; weiterhin *Erbguth/Stollmann*, NuR 2001, 241 ff.
17 Hierzu *Kahl*, Verw 2000, 29 (48 ff.).
18 S. hierzu BGHZ 68, 312; NJW 1984, 2117; BGHZ 95, 330; BGHZ 115, 187; BGHZ 122, 123; NJW 1994, 446.
19 BT-Drs. 13/6701, S. 51.
20 A.A. jedoch mit Verweis auf die zivilgerichtliche Rspr. BeckOK UmweltR/*Giesberts/Hilf*, 55. Ed. 2020, § 4 BBodSchG Rn. 47.
21 BT-Drs. 13/6701, S. 51 f.
22 Ausf. zu verschiedenen Fallgruppen BeckOK UmweltR/*Giesberts/Hilf*, 55. Ed. 2020, § 4 BBodSchG Rn. 46.1. ff.

tionen einhergeht, welchem mit dem vorgesehenen Stammkapital nicht hinreichend Rechnung getragen wird. [Umstr. ist, ob bei unvorhersehbaren Sanierungspflichten eine Nachschusspflicht der Gesellschafter besteht[23]]. Folglich ist E richtiger Adressat der Sanierungsverfügung.

> Als zweiten Anwendungsfall benannte der Gesetzgeber die sog. *qualifizierte Konzernabhängigkeit* der Gesellschaft, welcher die kontaminierten Grundstücke gehören. Hintergrund der vom BGH ebenfalls entwickelten Rechtsfigur der qualifizierten Konzernabhängigkeit der Gesellschaft ist der objektive Missbrauch der beherrschenden Gesellschaftsstellung ohne Rücksichtnahme auf die Belange der abhängigen Gesellschaft (grundlegend BGH, NJW 1993, 1200 ff.; im Detail hierzu *Becker/Fett*, NZG 1999, 1193 m.w.N. aus der gesellschaftsrechtlichen Literatur). Die Sanierungspflicht soll dann dem herrschenden Unternehmen obliegen. Nur wenige Jahre nach Gesetzeserlass hat der BGH jedoch die oben beschriebene Rechtsfigur durch die Konstruktion des „existenzvernichtenden Eingriffs" ersetzt (BGH NJW 2001, 3622; NJW 2002, 3024; NJW 2007, 2689), dessen dogmatische Grundlage § 826 BGB sein soll (so explizit BGH, NJW 2007, 2689).
> Der Gesetzgeber hat bei der Regelung des § 4 Abs. 3 S. 4 1. Alt. BBodSchG explizit auf eine öffentlich-rechtliche Regelung der Durchgriffsverantwortlichkeit verzichtet und stattdessen auf richterrechtlich ausgeformte handels- und gesellschaftsrechtliche Rechtsinstitute verwiesen (so explizit BeckOK UmweltR/*Giesberts/Hilf*, 55. Ed. 2020, § 4 BBodSchG Rn. 48). Bei Änderungen dieser Rechtsprechung folgt der Verweis den zivilgerichtlichen Judikaten (BeckOK UmweltR/ *Giesberts/Hilf*, 55. Ed. 2020, § 4 BBodSchG Rn. 48; prinzipiell zustimmend, krit. jedoch mit Blick auf das Bestimmtheitsgebot *Tiedemann*, NVwZ 2008, 257).

(4) Ermessen hinsichtlich der Sanierungsverfügung

(a) Entschließungs- und Auswahlermessen

36 Der Erlass einer Sanierungsanordnung steht gemäß § 10 Abs. 1 S. 1 BBodSchG im pflichtgemäßen Ermessen der Behörde. Es besteht sowohl ein Entschließungs- als auch ein Auswahlermessen gemäß § 40 VwVfG. Mit Blick auf die deutliche Beeinträchtigung der Bodenfunktionen ist die behördliche Entscheidung zum Einschreiten nicht zu beanstanden.

37 Genauer zu prüfen ist das Auswahlermessen, das sich auf die durchzuführenden Maßnahmen und *insbesondere* auf die Störerauswahl bezieht. Hinsichtlich der ausgewählten Sanierungsmaßnahmen bestehen keine Bedenken an der fehlerfreien Ermessensausübung.

(b) Insbesondere Störerauswahl

38 Detailliert zu untersuchen ist die Auswahl des Störers. Zum Zeitpunkt der Sanierungsverfügung kam neben E auch U als Sanierungspflichtiger in Betracht. Durch die Verbringung der – nicht ordnungsgemäß gelagerten – Flüssigkeiten war U Verhaltensstörer gemäß § 4 Abs. 3 S. 1 1. Var. BBodSchG. Zugleich war er – als Pächter[24] – Inhaber

---

23 BeckOK Umweltrecht/*Giesbert/Hilf*, 55. Ed. 2020, § 4 BBodSchG, Rn. 46.4.
24 Hierzu Versteyl/Sondermann/*Versteyl*, BBodSchG, 2. Aufl. 2005, Rn. 56.

der tatsächlichen Gewalt über das Grundstück. Er war daher auch Zustandsstörer gemäß § 4 Abs. 3 S. 1 4. Var. BBodSchG.

Als Zustandsstörer gemäß § 4 Abs. 3 S. 1 3. Var. BBodSchG kam zugleich die A-GmbH in Betracht. 39

Die Behörde hat dennoch davon abgesehen, U oder die A-GmbH in Anspruch zu nehmen. Bei ihrer Entscheidung müsste sie ihr Auswahlermessen fehlerfrei ausgeübt haben (vgl. § 40 VwVfG, § 114 VwGO). Ein Ermessensfehler liegt dann vor, wenn nicht alle in Betracht kommenden Störer in die Auswahl einbezogen werden oder bei einer Vielzahl von in Betracht kommenden Verursachern einer ausgewählt wird, ohne den Verursachungsbeiträgen der anderen nachzugehen.[25] Hier hat die Behörde die zum Zeitpunkt der Sanierungsanordnungen in Betracht kommenden Störer erkannt und die verschiedenen Verursachungsbeiträge bewertet. 40

Das Gesetz bestimmt in § 4 Abs. 3, 6 BBodSchG keine Rangfolge der dort genannten potenziell Verantwortlichen.[26] Insbesondere gibt es keinen generellen Vorrang des Handlungsstörers vor dem Zustandsstörer. Die Störerauswahl erfolgt in erster Linie nach dem Maßstab der Effektivität der Gefahrenabwehr.[27] 41

Als *Gesichtspunkte der Störerauswahl* stellt die Rechtsprechung (z.B. BayVGH, NVwZ-RR 2018, 606) insbesondere folgende zur Auswahl:

– Interesse der Allgemeinheit an einer effektiven Gefahrenabwehr
– Verursacherprinzip: Zurechnung der Gefahrverursachung
– Grundsatz der Verhältnismäßigkeit
– Unangemessener oder unzumutbarer Verwaltungsaufwand, den Handlungsstörer zu ermitteln
– Gefahrenbeseitigung durch Handlungsstörer ist aus faktischen, rechtlichen oder finanziellen Gründen nicht gewährleistet.

Die Behörde muss ihre Entscheidung mit den zur Verfügung stehenden Auswahlgesichtspunkten begründen können. Vorliegend sieht sie von der Inanspruchnahme der A-GmbH ab, da diese aufgrund ihrer Unterkapitalisierung die Sanierungsmaßnahmen nicht durchführen könnte. 42

Sie sieht auch von einer Inanspruchnahme des U ab, da dieser nicht über die notwendige finanzielle Solvenz verfügt. Zudem bestehen begründete Zweifel an der rechtlichen Handlungsfähigkeit: U kann als Pächter nicht unbedingt die notwendigen Sanierungsmaßnahmen durchführen (allerdings könnte diesbezüglich eine entsprechende Duldungsverfügung gegen die Eigentümerin ergehen). Die Störerauswahl erfolgte daher ermessensfehlerfrei. 43

---

25 BayVGH, NVwZ-RR 2018, 606 (608).
26 Vgl. hierzu z.B. BVerfG, NJW 2000, 2573; BayVGH, Beschl. v. 31.8.2006, BeckRS 2009, 40312; BayVGH, NVwZ 2001, 821; VGH Mannheim, NVwZ 2000, 1199; VGH Mannheim, NVwZ-RR 2003, 103; BayVGH, NVwZ-RR 2018, 606 (608).
27 BayVGH, NVwZ-RR 2005, 466; BayVGH, BeckRS 2009, 36293; VGH Mannheim, ZUR 2013, 298; OVG Lüneburg, NuR 2016, 701.

(c) Insbesondere Verhältnismäßigkeit

44 Im Übrigen dürfte die Inanspruchnahme des E nicht unverhältnismäßig sein. Dieser allgemeine (dem Rechtsstaatsprinzip entnommene)[28] Rechtsgrundsatz der Verhältnismäßigkeit wird für die Sanierungsanordnung in § 10 Abs. 1 S. 4 BBodSchG noch einmal explizit niedergelegt, wonach die Sanierungsanordnung „auch im Hinblick auf die berechtigten Nutzerinteressen einzelner [nicht] unverhältnismäßig" sein darf. Überlegungen zur Verhältnismäßigkeit sind insbesondere mit Blick auf den Zustandsstörer anzustellen, der sich auf die Eigentumsgarantie aus Art. 14 Abs. 1 S. 1 GG berufen kann.

45 Die Inanspruchnahme des Zustandsstörers stellt eine Inhalts- und Schrankenbestimmung des Eigentums gemäß Art. 14 Abs. 1 S. 2 GG dar. Im Einzelfall sind daher die betroffenen verfassungsrechtlichen Güter der Eigentumsfreiheit (Art. 14 Abs. 1 S. 1 GG) einerseits sowie des Gesundheitsschutzes (Art. 2 Abs. 2 S. 2 GG) und des Umweltschutzes (Art. 20a GG) andererseits gegeneinander abzuwägen.

46

> **Relevante Überlegungen sind die Folgenden:**
> Erreicht die Kostenbelastung den Verkehrswert des Grundstücks nach der Sanierung? Bildet das zu sanierende Grundstück den wesentlichen Teil des Vermögens oder ist Grundlage der privaten Lebensführung?
>
> → Beachtliche Zweifel an der Verhältnismäßigkeit der Maßnahme
> → Folgende Fragen sind zu erörtern:
>
> – Liegt die Verursachung außerhalb der Verantwortungssphäre des Eigentümers?
> – Wurde das Grundstück im Wissen um die Altlasten erworben? Andererseits: Hat der Eigentümer aus dem Risiko Vorteile (Stichwort: niedriger Kaufpreis) gezogen?
> – Wurde eine risikoreiche Nutzung des Grundstücks bewusst zugelassen oder zumindest fahrlässig in Kauf genommen?
>
> *Die vorliegenden Überlegungen lassen sich auch auf E übertragen, da er als Alleingesellschafter der (zustandspflichtigen) A-GmbH in Anspruch genommen wird.*

47 Mangels näherer Angaben im Sachverhalt kann man davon ausgehen, dass die zu erwartenden Sanierungskosten den Verkehrswert des Grundstücks nicht überschreiten. Auch geht die Behörde (wohl zu Recht) davon aus, dass E „finanziell solvent" ist. Daher bestehen keine begründeten Zweifel an der Verhältnismäßigkeit der Maßnahme.

[Selbst wenn solche Zweifel bestünden, sprechen hier die überwiegenden Argumente für die Verhältnismäßigkeit: Zwar liegt die Schadensverursachung grundsätzlich außerhalb der Verantwortungssphäre des E; jedoch wurde die risikobegründende Nutzung des Grundstücks durch die A-GmbH, deren alleiniger Gesellschafter E ist, bewusst zugelassen.]

bb) „Anordnung" einer Maßnahme (= Grundverfügung)

48 § 24 Abs. 1 S. 1 BBodSchG verlangt schließlich, dass die Behörde die aufgeführten – kostenpflichtigen – Maßnahmen *angeordnet* hat. Hat die Behörde die Maßnahme hin-

---

28 BVerfGE 19, 342 (348).

gegen in eigener Verantwortung durchgeführt, ist eine Kostenerstattung ausgeschlossen. *§ 24 Abs. 1 S. 1 BBodSchG wird daher als Anwendungsfall gestuften Verwaltungshandelns begriffen.*[29]

Eine Sanierungsanordnung liegt hier vor.   49

cc) Rechtmäßige Ersatzvornahme der Behörde

Damit die Behörde eine Kostenerstattung geltend machen kann, darf die Anordnung   50 nicht durch den Verantwortlichen erfüllt worden sein. Da sich E beharrlich weigerte, die Sanierungsmaßnahmen durchzuführen, wurden diese durch die Behörde zulässigerweise im Wege der Ersatzvornahme vorgenommen. Die Grundverfügung ist laut Sachverhalt gemäß § 80 Abs. 2 S. 1 Nr. 4 VwGO für sofort vollziehbar erklärt worden. Das Verfahren wurde ordnungsgemäß durchgeführt (vgl. hierzu noch Fall 7 C II. 3a)–d)). Auch an der fehlerfreien Ermessensausübung (hinsichtlich der Ersatzvornahme) besteht keine Zweifel.

Dabei sind die vorliegend geltend gemachten Kosten entstanden. An der Richtigkeit   51 der Kostenermittlung bestehen ebenfalls keine Zweifel.

dd) Zwischenergebnis

Von § 24 Abs. 1 S. 1 BBodSchG wird die Sanierung des Grundstücks auf der Grundla-   52 ge des § 10 Abs. 1 i.V.m. § 4 Abs. 3 BBodSchG erfasst. Dies betrifft den Kostenbescheid in Höhe von 47.611,- €.

b) Probebohrungen und Laboranalyse: Rechtmäßig „angeordnete Maßnahme" nach § 9 Abs. 1 BBodSchG?

Fraglich ist zudem die Einklagbarkeit derjenigen Kosten, die bei der Durchführung der   53 Bodenanalyse entstanden sind; dies sind Kosten in Höhe von 3.216,- €.

Diese könnten auf einer Maßnahme nach § 9 Abs. 2 BBodSchG beruhen. Hiernach   54 kann die Behörde bei hinreichenden Anhaltspunkten einer schädlichen Bodenveränderung oder Altlast anordnen, dass die nach § 4 Abs. 3, 5 oder 6 BBodSchG ordnungspflichtige Person die notwendigen Untersuchungen zur Gefährdungsabschätzung durchzuführen hat. *In diesem Fall tragen diese Personen entsprechend § 10 Abs. 1 BBodSchG die hierbei entstehenden Kosten.*

Vorliegend hat die Behörde jedoch gerade nicht die Durchführung von Untersuchun-   55 gen zur Gefahrabschätzung verfügt, sondern diese – im Rahmen ihrer Amtsermittlung – gemäß § 9 Abs. 1 BBodSchG selbst vorgenommen. Laut Sachverhalt wurden zwanzig Bodenproben durch Behördenmitarbeiter entnommen und zur Untersuchung weitergereicht.

§ 9 Abs. 1 BBodSchG wird jedoch in § 24 Abs. 1 BBodSchG gerade nicht erwähnt.   56 Fraglich ist, ob dennoch § 24 Abs. 1 BBodSchG auf Fälle des § 9 Abs. 1 BBodSchG angewendet werden kann. Dies wäre dann der Fall, wenn die Aufzählung in § 24 Abs. 1 BBodSchG keine abschließend Geltung hätte. Dagegen spricht die detaillierte Benennung der anwendbaren Vorschriften. Dennoch wird bzw. wurde zum Teil vertreten,

---

29 So Landmann/Rohmer/*Dombert*, UmweltR, 91. EL 2019, § 24 BBodSchG Rn. 6; BeckOK UmweltR/*Hilf*, 55. Ed. 2020, § 24 BBodSchG Rn. 11.

dass § 24 Abs. 1 S. 1 BBodSchG nur einen allgemeinen Grundsatz des Verwaltungsrechts über die Kostentragungspflicht enthalte und daher auch erweiterbar sei.[30]

57 Insbesondere im Falle des § 9 Abs. 1 BBodSchG sprechen hiergegen jedoch systematische Gründe: Dies ist zum einen die explizite Aufzählung des § 9 Abs. 2, aber gerade nicht (!) des Abs. 1 derselben Vorschrift. Zudem sind Maßnahmen der Gefahrerforschung im Sinne des § 9 Abs. 1 BBodSchG als Bestandteil der Sachverhaltsaufklärung i.S.d. § 24 VwVfG zu verstehen, die typischerweise in den Aufgabenbereich (und daher auch die Kostenverantwortung) der Behörde fallen. Schließlich spricht § 24 Abs. 1 S. 1 BBodSchG explizit von angeordneten „Maßnahmen" – die Selbstvornahme durch die Behörde, wie sie § 9 Abs. 1 BBodSchG beschreibt, ist hiervon bereits ihrem Wortlaut nach nicht erfasst.[31]

58

> **Können die entstandenen Kosten mittels Rückgriffs auf landesrechtliche Regelungen auf den Störer abgewälzt werden?**
>
> Tlw. sehen die Länder explizit abweichende Regelungen vor; vgl. bspw. § 6 Abs. 2 BremBodSchG. S. hingegen § 15 Abs. 1 S. 1 LBodSchAltlG BW, wonach (nur) die Kosten der nach § 1 Abs. 2 LBodSchAltlG BW „angeordneten" Maßnahmen erhoben werden können. Allerdings könnte zur Kostenerstattung ggf. auch auf die Landesgebühren- oder -kostengesetze zurückgegriffen werden (hier: BaWüGebG).
>
> Derartigen landesrechtlichen Regelungen wird z.T. die mangelnde Gesetzgebungskompetenz des Landesgesetzgebers entgegengehalten. Das Bundesbodenschutzgesetz beruht auf der konkurrierenden Kompetenz nach Art. 72 Abs. 1 i.V.m. Art. 74 Abs. 1 Nr. 18 GG, die Regelung der Kostentragung ist Annexkompetenz zu Art. 74 Abs. 1 Nr. 18 GG. Eine Kompetenz des Landesgesetzgebers besteht dann nur, solange und soweit der Bund von seiner Gesetzgebungszuständigkeit nicht abschließend Gebrauch gemacht hat. Nach Auffassung des BVerwG fehlt es bei § 24 Abs. 1 BBodSchG an einer solchen abschließenden Regelung.[32] Das Gericht verweist zur Begründung auf die Gesetzmaterialien, wonach die Kostentragungsregelung des § 24 Abs. 1 BBodSchG lediglich „der derzeitigen Kostenverteilung bei Gefahrenabwehrmaßnahmen, wie sie durch das landesrechtliche Polizei- und Ordnungsrecht und die Rechtsprechung vorgegeben sind", entspricht.[33] Die daraus resultierenden Auswirkungen auf die Praxis, insbesondere eine generelle Gebührenfreiheit zulasten der Länder, seien vom Gesetzgeber ersichtlich nicht gewollt.[34] Dieser Begründung wird von Teilen der Literatur gefolgt.[35] Die Gegenauffassung verweist hingegen darauf, dass der Bundesgesetzgeber mit der Regelung in § 24 BBodSchG in abschließender Weise von der ihm in Verbindung mit Art. 74 Abs. 1 Nr. 18 zustehenden Annexkompetenz Gebrauch gemacht hat und hierdurch insbesondere seine Kompetenz im Hinblick auf die materielle Kostentragungspflicht voll ausgeschöpft hat. Zur Begründung wird auf die de-

---

30 Sanden/Schoeneck/*Schoeneck*, BBodSchG, 1998, § 24 Rn. 8 f. Zur Begründung wird BVerfG, NJW 2000, 2000, 2573 ff. herangezogen, wonach § 24 Abs. 1 S. 1 BBodSchG nur ergänzend klarstelle, dass die Verpflichteten die Kosten der angeordneten Maßnahme zu tragen hätten.

31 Daher wird mittlerweile ganz überwiegend von der Unanwendbarkeit des § 24 Abs. 1 BBodSchG ausgegangen; vgl. nur *Kahl/Gärditz*, Umweltrecht, 11. Aufl. 2019, § 9 Rn. 38; Landmann/Rohmer/*Dombert*, 91. EL 2019, § 24 BBodSchG Rn. 9; *Kloepfer*, Umweltrecht, 4. Aufl. 2016, § 12 Rn. 225.

32 BVerwGE 126, 222 (225 ff.).

33 BT-Drs. 13/6701, S. 25.

34 BVerwGE 126, 222 (225 ff.).

35 S. nur *Kahl/Gärditz*, Umweltrecht, 11. Aufl. 2019, § 9 Rn. 38; *Kahl*, JZ 2008, 120 (127); *Schlabach*, VBlBW 2008, 97 (98).

taillierte und differenzierte Regelung des § 24 Abs. 1 BBodSchG verwiesen,[36] die durch einen Rückgriff auf die landesrechtlichen Kostenregelungen ausgehebelt würden.

2. Rechtsfolge: Ermessen hinsichtlich des Kostenbescheids

Das Ermessen muss fehlerfrei ausgeübt worden sein. 59

a) Entschließungsermessen

Der Erlass des Kostenbescheids steht nicht im behördlichen Ermessen: Die Vorschrift 60 spricht davon, dass „die zur Durchführung Verpflichteten" die Kosten der genannten Maßnahmen „tragen". Die Vorschrift konkretisiert daher einen allgemeinen Grundsatz des Verwaltungsrechts, wonach die Kosten der Maßnahme von den Verpflichteten zu tragen sind.[37]

b) Auswahlermessen

Eine Entscheidung bezüglich des „Wie" kann lediglich die Auswahl des Adressaten be- 61 treffen, da die Höhe des Kostenbescheids durch die angeordneten Maßnahmen festgelegt wird. Dies wäre nur dann der Fall, wenn der Kostenpflichtige nicht mit dem Adressaten der Primärverfügung identisch sein muss, sondern die Behörde vielmehr auch auf der Sekundärebene eine eigenständige Auswahlentscheidung treffen muss.

§ 24 Abs. 1 S. 1 BBodSchG setzt seinem Wortlaut nach eine behördliche Anordnung voraus, die sich grundsätzlich gegen denjenigen richtet, der zur Kostentragung verpflichtet ist.[38] Daraus wird zumeist abgeleitet, dass der Kostenpflichtige immer zugleich der Adressat der Primärverfügung ist.[39]
Einige Gegenstimmen möchten jedoch die Primärebene von der Sekundärebene trennen.[40] So hat das VG Schleswig in einer Entscheidung angenommen, dass „die zur Durchführung Verpflichteten" i.S.d. Vorschrift nicht die Adressaten der behördlichen Anordnung, sondern die nach § 4 Abs. 3 BBodSchG Sanierungsverantwortlichen sind. Nach der Ersatzvornahme könne die Bodenschutzbehörde auf Sekundärebene eine neue Auswahl unter sämtlichen in Betracht kommenden Verantwortlichen treffen.[41] Zur Begründung verweist das Gericht auf § 232 Abs. 1 Nr. 1 SchHLVwG, wonach als Pflichtige(r) derjenige oder diejenige in Anspruch genommen werden kann, „gegen die oder den sich der Verwaltungsakt richtet". § 24 Abs. 1 BBodSchG hingegen bezeichnet – anders als § 232 Abs. 1 Nr. 1 SchHLVwG – den Adressaten der Ordnungsverfügung gerade nicht als Pflichtigen.

---

36 BeckOK UmweltR/*Giesberts/Hilf*, 55. Ed. 2020, § 24 BBodSchG Rn. 13.1., hier noch genauer zur Begründung.
37 Landmann/Rohmer/*Dombert*, UmweltR, 91. EL Sept. 2019, § 24 BBodSchG Rn. 3 f.
38 BayVGH, BeckRS 2003, 31458; VG Frankfurt, BeckRS 2002, BeckRS 21870, Rn. 25; BeckOK UmweltR/*Hilf*, 55. Ed. 2020, § 24 BBodSchG Rn. 8.
39 HessVGH, Urt. v. 25.3.2009 – 2131/08- juris Rn. 42.
40 Landmann/Rohmer/*Dombert*, UmweltR, 91. EL Sept. 2019, § 24 BBodSchG Rn. 7: „Die Kostentragungspflicht des § 24 Abs. 1 trifft nach dem Wortlaut nicht den zur Durchführung der Maßnahme herangezogenen, sondern den zur Durchführung verpflichteten Störer. § 24 Abs. 1 S. 1 stellt damit klar, dass der tatsächlich Verantwortliche nach § 4 zur Kostentragung verpflichtet ist. Die Kostentragungspflicht entsteht damit unabhängig von seiner Heranziehung zur Durchführung konkreter Untersuchungs- oder Sanierungsmaßnahmen".
41 VG Schleswig, BeckRS 2004, 14186.

Dieser Argumentation lässt sich zu Recht entgegengehalten, dass der Rückgriff auf das Landesrecht zur Auslegung einer bundesrechtlichen Regelung eher zweifelhaft ist.[42] Zwar hat die Störerauswahl auf der Primärebene und auf der Sekundärebene nach unterschiedlichen Gesichtspunkten zu erfolgen. Dem trägt jedoch § 24 Abs. 2 BBodSchG Rechnung, wonach dem Herangezogenen gegen den wahren Verursacher ein Ausgleich als Korrektiv zu behördlichen Auswahlentscheidungen zur Verfügung steht.[43]

62 Folgt man dieser Auffassung nicht und geht stattdessen davon aus, dass die Behörde auf der Kostenebene eine eigene Störerauswahlentscheidung zu treffen hat, ist erneut die Ermessensfehlerfreiheit der Auswahlentscheidung zu prüfen. Hier wäre zu erörtern, ob der Rückgriff auf E (anstelle der A-GmbH und insbesondere anstelle der Tochter B des U) ermessensfehlerfrei erfolgt ist. Hinsichtlich der A-GmbH kann auf die obigen Erwägungen zurückgegriffen werden. B könnte nach § 4 Abs. 3 S. 1 2. Var. BBodSchG herangezogen werden, da sie als Alleinerbin des U dessen Gesamtrechtsnachfolgerin ist (§ 1922 Abs. 1 BGB). In dieser Funktion trägt sie jedoch keine Verursacherverantwortung. Über die finanzielle Leistungsfähigkeit der B ist nichts bekannt. In der Gesamtabwägung ließe sich daher auch hier der Rückgriff auf E rechtfertigen.

IV. Ergebnis

63 Die Klage ist zulässig und begründet, soweit der Kostenbescheid in Höhe von 3.216,- € für die Entnahme der Erdproben sowie die Laboranalyse betroffen ist. In diesem Fall sind die Voraussetzungen der Ermächtigungsgrundlage nicht erfüllt. Der Kostenbescheid in Höhe von 47.611,- € für die Durchführung der Sanierungsmaßnahmen im Wege der Ersatzvornahme ist hingegen formell und materiell rechtmäßig. Das Gericht wird den vorliegenden Kostenbescheid daher gemäß § 113 Abs. 1 S. 1 VwGO teilweise aufheben. Die Klage des E wird daher teilweise erfolgversprechend sein.

64
Weiterführende Hinweise:
Zum materiellen Recht: *Schlacke*, Umweltrecht, 7. Aufl. 2019, §§ 6, 9 und 10; *Kahl/Gärditz*, Umweltrecht, 11. Aufl. 2019, § 9 (Bodenschutzrecht); *Ennuschat/Ibler/Remmert*, Öffentliches Recht BW, 2. Aufl. 2017, § 2 (zu Rechtsgrundlagen im BBodSchG und Rechtsnachfolge in die polizeirechtliche Verantwortlichkeit); *Erbguth/Stollmann*, Zum Anwendungsbereich des Bundesbodenschutzrechts, NuR 2001, 241 ff.; *Landel/Notter/Schlabach*, Schädliche Bodenveränderung – eine Annäherung an einen unbestimmten Rechtsbegriff, ZUR 2003, 73 ff.; *Tiedemann*, Zur Altlastensanierungspflicht des GmbH-Gesellschafters bei Haftung wegen existenzvernichtenden Eingriffs, NZG 2004, 177 ff.
Zum Prozessrecht: *App*, Einführung in das Verwaltungsvollstreckungsrecht, JuS 2004, S. 786 ff.; *Muckel*, Verwaltungsvollstreckung in der Klausur, JA 2012, S. 272 ff.; *ders.*, Verwaltungsvollstreckung in der Klausur (Fortsetzung), JA 2012, S. 355 ff.; *Frenz*, Die Anfechtungsklage, JA 2011, 433 ff.; *Schenke*, Der maßgebliche Zeitpunkt für die Beurteilung von Verwaltungsakten im Rahmen der Anfechtungsklage, JuS 2019, 833 ff.; *Graf Kielmannsegg*, Die Begründetheitsprüfung bei der Anfechtungsklage, JuS 2013, 312 ff.

---

42 BeckOK UmweltR/*Hilf*, 55. Ed. 2020, § 24 BBodSchG Rn. 8.1.
43 Hierauf verweisen OVG Koblenz BeckRS 2010, BeckRS 48145; VG Frankfurt, BeckRS 2002, BeckRS 21870, Rn. 25; BeckOK UmweltR/*Hilf*, 55. Ed. 2020, § 24 BBodSchG Rn. 8.1.

Fall 9: Umweltenergierecht

Sachverhalt

Die E-GmbH plant als Vorhabenträgerin die Errichtung einer 4,9 km langen 380 kV-Höchstspannungsfreileitung (i.S.v. § 43 Abs. 1 Nr. 1 EnWG) als künftige Alternativtrasse einer bisher betriebenen 110kV-Freileitung im baden-württembergischen Trassenabschnitt: „Höchstspannungsleitung *Neualb-Oberstetten-Kümmersberg*; Drehstrom Nennspannung 380 kV" (als fiktives Projekt-Nr. 55 im Bundesbedarfsplangesetz, BBPlG). Die bisher betriebene Trasse führt auf einer primär landwirtschaftlich genutzten Fläche über das Gebiet der drei Gemeinden und verläuft als „Umschwenkung" auf einer 11 km langen Trasse um den Oberstetter Gemeindewald herum. Aufgrund der Außerbetriebnahme eines für die neue Systemarchitektur der E-GmbH nicht mehr benötigten Umspannwerkes plant die E-GmbH einen kürzeren Trassenverlauf mit einer Reduzierung der Transportstrecke von 11 km auf 4,9 km zum neuen Umspannwerk in Kümmersberg. Die Leitung soll auf einem Abschnitt von 2 km auch durch einen Teil des Gemeindewaldes Oberstetten verlaufen. Zur Errichtung und dem späteren Betrieb der geplanten Leitung muss auf der 2 km langen Strecke durch den Gemeindewald eine im Durchschnitt 70 Meter breite Schneise „geschlagen" werden. Mithin müssen 14 Hektar (ha) Wald gerodet und umgewandelt werden. Nach Auffassung der E-GmbH und der Gemeinde („O") als Eigentümerin des Waldstückes handelt es sich bei diesem Abschnitt um eine primär zu forstwirtschaftlichen Zwecken genutzte Fichtenmonokultur mit wenig ökologischer Qualität (sog. Wirtschaftswald). Demzufolge sei die Errichtung der Leitung mit paralleler Rodung des betroffenen Waldgebiets unbedenklich und darüber hinaus in Zeiten knapper Finanzmittel in der Gemeinde ein willkommenes Geschäft. Da sich die E-GmbH und die O bereits verständigt haben und die E-GmbH über alle notwendigen privaten Rechte verfügt, beantragt die E-GmbH die Zulassung des Vorhabens im Wege der energiewirtschaftlichen Planfeststellung am 30.9.2019 durch die landesrechtlich zuständige Planfeststellungsbehörde (PFBh). Nach Auslegung des Plans am 7.11.2019 wird der nach § 3 Abs. 1 UmwRG anerkannte Umweltverband „Wald, Natur, Erholung e.V. (WNE)", der seiner Satzung nach zum „Schutze des heimischen Waldes als ökologisches und kulturelles Gut, das unverzichtbare Funktionen für ein gesundes Klima und die Erholung der Bürger bereitstellt", eingerichtet ist, auf das geplante Vorhaben aufmerksam. Der WNE stimmt nach Beratung in einer öffentlichen Versammlung unter Zuladung der ansässigen Bürgerschaft nicht mit der E-GmbH und der O darin überein, dass es sich bei dem betroffenen Waldabschnitt um einen rein wirtschaftlich genutzten Forst handelt. Vielmehr erfülle der Wald trotz seines primären Fichtenbestands eine zentrale Funktion als Lebensraum für Flora wie Fauna sowie zur Naherholung der Bevölkerung. Insbesondere da in der näheren Umgebung kein vergleichbar zugänglicher Wald zur Naherholung der Bevölkerung existiere, erfülle der betroffene Waldabschnitt eine wesentliche Erholungsfunktion für die Bürger der umliegenden Gemeinden. Die E-GmbH lässt sich von den Widerständen des WNE und den Bürgern vor Ort nicht beeindrucken und beantragt im laufenden Planfeststellungsverfahren (PFV) die Zulassung der vorbereitenden Waldrodungsmaßnahmen im Wege des vorzeitigen Baubeginns gem. § 44c Abs. 1 EnWG, da die Maschinen bereits gemietet sind und weiteres Abwarten auf die endgültige Zulassung des Vorhabens durch den Planfeststellungsbeschluss ein vermeidbares Maß an finanziellen Mitteln fordern würde. Nachdem der WNE einen medienwirksamen Protest gegen die nach seiner Auffassung drohende rechtswidrige Zulassung des vorzeitigen Baubeginns organisiert, wird die O doch etwas nervös und lädt alle Parteien (den WNE, die E-GmbH und die PFBh) zu einem informellen Klärungsgespräch im Gemeindesaal. Bei dem Gespräch macht die E-GmbH nochmals deutlich, dass sie keine verzögernden Umweltprüfungen im Rahmen des vorzeitigen Baubeginns für notwendig hält, insb. da dies auch die bereits durchgeführte Vorprüfung nach § 7 UVPG ergeben hätte. Zudem sei nach Absprache mit der PFBh bereits so offensichtlich mit einem positiven Planfeststellungbeschluss zu rechnen, dass umgehend mit der vorbereitenden Rodung begonnen werden könne. Zuletzt diene der bewirtschaftete Wald mit einer Fichtenmonokultur zuvorderst dem Zweck der forstwirtschaftlichen Holzentnahme. Hierbei stellen sie auch darauf ab, dass die Gesetzesbegründung zum neu eingefügten § 44c EnWG exemplarisch die Rodung eines monokulturellen Fichtenwaldes als zulässige irreversible Maßnahme des vorzeigten Baubeginns nach § 44c Abs. 1 S. 2 EnWG nennt (vgl. BT-Drucks. 19/7375, S. 64). Dieser Meinung schließt sich die PFBh ohne Bedenken an, gerade da es sich um keine endgültige Zulassungsentscheidung handele und lediglich vorbereitende Maßnahmen zur Errichtung der Freileitung getroffen werden sollen, müsse die UVP keinesfalls vor Zulassung des vorzeitigen Baubeginns abgeschlossen sein. Auch die finanzielle Absicherung seitens der E-GmbH für die Entschädigungszahlungen nach § 44c Abs. 1 S. 2 EnWG sei sichergestellt. Diese Auffassung teilt der WNE nicht, er betont nochmals die Naherholungs- und Schutzfunktion des Gemeindewaldes und möchte ausdrücklich erst umfangreiche Umweltprüfungen abgeschlossen wissen, bevor der vorzeitige Baubeginn zugelassen werden kann. Eine andere Auffassung wäre schon unionsrechtlich, aufgrund der UVP-RL[1], nicht haltbar. Nachdem sich die Fronten zwischen den Parteien weiter verhärtet haben, kündigt die E-GmbH an, dass sie beabsichtige, so schnell wie möglich mit den vorzeitigen Maßnahmen zu beginnen, da aufgrund zu beachtender Brut- und Vegetationszeiten sonst mit längeren Verzögerungen zu rechnen sei. Auch die Gerätschaften und das Personal hierzu wären schon startbereit. Die PFBh äußert keine Bedenken und gibt der WNE zu verstehen, dass sie plant, den vorzeitigen Baubeginn im noch laufenden PFV umgehend zuzulassen. Da der WNE befürchtet, es könnte jederzeit mit den Baumaßnahmen losgehen und eine irreversible Schädigung des Gemeindewalds entstehen, begehrt er schnellstmögliche Hilfe und legt seinen Antrag direkt beim Bundesverwaltungsgericht (BVerwG) ein.

Hat der ordnungsgemäß gestellte Antrag des WNE auf vorläufigen Rechtsschutz Aussicht auf Erfolg?

Bearbeiterhinweis: Auf vorgelagerte Planungsstufen (z.B. Raumordnung) ist nicht einzugehen. Die Umtriebszeit von Fichten im Wirtschaftswaldbestand beträgt zwischen 80 und 120 Jahren.

---

1 Richtlinie 2014/52/EU vom 16.4.2014, ABl. L 124/1.

Anlage

Auszug aus der UVP-(Änderungs-)Richtlinie (RL 2014/52/EU; ABl. L 124/1 vom 25.4.2014)

Artikel 1

(1) Gegenstand dieser Richtlinie ist die Umweltverträglichkeitsprüfung bei öffentlichen und privaten Projekten, die möglicherweise erhebliche Auswirkungen auf die Umwelt haben.

(2) Im Sinne dieser Richtlinie gelten folgende Begriffsbestimmungen:

a) „Projekt":
   - die Errichtung von baulichen oder sonstigen Anlagen,
   - sonstige Eingriffe in Natur und Landschaft einschließlich derjenigen zum Abbau von Bodenschätzen;
b) „Projektträger": Person, die die Genehmigung für ein privates Projekt beantragt, oder die Behörde, die ein Projekt betreiben will;
c) „Genehmigung": Entscheidung der zuständigen Behörde oder der zuständigen Behörden, aufgrund deren der Projektträger das Recht zur Durchführung des Projekts erhält;
d) „Öffentlichkeit": eine oder mehrere natürliche oder juristische Personen und, in Übereinstimmung mit den innerstaatlichen Rechtsvorschriften oder der innerstaatlichen Praxis, deren Vereinigungen, Organisationen oder Gruppen;
e) „betroffene Öffentlichkeit": die von umweltbezogenen Entscheidungsverfahren gemäß Artikel 2 Absatz 2 betroffene oder wahrscheinlich betroffene Öffentlichkeit oder die Öffentlichkeit mit einem Interesse daran. Im Sinne dieser Begriffsbestimmung haben Nichtregierungsorganisationen, die sich für den Umweltschutz einsetzen und alle nach innerstaatlichem Recht geltenden Voraussetzungen erfüllen, ein Interesse; (…)

Artikel 2

(1) Die Mitgliedstaaten treffen die erforderlichen Maßnahmen, damit vor Erteilung der Genehmigung die Projekte, bei denen unter anderem aufgrund ihrer Art, ihrer Größe oder ihres Standortes mit erheblichen Auswirkungen auf die Umwelt zu rechnen ist, einer Genehmigungspflicht unterworfen und einer Prüfung in Bezug auf ihre Auswirkungen auf die Umwelt unterzogen werden. Diese Projekte sind in Artikel 4 definiert. (…)

Artikel 4

(1) Projekte des Anhangs I werden vorbehaltlich des Artikels 2 Absatz 4 einer Prüfung gemäß den Artikeln 5 bis 10 unterzogen.

(2) Bei Projekten des Anhangs II bestimmen die Mitgliedstaaten vorbehaltlich des Artikels 2 Absatz 4, ob das Projekt einer Prüfung gemäß den Artikeln 5 bis 10 unterzogen werden muss. Die Mitgliedstaaten treffen diese Entscheidung anhand

a) einer Einzelfalluntersuchung

oder

b) der von den Mitgliedstaaten festgelegten Schwellenwerte bzw. Kriterien. Die Mitgliedstaaten können entscheiden, beide unter den Buchstaben a und b genannten Verfahren anzuwenden

(3) Bei der Einzelfalluntersuchung oder der Festlegung von Schwellenwerten bzw. Kriterien für die Zwecke des Absatzes 2 sind die relevanten Auswahlkriterien des Anhangs III zu berücksichtigen. Die Mitgliedstaaten können Schwellenwerte oder Kriterien festlegen, bei deren Erfüllung Projekte weder der Feststellung gemäß den Absätzen 4 und 5 noch einer Umweltverträglichkeitsprüfung unterliegen, und/oder Schwellenwerte oder Kriterien, bei deren Erfüllung Projekte in jedem Fall einer Umweltverträglichkeitsprüfung ohne Durchführung einer Feststellung gemäß den Absätzen 4 und 5 unterliegen. (…)

Artikel 11

(1) Die Mitgliedstaaten stellen im Rahmen ihrer innerstaatlichen Rechtsvorschriften sicher, dass Mitglieder der betroffenen Öffentlichkeit, die

a) ein ausreichendes Interesse haben oder alternativ

b) eine Rechtsverletzung geltend machen, sofern das Verwaltungsverfahrensrecht bzw. Verwaltungsprozessrecht eines Mitgliedstaats dies als Voraussetzung erfordert,

Zugang zu einem Überprüfungsverfahren vor einem Gericht oder einer anderen auf gesetzlicher Grundlage geschaffenen unabhängigen und unparteiischen Stelle haben, um die materiellrechtliche und verfahrensrechtliche Rechtmäßigkeit von Entscheidungen, Handlungen oder Unterlassungen anzufechten, für die die Bestimmungen dieser Richtlinie über die Öffentlichkeitsbeteiligung gelten.

(2) Die Mitgliedstaaten legen fest, in welchem Verfahrensstadium die Entscheidungen, Handlungen oder Unterlassungen angefochten werden können.

(3) Was als ausreichendes Interesse und als Rechtsverletzung gilt, bestimmen die Mitgliedstaaten im Einklang mit dem Ziel, der betroffenen Öffentlichkeit einen weiten Zugang zu Gerichten zu gewähren. Zu diesem Zweck gilt das Interesse jeder Nichtregierungsorganisation, welche die in Artikel 1 Absatz 2 genannten Voraussetzungen erfüllt, als ausreichend im Sinne von Absatz 1 Buchstabe a dieses Artikels. Derartige Organisationen gelten auch als Träger von Rechten, die im Sinne von Absatz 1 Buchstabe b dieses Artikels verletzt werden können. (…)

ANHANG II zur UVP-RL (in Art. 4 Abs. 2 genannte Projekte)

1. Landwirtschaft, Forstwirtschaft und Fischzucht
   a) Flurbereinigungsprojekte;
   b) Projekte zur Verwendung von Ödland oder naturnahen Flächen zu intensiver Landwirtschaftsnutzung;
   c) Wasserwirtschaftliche Projekte in der Landwirtschaft, einschließlich Bodenbe- und -entwässerungsprojekte;
   d) Erstaufforstungen und Abholzungen zum Zweck der Umwandlung in eine andere Bodennutzungsart;
   e) Anlagen zur Intensivtierhaltung (nicht durch Anhang I erfasste Projekte);

f) intensive Fischzucht;

g) Landgewinnung am Meer. (…)

Lösung:

Der Antrag des WNE auf vorläufigen Rechtsschutz hat Aussicht auf Erfolg, soweit er zulässig und begründet ist.

A. Zulässigkeit

Der Antrag muss zunächst zulässig sein.   2

I. Eröffnung des Verwaltungsrechtswegs, § 40 Abs. 1 S. 1 VwGO

Der Antrag ist nur zulässig, sofern für die Hauptsache der Verwaltungsgerichtsweg er-   3
öffnet ist. In Ermangelung einer aufdrängenden Sonderzuweisung richtet sich die Eröffnung des Verwaltungsrechtswegs nach § 40 Abs. 1 S. 1 VwGO. Danach muss es sich in der Hauptsache um eine öffentlich-rechtliche Streitigkeit nicht verfassungsrechtlicher Art handeln, für die keine abdrängende Sonderzuweisung besteht. Eine öffentlich-rechtliche Streitigkeit liegt dann vor, wenn die streitentscheidende Norm öffentlich-rechtlicher Natur ist. Dies ist nach der *sog. modifizierten Subjektstheorie* der Fall, wenn die Norm ausschließlich den Staat oder einen sonstigen Träger hoheitlicher Gewalt einseitig berechtigt oder verpflichtet. Der WNE begehrt vorläufigen Rechtsschutz gegen die drohende Zulassung des vorzeitigen Baubeginnes gem. § 44c EnWG. Die streitentscheidende Regelung des § 44c EnWG berechtigt einseitig die zuständige Planfeststellungsbehörde (PFBh) im laufenden Planfeststellungsverfahren (PFV) den vorzeitigen Baubeginn auf Antrag des Vorhabenträgers zuzulassen. Somit handelt es sich um eine öffentlich-rechtliche Streitigkeit. Ferner streiten im zu entscheidenden Konflikt keine unmittelbaren Verfassungsorgane um Verfassungsrecht (sog. *doppelte Verfassungsunmittelbarkeit*). Es ist auch keine abdrängende Sonderzuweisung ersichtlich, mithin ist der Verwaltungsrechtsweg eröffnet.

II. Statthafte Verfahrensart, §§ 123, 80 Abs. 5, 80a Abs. 3 VwGO

Die statthafte Verfahrensart richtet sich nach dem Klagebegehren, §§ 122 Abs. 1 i.V.m.   4
88 VwGO. Der WNE begehrt laut Sachverhalt (SV) vorläufigen Rechtsschutz, somit kommen die Verfahren nach §§ 123, 80 Abs. 5 oder 80a Abs. 3 VwGO in Betracht.

> Aufgrund des vorgeschriebenen Sofortvollzugs in § 44c Abs. 4 EnWG (i.S.v. § 80 Abs. 2 Nr. 3 VwGO), d.h. einer Aussetzung der aufschiebenden Wirkung von Anfechtungsklage (AK) und Widerspruch durch formelles Bundesgesetz, kann rechtzeitiger, effektiver Rechtsschutz hier nur im Eilrechtsschutzverfahren erlangt werden. Somit kommt es für die richtige Einordnung der Antragssituation im Ergebnis nicht auf den Hinweis im SV – der WNE begehre schnellstmöglichen „vorläufigen" Rechtsschutz – an.

1. Vorläufiger Rechtsschutz zur Wiederherstellung oder Anordnung der aufschiebenden Wirkung, §§ 123, 80 Abs. 5 und 80a Abs. 3 VwGO

Zur Klärung des Verhältnisses zwischen den vorläufigen Antragsarten der §§ 123, 80   5
Abs. 5 und 80a Abs. 3 VwGO ist auf die Abgrenzungsformel in § 123 Abs. 5 VwGO

und in der Sache auf das anschließende Hauptsacheverfahren abzustellen. Das Verfahren gem. § 123 Abs. 1 VwGO ist gegenüber den Verfahren gem. §§ 80 Abs. 5, 80a Abs. 3 VwGO subsidiär und nur dann statthaft, wenn der Antragsteller (Ast.) im vorrangigen Verfahren gem. § 80 Abs. 5 – bzw. § 80a Abs. 3 – VwGO keinen einstweiligen Rechtsschutz erlangen kann.[2] Nach § 123 Abs. 5 VwGO ist der Antrag nur dann statthaft, wenn in der Hauptsache nicht die AK gem. § 42 Abs. 1 Alt. 1 VwGO zu erheben wäre, wenn der WNE mithin nicht die Aufhebung eines belastenden Verwaltungsaktes (VA) begehrt (vgl. § 80 Abs. 1, 5 VwGO).

2. Statthaftigkeit eines Rechtsbehelfs in der Hauptsache

6   Die Statthaftigkeit des vorläufigen Rechtsschutzverfahrens gem. § 123 Abs. 1 VwGO setzt demnach voraus, dass grundsätzlich ein statthaftes Hauptsacheverfahren in Betracht kommt und in diesem nicht die AK gem. § 42 Abs. 1 1. Alt. VwGO zu erheben wäre.

a) Bestimmung des Hauptsacheverfahrens

7   Zu prüfen ist deshalb, ob in einem späteren Hauptsacheverfahren eine AK des WNE statthaft wäre. Die Statthaftigkeit des Hauptsacheverfahrens bestimmt sich dabei nach dem Rechtsschutzbegehren der WNE (vgl. § 88 VwGO). Der WNE möchte, dass die drohende Zulassung des vorzeitigen Baubeginns verhindert wird. Die Zulassungsentscheidung zum vorzeitigen Baubeginn gem. § 44c EnWG stellt einen VA i.S.v. § 35 S. 1 VwVfG dar.[3] Das Begehren des WNE im Hauptsacheverfahren richtet sich mithin gegen den zukünftigen Erlass eines VA unter bundesgesetzlich vorgeschriebenem Sofortvollzug gem. § 44c Abs. 4 EnWG (i.S.v. § 80 Abs. 2 Nr. 3 VwGO). Da der WNE in der Hauptsache nicht die Aufhebung eines bereits wirksamen VA begehrt, wäre die AK unstatthaft. Folglich kommt das Verfahren nach § 123 Abs. 1 VwGO in Betracht.

b) Vorläufig, vorbeugender Rechtsschutz statthaft?

8   Der Antrag gem. § 123 Abs. 1 VwGO setzt ein statthaftes Hauptsacheverfahren voraus, deshalb ist zu weiter prüfen, ob überhaupt ein statthafter Hauptsacherechtsbehelf des WNE gegen die drohende Zulassung des vorzeitigen Baubeginns in Betracht kommen würde. Als solcher kommt die vorbeugende Unterlassungsklage (UK) als eine Unterform der allgemeinen Leistungsklage (LK) i.S.v. § 43 Abs. 2 S. 1 VwGO in Betracht. Nach h.M. zielt die UK auf das Unterlassen (als Leistungskategorie)[4] jedes öffentlich-rechtlichen Amtshandelns inklusive des Unterlassens eines VAs.[5] Umstritten ist jedoch die Zulässigkeit der vorbeugenden UK, sofern sie sich auf zukünftiges rechtsförmliches Handeln der Exekutive, d.h. insbesondere drohende VAe, bezieht.

Die Wortlautgrenze in § 42 Abs. 1 2. Alt. VwGO – „Erlass", nicht „Unterlassung" – schließt eine Klage auf Unterlassung des künftigen Erlasses eines VA im Wege der Verpflichtungsklage (VK) aus.[6] Die UK ist in der VwGO zwar nicht ausdrücklich normiert, jedoch gesetz-

---

2 Vgl. BeckOK VwGO/*Kuhla*, 54. Ed. 2020, § 123 VwGO Rn. 8 i.V.m. OVG Lüneburg, Beschl. v. 4.4.2012 – 8 ME 49/12 = BeckRS 2012, 49160.
3 Vgl. nur BeckOK UmweltR/*Guckelberger*, 55. Ed. 2020, § 17 WHG Rn. 1 m.w.N.
4 *Schenke*, Verwaltungsprozessrecht, 16. Aufl. 2019, § 8 Rn. 354.
5 Kopp/Schenke/*Schenke*, VwGO, 25. Aufl. 2019, Vorb. § 40, Rn. 8a m.w.N., § 42 Rn. 15.
6 Sodan/Ziekow/*Sodan*, VwGO, 5. Aufl. 2018, § 42 Rn. 57.

lich vorausgesetzt (z.B. in § 43 Abs. 2, § 111, § 113 Abs. 4 VwGO). Jede UK ist grundsätzlich gegen künftige Amtshandlungen gerichtet, mithin nur folgerichtig immer vorbeugend. Explizit von einer *„vorbeugenden"* UK spricht man hingegen bei einer erstmalig drohenden Beeinträchtigung, während die „normale" UK auf weitere Folgebeeinträchtigungen einer Rechtsverletzung abzielt.[7]

aa) Grundsätzliche Unzulässigkeit

Gegen die Zulässigkeit einer UK gegen drohende VAe werden Bedenken geäußert.[8] Hierbei wird die Kritik an der UK gegen drohende VAe (1.) i.R.d. Statthaftigkeitsprüfung (unter dem Gesichtspunkt der Verfahrenskonkurrenzregelung)[9] oder (2.) nach h.M.[10] i.R.d. qualifizierten Rechtsschutzbedürfnisses verortet. Ein Teil der Literatur sieht die vorbeugende UK gegen künftige VAe als eine Verletzung des Gewaltenteilungsgrundsatzes aus Art. 20 Abs. 2 GG, da so die Zuständigkeit und die Autonomie der Verwaltung qua Gerichtsentscheidung zu stark eingeschränkt würden.[11] Dies wird von der h.M. inzwischen dahin gehend abgelehnt, dass der Gewaltenteilungsgrundsatz durch Art. 19 Abs. 4 GG eine derartige Prägung erhalten habe, dass in bestimmten Fallkonstellationen eine vorbeugende UK nicht nur statthaft, sondern geradezu geboten sein kann, um den verfassungsrechtlich garantierten effektiven gerichtlichen Rechtsschutz sicherzustellen.[12] Zudem wird – in Anlehnung an die Rspr. des Bundesverwaltungsgerichts (BVerwG)[13] – vorgebracht, dass die VwGO in ihrer Gesamtkonzeption von einem repressiven Rechtsschutzsystem gegen VAe ausgeht (vgl. z.B. §§ 42, 68 VwGO). Eine unbegrenzte Statthaftigkeit vorbeugender UK gegen drohende VAe würde demnach den Sinn und Zweck der speziellen verwaltungsprozessrechtlichen Sachentscheidungsvoraussetzungen – insb. Fristenregelungen und Vorverfahren – im Verwaltungsverfahren aushöhlen, mithin der Verwaltung die Möglichkeit nehmen, substantiell im Verfahren nachzubessern. Außerdem biete die VwGO mit dem in den §§ 80, 80a VwGO eingerichteten Suspensiveffekt sowie der Möglichkeit einer rückwirkenden Aufhebung eines VAs gem. § 113 Abs. 1 S. 1 VwGO im Regelfall bereits einen wirksamen Rechtsschutz. Somit ist die systemwidrige vorbeugende UK gegen künftiges rechtsförmliches Handeln der Verwaltung grundsätzlich unzulässig.

bb) Ausnahmsweise zulässig in atypischen, begründeten Fallkonstellationen

Es bleibt zu konstatieren, dass die vorbeugende UK gegen drohende VA als grundsätzlich unzulässig und systemwidrig einzustufen ist und folglich nur einen Ausnahmefall

---

7 Schoch/Schneider/Bier/*Pietzcker*, VwGO, 37. EL 2019, § 42 Abs. 1 Rn. 162; Eyermann/*Happ*, VwGO, 15. Aufl. 2019, § 42 Rn. 66.
8 Vgl. nur Sodan/Ziekow/*Sodan*, VwGO, 5. Aufl. 2018, § 42 Rn. 58 m.w.N.
9 So *Schenke*, Verwaltungsprozessrecht, 16. Aufl. 2019, § 8 Rn. 355.
10 Vgl. nur BeckOK VwGO/*Kuhla*, 54. Ed. 2020, § 123 VwGO Rn. 43 ff.; Schoch/Schneider/Bier/*Pietzcker*, VwGO, 37. EL 2019, § 42 Abs. 1 Rn. 166; ebd./*Schoch*, § 123 Rn. 45; Sodan/Ziekow/*Sodan*, VwGO, 5. Aufl. 2018, § 42 Rn. 59; ebd./*Puttler*, § 123 Rn. 71; Eyermann/*Happ*, VwGO, 15. Aufl. 2019, § 42 Rn. 67; Wysk/*Wysk*, VwGO, 3. Aufl. 2020, § 42 Rn. 69 f., 77 ff.; ebd./*Buchheister*, § 123 Rn. 6; *Gersdorf*, Verwaltungsprozessrecht, 6. Aufl. 2019, Rn. 102; VG Augsburg, Beschl. v. 14.8.2009 – Au 4 E 09.1023 = BeckRS 2010, 55028 jeweils m.w.N.
11 Zusammenfassend *Schenke*, Verwaltungsprozessrecht, 16. Aufl. 2019, § 8 Rn. 355 m.w.N.; *Gersdorf*, Verwaltungsprozessrecht, 6. Aufl. 2019, Rn. 102.
12 Vgl. nur *Schenke*, Verwaltungsprozessrecht, 16. Aufl. 2019, § 8 Rn. 356 ff.; Wysk/*Wysk*, VwGO, 3. Aufl. 2020, § 42 Rn. 77; BeckOK VwGO/*Kuhla*, 54. Ed. 2020, § 123 VwGO Rn. 44.
13 BVerwGE 40, 323 (326); BVerwGE 54, 211 (215 f.); s. auch Sodan/Ziekow/*Sodan*, VwGO, 5. Aufl. 2018, § 42 Rn. 54, 58 m.w.N.

darstellen kann.[14] Soweit jedoch ein wirksamer Rechtsschutz gegen VAe im Wege der AK gem. § 42 Abs. 1 1. Alt. VwGO und den §§ 80, 80a VwGO ausnahmsweise nicht erreichbar ist, kann unter Berücksichtigung des Art. 19 Abs. 4 GG eine generelle Unstatthaftigkeit der vorbeugenden UK nicht gerechtfertigt werden. Die Bedeutung des Verfahrensgrundrechts aus Art. 19 Abs. 4 GG liegt gerade darin, die „Selbstherrlichkeit" der vollziehenden Gewalt im Verhältnis zum Bürger zu beseitigen; ihr kommt auch die Aufgabe zu, irreparable Entscheidungen soweit als möglich auszuschließen.[15]

11　Folglich ist die vorbeugenden UK nach h.M. in bestimmten Fallkonstellationen statthaft, mithin ist auch der vorläufige, vorbeugende Rechtsschutz i.R.d. einstweiligen Antrags des WNE nach § 123 Abs. 1 VwGO statthaft.[16]

III. Antragsbefugnis, § 42 Abs. 2 VwGO analog

12　Ferner muss der WNE antragsbefugt sein.

1. Antragsbefugnis über mögliche Verletzung in subjektiv-öffentlichen Rechten?, § 42 Abs. 2 2. Hs VwGO analog

13　Nach § 42 Abs. 2 2. Hs. VwGO analog ist das der Fall, wenn der Ast. einen Anspruch auf Unterlassung des hoheitlichen Handelns in der Hauptsache (vorbeugende UK) hat. Somit muss der Ast. geltend machen, durch den drohenden VA in seinen Rechten möglicherweise verletzt oder gefährdet zu sein. Hierbei reicht die Möglichkeit einer subjektiv-öffentlichen Rechtsgutverletzung aus, d.h., dass eine Beeinträchtigung nicht von vornherein ausgeschlossen werden kann. Dies ist nur dann auszuschließen, sofern die geltend gemachte Verletzung offensichtlich und eindeutig nach keiner Betrachtungsweise vorliegen könnte.

a) Subjektive Rechtsgutverletzung aus eigener Grundrechtsbeeinträchtigung?

14　Als eingetragener Verein ist der WNE eine inländisch juristische Person und kann prinzipiell Träger eigener Grundrechte sein, insofern diese dem Wesen nach auf ihn anwendbar sind (vgl. Art. 19 Abs. 3 GG). Die Zulassung des vorzeitigen Baubeginns richtet sich jedoch an die E-GmbH und nicht an den WNE, mithin kann dem WNE keine Antragsbefugnis über eine Grundrechtsverletzung (insb. aus Art. 2 Abs. 1 oder 14 GG) zustehen. Demzufolge kann der WNE keine drohende Grundrechtsverletzung geltend machen.

b) Subjektiv-öffentliches Recht aus verletzter Schutznorm?

15　Nach herrschender *Schutznormtheorie* liegt ein subjektives-öffentliches Recht dann vor, wenn die streitgegenständliche Bestimmung nicht nur dem öffentlichen Interesse, sondern auch dem privaten Interesse einzelner Rechtssubjekte (hier: WNE) zu dienen bestimmt ist. Der WNE müsste demnach geltend machen, dass die Zulassung des vor-

---

14　Sodan/Ziekow/*Sodan*, VwGO, 5. Aufl. 2018, § 42 Rn. 59; nur Schoch/Schneider/Bier/*Pietzcker*, VwGO, 37. EL 2019, § 42 Abs. 1 Rn. 165 f.

15　BVerfGE 35, 263 (274); OVG Berlin, Urt. v. 2.5.1977 – II B 2/77 = NJW 1977, 2283.

16　Vorläufiger vorbeugender Rechtsschutz mit dem Ziel, den Erlass eines VA zu verhindern, ist nur i.R. eines Verfahrens gem. § 123 möglich, so BeckOK VwGO/*Kuhla*, 54. Ed. 2020, § 123 VwGO Rn. 10 i.V.m. VGH Kassel, Beschl. v. 2.8.1995 – 4 TG 632/95 = NVwZ-RR 1996, 317; VG Schleswig, Beschl. v. 25.9.2001 – 14 B 79/01 = NVwZ 2002, 754.

zeitigen Baubeginns in concreto gegen eine Rechtsnorm zu verstoßen droht,[17] die zumindest auch dem Schutz seiner Individualinteressen zu dienen bestimmt ist. Die Regelung zur Zulassung von vorzeitigen Baumaßnahmen gem. § 44c EnWG entfaltet i.R.d. Errichtung der Hochspannungsfreileitung keinen Drittschutz,[18] da die Vorschrift gerade nicht auch dem Schutz des privaten Interesses des WNE zu dienen bestimmt ist. Somit kann sich nach der Schutznormtheorie keine Antragsbefugnis aus einer möglichen Verletzung der Tatbestandsvoraussetzungen des § 44c Abs. 1 EnWG ergeben.

16

> **Geltendmachung von Verfahrensfehlern:**[19]
> Der WNE rügt explizit auch das Unterlassen einer nach eigener Auffassung notwendigen Umweltverträglichkeitsprüfung (UVP) mit Öffentlichkeitsbeteiligung (ÖB) vor der Zulassung der Rodungsmaßnahmen i.R.d. vorzeitigen Baubeginns. Um durch das – möglicherweise rechtswidrige – Unterlassen der UVP eine subjektiv-öffentliche Rechtsgutverletzung geltend zu machen und hierdurch die Antragsbefugnis des WNE nach § 42 Abs. 2 Hs. 2 VwGO analog begründen zu können, müsste die potenzielle Verletzung der Verfahrensvorschriften nach §§ 6, 7 und 18 UVPG i.V.m. der Anlage 1 zum UVPG eine Schutznormverletzung darstellen. Das vom WNE gerügte gänzliche Unterlassen der UVP (§ 6 UVPG) sowie der ÖB (§ 18 UVPG) könnten absolute Verfahrensfehler (i.S.v. § 4 Abs. 1, 3 UmwRG) darstellen, wenn sie tatsächlich rechtswidrig unterlassen worden sind. Demnach wäre dann zwar in der Begründetheit weder eine Ergebniskausalität noch eine materiellrechtliche Verletzung des WNE nachzuweisen, allerdings kann jedenfalls nach h.M. aus dem erweiterten Aufhebungsanspruch keine Klagebefugnis des WNE nach § 42 Abs. 2 2. Hs VwGO abgeleitet werden. Die Streitfrage zur Zulässigkeit von Individualklagen über die Geltendmachung einer möglichen Verletzung von subjektiven Rechten durch einen absoluten Verfahrensfehler (UVP-Pflicht, ÖB) kann an dieser Stelle nicht abschließend geklärt werden. Dies stellt jedoch für die Klärung des Antragserfolges in der vorliegenden Fallkonstellation kein Mangel dar, denn der WNE kann sich als nach § 3 Abs. 1 UmwRG anerkannte Vereinigung im Wege der umweltrechtlichen Verbandsklage, deren Zulässigkeit noch weiter zu prüfen ist, vom Erfordernis der subjektiv öffentlichen Rechtsverletzung lösen.

Die Antragsbefugnis des WNE gem. § 42 Abs. 2 2. Hs. VwGO analog ist mithin zwar strittig, aber der h.M. und der BVerwG-Rspr. folgend hier nicht gegeben.

17

2. Antragsbefugnis ohne Verletzung subjektiver Rechte über die Umweltverbandsklage, § 42 Abs. 2 1. Hs. VwGO analog i.V.m. § 2 Abs. 1 UmwRG

Dem WNE könnte jedoch über das UmwRG antragsbefugt sein (sog. *umweltrechtliche Verbandsklage*).[20] Gem. § 42 Abs. 2 1. Hs. VwGO analog i.V.m. § 2 Abs. 1 UmwRG kann eine nach § 3 Abs. 1 UmwRG anerkannte Umweltvereinigung, ohne eine subjektiv-öffentliche Rechtsverletzung geltend machen zu müssen, unter bestimmten Voraussetzungen Rechtsbehelfe gegen Entscheidungen nach § 1 Abs. 1 UmwRG einlegen.

18

---

17 *Schenke*, Verwaltungsprozessrecht, 16. Aufl. 2019, § 14 Rn. 503.
18 Drittschutz ist bei der Analgen*errichtung* im vorzeitigen Baubeginn – anders als beim späteren Anlagen*betrieb* – regelmäßig nicht gegeben, vgl. *Jarass*, BImSchG, 12. Aufl. 2017, § 8a Rn. 26.
19 Näher ausgeführt oben in Fall 6: Gewässerschutzrecht, vgl. S. 158 f.
20 Vgl. oben in Fall 5: Bundesnaturschutzrecht, S. 120 f.

a) Tauglicher Prüfungsgegenstand nach § 1 Abs. 1 Nr. 1a UmwRG

19　Zunächst müsste es sich bei der drohenden Zulassung des vorzeitigen Baubeginns um einen tauglichen Angriffsgegenstand handeln. Nach § 2 Abs. 1 S. 1 Nr. 1 UmwRG sind das die in § 1 Abs. 1 S. 1 UmwRG enumerativ aufgezählten Entscheidungen.

20　Die Zulassung des vorzeitigen Baubeginns gem. § 44 Abs. 1 EnWG könnte eine Entscheidung i.S.v. § 1 Abs. 1 S. 1 Nr. 1 a UmwRG darstellen, wenn es sich hierbei (1.) um eine Zulassungsentscheidung i.S.v. § 2 Abs. 6 Nr. 1 UVPG handelt, für die (2.) nach dem UVPG (§§ 6, 7 UVPG i.V.m. Anlage 1 zum UVPG) eine UVP-Pflicht bestehen kann.[21]

> Zur richtlinienkonformen Auslegung des § 44c EnWG sind die in der Anlage zum Fall abgedruckten Art. 1, 2, 4 und 11 der UVP-RL 2011/92/EU (i.d.F. der RL 2014/52/EU) heranzuziehen.

21　Zulassungsregelungen zum vorzeitigen Baubeginn sind dem Fachplanungsrecht nicht fremd (vgl. z.B. § 8a BImSchG, § 17 WHG, § 37 KrWG). Nach bisheriger Rechtslage konnten im vorzeitigen Baubeginn allerdings nur *reversible* Maßnahmen zugelassen werden, welche die Entscheidung im Hauptverfahren (hier: PFV) *nicht unangemessen vorbelasteten* und *vollständig rückgängig* gemacht werden können.[22] Der Zulassung solcher reversibler vorzeitiger Maßnahmen wird von der h.M. keine eigene Genehmigungswirkung – i.S.v. „Erlaubnissen und Bewilligungen" nach Art. 11 Abs. 1 UVP-RL – zuerkannt, obwohl bereits dies nicht unstreitig ist.[23] Denn nach Art. 11 Abs. 1 UVP-RL müssen die Verfahren zu UVP-pflichtigen „Erlaubnissen und Bewilligungen" den Anforderungen des UVPG genügen.[24] Nach striktem Wortlaut ist in Art. 11 Abs. 1 UVP-RL mithin jedoch keine Pflicht zur Durchführung einer UVP nach UVPG *vor* der *reversiblen* Zulassung des vorzeitigen Baubeginns vorgesehen, da es sich schon um keine Zulassungsentscheidung i.S.v. Art. 11 Abs. 1 UVP-RL, respektive § 2 Abs. 6 UVPG, handelt.

22　Mit der hier entscheidenden Vorschrift des § 44c Abs. 1 S. 2 EnWG können nun auch irreversible Maßnahmen mit einer dauerhaften Beeinträchtigungswirkung i.R. eines vorzeitigen Baubeginns zugelassen werden. Grundsätzlich verlangt die UVP-RL in Art. 2 Abs. 1, dass eine Umweltprüfung nach Maßgabe der Art. 5–10 UVP-RL *vor* einer Genehmigung (i.S.v. Art. 1 Abs. 2 c UVP-RL), mithin *jeder* „behördlichen Entscheidung, aufgrund derer der Projektträger das Recht zur Durchführung des Projekts erhält", durchgeführt wird. Der Europäische Gerichtshof (EuGH) sieht bei mehrstufigen Planungsverfahren bereits eine UVP-Pflicht bei der Grundsatzentscheidung, sofern die Umweltauswirkungen nicht erst bei der Durchführungsentscheidung ermittelt wer-

---

21　Für die Zulässigkeit gem. § 2 Abs. 1 i.V.m. § 1 Abs. 1 Nr. 1a UmwRG reicht aus, dass eine UVP-Pflicht „bestehen kann". Für die Begründetheit reicht die reine Möglichkeit nicht aus, hier muss die Pflicht gem. § 2 Abs. 4 S. 2 UmwRG auch tatsächlich bestehen.

22　BVerwG, Beschl. v. 30.4.1991 – 7 C 35/90 = NVwZ 1991, 994 (996); OVG Magdeburg, Beschl. v. 24.8.2016 – 2 M 43/1, Rn. 15 ff. = NVwZ-RR 2017, 23 (24 f.); s. auch Jarass/*Jarass*, BImSchG, 12. Aufl. 2017, § 8a Rn. 6.

23　Vgl. Jarass/*Jarass*, BImSchG, 12. Aufl. 2017, § 8a Rn. 26a; Landmann/Rohmer/*Mann*, UmweltR, 91. EL Sept. 2019, § 8a BImSchG Rn. 128; Landmann/Rohmer/*Pape*, UmweltR, 91. EL Sept. 2019, § 17 WHG Rn. 41; Landmann/Rohmer/*Fellenberg/Schiller*, UmweltR, 91. EL Sept. 2019, § 1 UmwRG Rn. 33, eher gegen die h.M. BeckOK UmweltR/*Guckelberger*, 55. Ed. 2020, § 17 WHG Rn. 4.1 f.

24　Vgl. hierzu Landmann/Rohmer/*Pape*, UmweltR, 91. EL Sept. 2019, § 17 WHG Rn. 41; BeckOK UmweltR/*Guckelberger*, 55. Ed. 2020, § 17 WHG Rn. 4.

den können;[25] mithin auch bei irreversiblen Maßnahmen im vorzeitigen Baubeginn i.R.d. PFV. Demnach handelt es sich auch bei der Entscheidung über den vorzeitigen Baubeginn zu irreversiblen Maßnahmen um eine ungeschriebene Kategorie des teleologisch auszulegenden Zulassungsbegriffs in Art. 1 Abs. 2 c UVP-RL bzw. des § 2 Abs. 6 Nr. 1 UVPG. Auch wenn der Wortlaut des § 2 Abs. 6 Nr. 1 UVPG nur von Zulassungen i.e.S. spricht, ist nach richtlinienkonformer Auslegung auch der vorzeitige Baubeginn, welcher untrennbar mit der anschließenden PFV verknüpft ist und dieses mit der irreversiblen Abholzung des Fichtenwaldes durch die E-GmbH auch faktisch vorbelastet, eine Genehmigung gem. Art. 1 Abs. 2 c, Art. 2 Abs. 1 UVP-RL bzw. ein Projekt gem. Art. 4 Abs. 2 UVP-RL und mithin eine Zulassungsentscheidung i.S.v. § 2 Abs. 6 Nr. 1 UVPG.[26] Hierfür spricht auch, dass bereits Vorbescheide, Teilgenehmigungen und Teilzulassungen unter § 2 Abs. 6 Nr. 1 UVPG fallen, die in ihrer Wirkung vergleichbar mit § 44c EnWG sind. Folglich geht eine UVP-pflichtige vorzeitige Baumaßnahme auch mit einer formellen ÖB einher, wobei die Umweltprüfung gem. Art. 2 Abs. 1 UVP-RL auch im Verfahren zum vorzeitigen (irreversiblen) Beginn nach § 44c Abs. 1 S. 2 EnWG *vor* der Zulassung durchzuführen ist.

Demnach ist ferner zu prüfen, ob für die geplante Rodung der 14 ha großen Schneise i.R.d. drohenden Zulassung des vorzeitigen Baubeginns eine UVP-Pflicht gem. § 6 UVPG besteht. Losgelöst hiervon besteht gem. § 7 Abs. 2 UVPG i.V.m. Nr. 19.1.4 der Anlage 1 zum UVPG bei der nach § 43 Abs. 1 S. 1 Nr. 1 EnWG notwendigen Planfeststellung im Hauptverfahren zur Errichtung der 4,9 km langen 110kV-Hochspannungsfreileitung eine Pflicht zur standortbezogenen Vorprüfung, die laut SV durchgeführt wurde. Da diese hinsichtlich des Prüfungsumfangs einer potenziell notwendigen UVP i.R.d. vorzeitigen Baubeginns nicht gleichkommt und ferner nicht das laufende PFV durch den WNE angegriffen wird, sondern die drohende Zulassungsentscheidung vorbeugend untersagt werden soll, ist die Rechtmäßigkeit der Vorprüfung zum Hauptverfahren an dieser Stelle nicht weiter zu diskutieren. Laut SV handelt es sich bei der zu rodenden Fläche um einen *sog. Wirtschaftswald* mit einem primär monokulturellen Bestand an Fichten. Die UVP-Pflicht der Rodung richtet sich unionsrechtlich nach Art. 4 Abs. 2 UVP-RL i.V.m. Nr. 1 d des Anhangs II zur UVP-RL; mithin bestimmt der Mitgliedstaat die UVP-Pflicht anhand einer Einzelfalluntersuchung (a) oder festzulegender Schwellenwerte (b) unter der Berücksichtigung der Kriterien des Anhangs III zur UVP-RL (vgl. Art. 4 Abs. 3 UVP-RL). Unter diesen EU-Vorgaben bemisst sich die UVP-Pflicht zur Rodung von Wäldern i.S.d. BWaldG nach §§ 6, 7 UVPG i.V.m. Nr. 17.2 ff. der Anlage 1 zum UVPG. Nach § 6 S. 1 UVPG i.V.m. Nr. 17.2.1 der Anlage 1 zum UVPG gilt für Wälder i.S.d. BWaldG bei einer Rodungsfläche von min. 10 ha eine unbedingte UVP-Pflicht. Somit könnte für die i.R.d. drohenden Zulassung des vorzeitigen Baubeginns geplante Rodung der 14 ha großen Leitungsschneise eine UVP-Pflicht bestehen; und zwar unabhängig von der ökologischen Vielfalt des Baumbestands. Demnach handelt es sich – bei richtlinienkonformer Auslegung – bei der Entscheidung gem. § 44c EnWG bzgl. der vorzeitigen Zulassung der Rodung vor Abschluss des PFV um eine Zulassung i.S.v. § 2 Abs. 6 Nr. 1 UVPG. Für diese könnte ferner gem. § 6 S. 1 UVPG i.V.m. Nr. 17.2.1 der Anlage 1 zum UVPG eine UVP-Pflicht bestehen.

23

---

25 EuGH, Urt. v. 4.5.2006, Rs. C-290/03 – Barker/Bromley LBC = NVwZ 2006, 806 (807).
26 So i.E. auch die Einschätzung zu § 8a BImSchG, OVG Berlin-Brandenburg, Beschl. v. 20.2.2020 – OVG 11 S 8/20, Rn. 8.

24   Folglich handelt es sich bei der Entscheidung nach § 44c Abs. 1 EnWG um einen tauglichen Prüfungsgegenstand gem. § 2 Abs. 1 S. 1 Nr. 1 i.V.m. § 1 Abs. 1 S. 1 Nr. 1 a UmwRG.

b) Anerkannte Vereinigung nach § 3 UmwRG

25   Ferner setzt § 2 Abs. 1 UmwRG für die Antragsbefugnis des WNE weiter voraus, dass es sich bei dem WNE um eine nach § 3 Abs. 1 UmwRG anerkannte inländische oder ausländische Vereinigung handelt.[27] Dies ist laut SV unproblematisch gegeben.

c) Weitere Voraussetzungen nach § 2 Abs. 1 UmwRG

26   Zudem müssen auch die weiteren Voraussetzungen des § 2 Abs. 1 S. 1 UmwRG erfüllt sein, damit der WNE im Wege der umweltrechtlichen Verbandsklage antragsbefugt ist.

27   Zunächst müsste der WNE gem. § 2 Abs. 1 S. 1 Nr. 1 UmwRG geltend machen, dass die (drohende) Entscheidung nach § 1 Abs. 1 S. 1 UmwRG Rechtsvorschriften widerspricht, die für die Entscheidung von Bedeutung sein können. Wie bei § 42 Abs. 2 VwGO reicht hierbei die Möglichkeit eines Widerspruchs nach einem schlüssigen Vortrag des WNE aus.[28]

28   Der WNE rügt, dass die drohende Zulassung der Waldrodung i.R.d. vorzeitigen Baubeginns nach § 44c EnWG im Widerspruch zu den UVP-Vorgaben in § 6 S. 1 UVPG i.V.m. 17.2.1 der Anlage 1 zum UVPG steht, da die PFBh eine UVP für entbehrlich hält. Ferner sei der WNE bei der Zulassung des vorzeitigen Baubeginns auch nicht wie in § 18 Abs. 1 UVPG vorgeschrieben zu den Umweltauswirkungen des Vorhabens beteiligt worden. Die Verletzung dieser absoluten Verfahrensrechte hätte weiterhin auch zur Folge, dass die Tatbestandsvoraussetzungen des § 44c Abs. 1 EnWG selbst nicht erfüllt sind. Die drohende Zulassung des vorzeitigen Baubeginns könnte nämlich im Widerspruch zu § 44c Abs. 1 S. 1 Nr. 1 EnWG stehen, da nach Nr. 1 nur mit der Errichtung des 110kV-Freileitungsvorhabens i.S.v. § 43 S. 1 Nr. 1 EnWG durch die E-GmbH begonnen werden kann, wenn unter Berücksichtigung der Stellungnahmen der Träger öffentlicher Belange einschließlich der Gebietskörperschaften mit einer Entscheidung im Planfeststellungs- oder Plangenehmigungsverfahren zugunsten des Vorhabenträgers gerechnet werden kann. Somit setzt die Zulassung des vorzeitigen Baubeginns voraus, dass *die Erteilung der Genehmigung überwiegend wahrscheinlich* ist.[29] Die positive Prognose muss sich hierbei aus den gesamten öffentlich-rechtlichen Genehmigungsvoraussetzungen ergeben. Strittig ist, ob eine notwendig durchzuführende UVP bereits vor Zulassung reversibler Maßnahmen im vorzeitigen Baubeginn abgeschlossen sein muss, um eine solche positive Prognose zu ermöglichen. Dies wird von der h.M. mit Bezug auf die vorläufige Wirkung zwar verneint.[30] Zumindest muss die UVP jedoch so weit fortgeschritten sein, dass eine positive Genehmigungsprognose für das Hauptverfahren möglich, d.h. die Genehmigung überwiegend wahrscheinlich, ist. Mit der Regelung in § 44c Abs. 1 S. 2 EnWG werden auch irreversible Maßnahmen vorzeitig zulassungsfähig, somit greift die Argumentation der h.M. zu den Nachbarregelungen in § 8a BImSchG, § 17 WHG und § 37 KrWG über die Vorläufigkeit der Maßnahmenwirkung

27   Zu den einzelnen Vorraussetzungen ausführlicher, vgl. oben in Fall 5: Bundesnaturschutzrecht, S. 124 ff.
28   Sodan/Ziekow/*Sodan*, VwGO, 5. Aufl. 2018, § 42 Rn. 379; s. auch BT-Drs. 16/2495, S. 12.
29   BVerwG, Beschl. v. 22.3.2010 – 7 VR 1/10, Rn. 16 = BeckRS 2010, 48479.
30   Jarass/*Jarass*, BImSchG, 12. Aufl. 2017, § 8a Rn. 12.

im zu entscheidenden Streitfall nicht. Da es sich bei der geplanten Rodung der 14 ha großen Waldschneise um eine eben nicht nur vorläufig wirkende vorzeitige Maßnahme handelt, muss die UVP bereits vor der Zulassung i.S.d. § 44c Abs. 1 EnWG abgeschlossen bzw. sogar bei reversiblen Maßnahmen zumindest sehr weit fortgeschritten sein. Laut SV hält die PFBh die UVP nach ihrer Vorprüfung für entbehrlich. Ohne durchgeführte UVP kann bezüglich der Umweltauswirkungen des vorzeitigen Baubeginns jedoch nicht mit hinreichend überwiegender Wahrscheinlichkeit eine positive Prognose für den Ausgang des PFV attestiert werden.

Zusätzlich macht der WNE geltend, dass die Erhaltung des in Frage stehenden Waldabschnitts überwiegend im öffentlichen Interesse liegt, da er für die Erholung der lokalen Bürgerschaft von wesentlicher Bedeutung ist. Hierdurch trägt der WNE einen möglichen materiellen Widerspruch der drohenden Zulassung der Waldrodung im vorzeitigen Baubeginn mit den gesetzlichen Versagungsgründen einer forstbehördlichen Umwandlungsgenehmigung aus § 9 Abs. 1 BWaldG i.V.m. § 9 Abs. 2 LWaldG BW[31] vor, welche nach § 9 Abs. 1 LWaldG BW wiederum in der UVP zu prüfen sind. Das Vorliegen eines Verstoßes gegen § 9 Abs. 2 S. 2 LWaldG BW hätte ebenfalls zur Folge, dass mit keiner nach § 44c Abs. 1 S. 1 Nr. 1 EnWG notwendigen positiven Prognose im PFV gerechnet werden kann. 29

Ferner müsste der WNE nach § 2 Abs. 1 S. 1 Nr. 2 UmwRG durch die drohende Zulassungsentscheidung in seinem satzungsmäßigen Aufgabenbereich berührt sein. Der satzungsmäßige Aufgabenbereich des WNE liegt laut SV im „Schutze des *heimischen Waldes* als *ökologisches* und *kulturelles* Gut [...]". Die Zulassung der Rodung der 14 ha großen Leitungsschneise im Gemeindewald berührt den WNE unproblematisch in seinem satzungsgemäßen Aufgabenbereich. Der sachliche sowie der örtliche Zusammenhang zwischen der Rodung und dem satzungsgemäßen Aufgabenbereich sind gegeben. 30

Zuletzt hätte der WNE im Verfahren zur Zulassung des vorzeitigen Baubeginns zur Beteiligung berechtigt sein müssen. Da es sich bei der Zulassung des vorzeitigen Baubeginns gem. § 44c Abs. 1 EnWG – wie geprüft – um eine Zulassungsentscheidung des § 2 Abs. 6 Nr. 1 UVPG handelt, für die eine UVP-Pflicht bestehen könnte, wäre der WNE nach § 18 Abs. 1 i.V.m. § 2 Abs. 8, 9 UVPG zu beteiligen gewesen, da auch in ihrem satzungsgemäßen Aufgabenbereich berührte Vereinigungen Teil der betroffenen Öffentlichkeit sind. 31

Nach alledem ist der WNE nach § 42 Abs. 2 1. Hs. VwGO analog i.V.m. § 2 Abs. 1 UmwRG im Wege der umweltrechtlichen Verbandsklage antragsbefugt. 32

IV. Qualifiziertes Rechtsschutzbedürfnis

Die Zulässigkeitsanforderungen des vorläufig, vorbeugenden Rechtsschutzes ergeben sich aus § 123 VwGO und der im Hauptsacheverfahren statthaften vorbeugenden UK. Grundsätzlich ist der vorbeugende Rechtsschutz gegen künftige VAe unzulässig (s.o.). Wenn jedoch ein wirksamer Rechtsschutz gegen VAe im Wege der nachträglichen AK gem. § 42 Abs. 1 1. Alt. VwGO und den §§ 80, 80a VwGO ausnahmsweise nicht zu erreichen ist, kann unter Berücksichtigung von Art. 19 Abs. 4 GG die vorbeugende UK zulässig sein. Hierbei muss für den nicht nur vorläufigen, sondern auch vorbeugenden 33

---

31 In **Bayern** richtet sich die Genehmigungsbedürftigkeit bzw. fähigkeit von UVP-pflichtigen Waldrodungen nach Art. 9 ff. i.V.m. 39a BayWaldG, in **NRW** nach §§ 39,40 i.V.m. 43 LFoG NRW.

Rechtsschutz gem. § 123 VwGO nach h.M. ein qualifiziertes Rechtsschutzbedürfnis bestehen.[32] Eine solche Ausnahmesituation liegt vor, wenn es dem Rechtsschutzsuchenden nicht zuzumuten ist, den Erlass des VA abzuwarten und sodann nachträgliche Rechtsmittel nach der VwGO einzulegen. Einstweiliger Rechtsschutz zu der vorbeugenden UK ist wiederum dann zu gewähren, wenn schon die kurzfristige Hinnahme der befürchteten Rechtsverletzung durch den drohenden Erlass des VA geeignet ist, den Rechtsschutzsuchenden in seinen Rechten in besonders schwerwiegender Weise zu beeinträchtigen.[33] Diese schwerwiegende Verletzung kann u.a. darin bestehen, dass eine rechtliche oder faktische Unaufhebbarkeit mit dem Erlass des VA einhergeht; mithin ein drohender VA in einer nachträglichen Anfechtungsklage nicht mehr wirksam aufgehoben werden könnte.[34] Folglich ist die vorbeugende UK in der Hauptsache zulässig, wenn durch den Erlass bzw. Vollzug des VAs vollendete Tatsachen geschaffen werden, welche mit einem nachträglichen Rechtsschutzmittel nicht mehr effektiv angegriffen werden können. Zusammengefasst ist also notwendig, dass (1.) bereits vor Erlass des VAs eine schwerwiegende Rechtsgutverletzung droht, (2.) dem Ast. ein Abwarten auf den Erlass nicht zugemutet werden kann und (3.) der nachträgliche Rechtsschutz nach der VwGO keine effektive Hilfe bietet. Ein solches qualifiziertes Rechtsschutzinteresse zur Verhinderung vollendeter, irreparabler Tatsachen besteht u.a. in Fällen,[35] in denen bei Erteilung einer Rodungsgenehmigung die Abholzung eines für die Erholung von Bürgern wesentlichen Waldes drohte.[36]

1. Erforderlichkeit eines qualifizierten Rechtsschutzbedürfnisses des WNE im vorläufig, vorbeugenden Rechtsschutzverfahren

34 Der WNE möchte die Abholzung des Wirtschaftswaldes i.R.d. vorzeitigen Baubeginns ohne durchgeführte UVP verhindern. Durch die irreversible Rodung (vgl. § 44c Abs. 1 S. 2 EnWG) drohen irreparable Folgen. Die Irreversibilität dieses schwerwiegenden Eingriffs liegt hierbei auf der Hand. Die E-GmbH trägt vor, dass sie bereits Maschinen und Personal organisiert habe und nach Erlass des VA sofort mit der Waldrodung zu beginnen plane. Somit kann dem WNE auch nicht zugemutet werden den VA abzuwarten und dann nachträglichen Rechtsschutz gem. § 42 Abs. 1 1. Alt. VwGO i.V.m. § 80 VwGO anzustrengen, da bereits die kurzfristige Hinnahme der Zulassung den WNE schwerwiegend und irreversibel zu beeinträchtigen droht. Gem. § 44c Abs. 4 EnWG ergeht die Zulassungsentscheidung zum vorzeitigen Baubeginn im gesetzlich vorgeschriebenen Sofortvollzug (i.S.v. § 80 Abs. 2 S. 1 Nr. 3 VwGO), deshalb ist auch die sofortige Inanspruchnahme gerichtlichen Rechtsschutzes ohne vorherigen Antrag

---

32 Finkelnburg/Dombert/Külpmann/*Dombert*, Vorläufiger Rechtsschutz im Verwaltungsstreitverfahren, 7. Aufl. 2017, Rn. 104 f.; s. auch OVG Münster, Beschl. v. 22.6.2017 – 13 B 238/17 = BeckRS 2017, 114873; OVG Lüneburg, Beschl. v. 4.4.2012 – 8 ME 49/12 = BeckRS 2012, 49160; OVG Bautzen, Beschl. v. 25.4.2011 – 4 B 290/10 = BeckRS 2011, 51101; BayVGH, Beschl. v. 31.5.2005 – 11 CE 05.921, 11 C 05.923 = BeckRS 2005, 39385; Sodan/Ziekow/*Puttler*, VwGO, 5. Aufl. 2018, § 123, Rn. 71; vgl. Darstellung unter A. II. 2. b).
33 Vgl. VG München, Beschl. v. 27.2.2018 – M 7 E 17.3101, Rn. 10 = BeckRS 2018, 3126; BayVGH, Beschl. v. 31.5.2005 – 11 CE 05.921, Rn. 17 = BeckRS 2005, 39385.
34 *Schenke*, Verwaltungsprozessrecht, 16. Aufl. 2019, § 8 Rn. 357; s. auch Bonner Kommentar/*Schenke*, GG, 143. EL Dez. 2009, Art. 19 IV Rn. 650.
35 OVG Greifswald, Beschl. v. 20.5.1998 – 2 M 66/98 = LKV 1999, 109; zu Beispielen der Schaffung irreversibler Fakten, vgl. Schoch/Schneider/Bier/*Schoch*, VwGO, 37. EL 2019, § 123 Rn. 46.
36 OVG Berlin, Urt. v. 2.5.1977 – II B 2/77 = NJW 1977, 2283.

bei der Behörde zulässig.[37] Folglich kann der WNE nur im vorläufig, vorbeugenden Rechtsschutz gem. § 123 Abs. 1 VwGO gegen die potenziell rechtswidrige, nicht mehr rückgängig zu machende vorzeitige Zulassung der Rodung des zur Naherholung der Bürger dienenden „Wirtschaftswaldes" vorgehen. Mithin ist das qualifizierte Rechtsschutzbedürfnis des WNE gegeben.

2. Keine vorherige Erhebung der Klage im Hauptsacheverfahren erforderlich, § 123 I 1 VwGO

Der Antrag gem. § 123 VwGO kann auch schon vor Erhebung des Rechtsbehelfs in der Hauptsache gestellt werden (vgl. § 123 Abs. 1 S. 1 VwGO). Mithin muss der WNE auch noch nicht die vorbeugende UK erhoben haben, um den Antrag stellen zu können. Zudem steht dem Rechtsschutzbedürfnis des WNE auch kein noch nicht abgeschlossenes Vorfahren gem. § 68 VwGO entgegen, da dieses i.R.d. vorbeugenden UK entbehrlich ist.   35

V. Beteiligten- und Prozessfähigkeit, §§ 61, 62 VwGO

Der WNE ist nach § 61 Nr. 1 2. Alt. VwGO i.V.m. § 21 BGB beteiligungsfähig. Im Prozess wird der WNE gem. § 62 Abs. 3 VwGO i.V.m. § 26 Abs. 1 S. 2 BGB durch den Vorstand vertreten. Gem. § 78 Abs. 1 Nr. 1 VwGO analog ist das Land BW als Rechtsträger des örtlich zuständigen RP als Ausgangsbehörde der richtige Antragsgegner (sog. *Rechtsträgerprinzip*). Das RP ist die gem. §§ 44c Abs. 1, 43 Abs. 1 EnWG i.V.m. § 1 Abs. 1 EnWGZuVO BW für die Zulassung des vorzeitigen Baubeginns zuständige Behörde.[38] Für die Bezeichnung des Beklagten in der Klageschrift (i.S.v. § 82 Abs. 1 S. 1 VwGO) genügt nach § 78 Abs. 1 Nr. 1 Hs. 2 VwGO die Angabe der sachentscheidenden Behörde. Folglich richtet sich der WNE gegen den richtigen Antragsgegner. Die Beteiligtenfähigkeit des Landes B als Gebietskörperschaft des öffentlichen Rechts folgt ebenfalls aus § 61 Nr. 1 2. Alt. VwGO. Vertreten wird das Land nach § 62 Abs. 3 VwGO durch das örtlich zuständige Regierungspräsidium (RP), welches als PFBh vorliegend über den vorzeitigen Baubeginn entscheidet.   36

VI. Ordnungsgemäßer Antrag, § 123 Abs. 3 VwGO i.V.m. § 920 Abs. 1, 3 ZPO, § 82 VwGO

Nach § 123 Abs. 3 VwGO i.V.m. § 920 Abs. 1, 3 ZPO, § 82 VwGO muss ein ordnungsgemäßer Antrag des WNE vorliegen, aus dem sich ergibt, bezüglich welcher Rechtsstreitigkeit, welche Maßnahmen des Gerichts gefordert werden. Dies ist laut SV unproblematisch gegeben.   37

VII. Zuständiges Gericht, § 123 Abs. 1 i.V.m. § 6 S. 2 BBPlG, § 50 Abs. 1 Nr. 6 VwGO

Die Zuständigkeit des Gerichts im Verfahren der einstweiligen Anordnung richtet sich nach § 123 Abs. 1 VwGO. Nach § 6 Satz 2 BBPlG wird die erstinstanzliche Zuständig-   38

---

37 OVG Schleswig, Beschl. v. 30.7.2018 – 4 MB 70/18 = BeckRS 2018, 32875; BayVGH, Beschl. v. 28.5.2018 – 22 CE 17.2260 = BeckRS 2018, 11367; OVG Berlin-Brandenburg, Beschl. v. 24.11.2014 – OVG 9 S 49.13 = BeckRS 2014, 58834; OVG Koblenz, Beschl. v. 8.12.2009 – 8 B 11243/09 = BeckRS 2010, 45379.

38 In *Bayern* sind die (Bezirks-)Regierungen gem. § 42 Abs. 1 Zuständigkeitsverordnung (ZustV) und in *NRW* ebenfalls die Bezirksregierungen nach § 1 Abs. 2 der Verordnung zur Regelung von Zuständigkeiten auf dem Gebiet des Energiewirtschaftsrechts zuständig.

keit des BVerwG gem. § 50 Abs. 1 Nr. 6 VwGO auch für Streitigkeiten im Zusammenhang mit der Zulassung des vorzeitigen Baubeginns für BBPlG-Vorhaben begründet, um die einheitliche Befassung durch das in der Hauptsache zuständige Gericht sowie die Verhinderung einer den einstweiligen Rechtsschutz überholenden Hauptsache sicherzustellen. Der WNE richtet seinen Antrag laut SV richtigerweise direkt an das erstinstanzlich zuständige BVerwG.

VIII. Ergebnis der Zulässigkeit

39 Da im Weiteren auch keine Fristen (§§ 70, 74 VwGO) für die Beantragung des vorläufigen Rechtsschutzes zu beachten sind, ist der Antrag des WNE auf Gewährung vorläufig, vorbeugenden Rechtsschutzes gem. § 123 Abs. 1 VwGO zulässig.

B. Notwendige Beiladung, § 65 Abs. 2 VwGO

40 Die E-GmbH ist nach § 65 Abs. 2 VwGO zum Verfahren notwendig beizuladen, da bei VAen mit Doppelwirkung deren Aufhebung zugleich auch zwingend zulasten des Begünstigten wirkt. Die Beteiligtenfähigkeit der E-GmbH ergibt sich aus § 61 Nr. 1 2. Alt. VwGO i.V.m. § 13 I GmbHG. Die E-GmbH ist ferner auch prozessfähig, da sie gem. § 62 Abs. 3 VwGO i.V.m. § 35 I 1 GmbHG durch ihren Geschäftsführer vertreten wird.

C. Begründetheit

41 Der zulässige Antrag des WNE gem. § 123 Abs. 1 VwGO ist begründet, wenn (I.) eine Sicherung oder Regelung begehrt wird und (II.) ein Anordnungsanspruch sowie (III.) ein Anordnungsgrund glaubhaft gemacht werden (vgl. § 123 Abs. 1, 3 VwGO i.V.m. §§ 920 Abs. 2, 294 Abs. 1 ZPO), wobei (IV.) das Hauptsacheverfahren nicht vorweggenommen werden darf.

I. Art der einstweiligen Anordnung: Sicherung oder Regelung, § 123 Abs. 1 VwGO

42 In § 123 Abs. 1 VwGO sind zwei alternative Fälle der einstweiligen Anordnung geregelt: die Sicherungsanordnung gem. Satz 1 und die Regelungsanordnung gem. Satz 2. Eine Sicherungsanordnung gem. § 123 Abs. 1 S. 1 VwGO ergeht bei der Gefahr einer Veränderung des bestehenden Zustandes, welche die Inanspruchnahme eines Rechts des Ast. vereiteln oder wesentlich erschweren könnte.[39] Folglich zielt die *Sicherungsanordnung* auf die *Bewahrung des status quo*, mithin regelmäßig auf die Durchsetzung von Unterlassungsansprüchen.[40] Eine *Regelungsanordnung* gem. § 123 Abs. 1 S. 2 VwGO ergeht dagegen, wenn die *Veränderung des status quo* begehrt wird.[41] Der WNE macht einen Unterlassungsanspruch gegenüber der PFBh geltend, da er mit Verhinderung der (evtl. rechtswidrigen) Waldrodung im vorzeitigen Baubeginn die Bewahrung des status quo zu sichern begehrt. Folglich handelt es sich hierbei um eine Sicherungsanordnung gem. § 123 Abs. 1 S. 1 VwGO.

---

39 BeckOK VwGO/*Kuhla*, 54. Ed. 2020, § 123 VwGO Rn. 54 m.w.N.
40 Vgl. z.B. BayVGH, Beschl. v. 22.6.2007 – 7 CE 07.815 = BeckRS 2007, 25594; BayVGH, Beschl. v. 26.4.2007 – 4 CE 07.266 = BeckRS 2008, 32267.
41 BeckOK VwGO/*Kuhla*, 54. Ed. 2020, § 123 VwGO Rn. 55 m.w.N.

> **Unterscheidung von Sicherungsanspruch und -grund:**
> Unter dem Sicherungsanspruch wird das zu sichernde Recht, d.h. der materielle Anspruch, den der Ast. in der Hauptsache verfolgt, geprüft. Hierbei ist der Sicherungsanspruch grundsätzlich zu bejahen, wenn nach einer Prüfung der glaubhaft gemachten Tatsachen, ein für den Ast. positiver Ausgang in der Hauptsache wahrscheinlich scheint.[42] Der Begründetheitsmaßstab der umweltrechtlichen Verbandsklage gem.§ 2 Abs. 1, 4 UmwRG verdrängt § 113 Ab.1 S. 1, Abs. 5 S. 1 VwGO, mithin ist hierbei keine Verletzung subjektiver Rechte nachzuweisen. Der Sicherungsgrund wiederum ergibt sich nicht aus dem materiellen Recht der Hauptsache, sondern aus der Notwendigkeit des vorläufigen Rechtsschutzes zur Sicherung eines besonders dringlichen qualifizierten Rechtsschutzbegehrens.[43] Wenn ein Sicherungsanspruch und ein Sicherungsgrund glaubhaft gemacht sind, dann ist die Sicherungsanordnung – ohne gerichtliches Ermessen – zu erlassen.[44] Zur Glaubhaftmachung des Sicherungsanspruchs und -grundes (i.S.v. § 123 Abs. 3 VwGO i.V.m. § 921 ZPO) ist ein bestimmtes Maß an Überzeugung hinsichtlich der streiterheblichen Tatsachen notwendig. Hierbei genügt ein aus richterlicher Überzeugung hervorgehendes Wahrscheinlichkeitsurteil für die überwiegende Wahrscheinlichkeit des vorgetragenen Geschehensablaufes.[45] Mithin hat das Gericht im Verfahren gem. § 123 Abs. 1 VwGO eine lediglich summarische Prüfung vorzunehmen.

II. Sicherungsanspruch, § 123 Abs. 1 VwGO

Folglich müsste ein Sicherungsanspruch bestehen, dieser ist gegeben, wenn dem WNE der zu sichernde materielle Anspruch, den er in der Hauptsache verfolgt, zusteht.

44

1. Verstoß gegen eine Rechtsvorschrift, die für die Entscheidung von Bedeutung ist, § 2 Abs. 4 S. 1 Nr. 1 UmwRG

Der zu sichernde materielle Anspruch des WNE kann sich aus § 2 Abs. 4 S. 1 Nr. 1 UmwRG ergeben. Die Zulassung des vorzeitigen Baubeginns müsste dazu zunächst gegen eine Rechtsvorschrift verstoßen, die für die Entscheidung nach § 44c EnWG von Bedeutung ist. Hierbei ist ein Kausalzusammenhang zwischen der verletzten Rechtsvorschrift und der angegriffenen Entscheidung gefordert. Ob die verletzte Vorschrift darüber hinaus bereits zur Aufhebung der Entscheidung (i.R.d. späteren Hauptsache) ausreicht, ist unerheblich.[46] Das Vorliegen einer Entscheidungsrelevanz des Rechtsverstoßes ist somit ausreichend.

---

42 Da der Zweck des vorläufigen Rechtsschutzes nur in der Offenhaltung der Hauptsache liegt (sog. Akzessorietät zwischen Hauptsache- und einstweiligen Anordnungsverfahren), kann die Anordnung nur ergehen, wenn ein Obsiegen in der Hauptsache wahrscheinlich ist, vgl. nur BVerfG, Beschl. v. 8.5.2002 – 1 BvR 485/01 = NVwZ 2003, 200.

43 BayVGH, Beschl. v. 19.2.2018 – 10 CE 17.2258 = BeckRS 2018, 2293; AGH NRW, Beschl. v. 8.6.2015 – 1 AGH 12/15 = NJOZ 2015, 1388.

44 Sodan/Ziekow/*Puttler*, VwGO, 5. Aufl. 2018, § 123 Rn. 76; s. auch BeckOK VwGO/*Kuhla*, 54. Ed. 2020, § 123 VwGO Rn. 73 f.

45 BGH, Urt. v. 22.5.2003 – III ZR 32/02 = NVwZ 2003, 1285; BGH, Beschl. v. 20.3.1996 – VIII ZB 7/96 = NJW 1996, 1682; OVG Bautzen, Beschl. v. 22.9.2017 – 5 L 504/17 = BeckRS 2017, 126736; OVG Bautzen, Beschl. v. 3.2.2016 – 2 A 463/15 = BeckRS 2016, 43467; OVG Münster, Beschl. v. 18.5.2017 – 15 B 97/17 = BeckRS 2017, 112163.

46 Dies ergibt sich bereits aus dem Wortlaut „von Bedeutung sein können", vgl. auch BT-Drs. 16/2495, S. 12.

a) Für die Entscheidung bedeutender Verstoß gegen UVP-Pflicht nach § 6 S. 1 UVPG i.V.m. Nr. 17.2.1 der Anlage 1 zum UVPG

46 Ein solcher Verstoß könnte in dem vom WNE gerügten Unterlassen einer UVP vor der drohenden Zulassung des vorzeitigen Baubeginns liegen. Nach § 6 S. 1 UVPG besteht für Neuvorhaben, die in Spalte 1 der Anlage 1 zum UVPG mit einem „X" gekennzeichnet sind, eine unbedingte Pflicht zur Durchführung einer UVP. Die Rodung von Wald i.S.d. BWaldG zum Zwecke der Umwandlung in eine andere Nutzungsart mit einer Waldfläche von 10 ha oder mehr fällt nach Nr. 17.2.1 der Anlage 1 zum UVPG unter diese UVP-Pflicht des § 6 S. 1 UVPG. Die zu rodende Waldfläche beträgt 14 ha. Sofern es sich dabei um Wald i.S.d. BWaldG handelt, besteht für die vorzeitige Baumaßnahme eine UVP-Pflicht.

47 Zunächst müsste es sich bei dem betroffenen Waldabschnitt um Wald i.S.d. BWaldG handeln. Nach Einschätzung der E-GmbH und der PFBh handelt es sich dabei um einen reinen „Wirtschaftswald", welcher fast ausschließlich mit einem Fichtenbestand bestockt ist und somit keine nennenswerten ökologischen Qualitäten aufweise (sog. *Fichtenmonokultur*). Mithin würde durch die Rodung nur ein wirtschaftlicher Schaden entstehen, welcher nach § 44c Abs. 1 S. 2 EnWG durch Entschädigungszahlung in Geld ausgeglichen werden kann.[47] Nach § 2 Abs. 1 S. 1 BWaldG ist „jede mit Forstpflanzen bestockte Grundfläche" Wald i.S.d. BWaldG. Diese Legaldefinition wird gem. § 2 Abs. 1 S. 2 BWaldG noch auf weitere lediglich waldähnliche Flächen ausgedehnt. § 2 Abs. 2 BWaldG sieht wiederum Ausnahmen hierzu vor. Bei dem betroffenen „Wirtschaftswald" als Fichtenmonokultur handelt es sich jedoch weder um eine Baumschule i.S.v. § 2 Abs. 2 Nr. 3 BWaldG noch um eine Kurzumtriebsplantage mit maximaler Umtriebszeit von 20 Jahren i.S.d. § 2 Abs. 2 Nr. 1 BWaldG, da die regelmäßige Umtriebszeit von Fichten im Wirtschaftswaldbestand – wie im SV angegeben – zwischen 80 und 120 Jahren liegt. Eine Ausnahmeregelung für ökologisch „minderwertige" Baumkulturen oder andere hier in Frage kommende Ausnahmen sieht der § 2 BWaldG i.V.m. § 6 S. 1 UVPG und Nr. 17.2.1 der Anlage 1 zum UVPG indes nicht vor, demnach besteht eine unbedingte UVP-Pflicht im Verfahren zur Zulassung der geplanten Rodung zum Zwecke der Nutzungsumwandlung des betroffenen Waldabschnitts, welche von der PFBh bei der drohenden Zulassung des vorzeitigen Baubeginns unterlassen werden soll.

48 Ferner müsste dieser (drohende) Rechtsverstoß für die Entscheidung nach § 44c Abs. 1 EnWG von Bedeutung sein. Die gem. § 6 S. 1 UVPG i.V.m. Nr. 17.2.1 der Anlage 1 zum UVPG vorgeschriebene UVP ist ein unselbständiger Teil des Zulassungsverfahren zum vorzeitigen Baubeginn als Entscheidung i.S.v. § 2 Abs. 6 Nr. 1 UVPG. Dabei umfasst die UVP die Ermittlung, Beschreibung und Bewertung der erheblichen Auswirkungen eines Vorhabens auf die Schutzgüter, mithin dient sie einer wirksamen Umweltvorsorge und wird nach geltendem Recht und unter der Beteiligung der Öffentlichkeit durchgeführt (vgl. § 3 UVPG). Die E-GmbH plant nach Zulassung des vorzeitigen Baubeginns i.R.d. Sofortvollzugs (vgl. § 44c Abs. 4 EnWG) umgehend mit der Waldrodung zu beginnen. Hierbei soll laut PFBh, aufgrund der geringen ökologischen Wertigkeit des Fichtenbestands und der Kürze der Hochspannungsleitung (nur 4,9 km), keine vollständige UVP durchgeführt werden. Dies ist, wie gezeigt, ein Verstoß gegen § 6 S. 1 UVPG. Durch das rechtswidrige Unterlassen der UVP als präventives Schutzinstrument

---

47 So die (nicht im Gesetzeswortlaut kodifizierte) Argumentation des Gesetzgebers, BT-Drs. 19/7375, S. 64.

wird keine wirksame Umweltvorsorge im Verfahren sichergestellt, zudem entfällt auch die obligatorische Beteiligung der Öffentlichkeit gem. § 18 Abs. 1 UVPG, mithin auch des WNE. Das Verfahren dient der Vorbereitung einer sachgerechten Entscheidungsgrundlage, gerade auch im Interesse einer wirksamen Umweltvorsorge. Das gänzliche Unterlassen der UVP mit Beteiligung der Öffentlichkeit weist mithin einen offensichtlichen kausalen Zusammenhang zu der Zulassungsentscheidung gem. § 44c Abs. 1 EnWG auf. Folglich ist die Entscheidungsrelevanz des Rechtsverstoßes gegeben.

b) Für die Entscheidung bedeutender Verstoß gegen die Genehmigungsvoraussetzungen der Waldrodung in § 9 BWaldG i.V.m § 9 LWaldG BW

Zudem kann ein Verstoß gegen die gesetzlichen Genehmigungsvoraussetzungen für 49
eine rechtmäßige Waldrodung vorliegen. Die Rodungsmaßnahmen der E-GmbH stehen nämlich gem. § 9 Abs. 1 S. 1 BWaldG i.V.m. § 9 Abs. 1 S. 1 LWaldG BW unter dem Vorbehalt der forstrechtlichen Umwandlungsgenehmigung. Zwar enthält das baden-württembergische Landesrecht für die Beseitigung des Baumbestandes zur Anlage einer Leitungsschneise eine Ausnahme vom Umwandlungsbegriff i.S.v. § 9 Abs. 1 S. 1 LWaldG BW (§ 9 Abs. 7 S. 1 LWaldG BW). Doch auch die Anlage von Leitungsschneisen bedarf ab einer Rodungsfläche von einem Hektar einer Genehmigung der Forstbehörde (§ 9 Abs. 7 S. 2 LWaldG BW). Diese Genehmigung ist bei UVP-pflichtigen Vorhaben gem. § 9 Abs. 1 S. 1, 2 LWaldG BW integriert im UVP-Verfahren und ebenfalls am materiellen Maßstab des LWaldG BW zu erteilen. In Ermangelung anderweitiger Hinweise im SV muss angenommen werden, dass die PFBh durch das rechtswidrige Unterlassen der UVP auch die Genehmigungspflicht nach § 9 Abs. 1, 2 BWaldG i.V.m. § 9 Abs. 7 S. 2 LWaldG BW bei der Zulassung des vorzeitigen Baubeginns übersieht (sog. *formelle Illegalität*). Zudem macht der WNE geltend, dass es sich beim betroffenen 14 ha großen Abschnitt um einen Wald mit wesentlicher Bedeutung für die Naherholung der lokalen Bürgerschaft handelt. Dieser Rügegegenstand könnte einen gesetzlichen Versagungsgrund des § 9 Abs. 2 S. 2 LWaldG BW erfüllen, womit die materielle Genehmigungsfähigkeit der Rodungsmaßnahmen nicht gegeben wäre (sog. *materielle Illegalität*). Der WNE macht hierzu geltend, es würden keine vergleichbaren Waldstücke in erreichbarer Nähe zur Verfügung stehen, mithin sei die Naherholungsfunktion des Oberstettener Gemeindewaldes wesentlich zur Erholung der Bevölkerung. Da der SV aber sonst keine weiteren Details zu lokalen Ausweichflächen oder anderweitige belastbare Hinweise liefert, kann an dieser Stelle im vorläufigen Rechtsschutz keine abschließende Klärung der materiellen Genehmigungsfähigkeit der Rodungsmaßnahmen erfolgen; nach überschlägiger Prüfung ist jedenfalls nicht ausgeschlossen, dass der Versagungsgrund nach § 9 Abs. 2 S. 2 LWaldG BW erfüllt ist. Dies ist im Ergebnis jedoch nicht ausschlaggebend, da bereits die Missachtung des Genehmigungsvorbehalts in § 9 Abs. 1 BWaldG i.V.m. § 9 Abs. 7 S. 2 LWaldG BW einen im kausalen Zusammenhang mit der Entscheidung stehenden, entscheidungsrelevanten Rechtsverstoß darstellt.

c) Für die Entscheidung bedeutender Verstoß gegen zwingende Tatbestandsvoraussetzungen des § 44c EnWG

Mit der rechtswidrigen Unterlassung der UVP könnte ferner ein Verstoß gegen die ma 50
teriellen Zulassungsvoraussetzungen des § 44 Abs. 1 EnWG selbst einhergehen. Die

vorzeitige Zulassung erfordert nach § 44c Abs. 1 S. 1 Nr. 1 EnWG zuvorderst, dass mit einer Entscheidung im PFV zugunsten der E-GmbH gerechnet werden kann.[48] Mithin muss die Erteilung der Genehmigung im PFV überwiegend wahrscheinlich sein, die hierzu notwenige positive Prognose muss sich auf Grundlage der gesamten geltenden öffentlich-rechtlichen Vorschriften ergeben. Hierzu gehört auch, dass alle wesentlichen vorgesehenen Antragsunterlagen zum Vorhaben vorliegen. Bisher wurde von der h.M. zum reversiblen vorzeitigen Baubeginn die Auffassung vertreten, dass bei UVP-pflichtigen Vorhaben, die UVP noch nicht abgeschlossen sein muss.[49] Diese Argumentation stützt sich auf die zeitliche Begrenzung und Vorläufigkeit der Zulassungswirkung nach § 8a BImSchG, § 17 WHG und § 37 KrWG. Für den § 44c Abs. 1 S. 2 EnWG greift diese Argumentation aufgrund der zulassungsfähigen irreversiblen Maßnahmen nicht mehr. Deshalb muss die UVP bei unionsrechtskonformer Auslegung bereits vor Zulassung irreversibler vorzeitiger Baumaßnahmen gem. § 44c Abs. 1 S. 2 EnWG abgeschlossen sein.[50] Doch sogar wenn man diese europarechtsfreundliche Auffassung nicht vertreten mag, so muss die UVP – sogar bei der vorzeitigen Zulassung lediglich reversibler Maßnahmen – zumindest soweit fortgeschritten sein, dass die notwendige positive Prognose i.S.d. § 44c Abs. 1 S. 1 Nr. 1 EnWG überhaupt möglich ist.[51] Hierbei gilt der Grundsatz, dass je weitreichender die vorzeitigen Maßnahmen wirken, desto weiter die UVP auch fortgeschritten sein muss.[52] Durch das Unterlassen der UVP hat die PFBh – wie dargestellt – auch versäumt, die nach § 9 Abs. 1 BWaldG i.V.m. § 9 Abs. 7 S. 2 LWaldG BW notwendige Genehmigung für die geplante Waldrodung einzuholen. Dabei hätte auch die materielle Genehmigungsfähigkeit der drohenden Rodung am Maßstab des § 9 Abs. 2 S. 2 LWaldG BW geprüft werden müssen.

51   Die geplante Waldrodung im vorzeitigen Baubeginn ist eine weitreichende, irreversible[53] und dauerhaft wirkende Maßnahme. Die UVP müsste daher – unter Berücksichtigung der Eingriffstiefe der Rodung – jedenfalls sehr weit fortgeschritten sein (sog. *conditio-sine-qua-non*), damit die erforderliche positive Prognose bzgl. des PFV möglich ist. Das rechtswidrige Unterlassen der UVP durch die PFBh geht demnach mit dem Verstoß gegen § 44c Abs. 1 S. 1 Nr. 1 EnWG einher. Zudem kann keine positive Prognose hinsichtlich des Ausgangs des PFV angenommen werden, wenn die PFBh die notwendige forstbehördliche Genehmigung mit Prüfung der Genehmigungsfähigkeit am materiellen Maßstab des § 9 Abs. 1, 2 LWaldG BW vollständig übersieht und mithin keine Prognosebasis für einen überwiegend wahrscheinlich positiven Ausgang im PFV zugunsten der E-GmbH vorweisen kann. Dieser inzidente Verstoß gegen die zentrale Zulassungsvoraussetzung des vorzeitigen Baubeginns weist mithin eine offensichtliche Kausalität zum Entscheidungsergebnis auf. Folglich stellt die Verletzung des § 44c Abs. 1 S. 1 Nr. 1 EnWG einen entscheidungsrelevanten Rechtsverstoß dar.

---

48 Vgl. hierzu den nahezu deckungsgleichen Maßstab bei der Antragsbefugnis nach § 2 Abs. 1 UmwRG.
49 Statt vieler BeckOK UmweltR/*Enders*, 55. Ed. 2020, BImSchG, § 8a Rn. 7, 16.
50 Vgl. die unionsrechtliche Argumentation bei Prüfung der Antragsbefugnis nach § 2 Abs. 1 UmwRG.
51 Vgl. nur BVerwG, Beschl. v. 30.4.1991 – 7 C 35/90 = DVBl 1991, 877, 879.
52 Jarass/*Jarass*, BImSchG, 12. Aufl. 2017, § 8a Rn. 12; Jarass/Petersen/*Fellenberg*/*Schiller*, KrWG, 1. Aufl. 2014, § 37 Rn. 14.
53 Eine a.A. vertritt – entgegen der h.M. und der Gesetzesbegründung zu § 44c Abs. 1 S. 2 EnWG (BT-Drs. 19/7375, S. 64) – das OVG Berlin-Brandenburg in seinem „Tesla-Beschluss", OVG Berlin-Brandenburg, Beschl. v. 20.2.2020 – OVG 11 S 8/20, Ls. 2, Rn. 15.

d) Zwischenergebnis: entscheidungsrelevante Rechtsverstöße

Die Verletzung der Tatbestandsvoraussetzung in § 44c Abs. 1 S. 1 Nr. 1 EnWG im Zusammenhang mit dem rechtswidrigen Unterlassen der gem. § 6 S. 1 UVPG i.V.m. Nr. 17.2.1 der Anlage 1 zum UVPG unbedingt durchzuführenden UVP und der ebenfalls nicht eingeholten forstbehördlichen Genehmigung gem. § 9 Abs. 1 S. 1 BWaldG i.V.m. § 9 Abs. 7 S. 2 LWaldG BW stellen mithin entscheidungsrelevante Rechtsverstöße dar.

52

53

Hinweise zu Aufhebungsanspruch und Heilungsvorschriften:

Das gänzliche Unterlassen einer nach dem UVPG erforderlichen UVP ist ein absoluter Verfahrensfehler nach § 4 Abs. 1 S. 1 Nr. 1 a UmwRG. Dieser Fehler vermittelt dem WNE einen materiellen Aufhebungsanspruch der Zulassungsentscheidung zum vorzeitigen Baubeginn nach § 44c Abs. 1 EnWG, ohne dass der WNE eine Kausalität des Verfahrensfehlers auf das Ergebnis nachzuweisen hat.[54] Der WNE könnte bei einer späteren Anfechtung der drohenden Zulassungsentscheidung jedoch nur einen Aufhebungsanspruch nach Art. 4 Abs. 1 UmwRG haben, sofern das Unterlassen der UVP nicht nach § 4 Abs. 1b geheilt werden kann. Auch der damit mittelbar einhergehende Verstoß gegen § 44c Abs. 1 S. 1 Nr. 1 EnWG ist als Verletzung einer materiellen Rechtsvorschrift gem. § 7 Abs. 5 S. 1 UmwRG im Grundsatz durch Entscheidungsergänzung oder ein ergänzendes Verfahren heilbar. Die Heilungsvorschriften zu absoluten Verfahrensfehlern (§ 4 Abs. 1b UmwRG) und materiellen Rechtsverstößen (§ 7 Abs. 5 UmwRG) können jedoch nur im Hauptsacheverfahren zur Aufhebung eines bereits erlassenen VA zur Anwendung kommen, da im vorläufig, vorbeugenden Rechtsschutz ohnehin keine Aufhebung angeordnet werden kann. Die Heilungsmöglichkeit von Rechtsmängeln vor der Aufhebung hat mithin keine Auswirkung auf das vorläufig, vorbeugende Rechtsschutzverfahren,[55] da schon nicht über den materiellen Aufhebungsanspruch, sondern den vorläufigen (akzessorischen) Sicherungsanspruch des Ast. entschieden wird. Folglich ist ein Heilungsverfahren i.d.R. nicht geeignet, einen Anordnungsanspruch nach § 123 Abs. 1 VwGO auszuschließen und kann den Ausschluss des Suspensiveffekts im vorläufigen Rechtsschutz nicht rechtfertigen.[56] Zusammenfassend wird bei der zu prüfenden vorläufig vorbeugenden Sicherungsanordnung gem. § 123 Abs. 1 S. 1 VwGO nicht über den Aufhebungsanspruch im später möglichen Hauptsacheverfahren zur Aufhebung des erlassenen VA entschieden, demzufolge sind die Heilungsvorschriften des UmwRG nicht auf den Fall anwendbar.

54

Weiterführender Hinweis:

Auch bei der Aufhebung eines VA im Hauptsacheverfahren stellt sich die Frage nach der rechtmäßigen Anwendung des § 4 Abs. 1b UmwRG zur Heilung der unterlassenen UVP als absoluter Verfahrensfehler gem. § 4 Abs. 1 S. 1 Nr. 1 a UmwRG. Die Anwendung der Heilungsvorschrift kommt dann nicht in Betracht, wenn auch bei fehlerfreier Nachholung des Verfahrens das Vorhaben auf unabsehbare Zeit materiell nicht genehmigungsfähig ist.[57] In der Hauptsache wäre demnach zu prüfen, inwiefern der Einwand des WNE, es

---

54 Vgl. oben A. III. 1.
55 BVerwG, Beschl. v. 21.11.2001 – 4 VR 13.00, 4 A 30/00, Rn. 13 = BeckRS 2001, 23445; Beschl. v. 1.4.1998 – 11 VR 13.97, NVwZ 1998, 1070; Ziekow/*Schütz*, Handbuch des Fachplanungsrechts, 2. Aufl. 2014, § 8 Rn. 120 m.w.N.; s. auch *Seibert*, NVwZ 2018, 97 (103).
56 OVG Münster, Beschl. v. 23.10.2017 – 8 B 565/17 – juris Rn. 75; *Seibert*, NVwZ 2018, 97 (103).
57 Vgl. BVerwG, Urt. v. 17.12.2013 – 4 A 1.13, Rn. 42 = NVwZ 2014, 669 (673).

handele sich um einen Wald mit wesentlicher Bedeutung für die Naherholung der lokalen Bürgerschaft einen gesetzlichen Versagungsgrund des § 9 Abs. 2 S. 2 LWaldG BW erfüllt. In diesem Fall wäre die (drohende) Waldrodung materiell nicht genehmigungsfähig, womit auch keine Heilung möglich wäre.

2. Verstoß berührt Belange die zu den satzungsmäßig festgelegten Förderzielen der Vereinigung gehören

55 Ferner muss der Verstoß auch Belange berühren, die zu den Zielen gehören, die die Umweltvereinigung nach ihrer Satzung fördert. Anders als bei der Zulässigkeit ist hier ein tatsächlicher Nachweis gefordert. Die festgestellten, zusammenhängenden Verstöße gegen § 6 S. 1 UVPG, § 9 Abs. 1 S. 1 BWaldG i.V.m. § 9 Abs. 1 und Abs. 7 S. 2 LWaldG BW sowie § 44c Abs. 1 S. 1 Nr. 1 EnWG weisen alle einen kausalen Zusammenhang zur Entscheidung über die Zulässigkeit der beantragten Rodungsmaßnahmen des betroffenen Waldabschnitts i.R.d. vorzeitigen Baubeginns auf. Der WNE fördert per Satzung ausdrücklich „den Schutz des heimischen Waldes als ökologisches und kulturelles Gut". Mithin berühren die Rechtsverstöße evident Belange, die zu den vom WNE satzungsgemäß geförderten Zielen gehören.

3. Pflicht zur Durchführung einer UVP i.S.v. § 1 Nr. 1 UVPG

56 Zuletzt muss gem. § 2 Abs. 4 S. 2 UmwRG bei einer Entscheidung gem. § 1 Abs. 1 S. 1 Nr. 1 UmwRG zudem eine Pflicht zur Durchführung einer Umweltprüfung i.S.v. § 1 Nr. 1 UVPG bestehen. Wie bereits oben geprüft, handelt es sich nach richtlinienkonformer Auslegung bei der Entscheidung gem. § 44c EnWG um eine Zulassungsentscheidung gem. § 2 Abs. 6 Nr. 1 UVPG, mithin auch § 1 Abs. 1 S. 1 Nr. 1 a UmwRG, für die nach § 6 S. 1 UVPG i.V.m. Nr. 17.2.1 der Anlage 1 zum UVPG eine unbedingt durchzuführende UVP i.S.d. § 1 Nr. 1 UVPG vorgeschrieben ist. Demnach ist auch dieses Erfordernis erfüllt.

4. Zwischenergebnis: Sicherungsanspruch glaubhaft gemacht

57 Nach der im vorläufigen Rechtsschutzverfahren möglichen summarischen Prüfung der vom WNE gerügten Rechtsverstöße durch die drohende Zulassung des vorzeitigen Baubeginns ist ein für den WNE positiver Ausgang in der Hauptsache sehr wahrscheinlich. Auf Basis der vom WNE glaubhaft gemachten Tatsachen liegt mithin ein Sicherungsanspruch vor.

III. Sicherungsgrund, § 123 Abs. 1 VwGO

58 Neben dem Sicherungsanspruch müsste der WNE zusätzlich einen Sicherungsgrund glaubhaft machen (vgl. § 123 Abs. 3 VwGO, §§ 920 Abs. 2, 294 ZPO). Der Sicherungsgrund liegt in der besonderen Eilbedürftigkeit der gerichtlichen Anordnung. Demnach muss der WNE glaubhaft machen, dass durch das Abwarten bis zum Erlass der Zulassungsentscheidung zum vorzeitigen Baubeginn eine *irreparable Rechtsgutverletzung durch die Änderung des Status quo* droht, welche gerichtlich nicht mehr effektiv in einem nachträglichen Hauptsacheverfahren angegriffen werden könnte. D.h. es müsste wegen der Gefahr der *Schaffung vollendeter Tatsachen* zum *erheblichen rechts-*

widrigen Nachteil des WNE eine besondere Eilbedürftigkeit für das gerichtliche Handeln bestehen.[58]

Der WNE macht geltend, dass 14 ha des Gemeindewaldes i.R.d. Zulassung als vorzeitige Baumaßnahme rechtswidrig gerodet werden sollen. Da aufgrund der nicht durchgeführten vorgeschriebenen UVP sowie der nicht eingeholten forstbehördlichen Umwandlungsgenehmigung keinerlei gesicherte Informationen zu den Umweltauswirkungen des irreversiblen Eingriffs vorliegen, sind erhebliche Zweifel an dem positiven Ausgang des PFV angebracht. Die E-GmbH plant jedoch, sofort nach der Zulassung mit den Rodungsarbeiten zu beginnen. Auch die PFBh sieht hierbei keinerlei Probleme und äußert ihren Willen zur baldigen Zulassung. Zwar müsste bei negativem Ausgang des PFV bzw. der integrierten Umwandlungsgenehmigung gem. § 44 Abs. 1 S. 2 EnWG eine Entschädigungszahlung in Geld geleistet werden, diese könnte jedoch den natürlich gewachsenen Waldabschnitt nicht wiederherstellen.[59] Die PFBh sieht darin kein Problem, da es sich ja nur um einen „Wirtschaftswald" handele. Wie die bisherige Prüfung jedoch ergab, sieht weder das UVP-Regime noch das zu beachtende Forstrecht eine einschlägige Ausnahmeregelung hierfür vor. Folglich droht mit der rechtswidrigen Waldrodung eine Schaffung vollendeter Tatsachen zum erheblichen Nachteil des WNE. Gegen diese Beeinträchtigung bietet weder das Hauptsacheverfahren noch das vorläufige nachträgliche Rechtsbehelfsverfahren (d.h. AK nach Zulassung) einen effektiven, durchsetzbaren Rechtsschutz. Bereits die kurzfristige Hinnahme der Zulassung würde zu irreparablen Schäden am Gemeindewald führen, deshalb wäre ein Verweis auf die Hauptsache unzumutbar. Mithin droht dem WNE, welcher den Schutz des Waldes per Satzungsziel fördert, durch die rechtswidrige behördliche Maßnahme eine irreversible Rechtsgutbeeinträchtigung. Der WNE hat auch einen Sicherungsgrund glaubhaft gemacht.

IV. Keine Vorwegnahme der Hauptsache, § 123 Abs. 1 S. 2, Abs. 3 VwGO i.V.m. § 938 Abs. 1 ZPO

Zuletzt ist noch zu klären, inwiefern die vom WNE beantragte vorläufige Sicherungsanordnung gegen das grundsätzliche *Verbot der Vorwegnahme der Hauptsache* verstößt. Mit der vorläufigen, akzessorischen Funktion der Anordnung „zur Regelung eines vorläufigen Zustands" (vgl. § 123 Abs. 1 S. 2 VwGO) ist es nämlich grundsätzlich unvereinbar, wenn bereits die finale Hauptsacheentscheidung vorweggenommen wird. Ausnahmsweise kann es jedoch im Interesse eines effektiven Rechtsschutzes gem. Art. 19 Abs. 4 GG geboten sein, die Hauptsache – sogar endgültig – vorwegzunehmen, wenn eine Versagung des einstweiligen Rechtsschutzes den Ast. *schwer* und *unzumutbar* oder *irreparabel* belasten würde.[60] Demnach handelt es sich um kein generelles Verbot, sondern um ein grundsätzliches Verbot mit Ausnahmevorbehalt. Je höher die Rechtsgutbeeinträchtigung durch die Versagung des Eilrechtsschutzes ist und je gerin-

59

60

---

58 BayVGH, Beschl. v. 24.11.2006 – 3 CE 06.2680 = BeckRS 2007, 20029; Beschl. v. 19.2.2009 – 3 CE 08.3027 = BeckRS 2009, 41043; VGH Kassel, Beschl. v. 5.09.1997 – 7 TG 3133/97 = NJW 1997, 2970 (2971).

59 Zur Kritik an einem solchen ökologischen Ablasshandel, vgl. *Kelly/Schmidt*, AöR 144 (2019), 579 (631 ff.).

60 Vgl. nur BVerfG, Beschl. v. 15.8.2002 – 1 BvR 1790/00 = NJW 2002, 3691; BVerwG, Beschl. v. 13.8.1999 – 2 VR 1/99 = NVwZ 2000, 189; OVG Berlin-Brandenburg, Beschl. v. 24.5.2018 – OVG 6 S 13/18 = NJW 2018, 2217; BayVGH, Beschl. v. 7.05.2018 – 10 CE 18.464 = BeckRS 2018, 8608; OVG Münster, Beschl. v. 2.12.2016 – 1 B 1194/16 = BeckRS 2016, 55713; OVG Münster, Beschl. v. 22.12.2015 – 12 B 1289/1 = BeckRS 2016, 41509; BayVGH, Beschl. v. 16.9.2011 – 22 CE 11.2174 = BeckRS 2011, 54237; OVG Berlin-Brandenburg, Beschl. v. 22.12.2010 – OVG 6 S 53/10 = BeckRS 2011, 45065.

ger die Wahrscheinlichkeit ist, diese Belastungen wieder durch die Entscheidung in der Hauptsache rückgängig zu machen, desto schwerer wiegt das Interesse an einer vorläufigen Entscheidung.[61] Mithin überwiegt das Interesse an der Gewährung des Eilrechtsschutzes dann das grundsätzliche Verbot der Vorwegnahme der Hauptsache, wenn dem Ast. eine erhebliche Rechtsgutverletzung droht, welche nicht mehr effektiv in der Hauptsache rückgängig gemacht werden könnte.[62]. Für die Ausnahme von der Verbotsregelung ist mithin der Sicherungsgrund ausschlaggebend.

61 Der WNE begehrt i.R.d. vorläufigen Sicherungsanordnung inhaltlich das gleiche wie in der vorbeugenden UK im anschließenden Hauptsacheverfahren: nämlich die vorbeugende Unterlassung der Zulassung der Waldrodung im vorzeitigen Baubeginn vor abgeschlossener Umweltprüfung und vor Erlass des Planfeststellungsbeschlusses. Der Unterschied liegt hierbei lediglich in der zeitlichen Eilbedürftigkeit der Gerichtsentscheidung. Doch gerade im vorläufig, vorbeugenden Rechtsschutzverfahren ist eine Ausnahme von dem Verbot zur Vorwegnahme der Hauptsache der Regelfall, da bereits das qualifizierte Rechtsschutzbedürfnis und der Anordnungsgrund eine erhebliche irreversible Rechtsverletzung fordern. Demzufolge überwiegt hier der besondere Sicherungsgrund, so dass die vorläufige Sicherungsanordnung nicht gegen das grundsätzliche Vorwegnahmeverbot verstößt.

V. Ergebnis der Begründetheit

62 Für eine weitere Abwägung zwischen privatem Aussetzungs- und öffentlichem Vollzugsinteresse (vgl. § 80 Abs. 5 S. 1 VwGO) besteht bei Erlass der vorläufigen Sicherungsanordnung gem. § 123 Abs. 1 S. 1 VwGO kein Raum.[63] Gerichtliches Ermessen besteht also nicht. Der WNE hat sowohl einen Sicherungsanspruch als auch einen Sicherungsgrund glaubhaft gemacht. Es liegt kein Verstoß gegen das grundsätzliche Verbot der Vorwegnahme der Hauptsacheentscheidung vor. Folglich ist der Antrag des WNE begründet.

D. Gesamtergebnis: Erfolgsaussichten des Antrags

63 Der Antrag des WNE ist zulässig und begründet, und hat damit Aussicht auf Erfolg.

64

> **Weiterführende Hinweise:**
> **Zum materiellen Recht:** *Schlacke*, Umweltrecht, 7. Aufl. 2019, §§ 6, 9 und 10; *Kahl/Gärditz*, Umweltrecht, 11. Aufl. 2019, §§ 5, 7 und 10; *Kelly/Schmidt*, Energieleitungsausbau auf der infrastrukturrechtlichen Überholspur – ‚NABEG 2.0': ohne Tempolimit zum Stromautobahnnetz der Energiewende, AöR 144 (2019), S. 579 – 654; *Franke/Karrenstein*, Neue Instrumente zur Beschleunigung des Netzausbaus, EnWZ 2019, S. 195 – 201; BayVGH, Beschl. v. 14.10.2009 – 20 CS 09.2503; VG Augsburg, Beschl. v. 9.10.2009 – Au 6 S 09.1489; Jarass/*Jarass*, BImSchG, 12. Aufl. 2017, § 8a Rn. 2 – 28; BeckOK UmweltR/*Enders*, 55. Ed. 2020, § 8a BImSchG Rn. 11 – 28a; Landmann/Rohmer/*Mann*, UmweltR, 91. EL Sept. 2019, § 8a BImSchG Rn. 37 – 80; BeckOK UmweltR/*Klages*, 55. Ed. 2020, § 37 KrWG Rn. 2 – 14;

---

61 BVerfG, Beschl. v. 6.7.2016 – 1 BvR 1705/15 = NJW 2017, 545.
62 BVerfG, Beschl. v. 28.9.2009 – 1 BvR 1702/09, NVwZ-RR 2009, 945 = JA 2011, 317 m. Anmerkungen von *Muckel*.
63 Vgl. nur Schoch/Schneider/Bier/*Schoch*, VwGO, 37. EL 2019, § 123 Rn. 65; BeckOK VwGO/*Kuhla*, 54. Ed. 2020, § 123 VwGO Rn. 78; Finkelburg/Dombert/Külpmann/*Dombert*, Vorläufiger Rechtsschutz im Verwaltungsstreitverfahren, 7. Aufl. 2017, Rn. 169.

Jarass/Petersen/*Fellenberg*/*Schiller*, KrWG, 1. Aufl. 2014, § 37 Rn. 9 – 53; BeckOK UmweltR/*Guckelberger*, 55. Ed. 2020, § 17 WHG Rn. 1 – 13; Landmann/Rohmer/*Pape*, UmweltR, 91. EL September 2019, § 17 WHG Rn. 14–35; BVerwG, Beschl. v. 22.3.2010 – 7 VR 1/10; BVerwG, Beschl. v. 30.4.1991 – 7 C 35/90; OVG Magdeburg, Beschl. v. 24.8.2016 – 2 M 43/16; VG München, Beschl. v. 27.2.2018 – M 7 E 17.3101; OVG Berlin, Urt. v. 2.5.1977 – II B 2/77; OVG Berlin-Brandenburg, Beschl. v. 20.2.2020 – OVG 11 S 8/20.
Zum Prozessrecht: Maunz/Dürig/*Schmidt-Aßmann*, GG, 90. Aufl. 2020, Art. 19 Abs. 4, Rn. 273 – 279; Sachs/*Sachs*, GG, 8. Aufl. 2018, Art. 19 Rn. 148 f.; OVG Lüneburg, Beschl. v. 4.4.2012 – 8 ME 49/12; OVG Münster, Beschl. v. 2.3.2001 – 5 B 273/01; OVG Schleswig, Beschl. v. 14.12.1993 – 4 M 133/93; OVG Münster, Beschl. v. 22.6.2017 – 13 B 238/17; VGH Kassel, Beschl. v. 2.8.1995 – 4 TG 632/95; VG München, Beschl. v. 19.2.2010 – M 6a E 10.76; VG Gießen, Beschl. v. 15.8.2012 – 8 L 1523/12.GI; VGH Kassel, Beschl. v. 5.2.2019 – 6 B 2061/18; VG Augsburg, Beschl. v. 14.8.2009 – Au 4 E 09.1023; BayVGH, Beschl. v. 31.5.2005 – 11 CE 05.921, 11 C 05.92; Schoch/Schneider/Bier/*Schoch*, VwGO, 37. EL 2019, § 123 Rn. 45 ff., 98 ff.; Schoch/Schneider/Bier/*Pietzcker*, VwGO, 37. EL 2019, § 42 Abs. 1, Rn. 162 – 169; Sodan/Ziekow/*Puttler*, VwGO, 5. Aufl. 2018, § 123, Rn. 39, 71, 80 ff.; Eyermann/*Happ*, VwGO, 15. Aufl. 2019, § 42 Rn. 66 f.; *Schenke*, Altes und Neues zum Rechtsschutz gegen untergesetzliche Normen, NVwZ 2016, S. 720 – 729; *Rademacher*, Rechtsschutzgarantien des Unionsrechts, JuS 2018, S. 337 – 342; *Römling*, Anwendungsfragen des novellierten UmwRG – Anmerkung zum Urteil des VG Darmstadt v. 29.3.2018 – 6 L 3548/17.DA, NuR 2018, S. 538 – 540; OVG Greifswald, Beschl. v. 8.5.2018 – 3 M 22/16; *Franzius*, Genügt die Novelle des Umwelt-Rechtsbehelfsgesetzes den unionsrechtlichen Vorgaben?, NVwZ 2018, S. 219 – 222; *Seibert*, Die Fehlerbehebung durch ergänzendes Verfahren nach dem UmwRG – Neue prozessuale Instrumente zur Genehmigungserhaltung, NVwZ 2018, S. 97 – 105; *ders.*, Die gerichtliche Kontrolle von Verfahrensvorschriften nach § 4 UmwRG, S. 337 – 344; *Heß*, Aktivierung der Umweltverbandsklage, ZUR 2018, S. 686 – 691; *Kment*, Rechtsbehelfe von Umweltvereinigungen – Anwendungsfragen des neuen § 2 UmwR 2017, NVwZ 2018, S. 921 – 928; *Held*, Umfang der Klage- und Rügebefugnis von Individualklägern nach dem Umwelt-Rechtsbehelfsgesetz, DÖV 2019, S. 121 – 130; Schlacke/Schrader/Bunge/*Schlacke/Römling*, Aarhus-Handbuch – Informationen, Beteiligung und Rechtsschutz in Umweltangelegenheiten, 2. Aufl. 2019, S. 441 – 555; *Schlacke*, Aktuelles zum Umwelt-Rechtsbehelfsgesetz – Kompensation des Wegfalls der materiellen Präklusion, Anwendungsbereich, Rügebefugnis und Kontrollmaßstab im Spiegel der Rechtsprechung, NVwZ 2019, S. 1392 – 1401; *Buchberger*, Das Verbandsklagerecht der Umweltverbände – ein Streifzug, EurUP 2019, S. 377 – 386.

Stichwortverzeichnis

Die Angaben verweisen auf die Paragrafen des Buches (**fette Zahlen**) sowie die Randnummern innerhalb der einzelnen Paragrafen (magere Zahlen).
Beispiel: § 9 Rn. 10 = **9** 10